DES

DROITS RESPECTIFS DE PROPRIÉTÉ

DES COMMUNES ET DES SECTIONS DE COMMUNES
SUR LES BIENS COMMUNAUX

DE

LA MISE EN VALEUR DE CES BIENS

PAR LEUR TRANSFORMATION, PAR DES LOCATIONS
ET PAR DES ALIÉNATIONS

DES

DROITS DES COMMUNES

AUX PRIX DE LOCATIONS ET DE VENTES,

MÊME DES BIENS SECTIONNAIRES, AUX CAPITAUX DE TOUTE

ORIGINE ET A TOUTE LA FORTUNE MOBILIÈRE

ET DE

L'ADMINISTRATION DES BIENS DES SECTIONS

PAR

M. CAFFIN

ANCIEN MAIRE, ANCIEN SOUS-PRÉFET, CONSEILLER DE PRÉFECTURE
DE LA GIRONDE, CHEVALIER DE LA LÉGION D'HONNEUR

et

M. Ernest CAFFIN

ATTACHÉ AU MINISTÈRE DE L'INTÉRIEUR

PRIX : 8 Fr.

BORDEAUX
IMPRIMERIE TYPOGRAPHIQUE A. PÉREY
43, Rue Porte-Dijeaux, 43

1868

A MONSIEUR

LE DUC DE MOUCHY

GRAND D'ESPAGNE,

GRAND CROIX DE MALTE, CHEVALIER DE LA LÉGION D'HONNEUR

———

MONSIEUR LE DUC,

C'est à la bienveillante recommandation de Monsieur le Duc, votre Père, que j'ai dû mon entrée dans l'Administration et, par conséquent, l'honneur et le bonheur de servir l'Empereur et les intérêts d'excellentes populations auxquelles je resterai toujours attaché.

C'est, Monsieur le Duc, grâce à votre influence que les portes du Ministère de l'Intérieur se sont ouvertes à mon fils.

Il est dès lors tout naturel qu'en composant ce livre, fruit de sérieux travaux, la pensée de ses auteurs se soit reportée vers vous, Monsieur le Duc, et qu'au moment de le livrer au public, obéissant à la respectueuse et affectueuse reconnaissance qui remplit leur cœur, ils en offrent la Dédicace à la mémoire vénérée de Monsieur votre Père et à vous, Monsieur le Duc, qui, suivant de nobles traditions de famille, êtes

déjà la Providence de notre bon et magnifique pays.

Nous avons l'honneur d'être,

Monsieur le Duc,

Vos très-humbles et très-dévoués

serviteurs,

E. CAFFIN.   CAFFIN.

30 Avril 1868.

———

CHAPITRE Ier.

EFFORTS SUCCESSIVEMENT FAITS POUR TIRER PARTI DES BIENS COMMUNAUX ET RÉSULTATS OBTENUS.

———

§ UNIQUE.

Efforts successivement faits par les souverains, par les législateurs et par les administrateurs, pour tirer parti des biens communaux, et résultats obtenus.

1. Les biens communaux ont toujours été un sujet de préoccupation pour les souverains et leurs ministres, pour les législateurs, pour les publicistes et pour les conseils et les administrateurs des paroisses ou communes, et des provinces ou départements.

De nombreuses dispositions législatives en réglaient déjà la propriété et la jouissance chez les peuples anciens, chez les Romains et ensuite sous les Francs.

Les rois, ceux de la troisième race surtout, les conservaient aux municipalités, en prescrivant aux seigneurs féodaux de leur restituer ceux qu'ils avaient usurpés et en défendant les aliénations.

2. Les premières lois de la Révolution, en rétablissant les communes dans leurs anciens droits et en leur en conférant de nouveaux, avaient grossi leur patrimoine, mais bientôt les idées démagogiques l'ont amoindri et presque ruiné par la loi des partages de 1793.

3. Napoléon Ier, avec son incomparable génie, après avoir, sous le Consulat, placé à la tête de chaque commune un maire ayant pour mission d'agir : au nom du Gouvernement pour l'application des lois et la protection des habitants, et au nom de la commune elle-même pour la gestion de ses biens, droits et intérêts, poursuivant ses idées de progrès, disait, dans une séance du Conseil d'Etat, « qu'une immense étendue de terri-» toire n'avait encore pu être améliorée, parce qu'elle était la » propriété des communes, qu'il faudrait adopter une large » mesure qui obligerait ces associations à aliéner ou à donner » à bail tous les terrains incultes, et qu'en obligeant les com-» munes à les utiliser ainsi, il travaillerait à leur prospérité et » au bonheur des populations. »

Le temps de résoudre ces questions « les plus grandes, disait-» il, qu'on pouvait agiter » lui a manqué; mais il n'a pas moins posé quelques règles sur le mode de jouissance de ces biens, préparé les nouvelles générations par la merveilleuse organisation qu'il a donnée aux communes et par la manifestation de ses vues, à disposer utilement des propriétés communales, et laissé ainsi à un autre Napoléon, héritier de son amour du bien public, le soin d'achever son œuvre.

4. Le Gouvernement de 1830 a produit la loi du 18 juillet

1837, qui a conféré aux municipalités les pouvoirs les plus complets, mais facultatifs, d'administrer, d'affermer et d'aliéner tous les biens communaux, ceux des sections comme ceux des communes.

5. Les Assemblées de 1848 et de 1849 n'ont pu donner à l'Autorité administrative supérieure la faculté d'arracher ces biens à leur stérilité séculaire.

6. Napoléon III a été plus pratique, plus ferme dans les résolutions qu'il a prises et par suite plus heureux. Il a pris un ensemble de mesures qui ont amené le dessèchement et l'assainissement des terrains marécageux et improductifs de la Sologne et d'autres contrées. Il a même présenté aux Chambres qui les ont adoptées, la loi du 19 juin 1857, sur la mise en valeur des landes de Gascogne, la loi du 28 juillet 1860, sur la mise en culture des marais et des terrains incultes appartenant à toutes les communes, et la loi du même jour sur le reboisement des montagnes.

Toutes ces lois ont donné à l'Administration, à tous les degrés un pouvoir admirable par l'énergie et par la rapidité de son action et apporté ainsi aux communes des promesses de richesse qui se réalisent déjà.

Les Préfets secondent les vues du Souverain qui s'intéresse aussi vivement au bien-être des communes et par conséquent à celui des populations.

Ainsi, entre autres exemples, le Préfet de la Haute-Loire constate qu'il a pris toutes les dispositions nécessaires pour hâter la mise en valeur des biens communaux, que les délibérations des Conseils municipaux, qui ne comprennent pas tous les avantages offerts par la nouvelle législation, ne sont pas moins que les autres soumises à l'étude et que, sur ses instances, beaucoup de communes ont aménagé le quart en réserve de leurs bois, afin de s'assurer des ressources pour parer à tous les besoins et entretenir leurs édifices, les rues et les chemins.

Ainsi, encore M. Demanche, dans les Côtes-du-Nord, en termes aussi fermes que sages que nous ne saurions trop approuver, afin, a-t-il dit, de lui éviter des mesures de rigueur, a demandé avec instance à tous les membres du Conseil général, de l'aider, de leur influence, à amener les nombreuses communes qui n'ont pas encore tiré parti de leurs biens communaux, à les affermer ou à les aliéner pour se constituer des revenus certains et sérieux.

Presque tous les Conseils généraux répondent à l'appel qui leur est ainsi fait lorsqu'ils ne prennent pas eux-mêmes l'initiative de mesures progressives.

Enfin, les municipalités mettent en pratique les dispositions de la loi et les conseils qui leur sont donnés par l'Autorité supérieure.

On devait croire que les lois nouvelles, rapprochées de la loi de 1837, avaient tranché les plus graves questions que pouvaient soulever les biens communaux, et avaient suffisamment armé l'Administration supérieure contre l'insouciance, l'inertie ou le mauvais vouloir des rares municipalités qui laisseraient encore leurs propriétés improductives.

On devait d'autant plus le penser que les efforts les plus soutenus avaient été faits dans le sens des premières mesures adoptées par le nouvel Empire, que ces efforts sont devenus plus grands encore depuis la nouvelle législation, dans le sens des règles qu'elle a posées, et qu'ils ont déjà produit de magnifiques résultats dans beaucoup de départements.

Nous le croyions, et nous pensions qu'il n'y avait désormais qu'à laisser à l'Administration active, par la pratique, et aux Tribunaux civils et administratifs, par la jurisprudence, le soin de consacrer, comme ils l'ont déjà fait, dans les termes de la loi, les droits des municipalités à la propriété de tous les communaux, sans maîtres, et à tous les produits en argent de ces biens, même des biens qui seraient reconnus appartenir aux sections.

7. M. Aucoc, maître des requêtes au Conseil d'État, auteur d'un ouvrage sur les sections de communes, n'a pas été de cet avis. Il s'est fait le protecteur de ces fractions du territoire communal, et il travaille à les élever à la hauteur des communes, en mettant à leur disposition des revenus et en leur donnant une caisse, un budget, une comptabilité et presque une administration. C'est dans ce but qu'il a écrit, qu'il a expliqué des statistiques et qu'il agit avec l'influence que lui donnent son talent et la haute position qu'il occupe.

Il a, en effet, avec une persévérance que nous admirons, mais que nous ne pouvons louer, dépensé, encore dans une nouvelle édition de son livre, beaucoup de temps, de nombreuses veilles, une rare intelligence et trop de savoir, pour chercher à établir que, dans les trente-six ou trente-sept mille communes dont se compose le territoire de l'Empire, il s'en trouverait un beaucoup plus grand nombre, sous le nom de sections, qui auraient droit, comme les communes elles-mêmes, à des revenus et à une fortune mobilière, et avec lesquelles il faudrait désormais compter; et c'est lorsque, d'après ses données, le nombre des villages dont il voudrait faire ainsi autant de sections ou plutôt de communes, dépasserait cent mille, et lorsque les Gouvernements et les législateurs sont parvenus, depuis 1789, à réduire, à leur grande satisfaction, les quarante-quatre mille communes de cette époque à trente-six ou trente-sept mille, qu'il s'efforcerait non plus à faire faire des réductions, mais à faire multiplier les communautés à l'infini. Quelle contradiction avec la loi et avec les vues de tous les Gouvernements et quelle calamité pour les associations municipales, si on pouvait arriver à les diviser ainsi!

8. Quoi qu'il en soit, M. le Ministre de l'Intérieur, voulant, sans doute, que la lumière se fasse sur ces nouvelles idées, qui ne remonteraient, d'après leur propagateur lui-même, qu'à quelques années, et aussi rendre plus facile l'application de la nouvelle législation, a institué, le 24 mars 1863, une commission, dont M. Aucoc fait partie, pour examiner les questions de propriété des biens sectionnaires et des biens communaux en général. Son Excellence a même, par une circulaire du 5 août suivant, appelé MM. les Préfets et plusieurs Conseils généraux à faire connaître l'origine des sections, leur nombre dans une même commune, le meilleur mode de mise en valeur ou de transformation des biens communaux et les tendances les plus marquées des communes. M. le Ministre a encore demandé si on pourrait arriver à tirer parti des biens des sections, qu'il paraîtrait inutile de conserver à l'état de jouissance commune, au moyen du bail ou de la vente par adjudication, ou d'allotissements de jouissance pour une longue durée, moyennant des redevances annuelles entre les ayants-droit à la jouissance, ou de concessions de ces biens, en toute propriété, moyennant un capital représentant la valeur actuelle, ou de partages à titre onéreux, moyennant une somme qui ne représenterait qu'une partie déterminée de cette valeur; si on devrait, dans le cas où le partage serait admis, le rendre obligatoire pour toutes les sections, le faire sur la demande, ou du consentement, de la majorité des intéressés, à raison tant de la contribution foncière que du nombre des habitants, ou par feu, et si en compensation des avantages qu'il accorderait aux habitants des sections, ceux-ci ne devraient pas verser les sommes qu'ils devraient dans la caisse municipale, pour être employées à la satisfaction des besoins généraux de la commune, au lieu d'être employées exclusivement au profit des sections.

On trouvera peut-être que l'opinion de M. Aucoc a trop fortement déteint sur le Questionnaire de M. le Ministre, et que la forme des interrogations a dû encourager les prétentions des sections et exercer à leur profit une grande influence dans les Conseils généraux qui ont été consultés. Le Questionnaire élevait pour ainsi dire ces prétentions à la hauteur de droits ; on ne peut se l'expliquer que par la déclaration que fait M. Aucoc qu'il est l'œuvre de la commission ; il est bon de tenir note de cet aveu ; mais peu importe, les termes et les tendances des questions, M. le Ministre, en les posant, n'a pris aucun engagement, il n'a voulu que s'éclairer. Il désire, pour aviser ensuite, savoir comment les choses se passent, comment la loi est appliquée et s'il y a lieu de la modifier. Tous les dévouements et toutes les intelligences doivent donc répondre à son appel. Nous ne saurions manquer à ce devoir que les dernières publications de M. Aucoc rendent impérieux.

CHAPITRE II.

EXAMEN COMPARATIF ET CRITIQUE DES VŒUX DES CONSEILS GÉNÉRAUX.

————

Résultats des vœux des Conseils généraux et proposition par ces Conseils, savoir :
§ I. Par un seul, du partage gratuit des biens communaux entre les habitants
des villages. — § II. Par un autre, du partage entre les habitants des villages,
moyennant de faibles prix qui devraient tourner au profit de ces villages. —
§ III. Par deux Conseils généraux, du partage encore entre les habitants des
villages, moyennant aussi de faibles prix qui profiteraient aux communes pour
la satisfaction de leurs besoins généraux. — § IV. Par deux autres, d'allotissements gratuits de jouissance, entre les habitants des villages, de la partie
des biens communaux qui ne serait pas nécessaire au pâturage des bestiaux.
— § V. Par deux autres, de la mise en valeur des biens communaux au moyen
de leur conversion en bois, ou de locations, suivant la valeur réelle, dont les
prix profiteraient aux villages ou sections. — § VI. Et par tous les autres, avec
une grande et persévérante énergie, de locations et d'aliénations, par adjudication, ou par attribution de lots, moyennant la valeur réelle de tous les biens
communaux, et d'améliorations des mêmes biens, qui ne seraient ni affermés,
ni aliénés, par des plantations en bois taillis et de haute futaie, par la création
de prairies, de prés-bois et autrement, au profit, dans tous les cas, des communes. — § VII. Résumé comparatif et critique des vœux des Conseils généraux.

———

§ Ier.

Partage gratuit, au profit des sections de communes, réclamé par un seul
Conseil général.

9. Un seul Conseil général a proposé, dans ses sessions de
1863 et de 1864, le partage gratuit des biens communaux entre

les habitants des sections de communes. C'est celui de la Haute-Vienne; il retournerait à la loi spoliatrice de 1793 et reprendrait ainsi ce qu'il a jadis répudié. Ses raisons sont, entre autres :

1° Que les biens communaux auraient une origine privée et formeraient des propriétés particulières dont les habitants pourraient disposer, suivant les règles du droit commun, dans les termes du Code civil; que ce ne serait que peu à peu, par l'effet d'une transformation graduelle, qu'ils auraient perdu cette origine privée et auraient aujourd'hui un caractère public; que, dans tous les cas, ils appartiendraient aux sections;

2° Que des amodiations, des aliénations, des cessions ou des partages, à titre onéreux, seraient impossibles, quant aux biens sectionnaires, les sections n'ayant ni organisation ni caisse;

3° Et que la mise en valeur, selon la loi de 1860, par le concours simultané des parties intéressées et de l'État, viendrait fatalement se heurter contre les difficultés résultant de la constitution incomplète et insuffisante des sections.

Ainsi, les conseillers de la Haute-Vienne reconnaissent que les sections sont inhabiles à recevoir et à conserver des revenus et des capitaux, et c'est parce qu'ils les trouvent dans ces conditions, qu'ils proposent de recourir au moyen détourné du partage gratuit, prohibé par la législation et repoussé par le Ministre, pour faire passer les biens communaux aux habitants actuels des sections, comme si ces habitants ne les tenaient pas du passé et ne les devaient pas à l'avenir, et comme s'ils pouvaient en être les propriétaires privés, lorsque, suivant le Conseil général lui-même, ils ont un caractère public. Ils sont, en effet, assujettis à la taxe des propriétés de mainmorte; ils ne se transmettent dans les familles ni par succession, ni autrement, et les populations n'y acquièrent de droits de jouissance que par la possession d'une maison ou d'un feu dans la commune ou dans la section.

Mais, d'ailleurs, à côté de cet avis si peu concluant, et qui prend même le soin de se détruire lui-même, viennent se pla-

cer deux faits considérables aussi contraires au partage gratuit que favorables aux communes.

10. Les populations disposent, dans tout le département, des
biens communaux en faveur des associations municipales entières. Dans le seul arrondissement de Rochechouart, lorsque
l'un des auteurs de ce travail l'administrait, il en a été vendu,
en quelques années, 165 hectares, moyennant 75,361 fr. que
les Conseils municipaux emploient en majeure partie à la
construction et à la restauration d'édifices publics.

Le Conseil de cet arrondissement a reconnu, encore en 1863,
que les biens communaux, qu'aucune agglomération ne justifie lui appartenir, sont la propriété des communes, et en s'as-
sociant à ce qu'il a appelé l'œuvre de progrès de l'Administration, il a demandé que ces biens continuent à être utilisés par
la vente, dans l'intérêt des communes et de l'agriculture.

En 1866, le Préfet et le Conseil général du même département attestent que des études se font pour arriver à la reconnaissance, à l'amélioration et à la mise en valeur des terrains
communaux.

Est-ce que les représentants de la Haute-Vienne, mieux ren-
seignés et mieux inspirés, renonceraient au partage gratuit
qu'ils avaient réclamé ?

§ II.

Partage réclamé par un Conseil général, entre les habitants des sections,
moyennant de faibles prix qui devraient tourner au profit de ces fractions de
communes.

11. Le Conseil général du Cantal, dans sa session de 1863, a
repoussé le bail, la vente, les concessions et même l'allotisse-

ment de jouissance des biens communaux. Il n'admet que le partage facultatif de ces biens, mais sur la demande ou le consentement de la majorité des ayants-droit représentés par une commission syndicale, en raison tant de la contribution foncière de chacun d'eux, que du nombre des membres de sa famille domiciliés avec lui dans la section, à l'exclusion des locataires ou fermiers et des serviteurs et salariés, moyennant des redevances perpétuelles qui seraient fixées, par le Conseil général, sur le tiers au plus et le dixième au moins de la valeur réelle et dont profiteraient les sections.

En 1865, le même Conseil a constaté que l'œuvre du reboisement progressait et qu'elle s'accomplissait avec les fonds de l'État.

12. D'après les vœux de ce Conseil et d'après ceux des conseillers de la Haute-Vienne, s'ils étaient jamais traduits en lois, les partages assureraient la spoliation immédiate des populations futures et des communes pour les deux tiers au moins et les neuf dixièmes au plus, au profit, non pas même des sections, mais des plus riches habitants qui existeraient au moment du partage. De nouvelles autorités seraient même substituées aux municipalités qui seraient dépouillées de leur droit de décider et aux Préfets qui n'auraient plus que des suppliques à présenter au Conseil général. De pareils vœux sont par trop en opposition avec la tradition, avec la législation de toutes les époques et avec les saines raisons pratiques que les Préfets ne ménagent pas aux Conseils généraux en faveur des communes.

§ III.

18. Dans la Creuse, également en 1863, le Conseil général a repoussé le bail à ferme, la vente par adjudication, l'allotissement de jouissance, les concessions en toute propriété des biens communaux; il n'a admis que le partage obligatoire et par feu, suivant la décision du Préfet prise en conseil de préfecture, après enquête parmi les sectionnaires et après avis du Conseil municipal, du Conseil d'arrondissement et du Conseil général, entre les habitants des sections, à l'exclusion des locataires ou colons, moyennant un capital, payable par annuités, qui serait fixé sur le tiers au plus et le dixième au moins de la valeur réelle, et dont le montant serait versé dans la caisse municipale, pour être appliquée à la satisfaction des besoins généraux de la commune.

La question de propriété des biens communaux, dont le partage serait ainsi opéré entre les habitants des villages, a été posée et discutée dans le sein du Conseil. Un membre, M. Lasnier, en avait proposé la vente, afin qu'on pût, avec le prix à en provenir, réparer, et au besoin établir, dans chaque commune, une église, une maison d'école, un presbytère et faire des chemins..... Un autre membre, M. Dayras, se prêtait volontiers au partage des deux tiers des biens qu'on appelait sectionnaires à tort ou à raison, mais à la condition que l'autre tiers serait vendu au bénéfice des communes. Un troisième membre, le général Laveaucoupet, répondant à ses deux collègues, a cherché à établir que la question de propriété devait être résolue en faveur des sections, en expliquant que les communes ne pouvaient posséder que les propriétés qui leur avaient été données et concédées ou qu'elles avaient achetées postérieurement à leur formation, tandis que les sections avaient reçu les biens communaux des seigneurs féodaux et en étaient propriétaires bien avant la création des communes, comme si le plus grand nombre des familles municipales ne remontaient pas à des époques antérieures à la féodalité; comme si elles ne tenaient pas les communaux anciens et nouveaux, non-seulement de donations et d'acquisitions, mais d'abord du partage du sol territorial et ensuite d'abandons successivement faits, de concessions accordées par les anciens seigneurs et des lois de la Révolution; et, enfin, comme si leur patrimoine ne se composait pas des communaux de toutes origines, qui n'ont jamais pu échoir à une ou à deux, ou à un plus grand nombre de maisons isolées qui se déplacent, disparaissent ou se multiplient, sans jamais modifier la commune dans sa circonscription ni dans ses droits.

En 1865, le même Conseil de la Creuse, résumant ses précédents vœux, a demandé que le partage par feu soit obligatoire pour tous sans exception, avec une soulte variant du tiers au dixième de la valeur du lot, payable de suite ou par annuités, et dont le produit serait placé en rentes sur l'État, au profit de la commune. Les propriétaires seuls, par eux-mêmes ou par leurs représentants, seraient appelés à ce partage; chaque lot aurait au moins 30 ares. Au-dessous de cette étendue, on procéderait à la licitation. Dans ce cas, comme dans le premier, on prélèverait un capital pour être placé en rentes sur l'État, dans l'intérêt de la commune.

Il résulterait de ce vœu, s'il pouvait être exaucé, que les commerçants, les artisans, les ouvriers et les pauvres, non-propriétaires, n'auraient aucune part dans les communaux; qu'en cas de partage, les deux tiers et même jusqu'aux neuf dixièmes des communaux profiteraient aux riches habitants des sections, et, qu'en cas de licitation, une partie des prix tournerait au profit des villages ou sections. Mais pourquoi beaucoup d'habitants seraient-ils dépouillés de tous droits sur les communaux? pourquoi les villages ou les communes seraient-ils eux-mêmes privés de la plus grande partie de leurs propriétés? pourquoi, d'ailleurs, enlèverait-on ainsi, sans profit suffisant pour l'avenir, ces propriétés aux populations futures? pourquoi encore les villages ou sections auraient-ils, en cas de licitation, une partie des prix? et, enfin, par quelle autorité seraient divisés les produits des licitations entre les sections et les communes? Le Conseil ne le dit pas, et son silence, que nous trouvons éloquent, montre qu'il lui aurait été difficile de justifier ses vœux.

14. Le Conseil général de la Corrèze a constaté, en 1863, que le département renfermait 58,893 hectares de biens communaux, dont 4,199 hectares appartiendraient aux communes, tandis que le surplus serait la propriété des sections; que ces terrains ne produisent pour ainsi dire aucun revenu; qu'ils peuvent pourtant être évalués à 5,000,000 fr., et que leur mise en valeur, qui est devenue une nécessité, quadruplerait certainement cette valeur. Examinant ensuite les moyens de les livrer à l'agriculture, il pense que leur location n'offre aucune chance de succès; il repousse aussi les allotissements de jouissance et les concessions en toute propriété; il admet la vente des bois qui appartiendraient aux communes, et de ceux des sections dont le partage serait impossible ou inopportun; il se prononce pour le partage des biens dont les sections seraient propriétaires. Ce partage serait obligatoire toutes les fois que les lots ne seraient pas d'une étendue trop restreinte et facultatif dans les autres cas. Lorsqu'il ne serait pas obligatoire, il se ferait sur la demande ou le consentement des habitants des villages; dans tous les cas, il aurait lieu entre tous les habitants, qu'ils soient propriétaires ou fermiers, moyennant un quart de la valeur des biens, payable par

annuités, en dix ans, avec les intérêts, dès le jour de l'entrée
en jouissance, sous la condition que les prix tourneraient au
profit des communes pour la satisfaction de leurs besoins généraux.

Une discussion s'est aussi engagée dans l'une des séances
du Conseil, sur la question de propriété des biens communaux.
Un des membres a expliqué qu'on pouvait raisonnablement
supposer que les biens communaux provenaient de concessions faites par les seigneurs féodaux, à certaines *circonscriptions territoriales* désignées sous le nom de paroisses et communes, que l'étendue de ces circonscriptions étant un obstacle
à la jouissance commune, on avait divisé ces biens de manière
à en attribuer une certaine partie à chaque centre agricole
ou village, et que, d'après cette origine, la commune, être
moral, en est propriétaire, tandis que la section, qui n'a pas
d'existence propre, n'en est qu'usufruitière par ses habitants,
ainsi que le prouvent la coutume d'Auvergne et les lois nouvelles.

En 1864, le même Conseil général s'est montré moins favorable au partage. Il n'a plus demandé qu'une chose : « la solution prochaine de la question des communaux dans le sens le
plus utile et le plus avantageux » ; on peut supposer que, par
ce vœu, le Conseil s'en est remis au Gouvernement pour résoudre, selon les intérêts des communes et par conséquent
des populations, la question de propriété des biens communaux et toutes celles s'y rattachant.

15. En 1865, le Préfet a fait connaître que la plupart des
communes sont privées de mairie, de maison d'école et de
presbytère convenable ; qu'un grand nombre d'églises sont
délabrées et insuffisantes ; que cet état de chose est d'autant
plus affligeant, qu'il serait facile aux communes d'augmenter
considérablement leurs revenus, en aliénant ou en amodiant
avantageusement leurs communaux. Le Conseil général a alors

ouvert un crédit de 1,000 fr. pour rechercher et constater les empiètements commis au préjudice des communes sur les biens communaux.

Dans la session de 1866, le Préfet du même département a expliqué que les communes possédaient plus de 50,000 hectares de biens communaux ; que 2,370 hectares seulement sont soumis au régime forestier ; que 889 hectares, en nature de terre, sont entre les mains d'usurpateurs ; que le surplus est en landes et bruyères ; que pourtant 12,776 hectares pourraient devenir l'objet d'une culture productive ; que 3,370 hectares pourraient être convertis en prairies ; qu'il avait le regret de constater que jusqu'ici cette source considérable de richesse n'a pas été utilisée d'une manière sérieuse par les communes ; que seulement quelques ventes partielles ont eu lieu, mais qu'en revanche les usurpations se multiplient, et qu'il faut reconnaître que le maintien d'un pareil état de chose, qui prive les communes, la plupart dépourvues d'établissements publics, de ressources précieuses, est surtout dû à la résistance opiniâtre et souvent intéressée des Conseils municipaux, et qu'on trouve les causes de cette résistance : 1º dans ce fait qu'une partie des biens communaux appartiendrait aux sections, et que les représentants (les conseillers municipaux) de ces fractions de communes, repoussent tout projet d'aliénation dont le produit pourrait profiter à l'universalité des habitants de la commune ; 2º dans les influences exercées jusqu'au sein des Conseils municipaux, par les usurpateurs qui craignent d'être dépossédés.

16. Malgré ces courageuses et énergiques paroles, malgré les faits qu'elles révèlent et malgré les aliénations partielles qui protestent unanimement contre la demande de partage à vil prix et dans des conditions inexécutables, les conseillers généraux de la Corrèze, cédant comme les conseillers municipaux à la pression des électeurs, se sont reportés à leur vœu de 1863.

§ IV.

Allotissements de jouissances réclamés par deux Conseils généraux, au profit des habitants des sections, de la partie des biens communaux qui ne serait pas nécessaire au pâturage des bestiaux.

17. Dans la Lozère, le Conseil général n'a admis, en 1863, que l'allotissement de jouissance au profit des habitants des sections; il ne s'est même prêté à ce mode de transformation que pour obéir aux exigences nouvelles. Il trouve que sur 72,322 hectares que renferme le département, on ne pourrait en donner à ferme que 278, qui seraient seuls susceptibles d'être améliorés dans les termes de la loi de 1860. Enfin, il propose l'institution de commissions syndicales pour faire cesser les inconvénients du régime créé par l'art. 17 de la loi du 18 juillet 1837, c'est-à-dire, les germes de trouble, de discorde et d'inimitié qu'il sèmerait dans les populations des campagnes.

18. C'est ainsi que sans examiner, sans doute parce que le Questionnaire ministériel ne l'invitait pas à le faire, les droits relatifs des communes et des sections, sur des biens qui sont livrés au pâturage, même des troupeaux des communes voisines et transhumants, et sans paraître savoir que les sections n'ont ni organisation ni caisse, il entend rapprocher les populations rurales, en divisant à l'infini les communes qu'elles forment et réaliser le progrès, en niant les bienfaits que la législation en vigueur a apportés, et les avantages qui doivent résulter de la transformation des communaux.

19. En 1864, un nouvel avis du même Conseil repousse

encore toute espèce de partage définitif, et persiste à réclamer
des mesures pour faire passer les pouvoirs des Conseils municipaux dans les mains de commissions syndicales, de manière à faire ainsi, dans chaque commune, autant de communes qu'il y aura de hameaux et même de maisons isolées.

20. Dans la session de 1866, le Préfet du même département a constaté qu'en 1865, 716 hectares de terrains communaux ont été plantés en bois, en ajoutant que des indemnités
avaient été accordées aux communes privées momentanément
d'une partie de leur pacage jusqu'à ce que les bois soient dé-
fensables, et que cette mesure de prévoyance et de charité,
qui venait en aide aux communes, ferait cesser les résistances qui s'étaient jusqu'alors manifestées relativement à la
mise en valeur des biens communaux.

21. Dans l'Aveyron, le Conseil général a déclaré en 1863,
sans donner la moindre explication ni justification, que la
presque totalité des communaux est la propriété des sections.
Il demande, en conséquence, que la jouissance et les revenus
de ces biens tournent à leur profit, par cette raison que, dans
son art. 6, la loi de 1837 avait dit qu'une section, réunie à une
autre commune, emportait et conservait les propriétés qui lui
appartenaient, comme si cette disposition n'avait pas été édic-
tée autant dans l'intérêt de la nouvelle commune, pour lui assurer des ressources, que dans celui de la fraction qu'elle
recevrait, pour lui conserver des jouissances en nature et
comme si tous les villages étaient des annexes ou, en d'autres termes, des sections.

Le même Conseil a, en 1864, persisté dans son vœu de 1863.

En 1865 et en 1866, il constate des faits que nous considérons comme des progrès. Ainsi, en 1864, 2,827 hectares de
biens communaux ont été affermés par voie de partage temporaire en 476 lots, moyennant une redevance annuelle de

1,761 fr. 80 c., c'est-à-dire, à raison de 62 c. par hectare; en 1865, 1,130 autres hectares ont été amodiés par la même voie, pour vingt-sept ans, moyennant 1,586 fr., à raison, cette fois, de 1 fr. 45 c. par hectare. Des aliénations partielles ont, en outre, eu lieu.

Ces faits de locations et d'aliénations sont un immense pas vers le progrès, on est heureux de le constater; ils sont, en effet, contradictoires avec les allotissements gratuits de jouissance qui étaient réclamés par les deux Conseils de la Lozère et de l'Aveyron.

§ V.

Partage repoussé et mise en valeur réclamée par deux Conseils généraux au moyen de la conversion en bois ou de locations, suivant la valeur réelle, au profit des sections.

22. Dans le Puy-de-Dôme, ainsi que l'a constaté le Conseil général, en 1863, il y a une étendue de près de 80,000 hectares de biens communaux, sur lesquels 9,457 hectares sont soumis au régime forestier. Peu de ces biens appartiendraient aux communes; ils seraient en majeure partie la propriété des sections, par cette raison, la seule du moins qui est invoquée, qu'en général, la population des communes est éparse sur un territoire plus ou moins étendu, comme si la commune devait se morceler en autant de communautés distinctes, qu'elle renfermerait de groupes de population, ou de hameaux, ou de maisons isolées, parce que ces villages se trouveraient plus ou moins à proximité d'importants ou de chétifs communaux. La jouissance commune, continue le Conseil général, ne peut avoir lieu qu'au moyen du pacage; elle a l'inconvénient de rendre stérile des propriétés qui, livrées à une jouissance particulière, seraient fertilisées par la culture, augmenteraient la production alimentaire et porteraient un peu d'aisance où il n'y a que de la misère; elle ne profite qu'au riche qui envoie ses bestiaux à la dépaissance, tandis que le pauvre gémit de ne pouvoir tirer parti de sa part de propriété. Par ces raisons, le Conseil se prononce contre la jouissance en commun, et il propose, comme moyen de la faire cesser et de vaincre la résistance qu'on pourrait rencontrer, la conversion en bois ou l'allotissement par feu, à l'exclusion des fermiers ou colons de la jouissance, moyennant une redevance dont l'importance serait fixée, selon les circonstances, par des experts, ou encore le bail au plus offrant et dernier enchérisseur, sous la condition que les redevances seraient versées dans la caisse municipale ou dans la caisse des dépôts et consignations, au profit des sections propriétaires, pour servir à leurs besoins, par exemple, à la création des établissements qui leur sont nécessaires, tels que fontaine, lavoir, chemin.... comme si la commune n'était pas tenue de faire toutes ces choses avec ses ressources ordinaires ou avec la fortune des sections, lorsque, exceptionnellement, elles en ont une. Sur les observations d'un membre tendant à ce que les communaux puissent être aliénés dans certaines circonstances, par exemple, pour subvenir à l'acquittement des dettes communales ou à la réalisation dans la commune d'améliorations urgentes et indispensables, le Conseil, par l'organe du rapporteur de la commission qu'il avait nommé et par son vote, a répondu qu'il ne repoussait que les aliénations forcées et qu'il admettait par conséquent celles qui auraient lieu dans les cas qui viennent d'être indiqués.

22. En 1865, le même Conseil s'est associé aux mesures déjà prises qui avaient pour but de rechercher et de constater les anticipations commises sur les biens communaux; il a, en outre, prié le Préfet de faire dresser un décompte des sommes rentrées aux communes par suite de la vente des communaux usurpés. Il admet ainsi que les prix de ventes profitent aux communes.

24. Dans sa session de 1863, le Conseil général de la Loire avait sursis à se prononcer sur ce qu'il convenait de faire à l'égard des biens communaux.

En 1864, après avoir constaté qu'il existe dans le département 8,276 hectares de biens communaux appartenant, dit-il, mais sans expliquer comment, 3,500 hectares aux communes et 4,776 hectares aux sections de communes, il a admis « que » le bail et les allotissements de jouissance, moyennant des » redevances annuelles et des conditions d'améliorations peu- » vent être des moyens utiles, dans certains cas, pour tirer » parti des biens des sections de communes et les mettre en » valeur; » il ne s'est prêté à la vente que pour des parcelles détachées et d'une petite étendue; il a repoussé énergique- ment le partage qui gratifierait les communistes actuels aux dépens des générations futures, et sans aucun examen de la situation des sections dans les communes, c'est-à-dire du rôle insignifiant qu'elles ont à jouer, il a émis l'avis que toutes les sommes qui proviendraient des biens sectionnaires devraient tourner au profit des sections.

En 1866, le même Conseil a constaté que des reboisements avaient déjà eu lieu sur 265 hectares de terrains appartenant aux communes, et il a adopté le projet de reboisement de 145 hectares d'autres terrains appartenant à la commune de Burdignes.

On doit penser, d'après ces constatations, ou que l'Adminis- tration et le Conseil général ne voient plus, dans la Loire, que des biens appartenant aux communes, ou qu'il n'y a que les biens des communes qui puissent être améliorés.

§ VI.

Locations, aliénations par adjudication ou par attribution de lots, moyennant la valeur réelle des biens communaux et améliorations des mêmes biens par des plantations en bois taillis et de haute futaie et par la création de prairies, de prés-bois et autrement, au profit, dans tous les cas, des communes, réclamés, avec une grande et persévérante énergie, par tous les autres Conseils généraux, et surtout par quarante-trois, qui indiquent les moyens qui doivent être employés.

25. Tous les autres Conseils généraux, et plus particulièrement les quarante-trois dont les délibérations vont être analysées, provoquent ou encouragent, au profit des communes, la location par tous les moyens autorisés par la loi, l'aliénation sous toutes les formes permises et l'amélioration par le boisement, par la création de prairies, de prés-bois et autrement, et par l'aménagement des bois existants.

Ainsi :

26. 1º Le Conseil général de la Haute-Loire, dans ses délibérations de 1863 et de 1864, a adopté, au profit des communes, le bail pour tous les biens et la vente pour des besoins justifiés, moyennant la valeur réelle. Il n'a admis le partage que subsidiairement pour un prix qui pourrait descendre au vingtième de cette valeur.

A l'occasion de l'attribution des prix à la commune, une discussion s'est engagée en assemblée générale. La commission avait trouvé qu'au point de vue du droit strict, cette attribution paraîtrait exorbitante. Un membre a prétendu qu'elle attenterait aux droits de propriété des sections. Il lui a été répondu, par le rapporteur, que le droit de ces fractions de communes n'étant reconnu par aucun texte légal, la com-

mission avait pu ne pas le prendre pour base de ses conclu-
sions. Ce membre dissident est alors convenu que le droit des
sections n'était écrit, en effet, dans aucune loi.

En 1865, le même Conseil a constaté que, depuis la loi de
1860, le reboisement de 4,427 hectares de terrains communaux
appartenant à vingt-quatre communes, avait été déclaré d'utilité publique, avait été exécuté et avait réussi.

27. 2° Dans les Basses-Pyrénées, ainsi que l'ont affirmé les
délibérations du Conseil général prises en 1863, les prix des
locations, dont profitent les communes, s'élevaient annuellement, dès 1861, à 240,028 fr.

Depuis quatre ans, a dit le même Conseil, en 1865, deux
cent cinq communes ont été autorisées à aliéner, et ont vendu
4,970 hectares de terrains communaux. D'autres autorisations
avaient été précédemment accordées, et le chiffre total des
ventes, depuis huit ans, était, en 1865, de 10,000 hectares, qui
ont produit, au profit des communes, 3,500,000 fr. D'autres
aliénations, qui donneront près d'un million, si elles ne le dé-
passent pas, sont en outre autorisées.

En 1866, il a encore été constaté, dans les délibérations
du même Conseil général, qu'à la fin de 1865 une Compagnie d'irrigation avait acheté, au prix de 650 fr. l'hectare,
une superficie d'environ 1,100 hectares de landes appartenant
à diverses communes; que l'Administration avait autorisé
soixante-douze communes à aliéner près de 900 hectares de
biens communaux; que cette mesure avait eu de féconds résultats, non-seulement en changeant la nature de terrains
abandonnés souvent, incultes toujours, mais encore en permettant aux communes qui en ont profité de consacrer le produit
de ces ventes à des améliorations d'une grande importance et
en augmentant considérablement leurs revenus.

28. 3° Dans la Côte-d'Or, le Conseil général disait, en 1863,

que sur sept cent vingt-quatre communes deux cent quatre-
vingt-dix-huit possédaient des biens susceptibles d'amélioration; que ces terrains comprennent environ 5,000 hectares, et
que le bénéfice probable semble devoir s'élever à 2,800,000 fr.
sur le capital; que la vaine pâture paraît être une des raisons
qui s'oppose à l'application de l'amélioration désirée; que la
commune de Vielverge, cependant, est un beau type à offrir;
que pour 9,000 fr. de dépense elle a disposé 55 hectares de terres
qui sont aujourd'hui amodiées 3,823 fr., et que beaucoup d'autres améliorations aussi utiles sont en voie d'exécution.

On sait, d'ailleurs, que des locations se font ainsi dans toutes les parties de ce département, au profit des communes,
dans de larges proportions.

29. 4° Dans Saône-et-Loire, l'amélioration des biens communaux se faisait, dès 1863, suivant que l'ont attesté les procès-verbaux du Conseil général, par des reboisements, au
profit de la fortune communale, au moyen de sacrifices des
communes et de subventions du département et de l'État.

Dans le même département, le Préfet expliquait, en 1865, au
Conseil général, qu'il était à désirer que les dispositions nouvelles, surtout pour les biens des hameaux, permissent aux
Conseils municipaux de mieux utiliser le domaine communal
encore improductif, et missent fin aux discussions regretta-
bles que la jouissance des biens sectionnaires soulève presque
toujours. Arrivant ensuite aux moyens qui étaient mis en
pratique, il déclarait que les ventes de terrains communaux,
réalisées en 1864, avaient produit la somme de 167,198 fr. 74 c.,
qui a été employée soit à acheter des rentes sur l'État, soit à
procurer aux communes les édifices qui leur manquaient, et
que ce n'est que dans ces deux cas qu'il autorise la vente des
immeubles susceptibles de revenus.

En 1866, on lit dans le livre des délibérations du même Conseil que la situation des communes accuse une grande progres-

sion dans leurs revenus fonciers, qui ne s'élèvent pas à moins de 1,385,039 fr. en fermages, en coupes ordinaires de bois, en taxes affouagères et de pâturage et en coupes extraordinaires de bois. On y voit encore que des aliénations ont été faites en 1865, au profit des communes, jusqu'à concurrence de 178,949 fr., et qu'indépendamment des revenus fonciers, les communes ont des rentes sur l'État et sur particuliers, montant à 106,990 fr.

Enfin, le Préfet, qui s'était déjà préoccupé des prétentions des sections qui vont sans doute croissantes, a ajouté que cette progression des ressources des communes se ralentirait peut-être dans l'avenir, du moins pour le revenu des terrains en culture, car la question des biens de sections présente chaque jour des difficultés nouvelles. Dans certaines localités, les Conseils municipaux renoncent à réamodier des propriétés de cette nature, qui cependant, depuis plusieurs années, produisent de magnifiques récoltes, et qui désormais deviendraient des terrains presque improductifs.

On ne peut s'expliquer cette crainte du Préfet et du Conseil général que par le fâcheux effet que peuvent produire sur les populations et sur les Conseils municipaux certains enseignements que nous considérons comme malheureux; mais n'anticipons pas sur la discussion, nous la ferons d'autant plus forte que nous l'aurons mieux préparée.

30. 5° Dans la Haute-Marne, le Conseil général a constaté, en 1863, « que presque toutes les terres susceptibles de cul-
» ture et de productions agricoles ont été mises en ferme par des
» baux à longs termes et sont venues ainsi à la fois augmenter
» les ressources budgétaires annuelles ordinaires, favoriser
» l'alimentation publique et permettre aux communes de rapi-
» des et nombreuses améliorations. »

31. 6° Dans la Haute-Savoie, le Conseil général a constaté,

» en 1863, que parmi les biens communaux les uns sont desti-
» nés à l'amodiation, et que dans soixante-quatre communes,
» ils donnent 17,500 fr. de fermages ; les autres à l'allotissement,
» et qu'ils rapportent, dans sept communes, 3,500 fr. de reve-
» nus ; d'autres à la jouissance en commun, moyennant des
» taxes de pâturages, et que dans quarante-huit communes,
» ils accroissent les ressources annuelles de 13,000 fr. ; quelques-
» uns à être vendus, et que ces derniers biens fournissent, dans
» vingt-cinq communes, approximativement 70,000 fr. ; que les
» résultats ainsi obtenus, dans ces communes, sont très-impor-
» tants si l'on considère surtout que l'Administration a eu à
» lutter contre une routine intéressée, comme il arrive par
» exemple pour les pâturages à portée des gros propriétaires. »

Après avoir signalé ces faits, le Conseil, sur le rapport d'une
commission qu'il avait nommée, a exprimé le désir « qu'au-
» cune localité du département ne néglige les moyens précieux
» qui viennent d'être indiqués d'accroître ses ressources. »

Sur une autre proposition du Préfet, le Conseil a émis encore le vœu « que cet administrateur provoque des aliénations
» de biens communaux et même de ceux qui sont soumis au
» régime forestier, en vue de faire face plus promptement aux
» dépenses de la vicinalité. ».

En 1866, dans le même département, le Préfet a expliqué
que l'un des moyens les plus efficaces d'améliorer la situation
des communes était la mise en valeur de leurs biens ; que les
Conseils municipaux l'ont compris, et qu'un meilleur mode de
gestion de ces biens, le soin qui a été apporté à en tirer parti,
et les aliénations qui ont eu lieu ont procuré d'importantes
ressources, qui ont diminué les centimes additionnels extraordinaires et servi soit à éteindre des dettes ou à améliorer la
situation budgétaire, soit à entreprendre de nombreux travaux,
notamment dans la vicinalité.

Le Conseil a remercié le Préfet des efforts qu'il faisait pour
augmenter les ressources des communes, soit par une meil-

leure gestion (des locations au profit des communes au lieu de jouissance en commun) des fonds communaux, soit au besoin par la vente d'une partie de ces fonds, et s'est ainsi associé aux amodiations, aux aliénations et au bien-être qui en résulte pour les populations.

82. 7º Une commission du Conseil général de la Gironde a constaté, en 1864, qu'il existait dans le département 108,000 hectares de biens communaux, dont les communes étaient propriétaires, à l'exception de 7 à 8,000 hectares que les sections pourraient peut-être justifier leur appartenir. Elle a ensuite émis l'avis que le meilleur moyen de mettre ces biens en valeur était la vente au profit des communes, suivant la loi du 18 juillet 1837, et que les aliénations devaient être faites aux enchères sur des mises à prix déterminées à l'avance, après une publicité sérieuse et réelle ; mais en présence d'objection sur l'importance et la situation des biens qu'un certain nombre de sections pourraient justifier leur appartenir, elle a proposé de surseoir à se prononcer sur le Questionnaire de M. le Ministre. Le Conseil a admis en tous points l'opinion de la commission.

En 1865, M. le Préfet de la Gironde a fait connaître que la plupart des communes avaient vendu ou amodié leurs communaux, et que peu de sections en possédaient encore. Le Conseil général, après avoir reconnu que les sections de communes ne pourraient plus guère justifier de droit de propriété que sur 2,300 hectares environ, a déclaré que la situation générale des biens communaux ne comportait pas de nouvelles mesures législatives pour en faciliter la mise en valeur, et que les lois actuelles et le droit commun suffisaient parfaitement à la solution de toutes les difficultés qui pouvaient se produire ; il a, en conséquence, confirmé les avis qui précèdent, consistant à dire que le meilleur moyen d'utiliser les communaux était de les aliéner aux enchères publiques, suivant la loi de 1837, au profit des communes, et que les lois municipales actuelles et le droit commun étaient suffisants.

Des locations ont aussi eu lieu dans le département.

23. 8° Pendant la session de 1864, le Conseil général de la Somme a constaté que les communes amodiaient ou aliénaient leurs communaux, au profit des caisses municipales; il s'est associé aux moyens de l'Administration départementale de les livrer ainsi à la culture; il a même été jusqu'à proposer de prescrire d'office la location de parties de marais qui ne sont pas nécessaires au pâturage commun. Il s'est, à cet égard, ainsi exprimé : « Les efforts les plus actifs et les mieux soutenus » ont été faits auprès du Conseil municipal de Vron, pour lui » faire comprendre combien il importait de ne point laisser » plus longtemps improductifs les biens communaux; mais » dans cette commune, les cultivateurs aisés trouvent très- » avantageux d'exploiter ces biens à leur profit, en les faisant » pâturer par leurs bestiaux. Le sentiment de l'égoïsme est » même poussé si loin que cent ménages, qui ne possèdent que » des chèvres, n'ont pas le droit de les envoyer sur les friches. » Un pareil état de choses ne blesse pas seulement les règles » de la justice et de l'équité, il est en outre contraire, au point » de vue financier, à tous les principes d'une bonne adminis- » tration. En effet, l'autorité municipale, qui témoigne une pa- » reille insouciance, laisse tomber en ruine et se délabrer l'é- » glise, le presbytère et les écoles de garçons et de filles. » Le Conseil municipal de la commune de Bailleul, comme le Con- seil général de la Haute-Vienne, s'oppose à l'amélioration des communaux par des locations et des aliénations; il fait valoir « que la mise en valeur de ces biens causerait un préjudice à » la classe pauvre et ouvrière, parce qu'elle lui enlèverait la » jouissance du pâturage. C'est précisément au nom de cette » classe nécessiteuse qu'il convient de faire produire aux » marais de Bailleul tout le revenu qu'il est susceptible de

» donner, et comme le fait très-bien remarquer M. le Préfet, le
» bien-être de l'ouvrier des campagnes suit généralement le
» développement de l'agriculture dans son pays. »

C'est par ces raisons que le Conseil général de la Somme a
déclaré « qu'il était urgent de donner un exemple salutaire
» aux administrations communales qui s'obstinent encore à
» laisser exploiter par quelques privilégiés des biens qui ap-
» partiennent à toute la généralité des habitants », et qu'il a
demandé, avec une fermeté qu'on devrait rencontrer partout,
l'amélioration des biens communaux et leur location d'office.

En 1866, le Préfet et le Conseil général du même département ont pu dire avec une satisfaction que nous partageons :

1º Que les produits des biens communaux s'élèvent, en reve-
venus, à..................................F. 414,697
Et en capitaux, à.................... 4,075,688

2º Qu'une grande partie de ces produits est employée en rentes sur l'Etat, au profit des communes, et que le surplus sert
aux dépenses ordinaires et extraordinaires;

3º Que les taxes de pâturage ont été élevées, en 1865,
de 4,570 fr. dans quatre communes;

4º Et que de nombreux projets d'amélioration sont à
l'étude.

On peut, à cet heureux département, appliquer cet adage
que vouloir c'est pouvoir. Que d'améliorations s'y réalisent, en
effet, par la bonne et ferme entente de l'Administration et du
Conseil général.

34. 9º Dans les Landes, ainsi que le disent les délibérations
du Conseil général de 1864, l'aliénation des biens communaux
est réclamée et se réalise « pour donner satisfaction aux be-
boins communaux. »

35. 10º Les reboisements se font régulièrement dans les
Pyrénées-Orientales avec des sacrifices des communes et des

subventions de l'État et du département, ainsi que l'ont expliqué le Préfet et le Conseil général en 1864.

Ainsi, pendant l'hiver 1863-1864, il a été effectué des travaux sur une étendue de 82 hectares 20 ares, appartenant à dix communes.

34 hectares avaient été précédemment reboisés.

La contenance totale des bois communaux soumis au régime forestier est de 19,595 hectares.

Les autres terrains communaux incultes se mettent aussi en valeur, suivant la loi, dans les termes de projets préalablement dressés et approuvés.

En 1866, le même Conseil général a constaté que ces terrains avaient une étendue de 11,308 hectares, et que leur mise en valeur devrait s'opérer dans les termes de la loi, avec les ménagements nécessaires, pour que la mesure soit appliquée successivement, de manière à ne pas rendre trop difficile la situation des communes qui ne peuvent pas être tout à coup privées de tous les pâturages.

36. 11° En 1864, les procès-verbaux du Conseil général de la Charente ont constaté les faits suivants :

En exécution de la loi de 1860, il a été procédé à la reconnaissance des terrains communaux pouvant être mis en culture.

Quatre-vingt-une communes possèdent des biens communaux en terrains humides et en terres incultes, d'une contenance de 719 hectares.

Divers projets d'amélioration se préparaient.

La valeur des terrains, avant les travaux, était portée à............F. 444,000
Les travaux ont été évalués............ 178,000

TOTAL............F. 622,000
La valeur après les travaux sera de............ 1,017,000
La plus-value sera donc de............F. 395,000

Un projet par arrondissement est à l'étude.

37. 12º Dans l'Oise, toujours en 1864, le Conseil général a émis un avis favorable sur les projets de mise en valeur :

1º De 7 hectares 47 ares de marais appartenant à la commune de Braisne, selon la demande de la municipalité ;

2º de 5 hectares 52 ares, également de biens communaux, appartenant à la commune de Géraumont, contrairement à l'opinion du Conseil municipal ;

3º Et de 9 hectares 33 ares de marais appartenant à la commune de Condun, malgré une délibération contraire du Conseil municipal.

On sait déjà que dans ce département les biens communaux s'afferment et s'aliènent depuis longtemps au profit des communes.

38. 13º Dans le Jura, des locations ont eu lieu, et le Conseil général « pensait, en 1864, qu'il y avait d'utiles améliorations » à réaliser, notamment par l'amodiation, partout où la main- » d'œuvre peut le permettre, et qu'il serait à propos, sur les » autres points, d'opérer la mise en valeur par parties et suc- » cessivement, par la création de prés-bois que les communes » préfèrent au reboisement absolu et qui leur procurent, en » effet, à moins de frais et plus promptement, des résultats » plus avantageux. »

39. 14º Le Préfet de la Haute-Saône rapportait au Conseil général, en 1864, « que des dispositions étaient prises pour » hâter la mise en valeur des terrains communaux dans trois » cent quatre-vingt-dix-sept communes ; que beaucoup de ces » communes ne paraissaient pas comprendre les avantages qui » leur sont offerts, mais que leurs délibérations n'étaient pas » moins renvoyées aux ingénieurs pour examen et études des » projets, par application de la loi de 1860. » M. le Préfet expli- quait ensuite, d'après des renseignements statistiques du ser- vice forestier, « que les communes possèdent 113,591 hectares

» 32 ares de bois communaux, dont 28,879 hectares forment le
» quart en réserve ; que pendant l'année précédente, 1863, indé-
» pendamment des coupes délivrées en nature aux communes
» et de quelques produits accessoires, deux cent deux autres
» coupes ordinaires et extraordinaires et sept cent trente-deux
» arbres avaient été adjugés pour un prix de 1,108,680 fr.; que
» sur la proposition de M. le Conservateur des forêts, il a engagé
» les Conseils municipaux des communes, propriétaires de bois
» d'une certaine importance, à voter l'aménagement du quart
» en réserve pour être exploité en coupes réglées; que cette
» nouvelle mesure a été accueillie par un bon nombre de com-
» munes; qu'elle leur promet de réaliser des produits extraor-
» dinaires à des époques déterminées à l'avance, et qu'elle leur
» procurera par conséquent des moyens assurés de parer à tous
» les besoins et d'entretenir convenablement et en temps utile,
» leurs édifices, leurs rues, chemins, etc. »

En 1865, les délibérations du Conseil général du même département constatent que l'Administration n'a pas besoin de
recourir à des mesures de rigueur, que les communes ont, en
effet, consenti à vendre et à affermer, à améliorer elles-mêmes ou à placer sous le régime forestier d'importantes parties
de leurs biens communaux qui ne donnaient aucun revenu.

En 1866, le Préfet ajoutait aux explications qu'il avait précédemment données que les terrains vagues et improductifs sont
mis en valeur alternativement, selon les circonstances, par
l'amodiation, par des taxes de pâturage et par la soumission
au régime forestier.

40. 15° Dans le Cher, suivant les délibérations du Conseil
général de 1864, quarante-neuf communes avaient affermé une
notable partie des communaux; vingt-deux avaient voté des
affermages, d'autres avaient établi des taxes de pâturage; et
pour celles qui n'utiliseraient pas leurs biens, le Conseil a ma-
nifesté, comme il l'avait précédemment fait, la volonté d'em-

ployer contre elles, de concert avec l'Administration, les moyens coercitifs que la loi de 1860 met à la disposition de l'Autorité départementale.

En 1865, le Conseil général a répété que les terrains communaux se mettaient en valeur; que dix communes seulement avaient refusé ou négligé de le faire; que pour quatre, il n'a pas encore été appelé à se prononcer, mais que pour les six autres, il a émis l'avis que les moyens énergiques prévus par la loi fussent employés.

En 1866, le même Conseil résume ainsi les progrès qui ont été réalisés :

Communaux affermés au profit des communes... 3,355ᵇ 98ᵃ
Terrains dont la mise en valeur ou la vente a été décidée.. 865 74

TOTAL.................... 4,221ʰ 72ᵃ

Revenus des biens communaux déjà affermés au profit des communes...F. 108,385 50

De pareils résultats ne sont pas moins éloquents, en faveur des communes ou, en d'autres termes, du principe de l'unité communale, que ceux déjà constatés dans beaucoup d'autres départements.

41. 16° Dans les Vosges, ainsi que l'expliquent les délibérations du Conseil général de 1864, près de 250 hectares de biens communaux ont été loués aux enchères publiques. Tous les moyens d'augmenter les revenus communaux ont été employés : les reboisements, le drainage, d'autres travaux et l'établissement de taxes de pâturages ont pris une extension considérable; les administrations municipales aliènent même des coupes affouagères, pour combler les déficits de leurs caisses et pour faire des travaux d'utilité publique. Aussi le Conseil général, en constatant cet accroissement de la richesse des

3

communes, adresse-t-il de chaleureux remercîments à l'honorable Préfet qui dirige aussi bien les municipalités.

Les améliorations ont été continuées, ainsi que l'affirme le Conseil général en 1865; de nombreux projets de mise en valeur étaient en cours d'exécution dans trente-trois communes; il ne restait que dix communes à visiter: les projets d'amélioration n'avaient été écartés que dans dix-huit communes, faute de ressources ou pour cause de partage de jouissance, moyennant des redevances ou des locations à longs termes.

En 1865, le Préfet constate que les communes ont compris tous les avantages qui devaient résulter des améliorations des biens communaux, et que le but de la nouvelle législation a été à peu près atteint dans les Vosges.

Le Conseil général, à son tour, signale les améliorations considérables qui ont été apportées, ajoute qu'elles ont augmenté d'une manière notable le capital et le revenu des communes, et s'étonne, en terminant, de ce que quelques Conseils municipaux laissent encore, livrés à la pâture, au profit de quelques habitants, des terrains qui, reboisés ou mis en culture, donneraient d'importants produits.

42. 17° La mise en valeur avait lieu dans les Deux-Sèvres, au profit des communes, au moyen de locations, dès 1863. Les délibérations prises par le Conseil général de ce département, en 1864, en font foi.

En 1865, le même Conseil a constaté que des projets d'amélioration de 959 hectares de marais, terrains humides et terres incultes, devaient donner lieu à une dépense de 56,000 fr. et procurer une plus-value de 459,000 fr.; que cette dépense serait payée, soit par des taxes de pâturage, soit par des affermements des communaux, et que quelques communes, dont la dépense serait plus forte, ont demandé et obtenu l'autorisation d'aliéner une partie de leurs biens pour se créer les ressources nécessaires.

En 1866, le Conseil général s'occupe encore de projets d'a-
méliorations dans l'intérêt des communes.

43. 18° Le Conseil général de la Drôme s'était, en 1864,
montré favorable aux aliénations ; il a même réclamé la vente
de communaux pour la construction d'un pont, d'une avenue
et d'une église.

En 1865, il a ainsi constaté les résultats déjà obtenus :

Coupes ordinaires de bois vendues moyennant.F.	120,101	»
Coupes extraordinaires de bois vendues moyennant	56,673	25
Coupes ordinaires délivrées en affouages	35,506	»
Coupes extraordinaires également délivrées en affouages	6,347	»
Taxes sur les coupes au profit des communes	10,121	»

Il explique encore, en se reportant à ses précédentes délibérations, que l'emploi des ressources en argent se fait notamment en constructions d'édifices publics.

On voit, dans les délibérations de 1866, que les améliorations des biens communaux se continuent toujours.

44. 19° Dans le Doubs, ainsi que l'atteste le registre des
délibérations du Conseil général de 1864, cent trente-sept communes avaient, à cette époque, affermé leurs communaux d'une
contenance de plus de 5,000 hectares. Les autres desséchaien
leurs marais, assainissaient les terres humides et exécutaient
d'autres travaux sur les terres incultes, afin d'augmenter leurs
revenus.

Les mêmes améliorations ont été continuées d'après les déli
bérations de 1865 et de 1866. Ainsi, de nombreux projets de mise
en valeur sont en cours d'exécution ou à l'étude, et l'Administration agit toujours, par la voie de la persuasion, pour faire
réaliser l'amélioration des communaux, au moyen d'affermages
ou d'aliénations.

45. 20° Dans la Marne, le Conseil général a, en 1864, constaté, avec le Préfet, que les communes faisaient assainir les marais couverts d'eau et drainer les terres humides, et qu'elles vendaient, ou louaient, ou plantaient les terrains incultes. Il a ajouté que l'importance des projets d'améliorations, exécutés et en cours d'exécution, démontrent que toute opposition à ces améliorations a cessé, et que les communes comprennent parfaitement les avantages qu'elles peuvent retirer des mesures que la loi de 1860 autorise.

En 1865, les délibérations du même Conseil indiquent que des améliorations ont été réalisées, dans six cent trente-huit communes, sur 1,727 hectares de marais, terrains humides et terres incultes ; que d'autres améliorations sont en cours d'exécution sur presque autant de terrains ; qu'il ne reste à visiter que vingt-huit communes, et que toutes ont parfaitement compris les avantages qu'elles retiraient et qu'elles pouvaient retirer de ces améliorations.

En 1866, le Conseil général a constaté 1° que les terrains communaux susceptibles d'amélioration ont été divisés dans chaque commune en trois catégories : marais que des assainissements suffisent pour rendre à la culture ; terrains humides qui ont besoin de drainage et terrains incultes qui, généralement, sont vendus ou loués, ou plantés ; 2° et que les nouveaux projets d'améliorations, en cours d'exécution, s'appliquent à 1,220 hectares.

46. 21° Deux cent quarante-cinq communes de l'Ain avaient, en 1864, suivant les affirmations du Conseil général, réclamé et obtenu des subventions de l'État et du département pour améliorer leurs communaux et augmenter ainsi leur fortune territoriale et leurs ressources budgétaires.

En 1865, le même Conseil général constate encore que la mise en valeur des marais et terres incultes des communes se continue sans qu'il soit besoin de recourir à des mesures coercitives. Le Préfet déclare qu'il a néanmoins cru devoir faire connaître aux communes l'état de la dernière jurisprudence concernant les biens sectionnaires. Une pareille communication ne fera-t-elle pas surgir des prétentions de la part d'usurpateurs ou d'habitants de villages qui voudront conserver, les premiers, les biens qu'ils détiennent indûment, et les seconds, des jouissances en nature funestes à tous progrès.

En 1866, M. l'Ingénieur, chargé du service de l'assainissement des terrains incultes, a constaté de nouvelles améliorations : une commune a desséché un marais; une autre a fait planter en vignes 6 hectares de terrains ; une troisième a créé une prairie artificielle ; sept ont mis leurs terrains en valeur en les amodiant aux habitants; enfin, d'autres opèrent des dessèchements ou manifestent l'intention d'en faire.

47. 22° Dans le Rhône, le Conseil général a approuvé, en 1864, des projets d'amélioration ; mais en expliquant que les communes préfèrent affermer ou aliéner leurs biens et qu'elles en disposent ainsi.

En 1865, il a attesté que 335 hectares de biens communaux avaient été mis en valeur, et que 251 hectares d'autres terrains communaux avaient été reboisés, sans qu'aucun acte de rigueur ait été nécessaire.

En 1866, il a trouvé que 68 hectares 10 ares de communaux, appartenant aux communes, avaient encore été reboisés.

48. 23° Le Conseil général de l'Hérault, tout en aidant la transformation des communaux, pousse les communes à augmenter leurs revenus par des ventes ou par des locations, ainsi que le montrent ses délibérations de 1864.

En 1866, il signale les résultats suivants :

La contenance des bois communaux, qui était déjà, en 1864, de 13,893 hectares 84 ares, a été portée, en 1865, à 16,682 hectares.

Les coupes vendues ont produit 125,052 fr., et il a, en outre, été délivré aux communes des coupes de bois mort pour les besoins des magnaneries et le chauffage des habitants.

L'amodiation est la règle; la jouissance en commun est l'exception. Sur quarante-huit communes, six seulement ont demandé et obtenu l'application du système exceptionnel.

Le produit des amodiations est de 16,141 fr.

48. 24° Dans la Seine-Inférieure, le Conseil général a ainsi constaté, en 1864, la situation des communes : « Notre département, a-t-il dit, a heureusement échappé au danger qui le » menaçait il y a un certain nombre d'années, et auquel il » n'aurait pas échappé s'il avait suivi l'exemple de contrées » voisines où les biens communaux, qui donneraient aujour- » d'hui des revenus considérables, se sont trouvés partagés » entre les habitants, pour des prix qu'ils fixaient eux-mêmes, » sans concurrence, et par conséquent bien inférieurs à la va- » leur des terrains (comme voudrait le faire le Conseil général » de la Haute-Vienne et trois autres Conseils). M. Dupont Dela- » porte, sous l'administration duquel ce déplorable envahisse- » ment a été tenté, l'a énergiquement repoussé. Nous en devons » de la reconnaissance à sa mémoire. Nous devons aussi re- » mercier l'éminent magistrat, aujourd'hui à la tête du départe- » ment, d'être resté dans cette salutaire voie, en n'accordant » aux communes l'autorisation d'aliéner leurs immeubles que » dans les cas de nécessité bien constatée, et en préférant les » locations dont les résultats donnent de beaux, solides et per- » manents produits. »

En 1866, le Conseil général du même département, se prononçant sur l'Administration communale et sur l'amélioration des biens communaux, a adopté ces paroles de son rapporteur : « M. le Sénateur Préfet nous fait connaître que les biens » communaux ne tarderont pas à être, sous le rapport de la

» production, au niveau des propriétés particulières. Les com-
» munes sentent le besoin de substituer l'amodiation aux an-
» ciers modes de jouissance plus ou moins défectueux ; elles
» se créent ainsi des revenus fixes qui leur permettent de sub-
» venir à leurs besoins, sans avoir recours à l'imposition ex-
» traordinaire. M. le Sénateur Préfet ne cesse d'encourager les
» communes dans cette voie d'amélioration. »

50. 25° Le Conseil général du Haut-Rhin a approuvé, en
1864, les projets dressés, en exécution de la loi de 1860, pour
l'amélioration et la mise en valeur des biens communaux appartenant à quatre communes.

51. 26° Le Conseil général du Pas-de-Calais a émis, en 186
l'opinion que les maires et les Conseils municipaux devaient
être invités à s'entendre sur les meilleures mesures à prendre
pour la mise en valeur des terrains communaux, soit au moyen
de travaux d'améliorations, soit au moyen de locations, au
profit des communes.

En 1866, le Préfet a constaté que, propriétaires de vastes
territoires, les communes, souvent enchaînées dans les dispositions surannées de vieux édits, ou dominées par le désir de
venir en aide aux habitants, ne tirent pas de leurs biens tous
les revenus qu'ils pourraient donner ; que l'Administration de
ses prédécesseurs avait obtenu d'importants progrès, et qu'il
a le ferme espoir de les continuer encore.

Le Conseil s'est associé aux efforts du Préfet et a appuyé le
vœu du Conseil d'arrondissement de Montreuil, demandant que
des mesures soient prises pour assurer l'amodiation des biens
communaux.

52. 27° Dans les Hautes-Pyrénées, les communes possèdent
136,301 hectares de biens communaux. Le Préfet et le Conseil
général ont attesté que la commune d'Andrest en a d'impor-

tants, dont l'assainissement et la mise en valeur intéressent, non-seulement la situation financière de cette commune, mais encore la salubrité, et ont réuni leurs efforts pour faire amodier ces biens par la commune elle-même ou par l'État. Les mêmes règles sont nécessairement appliquées dans les autres communes.

53. 28° Dans le département d'Eure-et-Loire, les communaux, suivant les constatations du Conseil général faites dans ses procès-verbaux de 1865, ont une contenance de 940 hectares 69 ares : 57 hectares ont été aliénés et affermés; d'autres portions sont en voie d'amélioration, et 240 hectares 24 ares sont assainis et plantés, ou en projet d'assainissement.

En 1866, le même Conseil général a affirmé que les études pour l'aliénation et la mise en valeur des biens communaux étaient terminées; qu'elles embrassaient tous les biens de cette nature qui se répartissaient entre quatre-vingt-seize communes, et enfin que les nouvelles aliénations et locations portaient sur 25 hectares 32 ares.

54. 29° Dans la Nièvre, le Conseil général a constaté, en 1865, que le meilleur moyen de mettre en valeur les biens communaux d'une commune qu'il indique, était de les aliéner, pour établir un champ de foire. Ce qu'il pense, pour une commune, à l'égard du droit de disposer des biens communaux, et d'en employer les prix, dans l'intérêt de la généralité des habitants de l'association entière, il l'admettrait nécessairement pour les autres communes.

55. 30° Dans l'Indre, le Préfet avait constaté, il y a quelques années, dans un rapport qu'il avait fait au Conseil général, que les Conseils municipaux des communes, dans lesquelles il existait des landes communales, se montraient généralement disposés à les livrer volontairement à l'agriculture, soit en les aliénant, soit en les affermant, et que déjà il avait accordé des autorisations d'aliéner et d'affermer des terrains communaux importants; qu'il existait néanmoins quelques exceptions; qu'ainsi, dans quelques communes, l'initiative des Conseils municipaux se trouvait paralysée par les prétentions élevées, soit par des particuliers qui n'avaient pas craint d'usurper certains biens communaux et qui tenaient à les conserver, soit par les habitants de hameaux se prétendant sectionnaires et revendiquant la propriété exclusive de terrains qui avaient toujours été considérés comme étant une propriété communale; mais que les questions de propriété seraient tranchées par les Tribunaux compétents, et que là où les Conseils municipaux étaient représentés comme ayant usurpé des terrains à la généralité des habitants, ils seraient remplacés, par des commissions municipales, pendant tout le temps que nécessiterait l'instruction des demandes judiciaires.

En 1865, le Conseil général a ainsi expliqué, à son tour, la situation nouvelle des communes relativement aux biens communaux :

Sur deux cent quarante-cinq communes, quatre-vingt-dix-huit possèdent des terrains communaux incultes d'une superficie de 5,600 hectares.

Les communes ont pris l'initiative des améliorations de leurs biens communaux, soit en les vendant, soit en les affermant.

Les ventes faites comprennent 881 hectares 68 ares; elles ont produit 223,946 fr.

Les biens affermés sont d'une contenance de 1,052 hectares 9 ares; ils produisent annuellement 15,423 fr. 63 c.

Des projets de ventes et de locations sont à l'étude.

De pareils faits d'améliorations ont été constatés, en 1866, dans le rapport, joint aux délibérations du Conseil général, de l'ingénieur chargé du service de l'assainissement des biens communaux. Cet ingénieur a ajouté que, partout où les propositions préfectorales avaient été accueillies, le mode d'utilisation adopté avait été l'affermage ou l'aliénation, et que c'est, en effet, le moyen le plus simple et le meilleur pour les communes, de tirer parti des terrains incultes, qui ne demandent, pour être rendus productifs, que des travaux ordinaires de défrichement.

56. 31° Dans le Loiret, ainsi que le constate le Conseil général en 1865, il est fait application de la loi de 1860 à des terrains humides appartenant à la commune de Danmarie en Puysage. On procède assurément de la même manière dans les autres communes. On sait d'ailleurs que des locations ont lieu dans ce département.

57. 32° Le Conseil général du Var s'est ainsi expliqué en 1865 :

Les reboisements opérés en 1864 ont eu lieu sur 288 hectares de terrains communaux.

Les bois des communes contiennent 44,426 hectares.

Les revenus des communes sont de 480,959 fr.

La commune des Arcs est celle qui donne le plus de soin à ses propriétés; elle a déjà des revenus considérables et on peut prévoir que, dans vingt-cinq ans, elle aura 100,000 fr. de revenus.

58. 33° Dans les Hautes-Alpes, a dit le Conseil général en 1865 et 1866, le reboisement se fait dans de larges proportions, et les communes demandent à l'État de les exonérer du remboursement des sommes qu'il dépense pour elles.

59. 34° Pendant les mêmes sessions de 1865 et 1866, le Conseil général de Seine-et-Marne a constaté que l'ensemble des terrains communaux, auxquels peut s'appliquer la nouvelle législation, est de 250 hectares, et que, pour presque tous ces terrains appartenant aux communes ou aux sections, il s'agit plutôt d'une augmentation de revenus que d'une mise en valeur réelle.

60. 35° Des dessèchements et des améliorations ont également lieu dans l'Isère, au profit des communes, ainsi que l'affirment les procès-verbaux du Conseil général des années 1865 et 1866.

61. 36° Les communes des Bouches-du-Rhône travaillent au reboisement de leurs biens communaux, suivant que le constate le Conseil général, dans ses délibérations de 1865 et de 1866.

62. 37° Dans le Gers, le sol forestier communal, ont dit les représentants de ce département, en 1865 et 1866, est de 1,549 hectares 54 ares; il donne un revenu de 24,046 fr. 95 c.

Les communes aliènent leurs biens communaux au profit de la caisse communale. Les produits de ces biens ont atteint, en 1865, 24,256 fr. 75 c.

63. 38° Les conseillers généraux de la Moselle ont constaté, en 1865 et en 1866, que la vente des bois communaux et le reboisement des terrains incultes se faisait sur une large échelle, par et au profit des communes.

64. 39° Dans les Basses-Alpes, on applique la loi de 1860, sur le reboisement. Les délivrances et la vente des coupes de bois communaux s'opèrent selon les besoins des communes et des habitants. C'est encore le Conseil général qui l'a constaté dans ses délibérations de 1865 et 1866.

65. 40° En 1866, les conseillers du département du Tarn ont attesté que les revenus des forêts communales s'élèvent à 75,409 fr.

66. 41° Dans l'Orne, a dit le Conseil général, en 1866, des études ont lieu pour l'application de la loi de 1860, à 538 hectares de marais, de terrains humides et de terres incultes.

67. 42° Dans la Dordogne, a expliqué le Conseil général, en 1866, les communes aliènent les biens communaux pour satisfaire aux obligations communales d'écoles, de presbytères et de chemins.

68. 43° Le Préfet des Côtes-du-Nord n'a pas hésité, en 1866, lorsqu'il se présentait pour la première fois devant le Conseil général, à réclamer, au profit des communes, la mise en ferme ou l'aliénation des 9,414 hectares de biens communaux, situés dans le département confié à ses soins. Il l'a fait dans des termes tout à la fois bienveillants et fermes, révélant un administrateur sérieux, comme nous aimons à en rencontrer, et avec d'autant plus d'autorité qu'il pouvait faire connaître, et qu'il indiquait, entre autres ventes, celles qui avaient été faites dans la commune de Plemet, et qui assurent à cette commune un revenu de 6,166 fr.

D'autres ventes ont été faites dans ce département, notamment dans la commune de Pontmelvez, pour la construction d'édifices publics.

69. Dans presque tous les départements, autres que ceux dont les délibérations et les paroles des Préfets viennent d'être résumées, on livre les biens communaux à la culture au profit des communes.

§ VII.

Résumé comparatif et critique des vœux des Conseils généraux.

70. Un seul Conseil général, sur quatre-vingt-neuf, réclame le partage gratuit des biens communaux qu'il suppose appartenir à des sections, entre les habitants de ces sections.

Un autre demande aussi le partage des biens qui, à ses yeux, appartiendraient aux sections, entre les habitants de ces fractions de communes, moyennant des redevances qui ne seraient calculées que sur un tiers au plus et sur le dixième au moins de la valeur réelle, et dont le montant tournerait au profit desdites sections.

Deux Conseils émettent également le vœu que les biens communaux, qui seraient la propriété des sections, fussent partagés, entre leurs habitants, moyennant des redevances très-faibles qui profiteraient aux communes.

Deux autres réclament des allotissements gratuits de jouissance entre les habitants des villages ou sections.

Deux autres demandent la mise en valeur des biens communaux, au moyen de leur conversion en bois ou de locations, suivant la valeur réelle, au profit des villages ou sections.

Il importe tout d'abord de remarquer que les quatre derniers de ces Conseils généraux n'engagent en rien l'avenir : deux, en effet, ne proposent que des allotissements gratuits de jouissance, le défrichement de landes ou le dessèchement de marais, et la mise en valeur de ces propriétés, peuvent entraîner des frais équivalents à des fermages, pendant une assez longue période d'années ; les dépenses des premiers travaux de mise en culture justifieraient, dans beaucoup de circonstances, des allotissements gratuits de jouissance, et après les améliorations qui auraient été ainsi réalisées, les Conseils municipaux pourraient réclamer et obtenir des prix de ferme. Les deux autres Conseils généraux proposent des plantations en bois ou des locations au profit, il est vrai, des villages ou sections ; mais les propriétés ne seraient pas aliénées, les communes n'en seraient pas dépouillées, et dans un temps plus ou moins éloigné, les Conseils municipaux, actuels ou futurs, guidés par les sages conseils des Préfets ou, dans tous les cas, par les vrais principes, pourraient, nous prouverons bientôt qu'ils devront, décider que les fruits civils des biens communaux, même des biens sectionnaires, resteront aux communes auxquelles les sections appartiennent.

Il ne reste donc que quatre Conseils généraux sur les quatre-vingt-neuf dont se compose la France, qui réclament le partage des biens communaux, entre les habitants des villages qui en seraient propriétaires : le premier gratuitement, le second moyennant de faibles redevances encore au profit exclusif des villages ou sections, et les deux autres, toujours moyennant de faibles prix, au profit aussi des villages quant au partage des biens, et en faveur des communes quant aux prix qu'ils donneraient. On voit que ces quatre Conseils généraux ne sont pas seulement dissidents avec les quatre-vingt-cinq autres ; mais qu'ils le sont entre eux-mêmes. Il ne pouvait en être autrement ; ils se sont mis en dehors de la voie légale ; ils s'égarent dans des sentiers tortueux et sans issues.

Il peut se présenter des cas où, nous ne dirons pas moyennant un dixième ou un vingtième de la valeur, mais moyennant un prix relativement faible, il serait sage d'aliéner, au moyen de partage, certains biens communaux mal situés, ou difficiles à mettre en valeur, ou qui ne rencontreraient pas d'amateurs, et nous admettons, pour ces cas exceptionnels, des ventes à prix réduits.

Les municipalités et l'Administration supérieure céderaient alors à des circonstances particulières dont elles resteraient juges et non à un principe fatal pour les communes.

Mais, 1° outre que les vœux de ces quatre Conseils généraux sont contraires à la loi, ils s'entre-détruisent par les conditions sous lesquelles ils sont faits : dans le Cantal, le partage ne devrait se faire qu'entre les propriétaires, tandis que
dans la Haute-Vienne, dans la Creuse et dans la Corèze, il se
ferait par feu ; dans la Creuse, il serait toujours obligatoire,
dans la Corrèze, il ne le serait que toutes les fois que les lots
ne seraient pas d'une contenance trop restreinte, et dans le
Cantal, il serait facultatif et ne pourrait avoir lieu que sur la
demande ou le consentement de la majorité des ayants-droit ;
le partage serait gratuit dans la Haute-Vienne, il se ferait à
titre onéreux dans le Cantal, dans la Creuse et dans la Corrèze ;
les prix ou soultes pourraient être plus ou moins insignifiants,
selon que les partages se feraient dans l'un ou dans l'autre de
ces derniers départements ; ces prix tourneraient dans deux de
ces circonscriptions au profit des communes et dans l'autre au
profit des sections, quoique les Préfets aient constaté que les
communes, dont ces sections dépendent, soient privées de mairie, de maison d'école et de presbytère convenable, qu'un
grand nombre d'églises soient délabrées et insuffisantes et que
des amodiations et des aliénations peuvent seules permettre de
réparer les édifices communaux et d'en faire là où il n'en existe
pas ; enfin, des Autorités diverses devraient intervenir dans
les opérations des partages : ainsi, dans la Creuse, le Préfet
prescrirait ces opérations, en Conseil de Préfecture, après enquête et après avis du Conseil municipal, du Conseil d'arrondissement et du Conseil général, tandis que dans le Cantal,
une commission syndicale serait instituée pour opérer le partage, et le Conseil général serait appelé à fixer les prix qu'il
pourrait abaisser au dixième de la valeur, et même le mode de
paiement.

2° Les vœux exceptionnels de ces Conseils isolés sont même
combattus dans les départements où ils sont émis : ainsi, dans
la Haute-Vienne, les Conseils municipaux, avec l'appui de

l'Administration supérieure, aliènent les biens communaux situés dans tout le territoire communal, dans tous les villages par conséquent, au profit de la généralité des habitants, pour établir des chemins, des places publiques, des halles, des maisons d'école et d'autres édifices municipaux ; treize communes de l'arrondissement de Rochechouart ont vendu 164 hectares 13 ares de terrains communaux, en moins de deux ans, moyennant 75,343 fr.; d'autres ventes ont été décidées dans cet arrondissement et dans les autres. Ainsi, des aliénations partielles ont eu lieu dans la Creuse; des membres des Conseils de la Creuse et de la Corrèze ont même soutenu les droits des communes qui, à leurs yeux, sont seuls propriétaires de tous les biens communaux; ainsi, enfin, les Préfets n'hésitent pas à se prononcer pour des locations et des aliénations, au profit des communes, afin d'assurer tous les services municipaux;

3° Le Ministre de l'Intérieur, afin que personne ne pût se méprendre sur la portée du Questionnaire qu'il avait reçu de la commission, et qu'il soumettait aux délibérations de quelques Conseils généraux, l'a accompagné de cette déclaration : que la législation en vigueur ne se prête pas aux combinaisons qui ont pour but des partages gratuits ou à vils prix. Cette législation, au contraire, favorise la mise en valeur des biens communaux, surtout par des locations qui assurent aux communes de belles et importantes ressources annuelles, tandis que les mesures sollicitées par ces quatre Conseils généraux dans des conditions diverses, et malheureusement encouragées par M. Aucoc, dépouilleraient les communes ou les villages de leurs biens, pour rien dans la Haute-Vienne, pour un tiers et même pour un dixième de leur valeur dans les trois autres. De pareilles mesures sont ennemies du bien public et du bien-être des populations; elles ont toujours été désastreuses, et il faut espérer qu'elles ne se produiront pas, à l'état de loi, dans notre siècle de lumière et de progrès; elles appauvriraient les communes sans enrichir les malheureux; elles sacrifieraient les économies du passé, et l'avenir au présent. Sous de menteuses apparences de bienveillantes et généreuses pensées, elles tromperaient le peuple, comme la fausse démocratie qui a amené la loi spoliatrice de 1793 l'a séduit, et elle n'enrichirait, comme à cette époque de triste mémoire, que d'ambitieux spéculateurs. Les pauvres, dans les départements où ils participeraient au partage, cesseraient vite d'être propriétaires de leurs lots; ils les cèderaient, comme autrefois, à vils prix, parce qu'ils ne pourraient en tirer parti, et la commune, ruinée par des partages improductifs pour elle, serait sans ressource pour venir à leur secours;

4° Les faits qui s'accomplissent dans les quatre-vingt-cinq autres départements et les votes de leurs Conseils généraux qui viennent d'être analysés, protestent aussi très-énergiquement contre les vœux plus ou moins spoliateurs des Conseils de la Haute-Vienne, du Cantal, de la Creuse et de la Corrèze. Ainsi, dans la Seine-Inférieure plus particulièrement, les partages gratuits ou à vils prix sont repoussés comme ruineux pour les communes; ainsi, dans l'Oise, dans la Haute-Saône, dans la Somme et dans le Cher, les moyens coercitifs sont employés ou conseillés contre les quelques municipalités qui s'obstinent à laisser incultes et à la disposition de quelques privilégiés, des biens communaux qui peuvent donner des revenus aux communes; ainsi, encore dans les Vosges, dans la Gironde et dans les Basses-Pyrénées, les meilleurs exemples sont donnés, en faveur de la mise en valeur, dans l'intérêt des communes, par des locations, par des aliénations et par des améliorations; ainsi, enfin, dans tous les autres départements on transforme les biens communaux, au profit des communes, par tous les moyens possibles.

5° Enfin, nos lois ne permettent pas de diviser et d'affaiblir les familles municipales en attribuant les communaux aux habitants des villages, en donnant à ces fractions du territoire municipal des revenus en argent, une caisse et une comptabi-

4

ité, en d'autres termes, une véritable organisation et une administration particulière, qui leur ont toujours été refusées, et en les élevant ainsi au rang des communes.

Avec ces lois, dont la suffisance sera bientôt évidente, et avec les vœux des Conseils généraux qui, dans leur ensemble, apportent de précieux enseignements, montrons bien vite, une dernière fois, que la dilapidation des biens communaux, par des partages gratuits, ou à vils prix, ou autrement, et le morcellement à l'infini des communes, par l'attribution d'une fortune mobilière aux sections, ne sont plus possibles, et que de l'unité et des prérogatives des associations municipales dépend et dépendra toujours leur prospérité.

CHAPITRE III.

ORIGINE, FORMATION ET ORGANISATION DES COMMUNES.

§ Ier. Communes des temps anciens, dans les Gaules, sous les Romains et sous les Barbares. — § II. Communes sous la féodalité jusqu'en 1789. — § III. Communes depuis 1789 jusqu'à notre époque. — § IV. Conclusion.

§ Ier.

Communes des temps anciens, dans les Gaules, sous les Romains et sous les Barbares.

71. La commune remonte aux temps les plus reculés ; elle n'a été originairement créée ni par le législateur ni par une volonté arbitraire ; « elle est, disait Royer Collard, comme la » famille avant l'État ; la loi politique la trouve et ne la crée » pas » ; elle est, en d'autres termes, de tous les temps ; c'est la nécessité qui l'a établie ; un certain nombre de familles se sont

groupées dans un même lieu ou sur des points rapprochés ;
elles se sont liées par un besoin de sécurité, le premier qui se
fait sentir, aussi bien dans une agglomération de quelques
individus que dans les grandes cités et même dans les États,
par des propriétés communes, par la jouissance indivise de ces
propriétés, par des charges solidaires, par des rapports de tous
les jours, par des habitudes résultant de relations incessantes
et qui se sont perpétuées de siècles en siècles et par les secours qu'elles ont été forcément appelées à se prêter et qu'elles
se sont mutuellement donnés dans leurs travaux, dans les nécessités de la vie et contre leurs adversaires communs. Des
intérêts se sont ainsi formés entre ces familles ; il a fallu les
gérer ; des administrateurs ont été chargés de ce soin, et la
commune a dès lors été fondée ; elle a sa raison d'être dans la
loi de sociabilité qui domine l'humanité ; elle forme une corporation particulière dans la grande société qui constitue l'État.
La nécessité, qui a ainsi réuni en communauté les familles qui
se sont fixées sur un même point, a maintenu l'association
communale qu'elles ont constituée et la maintiendra toujours.

Darest, dans son histoire des classes agricoles, explique, en
effet, « que dans les Gaules, avant les Romains, un territoire
» appartenait à une tribu, à un clan, à une famille, à une
» communauté, et que généralement les pâturages et les bois
» restaient dans l'indivision, » c'est-à-dire en commun entre
tous les habitants de ce territoire, pour la satisfaction de leurs
besoins.

Dalloz rend lui-même compte de l'origine des communes
dans les termes suivants : « La formation des communes et
» leur administration remontent au berceau des sociétés. A
» peine quelques familles se sont-elles réunies, qu'elles ont
» senti le besoin d'une administration intérieure et d'une po-
» lice locale. Sous des noms différents, on les retrouve partout
» et dans tous les siècles. »

Dans un rapport qu'il faisait à la Chambre des députés, à l'oc-

casion d'une loi sur l'administration municipale qu'il lui présentait, le 9 février 1829, M. de Martignac, Ministre de l'Intérieur, s'exprimait ainsi : « La commune, dans son existence
» matérielle, n'est pas une création de la puissance ; elle n'est
» pas, comme les départements, une fiction de la loi ; elle a dû
» précéder la loi ; elle est née comme une conséquence du voisi-
» nage, du rapprochement, d'habitudes non interrompues, de
» la jouissance indivise de propriétés communes et de tous les
» rapports qui en dérivent ; elle est le premier élément de la
» société, le véritable lien social ; elle ne peut être ni détruite
» ni ébranlée. »

Ainsi ont été fondées, par la nature et par la nécessité, les communes des premiers âges.

Les communes primitives n'avaient, sans doute, pas l'unité d'organisation qui appartient aux communes actuelles ; mais le pouvoir municipal, malgré la diversité qu'il a dû avoir, selon les lieux et selon les lois des époques qu'il a traversées, a néanmoins offert, en tout temps, dans son but principal, des traits remarquables de similitude.

La table d'Éraclée, qui était une espèce de charte municipale de l'époque antérieure à Jules César, montre ce qu'était déjà l'état des municipes ou associations municipales.

72. Les lois romaines ont, mieux encore que les lois des âges plus anciens, établi la commune et l'ont fortifiée dans son organisation et surtout dans l'unité qu'elle formait et qui a toujours été le principe fondamental de son existence ; elles ont reconnu qu'elle avait un territoire et le caractère de personne morale, et qu'elle pouvait acquérir, posséder et aliéner des biens ; elles lui ont donné une administration et des magistrats pour son gouvernement intérieur, c'est-à-dire, pour veiller à sa propre conservation et pour régir ses intérêts et ses biens.

Les Empereurs leur accordaient même de plein droit toutes les propriétés sans maître, situées dans leur territoire.

« En tout lieu soumis aux lois romaines, a, en effet, dit Dalloz, il y avait un corps municipal. »

Ainsi, on en trouvait à Bordeaux, Poitiers, Troyes, Autun,
Langres, Sens, Meaux, Beauvais, Rennes, Bourges et Lyon.

A l'exemple de ces villes, les bourgs et les paroisses avaient
aussi adopté le régime municipal de l'Italie.

Savigny a également enseigné et démontré l'existence des
municipalités sous les Romains, et après eux, suivant leurs lois,
dans toutes les villes et dans tous les bourgs et communautés.

Il était déjà permis, sous ces lois, aux officiers municipaux,
de faire des statuts ou des règlements obligatoires pour toutes
les personnes qui habitaient le territoire soumis à leur puissance, notamment sur l'administration des biens communs et
sur la police intérieure des communes.

Des cadastres servaient, dès ces âges, à démarquer le territoire communal et à établir les impôts.

Vers la fin du troisième siècle, le pape Denis donnait encore
plus de fixité au territoire communal en le faisant territoire
paroissial.

« Au cinquième siècle, suivant Godefroy, dans son commen-
» taire du Code Théodosien, et suivant Sérigny, dans son mé-
» moire sur le régime municipal des communautés villageoi-
» ses, les villages d'une certaine importance avaient une
» municipalité propre et ceux d'une moindre importance étaient
» réunis dans une même municipalité qui était celle du chef-
» lieu. »

78. Les Barbares ont non-seulement respecté les communes,
mais même leurs biens, ainsi qu'on le verra au chapitre relatif à l'origine des propriétés communales et aux droits respectifs des communes et des sections de communes sur ces propriétés; ils n'ont partagé que les biens dont la jouissance
n'était pas commune aux habitants.

§ II.

Communes sous la féodalité jusqu'en 1789.

74. Le régime féodal a lui-même peu modifié les communes sous le rapport de leur organisation ; il leur a laissé la circonscription qu'elles avaient.

Les anciennes lois qui étaient encore en vigueur, et l'établissement de la paroisse, ne permettaient guère de changer les limites déjà établies.

Les seigneurs ont bien pu s'emparer de la police locale et presque entièrement de la juridiction, et enlever aux populations et aux administrations municipales la liberté politique et même beaucoup de libertés civiles ; mais ils n'ont pas changé l'institution primitive et nécessaire des communes ; ils ont dû en respecter les conditions fondamentales qu'elles tenaient des lois naturelles et des lois romaines, et on peut même dire qu'ils n'en ont pas donné d'autres aux nouvelles associations municipales qu'ils ont fondées sur des points où la population s'était accrue.

Des registres publics, nécessaires comme dans les temps antérieurs, pour la constatation des naissances, des mariages et des décès, et pour l'établissement et la perception des impôts, indiquaient encore, d'une manière précise, les limites du territoire communal.

L'église paroissiale et le cimetière qui l'entourait ou l'avoisinait, attachaient les habitants à leur territoire et le déterminaient encore au double point de vue religieux et de la satisfaction des besoins de l'association.

Les communes ont, dès lors, tout en conservant les noms

patronimiques qu'elles portaient, reçu plus particulièrement la qualification générique de paroisse. C'est le christianisme qui a tout naturellement introduit ce nouveau nom que les communes ont désormais plus particulièrement porté et qu'elles ont conservé jusqu'à la révolution de 1789. Les actes de l'autorité l'ont généralement admis.

Si, comme on vient de le voir, des communes ont, dans quelques lieux, été privées de certaines libertés municipales, il n'en a pas été de même partout. Dans la Flandre, elles en ont conservé plus qu'ailleurs. Les villes de cette contrée ont offert des modèles sur lesquels toutes les autres et même les bourgs et les paroisses se sont réglés ou ont prétendu se régler.

Toutes les communes n'ont pas souffert de la puissance des seigneurs ou n'en ont pas souffert au même degré. Beaucoup, qu'ils ont opprimées, ont paisiblement subi leur joug, tandis que d'autres, qui l'ont sans doute été davantage, ont lutté contre leur domination. La ville du Mans, en 1070, et la ville de Cambrai, en 1076, ont donné l'exemple de la révolte. La première a fini par succomber; la seconde paraît avoir obtenu de son évêque de meilleures conditions.

Quoi qu'il en soit, de la somme de liberté, plus ou moins grande ou plus ou moins restreinte, que les seigneurs ont laissée aux communes devenues paroisses, ces associations ont conservé leur ancien territoire, une administration et même le plus ordinairement leur fortune.

75. La royauté n'a pas seulement, comme les seigneurs, maintenu les communes dans leur étendue et avec leur unité, elle s'en est fait la bienveillante protectrice.

Ainsi, Louis le Gros est venu, avec plus d'autorité que ses prédécesseurs, dans les premières années du XIIe siècle, les affranchir de la tyrannie féodale. Il leur a donné, contre les seigneurs, au profit du pouvoir central, une nouvelle importance sociale. Ses successeurs, à son exemple, leur ont accordé de nouveaux priviléges, notamment le droit de choisir elles-mêmes leurs magistrats, et ont puissamment contribué à leur indépendance relative et au développement de leur fortune et de leur prospérité.

Une ordonnance du 21 novembre 1379 donnait « aux habi- » tants des villes et paroisses le droit d'élire les assesseurs aux » collecteurs de l'impôt. ».

Une pareille disposition n'implique pas moins que les lois anciennes, que l'établissement de la paroisse, et que les actes de Louis le Gros, de son fils Louis le Jeune et des autres rois ses successeurs, l'existence de l'association municipale avec un territoire bien déterminé, avec une organisation et avec des propriétés et une administration destinées ensemble à satis-faire leurs besoins.

Une ordonnance du mois de décembre 1542 a reconnu aux communes « le pouvoir de poursuivre leurs droits sur tous les pâturages et biens communaux; » leur étendue, leurs droits et la fortune qui leur était nécessaires ont encore été ainsi recon-nus et consacrés.

François II, en 1560, s'occupait aussi de la tenue, dans les paroisses, des registres de l'état civil dont l'utilité n'était pas moins grande qu'aujourd'hui.

Charles IX, en 1566, a réglé, comme l'avaient déjà fait ses prédécesseurs et comme l'ont fait ensuite ses descendants, suivant les besoins de leur temps, le mode d'élection des ad-ministrateurs municipaux.

Un édit de 1637 expliquait en substance « que le roi voulait » pourvoir à ce que les tailles soient établies dans les parois- » ses avec égalité et selon les facultés d'un chacun, et déci- » dait, en conséquence, qu'un habitant de chaque paroisse au- » rait droit d'assister à l'assiette de l'impôt et de veiller aux » abus qui pourraient se commettre. »

Beaucoup d'autres actes souverains ont pris les mêmes pré-cautions et donné le même droit aux paroisses.

L'ordonnance des gabelles et des déclarations royales, et notamment les ordonnances des 22 mai 1708 et 15 janvier 1778, portaient, dans leurs dispositions principales, « qu'un rôle se» rait établi dans chaque paroisse, et que les assesseurs et col» lecteurs du sel seraient nommés par les habitants assemblés » au son de la cloche à l'issue de la messe paroissiale, savoir : » deux dans les paroisses où le principal de l'impôt était au» dessous d'un muid de sel, quatre dans celles qui étaient » imposées à un muid et au-dessus, six dans les parois» ses, etc... . »

Mille autres lois et décisions, concernant notamment l'instruction, la justice et la police, ont également montré, organisées, limitées, propriétaires et indivisibles dans leur administration, toutes les communes, sous les noms de communautés ou paroisses et même de villages. On appelait encore, il y a moins d'un siècle, la commune de Montmartre ; aujourd'hui réunie à Paris, le village de Montmartre.

76. A côté des lois qui ont précédé la féodalité et qui ont continué à subsister sous son régime, et à côté encore de tous les actes souverains qui viennent d'être rappelés, les coutumes ont aussi reconnu les communes, c'est-à-dire les communautés ou paroisses « comme communautés ou corps consi» dérés collectivement par leurs intérêts communs. »

Ainsi, les communes n'ont pas disparu sous le régime féodal. Les plus grandes, et par conséquent les plus fortes, ont résisté, avec opiniâtreté, aux usurpations que les seigneurs voulaient faire et faisaient quelquefois de leurs pouvoirs et de leurs biens, et toutes ont été protégées par la royauté qui est intervenue pour leur faire rendre, non-seulement les propriétés dont elles avaient pu être privées, mais leur indépendance. On en trouvera de nouvelles et nombreuses preuves au chapitre relatif à l'origine et à la propriété des biens communaux.

77. Dans les vieilles communes qui ont ainsi, avec plus ou moins de succès et de bonheur, résisté aux abus de la force et aux excès de l'arbitraire, dans celles qui ont conservé des libertés et leurs propriétés, et même dans celles qui ont été assez heureuses pour ne recevoir des seigneurs que des bienfaits et pour vivre en paix, il s'en est formé de nouvelles. Les unes sont nées de la révolte que la couronne a encouragée en favorisant le progrès et la civilisation et en travaillant à la dissolution du régime féodal; les autres ont dû leur origine à des concessions faites par les seigneurs, ou pour être utiles aux populations, dont ils étaient entourés, ou le plus souvent pour en attirer et les retenir sur leurs terres, et à l'accroissement des habitants qui résultait des avantages qui leur étaient ainsi faits, surtout dans les villages les mieux situés et les plus favorisés.

On comprend aussi que, sous l'influence des lois féodales et sous la puissance, souvent bienveillante, que possédaient les seigneurs laïques et religieux, des populations rurales ont dû se grouper et se sont, en effet, établies autour de châteaux ou près d'abbayes, et que ces agglomérations, sans constituer des paroisses ou communes nouvelles, étaient cependant liées par des propriétés ou par des droits et par des intérêts particuliers qui étaient la conséquence d'avantages qu'elles avaient reçus. Ces réunions d'habitants formaient des sections lorsqu'elles n'étaient pas encore assez populeuses ni assez riches pour vivre isolément, et que, par cette double raison, elles n'étaient pas élevées au rang des paroisses ou communautés.

78. Mais toujours la circonscription de la commune, sauf les cas exceptionnels de la formation de nouvelles associations municipales, par des divisions de territoires, dans les circonstances qui viennent d'être indiquées, ou dans d'autres analogues, est restée celle de l'ancienne paroisse ou communauté, ainsi que l'attestent les nombreuses décisions déjà citées, et beaucoup d'autres des XIIIe, XVIe et XVIIe siècles.

Les nouvelles communes ont eu, comme les anciennes, un territoire déterminé par l'effet même de la division de la paroisse dont elles avaient fait partie; elles ont, dès lors, aussi formé une circonscription invariable dans son étendue.

Cette circonscription n'était pas seulement territoriale et établie en vue de la satisfaction des intérêts collectifs des habitants qui l'occupaient et de la police locale, elle était aussi administrative, en vue, ainsi qu'on vient de le voir, de l'établissement et de la perception de l'impôt.

79. Les auteurs anciens n'admettaient pas, ne définissaient pas et ne délimitaient pas autrement les communes.

Guyot écrivait, en effet, « que quoiqu'il ne puisse s'établir » dans le royaume aucune communauté, sans lettre-patente, » cependant les habitants de chaque ville, bourg ou *paroisse*, » formaient entre eux une communauté, quand même ils n'au-» raient pas de charte de commune. »

La paroisse était alors ce qu'est aujourd'hui la commune, la dernière division d'un peuple, sous le rapport de son administration, en d'autres termes, suivant le langage actuel, l'unité à laquelle se réduit la dernière circonscription territoriale et administrative de la France. Les sections n'avaient pas de place dans l'organisation de la France et n'en ont pas eu depuis.

Denisart déclarait aussi « qu'on donnait le nom de commu-» nauté d'habitants à l'universalité des personnes qui habi-» taient ou la même ville, ou le même bourg, ou la même pa-» roisse. »

Le *Dictionnaire raisonné des Sciences* a reproduit l'opinion de Guyot comme étant exacte, et a ajouté « que la communauté » d'habitants était le corps des habitants d'une ville, d'un » bourg ou d'une *simple paroisse*, considérée collectivement » pour leurs intérêts communs. »

80. Toutes les communes, ainsi circonscrites et transfor-

mées en paroisses, étaient tellement bien et solidement établies que les chartes, qui ont été données à beaucoup d'entre
elles, reconnaissaient leur ancienne existence et qu'il ne fallait
rien moins, pour les morceler, qu'un acte souverain.

Une lettre du duc de Beaufort, à Colbert, du mois de
juin 1669, atteste « que les habitants de Saint-Nazaire, en
» Provence, demandaient au roi de les détacher de la commu-
» nauté d'Ollioules dont ils dépendaient, pour faire corps à
» part, comme d'autres de leurs voisins avaient fait. »

On trouve, dans ce pouvoir des souverains, le germe de
l'une des espèces de sections qui existaient au moment de la
révolution de 1789.

81. Mais par cela seul qu'une paroisse se composait de
plusieurs hameaux ou villages, il ne s'en suit pas que ces
fractions de l'association formaient des sections.

Déjà on a vu, dans Godefroy, qu'au Ve siècle, plusieurs villages ne formaient qu'une municipalité. La même pensée se
trouve dans tous les édits royaux; elle est reproduite par
Guyot et Denizart et jamais, toutes ces autorités l'attestent, les
villages réunis en une famille municipale n'ont conservé des
droits particuliers, incompatibles avec l'administration de l'association, et n'ont formé de petites communes dans la grande.

Le nouveau *Coutumier général*, de Bourdot de Richebourg,
consacre les mêmes principes en expliquant que, dans le baillage de Troyes, les paroisses étaient souvent formées de quatre,
cinq, six et même dix villages ou hameaux, et que les habitants de ces paroisses pouvaient faire pâturer leurs bestiaux de
clocher à clocher, non-seulement sur les terres dépouillées de
leurs récoltes, mais sur les landes, c'est-à-dire sur les biens
communaux, ce qui démontre encore que les villages n'étaient
rien par eux-mêmes dans les communes.

82. Enfin, l'organisation ancienne des communes ou parois-

ses, en municipalités, est confirmée par les essais de réforme
des institutions provinciales et communales qui se sont produites, à la veille de la révolution, dans le *Mémoire de Cologne*
de 1787 et dans l'édit du mois de juin 1787.

Cet édit et le règlement qui a été fait pour son exécution
portaient, effectivement, « que toutes les municipalités étaient
» *maintenues* et que toutes les paroisses auraient une assem-
» blée composée de deux notabilités et de trois, six ou neuf
» membres élus et un syndic également élu. »

83. Les familles qui composaient les communes, aussi bien
des temps anciens qui avaient survécu à l'Empire romain, aux
invasions des peuples du Nord et à la féodalité, que les communes moins vieilles, sorties de la lutte des bourgeois contre
les seigneurs, ou fondées soit par ceux-ci, soit par les rois,
étaient unies, comme elles le sont encore aujourd'hui, par des
propriétés communes et par des charges solidaires; elles
étaient et sont enfermées dans un territoire unique, qui comprend toujours toutes les terres et toutes les vignes, tous les
prés et tous les bois, tous les villages et toutes les maisons
isolées, situés dans son enceinte; elles sont placées sous une
administration indivisible; elles ont la même église et le même
cimetière qui concentrent tous leurs souvenirs; leurs enfants
fréquentent la même école; elles ont des intérêts identiques
sous le rapport de la moralité, de l'ordre et de la salubrité. Il
leur a fallu, il leur faut encore, des chemins, des fontaines et
des édifices publics. C'est la commune qu'elles ont constituée
par une union, en quelque sorte indissoluble, qui leur a donné
et qui doit leur assurer toutes ces choses. Aussi la commune
forme-t-elle tout à la fois un être moral personnifiant tous les
intérêts communs, et un corps politique indivisible capable
de faire des lois locales et d'établir des impôts.

84. C'est ainsi, ou à peu près dans ces conditions, que les communes nous ont été montrées et transmises par les anciens et par les diverses monarchies qui se sont succédées. Leur administration a bien pu passer des mains d'un clan ou d'un autre chef, dans celles de maires ou syndics, puis dans celles des seigneurs et, enfin, dans celles d'assemblées et de nouveaux maires. Les municipalités peuvent même, à certaines époques, avoir perdu de leur pouvoir; mais, sauf de rares exceptions, que nous ferons connaître, le territoire communal est toujours resté le même, et toujours aussi une administration municipale, plus ou moins libre et plus ou moins forte, a subsisté.

§ III.

Communes depuis 1789 jusqu'à notre époque.

85. La révolution de 1789 a donc trouvé les communes toutes formées; elle n'a eu qu'à en reconnaître l'existence et à leur donner une organisation et une administration uniformes.

C'est ce qu'elle a fait par les lois des 14 décembre 1789, 22 du même mois et 26 février 1790.

La première porte :

Dans l'article 1er : « Que les municipalités subsistant en cha- » que ville, bourg, paroisse ou communauté, sont supprimées » et abolies, et cependant que les officiers municipaux en » exercice continueront leurs fonctions jusqu'à ce qu'ils aient » été remplacés. »

Dans l'article 2 : « Que les officiers et membres des munici- » palités seront remplacés par la voie d'élection. »

Dans l'article 3 : « Que les droits de présentation, nomination » et confirmation et les droits de présidence ou de présence » aux assemblées municipales, prétendus ou exercés comme

» attachés à la possession de terres, aux fonctions de com-
» mandant de province ou de ville, aux évêchés ou archevêchés
» et généralement à quelque titre que ce puisse être, sont
» abolis. »

Dans l'article 4 : « Que le chef de tout corps municipal por-
» tera le titre de maire. »

Ces dispositions attestent, avec toutes les autorités déjà citées,
que les villes, bourgs, paroisses ou communautés existaient,
dans des limites déterminées et avec des administrations.

On comptait, en effet, en 1790, quarante-quatre mille communes de toute origine qui, aujourd'hui, au moyen de réunion,
sont réduites au nombre de trente-six à trente-sept mille.

La même loi du 22 décembre 1790 porte encore dans l'article 50 : « Que les fonctions propres au Conseil municipal sont
» de régir les biens et revenus communs des villes, bourgs,
» paroisses ou communautés, de régler et d'acquitter celles
» des dépenses locales qui doivent être payées des deniers
» communs, de diriger et faire exécuter les travaux publics
» qui sont à la charge de la communauté, d'administrer les
» établissements qui appartiennent à la commune, qui sont
» entretenus de ses deniers, et qui sont particulièrement des-
» tinés à l'usage des citoyens dont elle est composée, de faire
» jouir les habitants des avantages d'une bonne police, notam-
» ment de la propreté, de la salubrité et de la tranquillité dans
» les rues, lieux et édifices publics. »

On lit dans l'article 54 : « Que le Conseil général de la com-
» mune, composé, tant du corps municipal que des notables,
» sera convoqué toutes les fois que l'administration municipale
» le jugera convenable; qu'elle ne pourra se dispenser de le
» convoquer lorsqu'il s'agira de délibérer sur les acquisitions
» ou aliénations d'immeubles, sur des impositions extraordi-
» naires pour dépenses locales, sur des emprunts, sur des
» travaux à entreprendre, sur l'emploi des prix de ventes, des
» remboursements et des recouvrements. »

Déjà, comme on le voit dans ces dispositions, les communes recevaient une organisation qu'on pouvait alors considérer comme complète et qui offrait l'avantage de l'uniformité; elles avaient toujours, et elles affermissaient encore, l'unité qui était la condition essentielle de leur existence et elles entraient même dans une vie nouvelle d'indépendance.

Les nouveaux législateurs ne voyaient, comme les anciens, dans une commune, qu'une société concentrant les intérêts généraux de tous ses membres et de tout son territoire; ses représentants régissaient tous les biens et tous les revenus communs, réglaient et acquittaient toutes les dépenses; ils délibéraient sur les acquisitions et sur les aliénations d'immeubles, sur les impositions extraordinaires, sur les emprunts, sur l'emploi des prix de ventes, des remboursements et des recouvrements. La section n'était pas distinguée de l'association entière; elle ne pouvait l'être, pour aucun des objets qui viennent d'être indiqués, puisqu'elle n'avait jamais eu de revenu, que la loi ne lui en accordait pas et que la commune, par ses représentants, disposait des ressources en argent de toute nature, aussi bien des capitaux que des fruits civils.

Le seconde loi du 22 décembre 1789 confirme en tous points la précédente, en expliquant dans l'article 7 : « Qu'il y aura » une municipalité dans chaque ville, bourg, paroisse ou com- » munauté de campagne. »

La troisième, du 26 février 1790, reproduit cette pensée ou plutôt cette condition d'existence des communes, exprimée dans le Code Théodosien et par l'ancienne législation, que la commune avait toujours formé un tout, que la royauté pouvait seule diviser; elle portait effectivement : « Que les villes » emportaient le territoire soumis à l'administration directe » de leurs municipalités, et que les communautés de campagne » comprenaient de même tout le territoire, tous les hameaux, » toutes les maisons isolées dont les habitants étaient cotisés » sur les rôles d'impositions du chef-lieu. »

86. Tous les villages, et même les anciennes communes qui avaient pu être réunies à d'autres, lors même qu'ils auraient eu des biens particuliers, ne faisaient pas moins partie de la commune ou association municipale, quant à son territoire et à sa fortune mobilière; relativement à l'administration qui la dirige, régit tous ses revenus sans distinction et sans division possible et fait les dépenses; relativement au corps municipal qui délibère, sous le seul contrôle de l'Autorité supérieure, sur les acquisitions ou aliénations d'immeubles, sans distiction, et sur l'emploi, sans condition, des prix de fermes et de ventes, et enfin, relativement à son unité financière qui se trouvait encore ainsi confirmée.

87. Ce respect des anciennes communes, de leur condition d'existence et des limites qu'elles avaient, était commandé par de vieilles habitudes et par l'affection que les populations rurales ont toujours eue pour leur clocher; mais ce respect des traditions et des faits tels qu'ils se présentaient, ne pouvait aller jusqu'à empêcher toutes les modifications que réclamaient des besoins nouveaux et des convenances diverses.

Beaucoup de communes étaient trop pauvres pour vivre isolément. La division de la France en départements exigeait, d'ailleurs, des modifications territoriales. Les lois de cette époque ont satisfait à ce besoin de réunions en les permettant et même en les encourageant.

Quelques localités, dont la population s'était accrue et qui avaient réclamé ou qui devaient demander leur indépendance, ont bien pu, pendant les troubles de la Révolution, se faire ériger en communes.

88. Mais en même temps que les nouveaux législateurs, à l'exemple des anciens rois, permettaient, par des réunions de communes, de faire des sections de communes, et qu'il en était ainsi formé, ces législateurs fortifiaient de plus en plus l'organisation et l'administration municipales, resserraient encore le lien qui unissait les habitants de la même commune et faisaient de cette association, qui de sa nature est perpétuelle, une unité indissoluble. Ils n'accordaient aux sections, ni administration, ni fortune mobilière et point de caisse par conséquent. Tous les revenus et tous les capitaux étaient, en effet, mis à la disposition du corps municipal.

Après avoir effacé tous les priviléges qui avaient appartenu aux seigneurs et même ceux qui avaient pu appartenir à certaines associations municipales, ces mêmes législateurs soumettaient toutes les communes à un régime unique. On ne devait plus les distinguer que par leur circonscription plus ou moins grande et par l'importance de leur population ou de leur fortune. Les officiers et les membres du corps municipal, qui étaient chargés de les administrer, devaient désormais tous être élus; elles pouvaient toutes, par leurs représentants ainsi nommés, avec les mêmes droits et la même indépendance, sous la tutelle de l'Autorité supérieure, délibérer sur la régie de leurs biens, qu'ils soient situés au chef-lieu ou dans les villages. Leur organisation commençait à montrer : et le corps municipal qui discute et délibère, et l'Autorité qui exécute.

89. La loi des 10 et 11 juin 1793, sur le partage des biens communaux, n'a pas modifié l'organisation municipale; elle porte : « Que si une municipalité est composée de plusieurs sec- » tions, et que chacune d'elles ait des biens communaux sépa- » rés, les habitants seuls de la section qui jouissaient du bien » communal auraient droit au partage. » Ce langage était tout naturel. Des villages anciens, qui avaient toujours dépendu de la même commune, avaient pu recevoir des ci-devant seigneurs ou d'autres propriétaires des biens communaux et d'autres propriétés. La division de la France en départements avait modifié la circonscription de plusieurs communes et fait des sections qui avaient dû emporter au moins les biens com-

pris dans leur étendue ; des sections de communes étaient, à des époques plus ou moins reculées, passées d'une commune dans une autre avec des biens qu'elles avaient conservés ; enfin, des communes avaient été réunies avant et depuis la Révolution ; elles formaient des sections les unes à l'égard des autres, et elles avaient toutes ou presque toutes des biens communaux. Toutes ces fractions ou sections de communes auraient emporté leurs biens, et si elles avaient été érigées en communes séparées, elles auraient pu, selon les circonstances, en disposer. Il était juste, dès lors, et c'est ce que la loi a fait, de laisser partager les biens dont les sections étaient propriétaires entre les seuls habitants de ces sections. Tous les droits de propriété des sections auraient été violés s'il en avait été autrement. La loi des partages n'a donc en rien porté atteinte à l'organisation municipale ni à l'unité communale que cette organisation a toujours eu en vue.

30. Les communes avaient un instant perdu leur individualité, par la formation de municipalités collectives par canton, qui avaient été essayées sans succès ; mais elles la reprirent en l'an VIII. Le premier soin de la loi du 28 pluviôse de cette année a été, en effet, de la leur rendre. S'il est vrai que cette loi n'a pas dit le dernier mot sur l'organisation municipale, elle l'a néanmoins encore développée, fortifiée et complétée, autant qu'il était alors possible de le faire ; elle a surtout confirmé l'unité communale qui se rencontrait dans les lois de tous les temps.

Elle a dit dans l'article 12 du titre 1er : « Qu'il y aurait dans » chaque commune un maire et un ou plusieurs adjoints, selon » l'importance de la population, » et dans les articles 18 et 20 du même titre : « Que les maires et les adjoints seraient nommés » par le chef de l'État dans les villes de plus de 50,000 habitants, » et par les Préfets dans les autres communes. » La nomination des conseillers municipaux était aussi remise aux Préfets.

Un maire était ainsi placé à la tête de la commune entière,

c'est-à-dire de tout le territoire, de toute la population agglo-
mérée ou disséminée, de tous ses intérêts collectifs et de tous
ses biens et revenus. Un Conseil municipal était établi aussi
pour toute l'association dans les mêmes conditions d'indivisibilité que le maire.

D'après l'article 15 du même titre, le Conseil « devait enten-
» dre et pouvait débattre le compte des recettes et des dépen-
» ses municipales. »

Il devait « régler le partage des affouages, récoltes et fruits
» communs et la répartition des travaux nécessaires à l'entre-
» tien et aux réparations des propriétés qui sont à la charge
» des habitants. »

Il lui appartenait « de délibérer sur les besoins particuliers et
» locaux de la municipalité, sur les emprunts et sur les octrois
» ou contributions, en centimes extraordinaires additionnels,
» nécessaires pour subvenir à ces besoins. »

Aucune dictinction n'était faite, dans ces dispositions ni dans
aucune autre, entre la commune et les fractions qui la composaient. Toutes les charges étaient imposées à la commune ;
c'était à son profit et pour elle que les emprunts pouvaient être
faits et que les octrois pouvaient être établis. Il ne pouvait, en
effet, en être autrement : la loi ne donnait, à la commune,
comme les anciens rois ne lui avaient donné, qu'un budget,
une caisse et une comptabilité ; le Conseil municipal n'avait à
entendre et à débattre qu'un compte. Les nouveaux législateurs n'ont pas plus que leurs devanciers, fait, sous le nom de
section, deux, trois, cinq, ou dix, ou même un plus grand nombre de communes, dans une même commune ; ils se sont bornés
à respecter dans les limites du possible, sans les étendre, les
droits des sections, comme l'avait fait la loi des partages, et
comme l'ont fait les lois nouvelles que nous allons examiner.

91. Les formes électives ont dès lors disparu, mais l'unité
communale n'a pas eu à en souffrir.

92. Ce n'est qu'en 1831, par la loi sur l'organisation municipale du 5 mai, que les formes électives ont été rétablies. Les communes, malgré ce nouveau mode de choisir leurs représentants, sont encore restées ce qu'elles étaient avec leur territoire, leurs propriétés et leur administration. Cette loi porte encore dans les articles 1 et 9 « que le corps municipal de chaque commune se compose du maire, de ses adjoints et des conseillers munici- » paux, et que chaque commune a un Conseil municipal com- » posé, y compris le maire et les adjoints, de dix membres au » moins et d'un plus grand nombre, selon l'importance de la » population. »

Le maire et le Conseil municipal représentent, suivant les termes et selon l'esprit de la loi, la commune tout entière. Ils ne peuvent pas plus diviser leur administration que la commune ne peut elle-même diviser ses obligations et ses ressources, en d'autres termes son unité financière.

On voit pourtant dans l'article 44 que la commune peut être divisée en circonscription électorale; mais cette division, qui peut varier chaque fois qu'elle a lieu, ne se fait que pour faciliter les opérations électorales. Toutes les circonscriptions, qui sont ainsi faites, concourent à la formation du même et unique corps municipal. L'établissement de ces sections éphémères n'a donc pour résultat ni de fractionner le corps municipal, ni de morceler le territoire communal, ni de diviser les revenus et les intérêts communs.

93. La loi du 18 juillet 1837, sur l'administration municipale, est venue, non pas poser de nouveaux principes quant à l'unité communale, ces principes existaient déjà; mais proclamer plus énergiquement, en termes précis et formels, cette unité par la fusion de toutes les ressources mobilières et de tous les intérêts; elle a, en effet, admis d'une manière plus explicite, et mieux que ne l'avait encore fait la législation antérieure, l'unité du territoire communal et l'indivisibilité de l'administration municipale et du régime financier.

Ainsi, l'article 1er dispose : « Qu'aucune réunion, division ou
» formation de commune ne pourra avoir lieu que conformé-
» ment à des règles que la loi détermine. »

L'article 9, relatif aux attributions du maire, le charge, sous
l'autorité de l'Administration supérieure, « de l'exécution des
» mesures de sûreté. »

L'article 10 dispose : « Qu'il est aussi chargé, sous la surveil-
» lance de la même autorité supérieure : 1° de la police muni-
» cipale et de la police rurale ; 2° de la conservation et de l'ad-
» ministration des propriétés de la commune ; 3° de la gestion
» des revenus et de la surveillance de la comptabilité munici-
» pale ; 4° de proposer le budget et d'ordonnancer les dépenses ;
» 5° de diriger les travaux communaux ; 6° de souscrire les
» marchés et de passer les baux des biens ; 7° de souscrire les
» actes de ventes, échanges, partages, acceptations de dons et
» legs, acquisitions et transactions. »

Les articles suivants confèrent au maire le pouvoir de nommer les employés communaux et les gardes champêtres.

L'article 14 charge le maire de l'administration municipale.

Les articles 17 et 19 concernant les attributions des Conseils
municipaux portent :

Le premier, « que les Conseils municipaux règlent par leurs
» délibérations : 1° le mode d'administration des biens commu-
» naux ; 2° les conditions des baux à ferme ou à loyer, dont la
» durée n'excède pas dix-huit ans pour les biens ruraux et
» neuf ans pour les autres biens ; 3° le mode de jouissance et
» la répartition des pâturages et fruits communaux, ainsi que
» les conditions à imposer aux parties prenantes ; 4° et les
» affouages. »

Le second de ces articles, « que le Conseil municipal délibère :
» 1° sur le budget de la commune et en général sur toutes les
» recettes et dépenses, soit ordinaires, soit extraordinaires ;
» 2° sur les tarifs et règlements de perception de tous les reve-
» nus communaux ; 3° sur les acquisitions, aliénations et échan-

» ges de propriétés communales, leur affectation aux différents
» services publics, et, en général, sur tout ce qui intéresse
» leur conservation et leur amélioration ; .....; 5° sur les condi-
» tions des baux à ferme ou à loyer, dont la durée excède dix-
» huit ans pour les biens ruraux et neuf ans pour les autres
» biens ainsi que celles des baux des biens pris à loyer par la
» commune ; 6° sur les projets de construction ; .....; 8° sur le
» parcours et la vaine pâture ; 9° sur l'acceptation des dons et
» legs faits à la commune et aux établissements communaux. »

Les articles 30 et suivants font connaître les dépenses obligatoires et facultatives, les recettes ordinaires et extraordinaires et la forme du budget.

Les articles 60 et suivants s'occupent de la comptabilité.

Toutes ces dispositions montrent combien sont fortement
constituées et complétées l'organisation et l'administration
municipale ; elles montrent surtout la ferme volonté des législateurs de faire de chaque commune une unité territoriale,
une unité administrative et une unité financière.

Cette pensée que l'unité est la base fondamentale de l'association municipale ressort encore avec une plus grande évidence, si c'est possible, et avec une nouvelle force, des dispositions suivantes des articles 5 et 6.

On lit dans l'article 5 : « Que les habitants de la commune ou
» section réunie à une autre commune conserveront la jouis-
» sance exclusive des biens dont les fruits étaient perçus en
» nature, » et dans l'article 6 « que la section de commune éri-
» gée en commune séparée ou réunie à une autre commune
» emportera la propriété des biens qui lui appartiennent ex-
» clusivement. »

On comprend déjà par ces textes, d'accord avec les dispositions générales qui précèdent, que si les sections restent propriétaires de leurs biens, elles n'en conservent néanmoins que
les fruits en nature, tous les revenus en argent devant tourner au profit des communes. Nous montrerons ces vérités et

les raisons qui les ont fait inscrire dans la loi, dans un chapitre spécial et important de ce travail.

94. La loi du 5 mai 1855, sur l'organisation municipale, n'a modifié la loi de 1831 que pour l'approprier aux besoins nouveaux; elle n'a pas touché à la loi de 1837; elle a trouvé et elle a laissé les communes avec le principe conservateur de leur unité; elle n'a permis, comme la loi de 1831, la formation de sections, ou plutôt de circonscriptions sans limites, et que l'autorité peut toujours modifier, qu'en vue des opérations électorales.

95. Une dernière loi concernant les Conseils municipaux du 24 juillet 1867, qui n'a pas rencontré d'opposition au Sénat, n'a non plus touché ni à l'existence, ni à la constitution des communes, ni par conséquent à leur unité. Le rapport et la discussion qui en ont fait connaître l'esprit, établissent que les communes, comme circonscriptions territoriales, forment la première assise de l'édifice social administratif et politique, qu'elles conservent leur individualité et leur caractère de personne civile, et qu'elles continuent à reposer sur leurs anciennes bases, c'est-à-dire qu'elles ont, comme par le passé, un Conseil municipal qui délibère sur leurs intérêts et un maire et des adjoints qui les administrent.

La loi nouvelle est une loi d'affaires et de détail, destinée à simplifier et à faciliter, par la décentralisation, la marche de l'administration municipale; elle a surtout pour but d'étendre les attributions, ou plutôt la liberté d'action des Conseils municipaux.

Dans l'état actuel de la législation, l'action des Conseils municipaux s'exerce sous trois formes différentes :

1º Ils règlent définitivement certaines affaires, et leur délibération est exécutoire si, dans les trente jours de son envoi, le Préfet ne l'a pas annulée ou n'en a pas suspendu l'effet pendant un autre délai de trente jours ;

2° Ils délibèrent sur d'autres objets, mais leurs délibérations ne sont exécutoires que sur l'approbation de l'Autorité administrative supérieure ;

3° Enfin, sur d'autres affaires, les Conseils municipaux ne sont appelés qu'à donner un simple avis qui n'est qu'un élément d'appréciation pour l'autorité chargée de statuer.

Il y a ainsi dans le premier cas un droit qui se suffit à lui-même ; dans le second un droit subordonné, et dans le troisième le droit d'être entendu.

L'économie de la nouvelle législation est de faire passer dans la catégorie des règlements définitifs des objets qui, actuellement, sont soumis à l'approbation de l'Autorité supérieure, et à soumettre à une autorité plus rapprochée des communes l'approbation de certaines délibérations.

Ainsi, l'article 1er de la loi nouvelle fait connaître les progrès accomplis au profit de la liberté municipale ; il laisse subsister dans leurs termes actuels les nos 1, 3 et 4 de l'art. 17 de la loi de 1837 ; mais il modifie le n° 2 du même article et le n° 5 de l'art. 19, en établissant uniformément pour les baux à loyer, comme pour les baux à ferme de dix-huit ans, le pouvoir des Conseils municipaux de régler définitivement les conditions de ces baux, tandis qu'aujourd'hui ce pouvoir ne s'étend pas au-delà d'une durée de neuf ans pour les baux à loyer.

Le même article 1er affranchit désormais de toute approbation les acquisitions d'immeubles lorsque la dépense totalisée, avec celles des autres acquisitions déjà votées, dans le même exercice, ne dépasse pas le dixième des revenus ordinaires de la commune.

Il accorde encore aux Conseils municipaux le droit de régler :

Les projets, plans et devis de grosses réparations et d'entretien sous certaines conditions qu'il pose ;

Les tarifs des droits de place dans les halles, foires et marchés ;

Les droits de stationnement et de location sur les rues, places et autres lieux publics;

Le tarif des concessions dans les cimetières;

Les assurances des bâtiments communaux;

L'affectation d'une propriété communale à un service communal;

Et l'acceptation ou le refus de dons et legs sans charge, conditions, ni affectation immobilière et n'ayant donné lieu à aucune réclamation.

Ce même article ajoute : qu'en cas de désaccord entre le maire et le Conseil municipal, la délibération ne sera exécutoire qu'après approbation du Préfet.

L'article 2 ne permet plus au Préfet de modifier le budget en ce qui concerne les allocations pour dépenses facultatives, lorsque ce budget pourvoit à toutes les dépenses obligatoires et qu'il n'applique aucune recette extraordinaire aux dépenses obligatoires ou facultatives.

L'article 3 autorise les Conseils municipaux à voter jusqu'à 5 centimes, pendant cinq ans, pour dépenses extraordinaires d'utilité communale et 3 centimes pour les chemins.

L'article 4 soumet les bois et les forêts de l'Etat aux impositions de centimes additionnels ordinaires et extraordinaires, affectés aux dépenses des communes, dans la proportion de la moitié de leur valeur imposable.

Les articles 5 et suivants s'occupent des délibérations, concernant les communes et même les établissements charitables, qui doivent être approuvées par le Préfet ou par le Chef de l'État.

L'article 13 est relatif aux projets de changement de circonscription territoriale des communes.

Les articles suivants concernent la création de bureaux de bienfaisance, les budgets des villes et des établissements de bienfaisance ayant au moins trois millions de revenus et les travaux communaux déclarés d'utilité publique.

L'article 18 dispose qu'à l'avenir les Conseils municipaux seront élus pour sept ans.

Le dix-neuvième permet, pour le cas d'élection, la division d'une commune en section.

L'article 20 trace les devoirs des gardes champêtres.

Le vingt-unième défend au maire ou à l'adjoint dans une commune d'être conseiller municipal dans une autre commune.

L'article 22 s'occupe des attributions des Préfets et des Maires en matière de police.

Mais toutes ces dispositions, ainsi que le constatent leurs termes et que l'ont expliqué les législateurs, laissent subsister dans leur ensemble toutes celles qui ne leur sont pas contraires des lois antérieures, et particulièrement de la loi de 1837 et des décrets des 25 mars 1852 et 13 avril 1861; elles respectent l'uniformité de la législation communale; elles maintiennent par conséquent le principe de l'unité communale et l'action du pouvoir central.

Ainsi, la dernière loi municipale fortifierait encore, s'il avait besoin de l'être, le principe de l'unité communale, en ne s'occupant point des sections, en maintenant au contraire l'existence et la constitution des communes dans leurs conditions actuelles, et en augmentant les pouvoirs des Conseils municipaux et les attributions des maires. En effet, sans faire aucune distinction entre les biens des communes et les biens des sections de commune, cette loi permet aux municipalités de régler définitivement les conditions des locations de tous ces biens pour dix-huit années; elle les autorise aussi à créer de nouvelles ressources et à en régler la dépense presque en toute liberté. Enfin, elle va jusqu'à autoriser le maire à appeler devant le Préfet des délibérations non susceptibles d'approbation qu'il croirait contraires aux intérêts de la commune et elle l'investit, comme représentant de la commune, de nouveaux pouvoirs en matière de police.

§ IV.

Conclusion.

86. C'est ainsi que sont arrivées jusqu'à nous les communes anciennes et nouvelles, avec un territoire unique, enveloppant toutes les propriétés et tous les habitants qu'il renferme ; avec une administration indivisible concentrant tous les intérêts ; avec une seule fortune mobilière ; avec l'obligation de pourvoir aux besoins de toute l'association ; avec des revenus et des droits que nous ferons bientôt connaître ; avec une comptabilité que rien ne saurait scinder ; enfin, en résumé, avec son unité, résultant de toutes les lois municipales, qui est la condition de sa vie, de sa prospérité et de sa durée, unité qui est pour les communes ce qu'elle est pour les nations, le moyen le plus puissant de bien faire les affaires des populations, et de leur assurer la plus grande somme possible de tranquillité et de bonheur.

CHAPITRE IV.

ORIGINE ET FORMATION DES SECTIONS.

—◦◦◦◦◦◦—

§ Ier. Sections ayant pour origine des divisions et des réunions de communes. — § II. Sections ayant pour origine des avantages particuliers. — § III. La section, non érigée en commune, reste sans territoire officiellement déterminé et sans place dans l'organisation sociale. — § IV. A toutes les époques, de nouveaux villages ont pu s'établir dans le territoire communal sans constituer des sections. — § V. D'anciens et de nouveaux villages, devenus riches ou populeux, dont plusieurs pouvaient déjà former des sections, ont pu être élevés au rang de communautés ou paroisses, en d'autres termes, de communes.

—

§ I.

Section ayant pour origine des divisions et des réunions de communes.

97. Des sections de communes peuvent être fort anciennes, mais le plus grand nombre ne remonte pas au-delà de la révolution de 1789.

Les sections ont généralement pour origine des réunions ou des démembrements de communes.

Ainsi, deux ou un plus grand nombre de communes qui étaient trop faibles pour vivre isolément et qui ont été réunies, anciennement ou depuis la révolution de 1789, quoique ne formant ensemble qu'une communauté, sont, les unes à l'égard des autres, des sections qui ont pu, en fait, conserver leurs anciennes limites.

Une portion de territoire, détachée autrefois ou nouvellement d'une commune et jointe à une autre, forme, relativement à la nouvelle association dont elle fait partie, une section de commune.

Des portions d'une seigneurie ont même pu être aliénées, passer dans une autre seigneurie et former ainsi des sections dans quelques circonstances.

Les opérations du cadastre ont quelquefois amené la modification des limites de quelques communes et constitué encore des sections.

Des associations agricoles ont encore pu former des sections.

§ II.

Sections ayant pour origine des avantages particuliers.

98. Un village ancien ou nouveau, sans former une circonscription administrative, ou même le chef-lieu d'une commune, a pu avoir, et peut posséder encore des biens et des droits particuliers et constituer, relativement à ces droits, mais à leur égard seulement, une société d'un petit nombre d'habitants, unis par des intérêts communs, en d'autres termes, une section. Toute agglomération a toujours été, en effet, susceptible d'acquérir, par donation surtout, et de conserver divers avantages particuliers.

Ainsi, un village a pu recevoir, d'un ou de plusieurs propriétaires, des immeubles tels que des marais, des landes, des bois et même des maisons ou des usines et en demeurer propriétaire exclusif; il est dès lors devenu, quant à ces biens, une section de commune.

Souvent le droit de prendre, dans une forêt, du bois de chauffage et même de construction a été spécialement concédé, par de grands propriétaires, à un ou à plusieurs hameaux ou même à des chefs-lieux de communes qui en ont profité et qui peuvent toujours en profiter seuls, sous le titre de sections de communes.

Certains groupes isolés ont été admis par de riches seigneurs à envoyer leurs malades et même un nombre plus ou moins considérable d'invalides et de vieillards indigents dans des hospices qu'ils établissaient dans une ville, dans un bourg, dans une paroisse ou même dans un village. Cette faveur n'a appartenu qu'à la réunion d'habitants, grande ou petite, qui a été gratifiée. Les anciennes et honorables familles des de Noailles, de Mouchy et de Larochefoucauld-Liancourt ont plus d'une fois donné l'exemple de ces utiles fondations.

Un bureau de bienfaisance a pu aussi être établi dans un village, et à son profit exclusif, en conséquence d'une donation ou d'un legs. Ce village a, quant à cet avantage, formé une section.

Dans beaucoup d'endroits, les habitants des villages de diverses communes ont obtenu, le plus souvent gratuitement, le droit de prendre dans de vastes propriétés le bois mort, les cerceaux ou les échalas qui leur étaient nécessaires et même d'y faire paître leurs troupeaux; ils ont dû user et peuvent toujours user, comme sections de communes, de ces concessions, à l'exclusion de tous autres.

Dans d'autres lieux, des hameaux ont reçu de leurs seigneurs ou une place publique qui a facilité la desserte des habitations ou un marais pour le pâturage des bestiaux. Ces hameaux ont, à cause de ces avantages et pour ces avantages seulement, formé des sections de communes.

Toutes les concessions ainsi faites, s'adressaient non à la communauté entière, mais à telle réunion d'habitants qui les avaient obtenues en échange de services rendus ou à rendre.

Dans ces divers cas et dans d'autres analogues, les villages, ainsi gratifiés, sans cesser d'appartenir à la même famille municipale et sans perdre aucun de leurs droits sur les biens de la commune, en ont acquis de particuliers; ils n'ont pas néanmoins formé une nouvelle division administrative, en d'autres termes une association communale; mais, dès lors, ils ont constitué une individualité distincte, un corps moral à part, c'est-à-dire une section, relativement à leurs droits propres qui n'appartenaient pas à la commune, mais qui se réduisaient toujours pour leurs habitants à des jouissances en nature.

Lorsque le bourg, chef-lieu de la commune, a reçu lui-même des avantages particuliers, il s'est trouvé, à leur égard, dans la même condition qu'un simple village. Il a acquis sur l'objet qui lui était donné des droits exclusifs, sans perdre la moindre partie de ceux qui lui appartenaient sur les biens communs entre tous.

§ III.

La section non érigée en commune reste sans territoire officiellement déterminé et sans place dans l'organisation sociale.

99. La section, nous ne saurions trop le répéter, n'a pas, comme la commune, un territoire officiellement déterminé. Son étendue n'est connue, si on en a conservé le souvenir, que si elle a autrefois formé une commune particulière, ou si elle

a été détachée d'une communauté voisine ou d'une seigneurie. Elle n'a pas de limite lorsqu'elle n'est devenue section
qu'au moyen d'avantages qui lui ont été faits ; elle n'a, dans
aucun cas, de place dans l'organisation politique et administrative de l'Empire ; elle n'a pas de domaine public et ne peut
avoir ni revenus ni caisse ; elle n'est pas, en effet, constituée
en vue de pourvoir à des services publics et se trouve, par conséquent, sans charges générales, ainsi que l'a enfin reconnu le
Conseil d'Etat, par un avis du 9 décembre 1858, dont nous ferons
ultérieurement connaître les importantes dispositions.

§ IV.

A toutes les époques, de nouveaux villages ont pu s'établir dans le territoire
communal sans constituer des sections.

100. Avec les progrès de l'agriculture et de la civilisation,
au fur et à mesure que l'éloignement est devenu moins dangereux et a même cessé de l'être, des habitants d'une agglomération formant une famille municipale s'en sont détachés
et ont créé, sans trop s'en éloigner, de nouveaux villages ; mais
en se répandant ainsi sur le territoire communal, à des dis-
tances plus ou moins grandes de la mère commune, ils ne lui
sont pas moins restés attachés.

La même administration a continué à les protéger et à régir
leurs intérêts généraux ; l'église paroissiale est restée la leur ;
ils n'ont pas cessé de la fréquenter ; le même cimetière qui
avait reçu leurs pères a continué à recevoir eux et leurs descendants ; leurs naissances, leurs mariages et leurs décès ont
toujours été constatés sur les mêmes registres, par les mêmes
autorités ; leur groupe n'a point formé une paroisse indépen-

dante; en s'écartant du clocher, ils n'ont acquis aucun droit nouveau; ils ont conservé tous ceux qu'ils possédaient avec la famille communale entière. Les biens qui, originairement, appartenaient à tous, quelle que soit leur situation, ont continué à rester en commun. L'établissement ou l'anéantissement d'un ou de plusieurs villages n'a pas troublé l'association communale et n'a rien changé à sa circonscription, ni aux droits de propriété et autres de la généralité des habitants.

§ V.

D'anciens et de nouveaux villages, devenus riches ou populeux, dont plusieurs pouvaient déjà former des sections, ont pu être élevés au rang de communautés ou paroisses, en d'autres termes, de communes.

101. Quelquefois encore, il est arrivé que, par suite de concessions faites par les seigneurs, pour appeler des vassaux sur leurs terres, ou d'avantages offerts, soit par des voies de communication, soit par les rivages de la mer, des villages dont beaucoup formaient déjà des sections sont devenus riches et populeux et ont été élevés au rang de communes et même de grandes cités. De nos jours, le simple village d'Arcachon qui, dans la commune de La Teste (Gironde), ne se composait que de quelques maisons, n'est-il pas devenu, depuis moins de dix ans, une magnifique ville de bains, sans jamais avoir formé une section. Alors ces villages, Arcachon comme les autres, se sont trouvés dans les conditions des paroisses et des communes; ils ont obtenu, dans certaines circonstances, une charte ou un autre acte souverain qui réglait leur existence, et toujours une administration qui régissait leurs biens, veil-

lait sur leur repos et assurait le bien-être de tous leurs membres.

Quant à présent, nous nous bornons à indiquer l'origine des sections par les principaux faits qui viennent d'être rapportés. Dans le chapitre VIII, nous nous occuperons de leur existence légale, au double point de vue de leurs droits particuliers et de l'intérêt général, et nous ferons aussi connaître comment elles disparaissent et ce que deviennent leurs biens.

CHAPITRE V.

DROITS RESPECTIFS DES COMMUNES ET DES SECTIONS DE COM-
MUNES A LA PROPRIÉTÉ DES BIENS COMMUNAUX, D'APRÈS
LEUR ORIGINE ET LEUR SITUATION ET D'APRÈS LES LOIS AN-
CIENNES ET NOUVELLES.

§ Iᵉʳ. BIENS DES COMMUNES. — Article 1ᵉʳ. Observations générales sur la situation des communes et des sections de communes dans l'organisation sociale et
relativement aux biens communaux. — Art. 2. Les biens communaux de première origine sont nés avec les communes anciennes. — Art. 3. La plupart
des biens communaux des nouvelles communes sont également nés avec les
communes. — Art. 4. Sort, importance, situation, nature, défense et droit de
disposer, usage qui a été et qui est encore fait, et charges des biens communaux.
— Art. 5. Droit des communes, sous les anciennes lois, suivant la présomption
qu'elles établissaient, en leur faveur, à la propriété des biens communaux. —
Art. 6. Respect, ou au moins conservation, des biens communaux, par les Barbares et sous leurs lois. — Art. 7. Maintien des droits de propriété des communes, sur les biens communaux, sous le régime féodal, même dans les pays
où la maxime : nulle terre sans seigneur, était admise. — Art. 8. Les biens
communaux ont pourtant, sous la féodalité, été soumis à des abus de pouvoir,
et par suite à des usurpations; mais les rois ont fait restituer la plupart des
biens dont les communes ont été ainsi dépouillées, et ont même confirmé les
droits des communes sur les propriétés communales anciennes et nouvelles.
— Art. 9. Le régime féodal a respecté l'institution communale, a même ajouté
de nouveaux biens communaux aux anciens, a contribué à la formation de
villages, de sections et de communes et en a même formé. — Art. 10. Affirmation et consécration des droits des communes, sur tous les biens communaux, par les écrivains, par les coutumes, par les ordonnances et par d'autres
actes souverains. — Art. 11. Présomption de propriété des biens communaux,

au profit des communes, à l'exclusion des sections, confirmée, et au besoin rétablie, par les lois nouvelles qui se sont succédées depuis 1789 jusqu'aujourd'hui, et attestée par la jurisprudence et par les jurisconsultes. — Art. 12. Conclusion du premier paragraphe.

§ II. BIENS DES SECTIONS DE COMMUNES. — Article 1er. Les sections ne sont que des exceptions dans les communes et peuvent néanmoins posséder des propriétés immobilières et la jouissance en nature de ces propriétés, même après leur distraction et leur réunion à une autre commune. — Art. 2. Les lois de la Révolution ont pu attribuer certains biens aux sections, mais seulement aux sections qui avaient un territoire et une existence distincte et toujours sous des conditions restrictives. — Art. 3. Conséquences, quant aux droits de propriété des biens communaux, qui découlent de la situation des sections dans les communes. — Art. 4. Cas exceptionnels dans lesquels la jouissance d'un communal, par les habitants d'un village, pourrait expliquer et achever de justifier les droits de propriété de ce village résultant déjà d'autres faits. — Art 5. Une jouissance isolée, même lorsque ceux qui l'exercent supportent les impôts, est insuffisante pour constater ou pour conférer des droits de propriété au profit des villages. — Art. 6. Cas dans lesquels la possession de biens communaux peut en faire acquérir, par prescription, la propriété à des particuliers qui les ont usurpés. — Art. 7. Conséquences fâcheuses qui résulteraient pour les communes et pour les habitants aussi bien des sections que des communes, des droits que des villages pourraient acquérir, par la prescription, à la propriété de biens communaux compris dans le territoire communal. — Art. 8. Conclusion du second paragraphe.

§ III. COMMUN AUX DEUX PRÉCÉDENTS. — Aux Tribunaux civils appartient le droit de résoudre toutes les questions de propriété qui peuvent s'élever entre des sections d'une même commune, ou entre des sections et des communes.

---

§ I.

BIENS DES COMMUNES.

ARTICLE PREMIER.

Observations générales sur la situation des communes et des sections de communes dans l'organisation sociale et relativement aux biens communaux.

102. On sait déjà, en se rappelant la situation relative des communes et des sections de communes :

Que la commune, quelle que soit la date de sa fondation, a un territoire, tandis que le plus souvent la section n'en a pas ;

Que la commune a une administration indivisible s'étendant à tout son territoire et à tous les villages, par conséquent, lorsque la section n'en a pas et ne peut avoir que des commissions syndicales, sans mission administrative, pour des cas spéciaux, et temporairement seulement;

Que la commune a toujours eu une place considérable dans l'organisation politique et administrative de la France, tandis que la section n'en a jamais eue et n'en aura jamais, il faut l'espérer;

Que la commune a un domaine public et que la section n'en possède point;

Que la commune est chargée de pourvoir aux besoins de tous les services publics de sa circonscription entière et que la section n'a aucune charge;

Que la commune a un budget, une caisse et une comptabilité, tandis que la section n'en a pas.

La commune est donc la règle, ou pour mieux dire l'unité, donnant la vie à tout ce qui la compose. C'est ainsi qu'elle a existé sous les Romains, sous les anciennes monarchies, et depuis la révolution de 1789.

La section, au contraire, n'est qu'une exception, une fraction accidentelle, sans vie particulière. C'est dans ce sens que la définissent la loi, la jurisprudence et Trolley.

On sait aussi comment la commune s'est fondée; mais comme son origine et l'origine des biens communaux sont ordinairement contemporaines, comme la commune et ses biens ont grandi et prospéré ou souffert ensemble, et comme ils n'ont jamais dû se séparer, nous devons, en prenant la propriété communale à sa naissance, parler encore de la commune et suivre en même temps cette association et son domaine dans leur existence corrélative.

ARTICLE 2.

Les biens communaux de première origine sont nés avec les anciennes communes.

103. Il faut d'abord distinguer l'ancienne commune de la nouvelle, parce que leur fortune n'a pas toujours eu la même origine.

La vieille commune, c'est-à-dire la commune dont la formation se perd dans la nuit des temps, a été créée, ainsi que nous l'avons constaté, par la nature et par la nécessité. Avec elle sont nés les biens communaux. Les familles, en s'unissant, en d'autres termes en se mettant en communauté, se sont partagées le sol du territoire sur lequel elles se trouvaient ou qu'elles allaient occuper; elles ont laissé dans l'indivision des propriétés qui ont formé les premiers biens communaux.

Le nombre de ces vieilles communes est encore grand; il s'élève à environ trente mille sur les trente-six mille dont se compose la France. Ainsi, environ cinq sur six communes remontent ou paraissent remonter aux siècles les plus reculés, du moins il est impossible à leurs habitants de faire connaître l'époque de leur fondation; elles ont conservé leur circonscription primitive ou sont, par la tradition ou faute de justifications contraires, présumées l'avoir conservée.

Chacune de ces communes, dans ses bons comme dans ses mauvais jours, depuis sa création jusqu'à notre époque, a formé, tout à la fois, une société d'habitants unis par le besoin d'une mutuelle assistance, une circonscription administrative et une association politique; elle a toujours eu une existence propre qui ne s'est pas interrompue.

Les besoins qui ont fait former les associations d'habitants, pour mieux dire la commune, ont dû être satisfaits. Il fallait, entre autres nécessités, une église ou un autre édifice religieux, un cimetière, des places et des rues; on les a établis; il fallait aussi des biens communaux, pour donner des bois aux habitants et des pâturages aux bestiaux, on en a laissé en commun.

Le territoire communal, en d'autres termes la circonscription administrative, s'est, sinon immédiatement, du moins bien vite établi et a continué à subsister d'une manière invariable. Il ne pouvait en être autrement : l'association devait connaître son étendue, chacun de ses membres, l'importance de ses biens et de ses charges.

A cette même réunion d'habitants que nous avons aussi nommée société politique, il ne fallait pas seulement des limites et certains biens : il fallait aussi un gouvernement; elle s'est donné ou elle a reçu, selon les époques, des administrateurs chargés de veiller à la sûreté personnelle de chacun de ses membres, de conserver son territoire et surtout ses propriétés, de défendre ses droits, de régir ses biens, d'en acquérir, d'établir des impôts, de régler tous ses intérêts, de faire ses recettes, d'acquitter ses dépenses, enfin, de pourvoir à tous ses besoins.

Une pareille association embrassait et enveloppe toujours, dans sa circonscription, les maisons agglomérées sur un même point, ou disséminées en plusieurs et même en beaucoup de villages, les hommes qui les habitent, et toutes les propriétés particulières et communales situées dans ses limites. Son administration s'est toujours appliquée à tout le territoire et à tout ce qu'il renfermait, en ce sens qu'elle a constamment concentré tous les intérêts généraux de ses habitants. La commune enfin, puisque notre tâche est de la bien faire connaître et de la bien définir par conséquent, forme l'unité à laquelle se réduit la dernière circonscription territoriale de Empire.

Au-dessous d'elle, en effet, il n'y a pas d'agglomérations vivant de leur propre vie. On ne trouve plus que des fractions

auxquelles elle donne l'existence et auxquelles ses magistrats prêtent leur appui comme ils le prêtent à tous ses habitants et à toutes les parties de son territoire.

ARTICLE 3.

La plupart des biens communaux des nouvelles communes sont également nés avec ces communes.

104. Les communes de création plus nouvelle fondées par les rois, ou par les seigneurs, ou par la Révolution, ou par les gouvernements qui se sont succédés depuis soixante-quinze ans, ont eu, comme leurs aînées, et ont encore, non-seulement un territoire unique, une administration indivisible, mais une fortune dont elles ne se sont non plus jamais séparées.

Si une commune a été formée d'un village détaché d'une trop grande commune, elle est restée propriétaire des biens qui reposaient à l'égard de ce village sur des titres particuliers, ainsi que l'a écrit M. Dupin, et elle a emporté la part de ce village dans les pâturages et autres biens communaux que possédait la commune dont il était distrait, ainsi que l'a expliqué M. Vivien, devant la Chambre des Députés, dans la discussion de la loi de 1837, et que le démontrent des décisions judiciaires que nous ferons ultérieurement connaître.

Si la nouvelle commune a été formée par la réunion de deux communes, ou par la réunion de deux, trois ou quatre villages détachés d'une ou de plusieurs communes, la commune de nouvelle création a reçu chacune des fractions, la composant avec les biens que ces fractions apportaient, d'après les principes qui viennent d'être indiqués.

A quelque époque qu'elles remontent, les nouvelles communes ont été propriétaires des biens qu'elles ont ainsi apportés, dans les conditions de la loi que nous expliquerons bientôt.

ARTICLE 4.

Sort, importance, situation, nature, défense et droit de disposer, usage qui a été et qui est encore fait, et charges des biens communaux.

105. On sait, d'après les anciennes et les nouvelles lois, d'après l'histoire, d'après les faits déjà rapportés et d'après les discussions qui ont eu lieu de nos jours, dans les Assemblées législatives, que le domaine communal est resté debout, malgré les vicissitudes qu'il a subies :

Les Barbares n'avaient pas de raison de le diviser, ils l'ont laissé en commun entre les habitants ;

En certains lieux, les seigneurs féodaux l'ont entamé par des usurpations ; mais les rois l'ont rétabli ;

Dans quelques contrées, les seigneurs se faisaient attribuer les biens vacants, tandis que dans d'autres, ces biens revenaient aux paroisses ;

En tous lieux, les communes pouvaient augmenter indéfiniment leur fortune immobilière, par tous les moyens du droit commun.

La nouvelle législation ne s'est pas toujours montrée la protectrice des communes. En même temps qu'elle les a fait rentrer dans tous les biens qui ne leur avaient pas encore été restitués et qu'elle leur a remis tous les terrains vacants, elle a compromis leur fortune par la loi du 14 août 1792, qui a ordonné le partage immédiat de tous les biens communaux, et elle aurait complétement anéanti cette fortune, si une nouvelle disposition législative du 9 juin 1796 n'était venue suspendre et arrêter les partages.

Entre ces deux lois, il en a été rendu une autre le 24 août 1793, par laquelle la Convention n'hésita pas à dépouiller les communes de leurs biens productifs, en décidant que leur actif, à l'exception des propriétés dont le partage avait pu être autorisé, appartiendrait à la nation, jusqu'à concurrence de leur dette qu'elle se chargeait de payer. L'exécution de ces dispositions a causé de graves désordres qui ont encore appelé de nouvelles lois favorables aux communes, entre autres celle du 2 prairial an V qui, en maintenant les aliénations déjà faites, défendit d'en faire de nouvelles.

Sous l'Empire, les besoins créés par les guerres ont provoqué de nouvelles mesures spoliatrices :

Deux décrets des 23 avril 1810 et 9 avril 1811, sous le prétexte de gratifier les communes de la propriété des bâtiments militaires et des bâtiments occupés par les corps administratifs et judiciaires, les ont chargées de supporter les dépenses d'entretien de ces édifices et d'en acquitter les contributions.

Une autre loi du 20 mars 1813 est allée beaucoup plus loin; elle a remis à l'Etat la meilleure partie des biens des communes; elle a, en effet, disposé, dans les articles 1 et 2, que les biens ruraux, maisons et usines possédés par les communes, seraient cédés à la caisse d'amortissement qui en percevrait les revenus, à l'exception seulement des bois, des biens communaux proprement dits, tels que pâtis, pâturages, tourbières et autres dont les habitants jouissaient en commun, des halles, des marchés, des promenades, des emplacements utiles pour la salubrité ou l'agrément, des églises, des casernes, des hôtels de ville, des salles de spectacle et des autres édifices publics; et dans l'article 3, que les communes recevraient, en inscriptions 5 p. 100, une rente proportionnée au revenu net des biens cédés d'après la fixation qui en serait déterminée.

A son tour, cette loi a été rapportée par une autre de la Restauration, du 28 avril 1816, qui a décidé « que les biens des » communes non encore vendus seraient remis à leur dispo- » sition comme ils l'étaient avant la loi de 1813. »

Malgré tous ces actes législatifs, les communes ont conservé des biens importants.

106. On sait, en effet, qu'il existe encore en France près de 3,000,000 d'hectares de biens communaux.

107. La plupart de ces biens ont été et restent épars dans la circonscription de chaque commune. Leur origine a voulu qu'il en fût ainsi. Les uns proviennent du partage primitif du sol, ils sont situés dans le fond des vallées ou sur les coteaux et les montagnes; les autres proviennent de donations ou d'acquisition, ou de l'abandon qui en a été fait, ils se trouvent sur des points différents du territoire.

108. Mais on ne sait peut-être pas bien quelle est la nature du domaine communal, nous devons aussi le dire.

Sous le nom générique de biens communaux, tels qu'immeubles réels, droits incorporels et effets mobiliers appartenant aux communes et aux sections de communes, selon les circonstances, se trouvent toujours compris :

Les biens immeubles qui ont été et sont encore laissés à la jouissance commune des habitants et qui, en raison de l'usage qui en est fait, sont plus spécialement appelés biens communaux, tels que les marais, les landes, les bruyères livrées au pâturage des bestiaux et les bois dans lesquels les habitants vont prendre notamment leur chauffage;

D'autres biens immeubles productifs de revenus, plus particulièrement connus sous le nom de biens patrimoniaux, dont les communes jouissent par elles-mêmes, ou dont elles perçoivent les fermages, consistant en terres labourables, prairies, bois, usines, moulins et maisons;

Les droits d'usage et les servitudes que les communes exercent, par leurs habitants, sur des propriétés qui ne leur appartiennent pas, tels que le droit de prendre certains bois d'œuvre et autres, dans des forêts, et la faculté de faire paître les bestiaux dans des prairies et dans des bois, à des époques déterminées;

Les immeubles affectés à un usage public, mais qui rapportent des revenus tels que les halles et marchés, les abattoirs, les cimetières et les salles de spectacles;

Les immeubles affectés à des services publics municipaux se composant des rues, chemins, places, églises, presbytères, mairies, écoles et salles d'asiles.

Et les biens-meubles consistant en capitaux produits, le plus ordinairement, par des aliénations et des locations; en créances et rentes; en meubles garnissant les mairies, les écoles et les autres établissements communaux; en bibliothèques et en tableaux et statuts.

Les habitants des communes ou des sections de communes avaient et ont toujours un droit commun à la propriété de ces biens.

L'ancienne législation et la loi du 10 juin 1793 le disaient en ces termes : « Les biens communaux sont ceux sur la pro-
» priété ou le produit desquels tous les habitants d'une ou de
» plusieurs communes ou d'une section de commune, ont un
» droit commun. »

Le Code civil, dans l'art. 542, s'est exprimé à peu près dans les mêmes termes; il porte que « les biens communaux sont
» ceux à la propriété ou au produit desquels les habitants,
» d'une ou de plusieurs communes, ont un droit acquis. »

109. Autrefois la législation tendait à favoriser l'accroissement de la richesse des communes; elle leur permettait, en effet, de faire des acquisitions et elle leur défendait de faire des aliénations; elle assurait ainsi aux habitants des bois pour leurs besoins, des litières et des pâturages pour les bestiaux et d'autres avantages; elle appelait, dans les communes les plus favorisées, de nouveaux cultivateurs, et elle donnait plus de puissance aux populations qui, en raison de la protection qu'elles recevaient de la royauté, devenaient ses auxiliaires contre les seigneurs. Depuis, on a reconnu que la prospérité de l'agriculture et même de l'Etat, souffrait de la trop grande agglomération des propriétés de mainmorte, et on a permis des aliénations dans certaines mesures, notamment au moyen de partages. Aujourd'hui, les ventes sont plus que jamais facilement autorisées dans l'intérêt, tout à la fois, de l'augmentation de la production et de la prospérité des populations et des communes. Nous ferons connaître les principaux actes législatifs qui ont ainsi successivement statué sur le sort des biens communaux au chapitre de leur mise en valeur.

110. La location de ces biens n'était permise que pour les portions inutiles aux pâturages, et elle avait nécessairement lieu, ainsi que le portait l'ordonnance de 1669, lorsque les communautés étaient dans la nécessité d'y recourir pour la réparation de leurs édifices et pour leurs autres urgentes affaires.

Les portions non affermées, qui étaient les plus considérables, restaient généralement à l'état de pâturage. Il s'en trouvait en bois dont les populations se partageaient les produits.

Aujourd'hui, dans presque tous les départements, une grande partie de ces biens est affermée en vue, notamment, d'élever les ressources budgétaires des communes. L'importance des locations sera mieux indiquée dans le chapitre suivant.

On aliène même une assez grande quantité de communaux pour la construction d'édifices et pour la réalisation d'autres améliorations, ainsi qu'on l'a déjà vu dans les délibérations des Conseils généraux et qu'on le verra encore dans le chapitre VI.

Quelques-uns de ces biens donnent aux populations du bois de chauffage, des bois de construction et même des échalas.

Beaucoup de ces biens sont, depuis longues années, livrés au pâturage, mais constamment dévastés par de trop nombreux moutons, quelques chèvres, des oies et des porcs; ils ne reçoivent plus ni chevaux ni vaches, ou du moins ils n'en reçoivent qu'exceptionnellement, lorsque des cantonnements ont lieu par des règlements municipaux, entre les diverses espèces d'animaux.

Dans un grand nombre de communes, le chef-lieu et quelques villages, ou plusieurs hameaux de la même commune, font paître leurs bestiaux sur un même communal.

Dans d'autres, un village envoie s   bestiaux de toutes espèces sur plusieurs communaux.

Presque partout les habitants de deux ou de trois villages, et souvent d'un seul, ont pris l'habitude d'user du marais ou de la lande qui est le plus à leur proximité.

Lorsqu'un village jouit seul d'un communal, c'est parce que les autres en sont éloignés ou trouvent un autre communal plus à leur portée.

C'est ainsi que les choses se passent encore dans la Haute-Vienne, dans les Côtes-du-Nord, dans la Gironde et dans l'immense majorité des autres départements.

111. Avant la Révolution, les biens communaux ne supportaient pas d'impôt. Depuis, ils en ont été frappés comme toutes les autres propriétés, et aujourd'hui ils en doivent tous. Ainsi que nous l'expliquerons ultérieurement, les impositions qui les grèvent sont payées tantôt par les propriétaires qui les ont réunis à leurs champs, sans oser encore les faire inscrire en leur nom sur la matrice cadastrale, tantôt par quelques-uns ou par tous les habitants du village qui en est le plus voisin, quelquefois par les propriétaires des plus forts troupeaux, et souvent par tous ceux qui ont des bestiaux, dans la proportion de leur nombre, suivant une répartition faite, le plus ordinairement, par le percepteur seul, ou de concert avec le maire, ou par ce magistrat.

Nous dirons bientôt à quel titre la jouissance de ces biens est exercée, comment et pourquoi les impositions qu'ils supportent sont payées par tels ou tels habitants.

ARTICLE 5.

Droits des communes, sous les anciennes lois, suivant la présomption qu'elles établissaient, en leur faveur, à la propriété des biens communaux.

112. Au moyen des distinctions que nous avons faites entre les communes et les sections de communes, au moyen aussi des explications que nous avons données sur l'importance, sur la nature et sur l'usage qui a été fait, à toutes les époques, des biens communaux, et avec les lois qui ont successivement régi et qui régissent encore les communes et leur fortune, il sera facile de montrer que ces biens, à moins de justifications contraires, sont la propriété des communes dans le territoire desquelles ils se trouvent.

Les biens communaux, avons-nous déjà dit, sont nés avec les communes.

Darest a, en effet, écrit en substance, dans son histoire des classes agricoles, « que dans les Gaules, avant les Romains, un » territoire appartenait à une communauté, et que généralement » les pâturages et les bois étaient laissés en commun entre les » habitants de cette communauté. »

Proudhon et Latruffe ont également enseigné « que les bois » et les pâturages communs sont aussi anciens que les commu- » nautés, parce qu'ils étaient nécessaires à l'agriculture. »

Ces biens formaient le patrimoine de l'être collectif appelé tribu, ou famille municipale, ou communauté; ils fournis- saient aux hommes et aux bestiaux toutes les choses qui leur étaient nécessaires.

113. Les lois romaines sont venues ensuite reconnaître le patrimoine communal.

Ainsi, la loi au Code de Censibus prouve que les commu- nautés avaient un territoire composé, non-seulement de fonds

7

productifs, mais de terres hermes et stériles qui se trouvaient renfermées dans leur enceinte et que quand, se prétendant surchargées d'impôts, elles demandaient un dégrèvement, on ordonnait un recensement du territoire, pour constater la quantité de ces terres improductives leur appartenant.

Proudhon et Latruffe disent encore « que dans les provinces » romaines où le sol était divisé entre les colons, les biens » communaux avaient été soigneusement réservés. »

Toutes ces anciennes lois ont reconnu que les associations municipales avaient le caractère de personne morale et qu'elles étaient capables d'acquérir des propriétés, de les conserver et d'en disposer.

Les Empereurs ont même décidé « que tous les biens abandonnés leur reviendraient. » Ils les saisissaient ainsi, de plein droit, des immeubles qui étaient, et resteraient à l'avenir, sans maître.

114. Il n'était pas encore question de sections de communes, on le comprend. Les habitants de plusieurs villages, comme ceux d'un seul, qui s'étaient unis, ne l'avaient fait qu'en vue de se prêter un mutuel appui. Dans ce but, ils avaient laissé et mis en commun les pâturages, les revenus et les charges ; ils ne formaient qu'un tout, c'est-à-dire une seule municipalité, ainsi que l'ont écrit Godefroy et Sérigny.

« Au V⁰ siècle, ont dit ces auteurs, les villages d'une » certaine importance avaient une municipalité qui leur était » propre, et ceux d'une moindre importance étaient réunis en » une même municipalité. » Les besoins généraux de l'association faisaient à ces villages un devoir impérieux de s'unir ainsi.

ARTICLE 6.

Respect, ou au moins conservation, des biens communaux, par les
Barbares et sous leurs lois.

115. L'invasion des Barbares et les lois qui l'ont suivie
n'ont ni changé l'état des personnes, ni anéanti les biens communaux. Il est bien vrai que des partages eurent lieu entre le
peuple conquérant et le peuple vaincu; mais, ainsi qu'on le
voit dans Proudhon et dans Dalloz, « les propriétés publiques
» restèrent publiques. Les deux peuples devaient désormais
» vivre sous le même ciel, dans les mêmes cités et dans les
» mêmes villages (1). Il n'y avait aucune raison de diviser
» les choses dont la jouissance se trouvait naturellement com-
» mune à tous. On décida donc que les coteaux et les plaines
» propres au pâturage des bestiaux, ainsi que les forêts, res-
» taient dans l'état de communauté. »

Laferrière explique, de son côté, dans son *Essai sur l'histoire
du Droit français*, « qu'il n'avait pas été enlevé dans le Midi
» autant de terres que dans le Nord aux anciens possesseurs,
» et que la propriété avait conservé là, plus qu'ailleurs, le ca-
» ractère que lui avaient imprimé la société et les lois romai-
» nes. »

Le même auteur a encore dit : « Qu'après la période violente
» de l'invasion et du partage dans les conditions qui viennent
» d'être indiquées, la tradition qui accordait des biens aux
» communautés ou paroisses, s'est transformée en une trans-
» mission légale de ces biens, qui s'est perpétuée en dépit des
» usurpations qui ont pu se commettre. »

116. Même à ces époques de luttes et dans les premiers

---

(1) Village est ici employé, comme dans Godefroy, comme dans beaucoup
d'autres circonstances et comme dans les actes de l'Autorité, pour commune.

siècles du moyen-âge, quelques villages se sont établis non loin du chef-lieu de la commune, ou à l'abri de châteaux-forts, ou à côté de couvents.

Quelques-uns de ces villages ont pu être gratifiés de biens et devenir des sections de commune, sans cesser d'appartenir aux associations dans les territoires desquelles ils se trouvaient.

D'autres, les plus importants, ont pu devenir des communes.

Mais l'établissement de nouveaux villages et la création de sections n'ont rien changé au territoire communal, ni amoindri les biens communaux. La formation de nouvelles communes n'a pas non plus fait disparaître ces biens ; elle n'a amené que leur morcellement dans de rares circonstances.

ARTICLE 7.

Maintien des droits de propriété des communes sur les biens communaux, sous le régime féodal, même dans les pays où la maxime : nulle terre sans seigneur, était admise.

117. Le régime féodal n'a lui-même amoindri qu'exceptionnellement les biens communaux.

Les seigneurs, ainsi qu'on vient de le voir, ne pouvaient s'en emparer sans titre, même dans les pays où la maxime : « nulle terre sans seigneur », était reçue.

Silvaing l'a dit en ces termes, dans son *Traité de l'usage des fiefs* : « Quand j'ai mis en question si le seigneur ou proprié- » taire peut réduire les usagers (1) à une certaine portion,

---

(1) Usager est ici employé pour propriétaire.

» j'ai entendu parler du seigneur qui justifie, par écrit, la
» propriété contre les usagers, car il ne s'en suit pas que,
» pour être seigneur justicier du territoire, il soit propriétaire
» de la forêt; au contraire, la présomption est pour les habi-
» tants. »

Les mêmes principes, a encore dit Silvaing, s'appliquent
aux terres vaines et vagues; elles ont primitivement appartenu aux communautés d'habitants.

Merlin répète, d'après cet auteur, « que les marais et les
» terrains vains et vagues étaient présumés appartenir aux
» communes dans le territoire desquelles ils se trouvaient. »

La maxime : nulle terre sans seigneur, ont écrit Proudhon
et Dalloz, « a bien pu accorder un droit éminent au profit du
» seigneur, sur le territoire du fief, et le soumettre à des rede-
» vances utiles et à des droits honorifiques et de juridiction;
» mais elle n'a pas nécessairement impliqué, en sa faveur, un
» droit de propriété préexistant. »

« Comment donc, ajoute Dalloz, se serait établie la propriété
» des seigneurs sur les biens communaux, sinon par l'effet
» d'une véritable usurpation. En l'absence d'un titre d'acquisi-
» tion, les seigneurs n'avaient aucun droit à se faire attribuer
» une partie des terres communales comme la moitié ou même
» plus, ni à réduire les habitants usagers d'une forêt à une
» certaine portion. »

Frémenville, auteur du siècle dernier, ne constate pas moins
énergiquement les droits des paroisses ou communes aux
biens communaux compris dans leur territoire, et son témoi-
gnage est d'autant moins suspect, qu'il était commissaire aux
droits seigneuriaux; il s'exprime ainsi :

« Aucun seigneur n'est en droit de demander à une commu-
» nauté d'habitants le titre en vertu duquel elle jouit et pos-
» sède ses communaux, ne pouvant en attendre d'autre ré-
» ponse que celle : Je possède, parce que je possède. C'est au
» seigneur à prouver par titre les causes de sa demande. »

D'ailleurs, ajoute malignement cet auteur : « Demander à des
» communautés d'habitants de rapporter les titres de conces-
» sion ou de donation de leurs communes ou communaux, c'est
» véritablement leur faire la querelle du loup contre l'agneau
» de la fable, parce qu'il n'y a peut-être pas une paroisse dans
» le royaume qui soit en état de les rapporter, en ce que ces
» concessions se sont faites, dans les temps que les villes,
» bourgs et paroisses se sont formés. »

118. Cette opinion, d'accord avec toutes celles déjà rapportées, montre que la propriété des communes n'a pas seulement
pour origine des chartes de concession émanées, soit des rois,
soit des seigneurs, ou l'interversion de titres qui a permis aux
paroisses ou communautés de posséder *animo Domini* et con-
séquemment de prescrire ce qu'elles pouvaient ne détenir qu'à
titre précaire, mais une possession immémoriale antérieure
à la féodalité et même à la conquête, dont l'origine se perd
dans la nuit des temps et dans les concessions du colonat romain, respectées au moins en partie par les Barbares eux-
mêmes.

Ainsi, même dans les lieux où, en vertu de la maxime : nulle
terre sans seigneur, les terres vaines et vagues appelées aussi
terrains hermes et vacants, appartenaient aux seigneurs hauts
justiciers, on divisait les héritages qui n'avaient pas été cultivés en deux espèces : l'une affectée aux pâturages des bestiaux qu'on appelait des communaux et qui appartenaient aux
communautés, et l'autre qu'on ne regardait pas comme destinée à cet usage, quoiqu'on y ait mené quelquefois les bestiaux
en vaine pâture.

Les biens de la première espèce étaient aux communautés
ou paroisses : « Il ne faut pas confondre, observe Loiseau, avec
» les terres vaines et vagues, les communes, en d'autres ter-
» mes, les communaux, c'est-à-dire les propriétés délaissées
» d'ancienneté à la communauté des habitants d'une ville ou

» d'un village » (1). En effet, une communauté d'habitants, constate le même écrivain, « peut posséder et elle possède » souvent des communaux. » Ces biens provenaient du partage originaire du sol, ou étaient échus aux paroisses, en conséquence des lois romaines, ou leur avaient été donnés soit par le seigneur du fief, soit par un autre seigneur, gratuitement ou moyennant des redevances censitaires. La propriété en était assurée aux paroisses ou associations municipales par une possession immémoriale attestée, le plus souvent, par les terriers, ou par des titres, ou par d'autres documents.

Les biens de la seconde espèce étaient présumés appartenir aux seigneurs. Les particuliers pouvaient bien y exercer le vain pâturage, comme ils le pratiquaient sur les terrains dépouillés de leur récolte, mais cet usage unique ne pouvait constituer une possession utile au profit des communautés et leur conférer un droit de propriété.

Coquille confirme en ces termes les principes qui viennent d'être rapportés comme étant les seuls vrais et mis en pratique sous le régime féodal : « De toute ancienneté les sei-
» gneurs, voyant leurs territoires déserts ou mal habités, con-
» cédèrent les usages à ceux qui y viendraient habiter pour
» les y semondre, et à ceux qui y étaient pour les y conserver,
» et retinrent quelques légères prestations, plutôt en recon-
» naissance de supériorité qu'en profit pécuniaire. »

Isambert ajoute : « Parmi les droits retenus par les seigneurs,
» il en était un qui devint bientôt la source de nombreuses
» vexations de leur part sur les bois même dont la commune
» était propriétaire par concession ou à tout autre titre. Ils
» exerçaient un prélèvement du tiers du produit du bois, dit
» droit de triage. »

(1) Village est employé ici pour communauté ou paroisse. La loi du 31 octobre 1793 le constate surabondamment en supprimant définitivement la dénomination de ville, bourg et village qui était autrefois donnée aux paroisses ou communautés et en y substituant celle de commune.

119. Louis XIV., pour faire cesser ce pouvoir abusif et vexatoire des seigneurs, a rendu, au mois d'avril 1667, un édit renfermant les dispositions suivantes :

« Comme l'amour paternel que nous avons pour tous nos » sujets nous fait porter nos soins partout, nous voulons... » seront tenus tous seigneurs prétendant droit de tiers dans » les usages, communes et communaux des communautés, » d'en abandonner et délaisser la libre et entière possession au » profit desdites communautés, et pour traiter d'autant plus » favorablement les communautés, nous les avons confirmées » et les confirmons dans la possession et jouissance des usages » et communes qui leur ont été accordés par les rois nos pré- » décesseurs et par nous; même leur remettons le droit de » tiers qui nous pourraient appartenir dans lesdits usages et » communes. »

Le roi ne se bornait pas à anéantir le droit de triage auquel prétendaient les seigneurs; il remettait ce même droit, s'il pouvait lui appartenir, en ce qui concernait les usages et communes qui pouvaient provenir de la couronne.

« On doit remarquer, dit Dalloz, que les mots usages et » communes impliquent l'idée de la propriété complète des » biens communaux et non pas seulement une simple servitude » usagère, et que, dans le langage de nos anciens auteurs, ce » mot ne signifie pas droits d'usages, mais les communaux » eux-mêmes appartenant aux habitants. Remarquez encore, » ajoute le même écrivain, que le triage ne s'exerce pas sur les » bois où les habitants n'ont que des droits d'usages, mais sur » ceux qui leur ont été concédés en propriété. »

Dans le préambule d'un édit de 1659, on lit, en effet, que les communautés ont été portées à vendre leurs biens, usages, bois et communaux. Plus loin, on voit encore que les communautés ne pourront, à l'avenir, aliéner leurs usages sans permission du roi et décret de justice.

Enfin, Legrand a écrit : « Il n'y a quasi point de village en

» France (village est encore ici pris pour communauté ou pa-
» roisse) qui n'ait des usages appelés *pasquages* et communaux.
» Ces usages appartiennent aux habitants sans que la commu-
» nauté puisse les vendre. »

Cet auteur n'admettait pas non plus les locations, mais les
rois les ont autorisées.

120. Il est donc démontré de la manière la plus évidente,
par la nécessité que les familles municipales ont éprouvé, dès
le jour de leur formation, et ont continué à éprouver, de se créer
et de posséder les moyens de satisfaire leurs besoins et ceux de
tous leurs membres ; par les opinions que nous venons de rapporter des écrivains les plus éminents ; et par les actes souverains déjà cités, que les communes, dans les temps féodaux,
même sous les coutumes qui admettaient la maxime : « nulle
terre sans seigneur » possédaient et ont continué à posséder
des biens communaux de vieille et de nouvelle origine.

121. A plus forte raison, les biens communaux ont continué à subsister entre les mains des communes dans les pays
de franc alleu ou, même les terres particulières, n'étaient
pas considérées comme ayant fait partie de quelques fiefs et
en dépendant, sans que les seigneurs eussent prouvé leur
directe par titre.

Sous les coutumes allodiales, la liberté des propriétés était
présumée de droit et la servitude devait être prouvée par celui
qui l'alléguait.

Dumoulin écrivait, en effet, « que toute terre était présumée
» libre de droit naturel et devait être considérée comme allo-
» diale, si l'on ne prouvait qu'elle était féodale. »

Caseneuve, Basnage, Montesquieu et Henrion de Pensey
partageaient la même opinion.

Dupin l'a reproduite et adoptée.

Championnaire l'avait aussi enseignée en ajoutant « que la

» franchise de l'alleu était tellement la condition générale de
» toutes les terres situées dans les provinces du droit italique,
» qu'en Italie toute possession libre du lien féodal était un
» alleu. »

Point de doute donc que les communes n'aient possédé,
comme propriétaires, d'anciens biens que leur avaient accordé
le partage du territoire communal, les empereurs romains et
les largesses des princes, et point de doute non plus qu'elles
ne les aient conservées depuis l'invasion.

122. Lorsqu'après la période violente du fait, la tradition
s'est transformée en une transmission légale, les coutumes
sont venues consigner les droits acquis sans créer de situations nouvelles.

Ainsi les coutumes de Chaumont en Bassigny-Champenois,
de l'Auvergne, de la Marche et du Nivernais ont, avec beaucoup d'autres, reconnu les droits de propriété des communes.

123. Dans ces derniers temps encore, on a discuté devant
le Tribunal de Langres et devant la Cour de Dijon, la question
de savoir si les anciens seigneurs étaient propriétaires de bois
situés dans l'étendue de leur territoire, en vertu d'une présomption remontant à la conquête des Gaules par les Francs, ou si,
au contraire, c'était les communes qui devaient en être présumées propriétaires.

M. de Pontac réclamait des bois à la commune de Bourbonne,
en s'appuyant notamment sur ce qu'en leur qualité de hauts
justiciers, les seigneurs de Bourbonne en étaient propriétaires,
par cela seul qu'ils se trouvaient dans l'étendue de leur territoire.

Le Tribunal de Langres, par un jugement du 3 juin 1863, a
admis cette prétention en reconnaissant que les habitants de
Bourbonne n'avaient que de simples droits d'usage; que les
seigneurs avaient en leur faveur une présomption légale, et

qu'ils n'avaient pas besoin de titres, parce que la coutume de Chaumont leur en tenait lieu. Suivant le Tribunal, les anciens seigneurs, investis de la propriété *de tous les bois,* se seraient bornés à concéder des droits d'usage dans leurs forêts pour retenir ou pour accroître leurs vassaux.

La question soumise à la justice était, il est vrai, complexe ; il s'agissait aussi d'apprécier la valeur de titres ; mais ceux produits ayant été reconnus sans portée, la Cour, comme le Tribunal, n'avait plus à trancher et n'a tranché la difficulté que par l'interprétation des anciennes lois et particulièrement de la coutume de Chaumont.

L'article 102 de cette coutume est ainsi conçu : « Habitants, » communautés ni autres particuliers ne peuvent prendre ni » avoir droit d'usage, ni pâturage, en justice et seigneurie » d'aucuns seigneurs hauts justiciers, sans en avoir titre » d'eux, seigneurs, ou leur en avoir payé redevance par trente » ans, ou que lesdits habitants en aient joui de tel et si long- » temps, qu'il n'est mémoire du commencement ni du con- » traire. »

L'article 63 de la même coutume porte : « Que l'on tient » au baillage que tout héritage est réputé franc qui ne le mon- » tre être redevable d'aucune charge, quelque part qu'il soit » assis. »

Les habitants soutenaient, à l'aide de ce dernier article, que la coutume était allodiale, c'est-à-dire qu'on devait appliquer, non la maxime : « nulle terre sans seigneur », mais au contraire la maxime : « nulle terre sans titre. »

La Cour de Dijon, par un arrêt du mois d'octobre 1864, s'est prononcée en faveur de la commune. Son arrêt est, quant à la question de principe, ainsi conçu :

« Considérant qu'en faisant application des principes les plus » certains, une possession aussi complète que celle de la ville » de Bourbonne élève en sa faveur une présomption grave de » propriété qui ne peut être détruite que par une présomption

» contraire ou par des titres établissant la propriété des sei-
» gneurs, et que la commune n'a en réalité qu'une possession
» précaire ;

» Considérant que le sieur de Pontac a invoqué principa-
» lement en première instance l'article 102 de la coutume de
» Chaumont ;

» Que les premiers juges ont admis l'interprétation donnée à
» cette disposition par d'anciens commentateurs, lesquels ont
» pensé qu'il en résultait une présomption légale de propriété en
» faveur des seigneurs hauts justiciers, relativement à tous les
» bois qui se trouvaient dans l'étendue de leurs seigneuries ;

» Que cette thèse, produite dans l'intérêt des seigneurs, est
» d'abord motivée sur des déductions historiques plus ou
» moins hasardées, vivement controversées et auxquelles les
» magistrats ne doivent pas s'arrêter, parce qu'elles n'ont au-
» cune certitude ;

» Qu'ils doivent se déterminer d'après les termes des dispo-
» sitions de la coutume en en consultant l'esprit et la nature ;

» Que si la coutume est allodiale et que dans l'étendue de sa
» juridiction les héritages possédés par des roturiers doivent
» être réputés francs et libres, il serait contradictoire de dire
» que les communes ne peuvent être déclarées propriétaires
» des bois dont elles ont eu l'entière jouissance depuis un
» temps immémorial ;

» Que dans les coutumes allodiales de Troyes et de Nevers,
» les jurisconsultes les plus accrédités n'ont pas fait de doute
» que les seigneurs qui prétendaient à la propriété de bois
» communaux devaient produire un titre, et que la possession
» des communes faisait présumer qu'elles étaient proprié-
» taires ;

» Que dans la coutume de Chaumont, allodiale sans contes-
» tation, l'opinion des commentateurs, qui se sont prononcés
» en faveur des seigneurs, ne doit pas être admise, parce qu'elle
» est évidemment contraire à la nature de la coutume ;

» Que le texte de l'article 102 lui-même ne prêtait, par ses
» termes, en aucune manière, à cette interprétation; qu'elle
» est, au surplus, appuyée sur un texte de Dumoulin mal
» compris, qui n'a conclu en faveur des seigneurs que pour
» leur donner, relativement aux biens appartenant aux habi-
» tants, droit de pleine juridiction et ne leur attribue pas une
» présomption de propriété;

 » Qu'en présence des présomptions des lois abolitives de la
» féodalité de 1792 et 1793, on ne doit pas, à plus forte raison,
» faire revivre une doctrine aussi contraire à la franchise des
» communes;

 » Considérant que l'article 102 de la coutume étant mis hors
» de cause, la possession immémoriale et entière de la com-
» mune reste dans toute sa force, et que c'est au demandeur
» à établir, par des titres (ce qu'il ne fait pas), la précarité de
» cette possession;

 » Par ces motifs, déclare les habitants de Bourbonne proprié-
» taires exclusifs des bois revendiqués par le sieur de Fontac. »

124. Ainsi, sous l'ancienne législation, aussi bien dans les
pays où la maxime : « nulle terre sans seigneur » était admise,
que dans ceux où la maxime : « nulle terre sans titre » était
reçue, les communes étaient et sont restées maîtresses de leurs
propriétés natives et de toutes celles qui leur sont advenues,
en vertu de concessions, soit des empereurs, soit des princes,
soit des rois, soit des seigneurs, soit de tous autres, ou en
vertu d'acquisitions.

Ni les lois des Barbares, ni les lois de la féodalité ne leur ont
enlevé aucune de ces propriétés, et si quelques-unes ont été
usurpées, elles leur ont été restituées suivant l'énergique et
persévérante volonté des anciens rois.

Les biens communaux ont pourtant, sous la féodalité, été soumis à des abus de
pouvoir et par suite à des usurpations, mais les rois ont fait restituer la plupart des biens dont les communes avaient ainsi été dépouillées et ont même
confirmé les droits des communes sur les propriétés communales anciennes et
nouvelles.

125. Il faut sans doute reconnaître et nous reconnaissons,
effectivement, que pendant que des seigneurs, fidèles obser-
vateurs des traditions, respectaient la propriété communale,
laissaient même aux habitants, qui en devenaient collectivement propriétaires, les terrains vains et vagues et donnaient
de nouveaux pâturages, des bois et d'autres droits aux communes et quelquefois à de simples villages en dépendant, d'autres seigneurs, par des actes d'usurpation subreptice, ou par
des abus de pouvoir plus ou moins déguisés et même par des
moyens violents, dépouillaient des paroisses de tout ou partie
de leur fortune immobilière.

126. Mais, ainsi qu'on l'a déjà vu, les villes et à leur exemple d'autres paroisses, moins grandes et plus faibles par conséquent, résistèrent, dès le milieu du XIe siècle, autant qu'il
leur fut possible de le faire, aux prétentions de leur seigneur,
basées sur l'axiôme : nulle terre sans seigneur.

127. La royauté intervint, d'ailleurs, en faveur des communes, et toutes les spoliations furent réprimées dans tout le
territoire français.

Ainsi, Louis-le-Gros et Louis-le-Jeune, pendant la plus
grande partie du XIIe siècle, ont accordé des chartes et de
nouvelles propriétés aux paroisses qui sont aujourd'hui nos
communes; ils les ont protégées contre les exactions et les
usurpations des seigneurs; ils ont fortifié leur organisation, les

ont ainsi légalement armées contre leurs oppresseurs et mis à
même de défendre efficacement leurs droits.

De nombreux actes attestent le haut et constant appui que
ces souverains ont prêté aux communes.

Philippe Ier, en 1079, suivant plusieurs écrivains, ou Philippe II, pendant le XIIe siècle, suivant d'autres, a aussi donné
des chartes municipales à plusieurs communes.

Saint-Louis, dans le siècle suivant, consacrait l'usage
qu'elles faisaient déjà d'une caisse qu'on appelait alors *huche*,
pour leur assurer les moyens de centraliser et de conserver jusqu'à leur emploi les ressources qu'elles réalisaient; le système
financier, qui leur a été donné depuis, n'était pas encore créé.

128. Les rois n'exerçaient pas, il est vrai, au Xe, au XIe
et même au XIIe siècle la puissance législative dans tout le
territoire actuel de la France.

Mais en premier lieu, sous les rois de la première race, sous
ceux de la seconde et encore sous ceux de la troisième, dont
les noms et les actes viennent d'être indiqués, qui ont le plus
puissamment contribué à l'affranchissement des communes,
les lois romaines étaient toujours en vigueur aussi bien dans
l'ancienne Lyonnaise, jusqu'à la Manche, que dans l'Aquitaine, jusqu'aux frontières d'Espagne; et ces lois, que les
Barbares avaient respectées, avaient reconnu l'existence des
communes, sous des autorités dépendantes du pouvoir supérieur, comme circonscription rurale, comme corps politique,
comme personne morale, et les avaient enrichies d'une forte
administration et de biens que, dans certains cas, elles leur
accordaient de plein droit.

En second lieu, Louis-le-Jeune, par son mariage avec la
princesse Eléonore, a même régné sur l'Aquitaine.

En troisième lieu, ses actes, comme ceux de son père, ont eu
de l'écho, et partout les rois, ou les ducs, ou les comtes, ou les
seigneurs leurs voisins et même les grands vassaux, ont obéi

aux nécessités de leur époque, en affranchissant les communes de droits et de charges qui entravaient leur développement et en leur rendant certaines libertés dont elles avaient été privées. Là où les communes avaient elles-mêmes, par la révolte, secoué le joug qui pesait sur elles, ils sanctionnaient les faits déjà accomplis et sur lesquels il était désormais impossible de revenir. Ailleurs, ils accordaient dès chartes, ou parce qu'ils prévoyaient qu'ils seraient bientôt contraints d'en concéder, ou parce qu'ils voulaient se donner le mérite d'en octroyer gracieusement; mais par quelques moyens que l'affranchissement ait eu lieu, les communes ne restaient pas moins ce qu'elles étaient, des associations municipales dans leurs anciennes limites, avec cette seule différence que leur gouvernement, dès son origine, se montrait aussi libre et énergique que l'ancien était devenu dépendant sous la féodalité.

129. Enfin, en quatrième lieu, si les premiers rois qui ont au moins favorisé l'affranchissement des communes, s'ils ne l'ont pas opéré, ne régissaient qu'une partie de la France actuelle, leurs successeurs, qui ont régné à peu près sur tout le territoire qu'elle a aujourd'hui, n'ont pas moins énergiquement et efficacement défendu les communes contre les usurpations des seigneurs, sous le rapport tout à la fois des pouvoirs municipaux et des propriétés communales.

Ainsi, François Ier, lorsque le Dauphiné, le Languedoc, le Limousin, le Poitou, la province de Guyenne et Gascogne, la Bourgogne, la Provence et la Bretagne, étaient déjà définitivement réunis à la France, reconnaissait et proclamait, par un édit du mois de décembre 1542, qui était en parfait accord avec les précédents, « le pouvoir qui appartenait aux communes » ou paroisses, de poursuivre tous et un chacun leurs droits » sur les pâturages et pacages. »

Les rois ses successeurs n'ont pas été moins vigilants à défendre les associations municipales contre toute usurpation.

Charles IX, par un édit du mois d'avril 1567, « a annulé tous » les actes et jugements qui avaient dépouillé des communes » de tout ou partie de leurs biens au profit des seigneurs. »

Henri III, par une déclaration du mois de mai 1575 et par une ordonnance de Blois de 1576, Henri IV, par un édit du mois de mars de 1600, et Louis XIII, par une ordonnance du mois de janvier 1629, se sont aussi efforcés de maintenir les communes en possession de leurs propriétés immobilières et de les réintégrer dans les portions déjà usurpées sur elles par la puissance féodale.

Louis XIV, lorsque la France était aussi grande qu'elle l'est aujourd'hui, avec le concours de Colbert, dont le génie organisateur a rendu son règne si fécond, ne s'est pas borné, par une déclaration du 22 juin 1659, par un édit du mois d'avril 1667 et par une ordonnance du 3 août 1669, à pourvoir à la conservation, à l'aménagement des biens et en particulier des bois des communes, et à introduire dans leur gestion et dans leur police, l'ordre et la régularité qu'il exigeait de tous les services publics. Ce grand roi, comme l'avaient déjà fait ses prédécesseurs, a, avec une nouvelle énergie, qui a produit les résultats qu'il en attendait, ordonné, au profit des communes, la restitution de tous les biens communaux qui avaient été usurpés.

Tous les édits, déclarations et ordonnances, du Xe au XVIIe siècle, qui étaient des lois, et plus spécialement l'édit de 1667 et l'ordonnance de 1669, qui sont restés des monuments de législation que les Tribunaux appliquent encore tous les jours, exprimaient en substance : « Qu'on avait vu des personnes » puissantes qui s'étaient emparées des usages et biens com- » munaux au préjudice des communautés d'habitants, qu'on » en avait vu d'autres qui, pour en devenir propriétaires, » s'étaient servi de dettes simulées et avaient abusé des formes » les plus régulières de la justice »; en conséquence, ces mêmes édits et ordonnances ordonnaient « que les habitants

8

» des paroisses, dans toute l'étendue du royaume, rentreraient,
» sans aucune formalité, dans tous les fonds, prés, pâturages,
» bois, terres, usages et communaux dont lesdites paroisses
» avaient été dépouillées. »

En outre, Louis XIV, plus particulièrement « confirmait
» encore les communes dans tous leurs droits de possession,
» de jouissance et de propriété sur les usages et communes,
» en d'autres termes, sur tous les biens communaux. »

130. C'est au profit des communautés ou paroisses, c'est-à-dire, en faveur des associations municipales, assises sur un territoire et pourvues d'une administration, organisées en d'autres termes, que toutes les restitutions ont été prescrites et ont eu lieu.

Les rois ne voyaient de communautés municipales que dans les paroisses et, à leurs yeux, ainsi que le reconnaît M. Aucoc : « La circonscription des paroisses était celle des communautés » d'habitants de la campagne. »

Pendant le XVIIᵉ siècle, l'influence des théories économiques, dont un grand ministre a été l'organe et le plus puissant protecteur, fit momentanément triompher le principe du partage des biens communaux entre les habitants, mais ces partages n'ont eu lieu que dans quelques provinces.

Enfin, dans un chapitre précédent, on a déjà trouvé des preuves de la situation et des prérogatives des communes et de leurs droits sur les biens communaux.

131. On peut donc affirmer, avec toutes les anciennes lois, avec les ordonnances des rois, avec les plus grands écrivains, avec les besoins des populations et avec les raisons d'être des paroisses, que les biens communaux sont nés avec la commune, ont grandi avec elles et lui sont restés, sous les seigneurs, comme ils lui avaient été laissés sous les Barbares, sous les Romains et sous les Gaulois.

Les communes de toute origine ont ainsi conservé leur territoire, une organisation administrative, un domaine public, des biens productifs, des revenus, des charges générales, une caisse et un budget, toutes choses qui ne pouvaient appartenir et qui n'appartiennent pas à des sections.

ARTICLE 9.

Le régime féodal a ajouté de nouveaux biens communaux aux anciens et a contribué à la formation de nouveaux villages, de sections et de communes.

132. Sous le régime féodal, les communes ont ajouté aux biens de première origine, provenant du partage du sol territorial et à ceux abandonnés qui, avant l'établissement de la féodalité leur étaient échus de plein droit, les propriétés qu'elles ont pu acquérir et les pâturages, les usages et les autres droits que les seigneurs féodaux leur ont donnés.

Dalloz assigne aussi, aux biens fonciers que les communes possédaient autrefois, une double origine. Il admet ainsi que ceux de première origine proviennent du partage du territoire communal, ou de concessions accordées par les empereurs et les législateurs romains, ou des largesses des princes ; et que d'autres, d'origine moins ancienne, proviennent des rois, des seigneurs, d'autres propriétaires ou d'acquisitions.

133. De même que de nouveaux villages et même de nouvelles communes s'étaient établis, sous les Barbares et dans les siècles qui avaient précédé et suivi leur invasion, à côté de châteaux-forts, d'églises et de monastères, de même il s'en est encore formé pendant les temps féodaux sur l'emplacement de forêts et de terres incultes, qui ont été défrichées, surtout sous Louis-le-Gros qui se fit des communes, dont il favorisa l'institution, un puissant auxiliaire contre les seigneurs, et sous Louis-le-Jeune, son fils, qui adopta et suivit sa politique.

Mais toutes ces nouvelles fondations ne devaient pas seulement leur origine à la bienveillance des rois ou des seigneurs; quelques-unes se sont organisées pendant la tourmente de l'affranchissement, et l'autorité n'a eu qu'à reconnaître leur existence.

D'autres fondations plus ou moins importantes ont encore eu lieu sous les successeurs de Louis-le-Gros, qui se sont également faits les vigilants protecteurs des communes.

Un certain nombre de villages, les plus considérables, sont devenus des communes par la force des choses ou en vertu de chartes accordées par les souverains, ou, à leur exemple, par les seigneurs, et ont, dès lors, eu un territoire, une administration et même des biens, s'ils en avaient reçus ou s'il s'en trouvait dans leur circonscription.

D'autres qui, dans les conditions que nous avons indiquées, ont reçu des biens, soit de grands propriétaires, soit de seigneurs, sont devenus des sections de communes, mais sans cesser de faire partie des paroisses dont ils dépendaient; ils ne s'étaient pas élevés ou n'avaient pas été érigés au rang de communes, et restaient par conséquent des fractions, sans vie particulière, de la famille à laquelle ils appartenaient.

134. C'est ainsi que la féodalité a reçu les communes déjà propriétaires de biens de diverses origines et les a rendues également propriétaires, avec une nouvelle indépendance que leur ont donné et assuré les rois et les progrès de la civilisation.

ARTICLE 10.

Affirmation des droits des communes sur tous les biens communaux, par les écrivains, par les coutumes, par les ordonnances royales et par d'autres actes souverains.

135. Guyot, dans son répertoire de l'ancienne jurisprudence, constate, comme nous venons de le faire, « que les com-
» munautés d'habitants possédaient en certains lieux des biens
» communaux dont la propriété était à toute la communauté
» et l'usage à chacun des habitants. »

Denizart a admis la même opinion :

Le *Dictionnaire raisonné des Sciences de* 1778, qui offre un résumé de la jurisprudence des temps passés, explique aussi « que les communautés d'habitants, c'est-à-dire le corps
» des habitants d'une ville, d'un bourg ou d'une simple paroisse,
» possèdent des biens communaux, tels que : des maisons,
» terres, bois, prés et pâturages, dont la propriété appartient
» à toute la communauté et l'usage à chacun des habitants, à
» moins qu'ils ne soient loués au profit de la communauté; et
» que les revenus qu'ils produisent font, ce que l'on appelle
» des deniers patrimoniaux. »

Merlin et Dalloz ont rapporté et adopté, comme exacts, les mêmes faits et les mêmes principes.

136. C'est dans le sens du droit des communes aux biens communaux qu'elles renfermaient que se sont prononcées toutes les coutumes de France, qui se sont occupées de ces biens et qui ont réglé la manière dont les habitants devaient en user; elles portaient, en les désignant, le plus souvent, sous le nom de pâturages, « qu'ils étaient communs entre tous les
» habitants des paroisses. »

Ainsi, les coutumes de Laon (Aisne), de Verdun, de Saint-

Michel, de Bard-le-Duc et de Clermont-en-Argone (Meuse); de
Metz et de Gorse (Moselle); de Sédan (Ardennes); du bailliage
de Bassigny (Haute-Marne); du bailliage d'Epinal (Vosges); des
bailliages de Lorraine et de Nancy (Meurthe-et-Vosges); de
Montargis et d'Orléans (Loiret); d'Auxerre et de Sens (Yonne);
de Vitry-le-Français (Marne) et de Melun (Seine-et-Marne),
disposaient « qu'en terres vaines, landes et communaux, les
» habitants de la paroisse pouvaient mener pâturer leurs bêtes
» jusqu'aux clochers des paroisses voisines. »

Les coutumes de Labours (Basses-Pyrénées) et de Marsan
(Landes) disaient « que chacun des paroissiens pouvait faire
» pâturer ses bestiaux sur les terres communes. »

Dans l'Aube, ainsi que le disait la coutume de Troyes, et
dans beaucoup d'autres provinces, suivant les lois locales, le
pâturage s'exerçait aussi de clocher à clocher, c'est-à-dire
sur tout le territoire communal, tant sur les terres récoltées
que dans les landes qui formaient des communaux.

Deux coutumes seulement, sur lesquelles M. Aucoc se fonde
pour, à son insu sans doute, faire avec des sections ou d'ambitieux villages, plus de cent mille nouvelles communes
dans les trente-six mille qui existent déjà, sans différer
ssentiellement des autres, ne sont pourtant pas conçues dans
s mêmes termes : ce sont celles d'Auvergne et de la Marche.
On s'explique facilement leurs dispositions et leur esprit en
se reportant à l'époque qui les a produites. La royauté réunis-
sait le pouvoir législatif et le pouvoir exécutif. Dans sa toute
puissance, elle a pu déposer ou laisser déposer dans ces coutumes des dispositions législatives et des dispositions réglementaires, et elle l'a fait.

La première, en effet, dans des dispositions réglementaires,
« limitait les pâturages *par village* dans le haut pays et ès-
» montagnes, et *par justice* dans la Limaigne et bas pays. »
Dans des dispositions spéciales à diverses châtellenies et communes du haut et du bas pays, elle les « divisait *par paroisse*

» et dans chaque paroisse par village, depuis la fête de Notre-
» Dame de mars, jusqu'à la fête de saint Martin d'hiver », en
ajoutant : « que pendant le surplus de l'année, ils étaient com-
» muns entre tous les habitants. »

La seconde était rédigée dans le même esprit. C'était sous le
titre de *dommages de bêtes* qu'elle réglait les pâturages.

Dans d'autres dispositions législatives, ces deux coutumes
s'occupaient, entre autres choses, des juridictions, des tutelles,
des testaments et des donations, des obligations et des succes-
sions.

Il faut convenir qu'ainsi conçues, ces coutumes n'étaient
guère faites pour motiver le déchirement des communes, tel
que M. Aucoc voudrait le faire opérer ; d'une part, elles étaient
complètement étrangères à toute question de propriété, et
d'autre part, elles ne constituaient, même d'après Chabrol, qu'un
règlement relativement à l'usage des communaux ; elles n'établissaient, suivant cet auteur, « qu'une police, un ordre public
dans l'usage des pâturages » ; en d'autres termes, un mode de
partage avantageux aux habitants d'une même paroisse, de la
jouissance indivise des biens communaux ; elles ne se bornaient
pas pour les deux provinces à mettre en état de défense les prés
qui se trouvaient dans les conditions qu'elles prévoyaient, les
vignes, les bois et les garennes, et à interdire l'accès des oies
et des pourceaux dans les prairies et des chèvres dans les plans
de moins de quatre ans ; elles réglaient encore d'autres points.
Ainsi, quant aux pâturages spécialement, elles jugeaient pru-
dent de ne pas laisser éloigner le bétail dans le haut pays et *és-
montagnes*, tandis qu'elles permettaient de les laisser se répandre en pays de plaine dans toute une justice. Là-même où,
pour éviter des dégâts aux récoltes, elles n'autorisaient les
pâturages que par village pendant l'été ; elles les laissaient
libres dans toute la circonscription communale et même dans
toute une justice pendant l'hiver.

Chabrol a même ajouté « qu'il n'aurait pas été sans incon-

» vénient d'autoriser les habitants de la Limaigne à faire mon-
» ter les bestiaux et les habitants de la montagne à les faire
» descendre. »

Les deux coutumes n'étaient donc, relativement à l'usage
des pâturages, que réglementaires.

On peut même dire que, par l'ensemble de leurs dispositions et par le silence qu'elles gardent sur la propriété, sur la
location et sur l'aliénation des biens communaux et aussi sur
l'emploi de leurs produits en argent, elles confirment implicitement les droits des municipalités à tous les biens de cette
nature qu'elles renferment, ou dans tous les cas qu'elles s'en
remettent, à l'égard de leur propriété, au droit général de la
France.

137. Or, l'ordonnance de Louis XIV du 13 août 1669, déjà
citée, confirmative d'autres ordonnances, applicable à tout le
royaume, à toutes les communes par conséquent, porte encore
dans ses dispositions générales « qu'il est fait défense aux ha-
» bitants d'aliéner les biens communaux, sans permission
» souveraine, à peine d'une amende de 300 livres, contre les
» consuls-échevins, procureurs-syndics et autres personnes
» chargées des affaires des communautés, » et dans l'article 7
du titre XXV « que si, dans les biens communaux, il s'en
» trouvait en quelques endroits (dans tout le territoire commu-
» nal) d'inutiles et superflus dont la communauté pourrait pro-
» fiter, sans incommoder le pâturage, ils pourraient être donnés
» à ferme, après un résultat d'assemblée, par les officiers du
» lieu, pour le prix être employé *en réparations des paroisses*
» *dont les habitants sont tenus, ou autres urgentes affaires de la*
» *communauté.* »

Les mêmes défenses de vendre et d'aliéner leurs biens patrimoniaux et communaux ont été faites aux communautés
d'habitants dans un édit de 1683; elles ont encore été renouvelées dans une déclaration de 1687.

Voilà, relativement à l'existence des communes et à leurs droits sur tous les biens communaux qui se trouvaient dans leur territoire, l'ancien droit commun de la France que les Romains avaient établi, dont Godefroy constatait l'existence au V⁰ siècle, que les rois ont proclamé, que toutes les coutumes ont consacré et que Guyot et beaucoup d'autres écrivains ont reproduit.

138. Mais, dit M. Aucoc, il existait dans les communes des villages que les seigneurs avaient enrichis, qui formaient dès lors des sections et dont les droits étaient respectés et par la coutume d'Auvergne et par l'ordonnance de Louis XIV.

139. D'abord, il faut distinguer entre les villages qui, par des décisions souveraines ou même irrégulièrement, avaient été détachés de communes et étaient eux-mêmes devenus des paroisses ou des communautés, même très-restreintes, et ceux qui avaient continué à dépendre de leur ancienne association municipale.

Les premiers, grands ou petits, quel que soit le nombre de leurs habitants, formaient des communautés qui étaient propriétaires, au même titre que les anciennes paroisses, des biens communaux compris dans leur territoire et qui pouvaient en régler l'usage ou en disposer dans les termes de la législation.

Les seconds étaient restés ce qu'ils étaient, des fractions de communes qui pouvaient être propriétaires de biens distincts; mais ils devaient justifier, par titre, de leurs droits de propriété, et, s'ils faisaient ces justifications, ils formaient des sections et pouvaient, dès lors, profiter particulièrement des fruits en nature de leurs biens, suivant un règlement que pouvaient faire les officiers municipaux.

Ensuite, disons-le en passant, l'ordonnance de 1669 était déjà, en ce qui concerne les droits respectifs des communes et des sections, la loi de 1837, moins les franchises et les larges prérogatives que cette loi a données aux municipalités.

Le droit commun était écrit dans les principales dispositions législatives de l'ordonnance. Il accordait aux communes ou paroisses la faculté d'aliéner, en cas de nécessité, et d'affermer, dans certaines circonstances, les biens communaux au profit de la généralité des habitants. De pareilles autorisations ne s'accordent qu'à des propriétaires. Les communes étaient donc, jusqu'à preuve contraire, les maîtresses des biens communaux compris dans leur territoire. C'est ce qu'ont dit tous les jurisconsultes et tous les monuments de législation déjà cités.

Le droit réglementaire se trouvait dans les coutumes, dans les édits royaux et particulièrement dans les articles premier et suivants du titre XIX de l'ordonnance de 1669. Il permettait aux communautés d'habitants de régler les pâturages communs et les droits d'usage par justice, ou par commune, ou par quartier, ou par village et même par maison isolée, selon leur importance, suivant les besoins des populations, d'après la situation des habitants et même en ayant égard à des droits particuliers, s'il en existait. L'ordonnance ne réglait même que l'exercice d'usages et de pâturages dans les bois.

Il suffit, du reste, de lire la coutume d'Auvergne et l'ordonnance pour être convaincu, ainsi que nous l'avons déjà fait remarquer, que lorsqu'elles s'occupent de l'usage des pâturages, c'est-à-dire de leur répartition entre les habitants, elles ne touchent pas à la question de propriété de ces pâturages; elles ne disposent, à cet égard, que réglementairement; elles se bornent, en effet, à diviser les pâturages, dans l'intérêt, tout à la fois, des populations, de l'agriculture et de l'ordre. C'est ainsi qu'elles prenaient les précautions les plus minutieuses pour faire séparer les bêtes d'espèces différentes, pour les faire marquer, pour faire réunir celles qui devaient pâturer ensemble, pour les faire conduire, en un seul troupeau, par le même chemin, par des pâtres dont la communauté était responsable et pour faire attacher des clochettes au cou de chaque bête.

Ce n'est que lorsque, législativement, l'ordonnance s'occupe des aliénations et des locations des biens communaux et de l'emploi de leurs produits en argent, qu'elle dispose que les paroisses ou communautés ne peuvent, sans permission souveraine, disposer de leurs biens par des ventes; mais qu'elles peuvent, au contraire, dans des assemblées, décider des locations des biens inutiles au pâturage et les réaliser à leur profit exclusif, en d'autres termes, pour employer les prix à en provenir en réparations des paroisses dont tous les habitants sont tenus, ou à d'autres urgentes affaires de la communauté ou paroisse.

Ainsi était formellement écrit dans la législation résultant des décisions souveraines et même dans la plupart des coutumes, les droits de propriété des paroisses ou communautés, à la propriété de tous les biens communaux, à l'exclusion des fractions qui pouvaient les composer, si ces fractions ne peuvent faire aucune justification.

Les deux coutumes d'Auvergne et de la Marche, invoquées en faveur des sections, disposent donc contre elles au moins implicitement.

En effet, d'après leurs termes purement réglementaires rapprochés de ceux législatifs des ordonnances royales et même des coutumes qui, ensemble, formaient l'ancien droit commun, c'est la commune, il n'est plus possible de le méconnaître, qui, en vertu de sa constitution, en échange des obligations qui pèsent sur elle et dans l'intérêt de la famille qu'elle compose, est propriétaire de tous les terrains compris dans son terroir sur lesquels aucun village ne peut justifier de droit particulier.

C'est avec la conviction qu'il en était ainsi que Denizart, Merlin, Dalloz et d'autres écrivains ont aussi attesté « que pendant » les huit derniers siècles qui ont précédé la Révolution, les » communautés d'habitants possédaient, en certains lieux, des » biens communaux dont *la propriété était à toute la commu-* » *nauté* et l'usage à chacun des habitants, à moins qu'ils n'eus- » sent été affermés au profit de la communauté. »

Ainsi étaient reconnus et affirmés, sous l'ancienne législation, les droits des communes à la propriété de tous les biens sans maître qui se trouvaient dans leur territoire.

ARTICLE 11.

Présomption des droits de propriété des biens communaux, au profit des communes, à l'exclusion des sections, confirmée et au besoin rétablie par les lois nouvelles qui se sont succédées depuis 1789 jusqu'aujourd'hui, ainsi que l'affirment la jurisprudence et les jurisconsultes.

140. Les lois nouvelles ont confirmé et même mieux établi les droits des communes sur les biens communaux.

Celles du 14 décembre 1789 et 26 février 1790, dans des termes positifs, indiquées dans le chapitre relatif à l'origine et à l'organisation des communes, ont conféré aux municipalités le pouvoir de régir les biens et les revenus communs et de délibérer sur les aliénations et les locations et sur l'emploi de leurs prix.

Celles des 4 août 1790, 13 avril 1791, 28 août 1792 et 10 juin 1793 ont aboli le régime féodal, rétabli les communes dans leurs anciens droits et posé ainsi les derniers principes : « Tous » les biens généralement quelconques connus sous les divers » noms de terres vaines et vagues sont et appartiennent, de » leur nature, à la généralité des habitants des communes ou » des sections de communes dans le territoire desquelles ces » communaux sont situés. »

Ces dispositions n'ont fait d'attribution de biens communaux qu'à la généralité des habitants des communes ou des sections dans le *territoire* desquelles ils étaient situés ; les législateurs ne pouvaient rien remettre, et ils n'ont rien accordé aux villages ou sections qui n'avaient pas et n'avaient jamais eu de *territoire* ou de droits antérieurs.

Toutes ces lois ont confirmé, au profit des communes, la présomption de propriété des biens communaux que la féodalité avait cherché à leur enlever en faveur des seigneurs.

M. Aucoc le reconnaît; il déclare effectivement « que, pour » les terres vaines et vagues, il y a présomption de droit » qu'elles appartiennent aux communes, à l'exclusion des sec- » tions. »

La loi du 9 ventôse an XII, comme les ordonnances des anciens rois, n'a prescrit la restitution des biens communaux possédés, sans titre, qu'au profit des communes.

141. L'ordonnance du 7 octobre 1818, qui reproduit aussi les pensées de l'ancien régime, reconnaissait également le droit de propriété des communes sur tous les biens, sans maîtres, qu'elles renfermaient « en n'autorisant la location de ces biens » que pour suppléer à l'insuffisance des revenus affectés aux » dépenses des communes. »

Les lois de 1831 et de 1837 ont aussi consacré la plénitude des droits de propriété des communes sur tous les biens communaux qu'elles renferment, en ne permettant aux sections détachées d'une commune d'emporter, outre leur part dans les communaux qui se détermine au moyen d'un partage par feu, que les biens qui reposent à *leur égard sur des titres particuliers.*

On trouve même, dans les délibérations des Conseils généraux qui ont réclamé le partage gratuit ou à vil prix des biens communaux par section, des opinions en faveur du droit des communes à la propriété de tous ces biens.

142. C'est aussi dans ce sens de la présomption légale, en faveur des communes, que s'est prononcé Dufour, dans son *Traité du Droit administratif;* il déclare « que le premier soin » de l'Assemblée constituante a été de rétablir les communes » dans leurs propriétés et droits dont elles avaient été dépouil- » lées au profit des seigneurs », et que des termes de l'art. 1er

de la loi du 10 juin 1793 résulte « la présomption légale
» qu'elles sont propriétaires de tous les biens communaux
» qu'elles renferment. »

Trolley, dans son ouvrage sur la hiérarchie administrative,
admet la même présomption de droit en faveur des communes, et ne laisse pas même aux sections la propriété des biens
qu'elles avaient au moment de leur réunion à une nouvelle
commune.

Ainsi, tous les biens communaux renfermés dans la circonscription d'une commune sont présumés lui appartenir et former la chose commune de la généralité de ses habitants, par
conséquent de chacun des villages, hameaux ou maisons isolées dont elle se compose, et si quelques-uns de ces villages
ou hameaux viennent à être érigés en commune ou passent
dans une autre association municipale, ils ont le droit de réclamer leur part proportionnelle dans ces biens, indépendamment de ceux qui peuvent leur appartenir particulièrement en
vertu de titres.

143. Cette doctrine, acceptée même par M. Aucoc pour les
biens vacants, a été consacrée par les Tribunaux pour les biens
de toute nature et de toute origine.

Ainsi, les trois hameaux de Carnay, Vauday et Fournet ne
formaient qu'une commune; les deux derniers ont été détachés du premier; les communes auxquelles ils ont été réunis
ont demandé le partage des biens communaux de toute nature dépendant de l'ancienne commune de Carnay. Un jugement de première instance avait repoussé cette demande;
mais le 17 décembre 1827, la Cour de Besançon l'a infirmé
et a ordonné que le partage demandé serait fait administrativement. Elle s'est surtout fondée sur ce « que les sec-
» tions de Fournet et de Vauday justifiaient leur existence
» en un seul et unique corps de communauté avec la com-
» mune de Carnay, prouvaient que cet état de choses,

» fort ancien, n'avait jamais été interverti ni changé et dé-
» montraient que l'usage des parcours et autres biens com-
» muns leur avait appartenu et avait toujours été exercé indi-
» visément. »

Sur le pourvoi qui a été formé contre cet arrêt, la Cour de
cassation a elle-même décidé, le 24 avril 1833, « qu'en sta-
» tuant comme elle l'avait fait, la Cour de Besançon avait posé
» les bases du partage des biens possédés indivisément par les
» trois hameaux, d'après les règles établies par l'avis du Con-
» seil d'Etat du 20 juillet 1807, et n'avait violé aucune loi. »

Déjà, il résulte de ces arrêts que tous les biens communaux,
en quelqu'endroit qu'ils soient situés dans le territoire communal, et même tous les autres droits, sont la propriété indivise
de la généralité des habitants de tous les villages et même des
maisons isolées qui composent la commune.

Mais la Cour d'Orléans a été plus explicite ; elle a décidé, par
un arrêt du 27 août 1842, « que la présomption de droit est que
» tout bien communal appartient à la généralité des habitants,
» et qu'ainsi, pour établir un droit exclusif, les sections doi-
» vent détruire cette présomption légale. »

C'est donc à la commune entière qu'appartiennent, jusqu'à
justification contraire, toutes les propriétés communales.

Les Cours de Nancy, de Besançon, de Lyon et de Paris,
et la Cour de cassation, se sont prononcées dans ce sens, en
ne conservant à des villages des droits de propriété, dans les
termes de l'article 6 de la loi du 18 juillet 1837, que parce
qu'ils justifiaient qu'ils leur appartenaient.

Le Tribunal de Cambrai, par un jugement du 17 juillet 1844,
a également reconnu que les villages avaient des droits dans
tous les biens de la commune dont ils dépendaient, que la
loi leur conservait ces droits, et qu'en les leur laissant emporter lorsqu'ils entraient dans une autre commune, elle avait
entendu « que le sort de ces biens devait être réglé par les
» principes généraux » qui en exigent le partage, par feu,

entre les villages et les communes qui se séparent. En conséquence, il a ordonné le partage des biens communaux, situés
dans tout le territoire communal, et proclamé ainsi cette vérité
que la commune entière est propriétaire de tous les communaux qu'elle renferme, dès qu'aucune justification contraire
n'est rapportée.

La Cour de Dijon a admis les mêmes principes dans les circonstances suivantes :

« Une loi du 23 avril 1856 a distrai tdeux sections des communes de Charnoy et de Flacé et les a réunies à la ville de Mâcon.
Le maire de Mâcon a formé contre les communes qui avaient
subi les distractions une demande tendant à la revendication dans les biens communaux, de la part afférente aux deux
sections détachées. Ces communes ont soutenu que les sections se trouvaient, d'après le texte et l'esprit de la loi de 1837,
déchues de leurs anciens droits de copropriété, par le fait de
leur distraction ; subsidiairement, elles ont dénié, dans tous les
cas, aux sections, un droit de copropriété quelconque, parce qu'il
s'agissait de terres vaines et vagues attribuées par la loi, seulement aux communes. »

La Cour de Dijon, par un arrêt du 20 janvier 1864, a repoussé
ce double système en ces termes : « Considérant que la loi de
» 1837 a prévu et réglé les effets des distraction ou réunion de
» communes, relativement aux biens communaux ; considé-
» rant qu'il ressort des dispositions comprises dans les arti-
» cles 5, 6 et 7 de cette loi, que si les sections de communes
» emportent la propriété des biens qui leur appartiennent exclu-
» sivement, elles ont aussi droit de conserver leur part dans la
» propriété des biens communaux dont elles jouissent indivi-
» sément avec les habitants des communes dont elles faisaient
» précédemment partie ; que la doctrine qui ferait admettre
» une décision opposée serait injuste et contraire à la disposi-
» tion finale de l'art. 7 de la loi de 1837 ; considérant que c'est
» donc à tort que tous droits de copropriété dans les biens com-

» munaux des communes de Charnoy et de Flacé ont été re-
» fusés aux sections qui en ont été distraites; considérant que
» les pasoniers du Vésinet et des bruyères sont mis au rang
» des terrains vains et vagues, livrés à la vive pâture; qu'à ce
» titre, ils sont réputés biens communaux abandonnés à la
» jouissance de tous les habitants de la commune de Char-
» noy... »

Le 26 avril 1865, la Cour de cassation a rejeté le pourvoi qui
avait été formé contre cet arrêt; par ces motifs, entre autres,
« que les réunions de communes ne peuvent porter atteinte à
» leurs droits de propriété respectifs, et qu'en maintenant les
» sections, distraites dans les droits indivis qu'elles possé-
» daient, l'arrêt attaqué n'a fait qu'une juste application de la
» loi de 1837. »

La présomption légale de propriété de tous les biens communaux en faveur des communes est encore ainsi affirmée par
ces arrêts; ils n'accordent, en effet, en propre, aux communes
et sections qui se séparent que les biens communaux qu'elles
justifient leur appartenir, et ils déclarent tous les autres, quelles
qu'en soient l'origine et la nature communs et indivis entre
toutes les agglomérations grandes ou petites qui composent
les communes.

Des arrêts plus nouveaux de la Cour Impériale de Bastia et
de la Cour de cassation se sont, si c'est possible, plus énergiquement encore, prononcés dans le même sens.

Les sections de Campo-Moro et de Propriano faisaient originairement partie de la commune de Fozzano. Par deux lois des
20 mars 1854 et 28 juin 1860, ces deux sections ont été érigées
en communes; se croyant copropriétaires avec la commune de
Fozzano des biens communaux situés dans son périmètre,
elles l'ont fait assigner pour en voir ordonner le partage.
Cette demande a été accueillie en première instance par deux
jugements du Tribunal de Bastia des 12 août 1861 et 25
mars 1862.

9

La commune de Fozzano a appelé de ces décisions.

La Cour de Bastia les a confirmées en ces termes :

« Attendu qu'il n'est pas contesté que les immeubles fai-
» sant l'objet de la demande de la commune de Campo-Moro
» et de celle de Propriano sont d'origine communale, et ont
» toujours été possédés par la commune de Fozzano; attendu
» qu'il est de principe général que les biens communaux sont la
» propriété de tous et non de chacun des habitants des commu-
» nes sur le territoire desquelles ces biens sont situés, à moins
» que quelques-uns de ces habitants (ceux d'une section par
» exemple) ne justifient d'un droit de propriété qui lui soit par-
» ticulier et personnel; attendu que ceux des habitants de
» Fozzano qui se prétendent propriétaires des immeubles
» dont il s'agit, à l'exclusion des autres, ne produisent aucun
» titre, aucun acte à l'appui de leur prétention....; attendu qu'il
» n'est pas contesté que les hameaux de Campo-Moro et de Pro-
» priano faisaient, avant les années 1854 et 1860, époques aux-
» quelles ils ont été distraits, partie de la commune de Foz-
» zano; qu'à ce titre, les habitants de ces hameaux participant
» aux charges de la commune, avaient incontestablement
» droit à participer aussi aux produits des immeubles apparte-
» nant à la commune; que s'ils en avaient été exclus, ce n'é-
» tait que par un abus que rien ne saurait légitimer, et que le
» fait de la séparation de ces mêmes hameaux de la commune
» de Fozzano, pour devenir communes, comme elle, ne peut,
» en aucune façon, priver leurs habitants du droit de propriété
» inhérent à leur qualité. »

Un pourvoi a été formé contre cet arrêt; mais la Cour de
cassation l'a rejeté le 1er février 1865, par ces motifs « que les
» sections de Campo-Moro et de Propriano, séparées, en 1854
» et en 1860, de la commune de Fozzano, réclamaient une part
» dans les immeubles de cette commune, alors qu'elles en fai-
» saient partie, et qu'à l'appui de cette prétention, elles invo-
» quaient le principe général qui, à moins de preuve contraire,

» veut que les biens communaux soient la propriété de tous
» les habitants du territoire sur lequel ils sont situés; que la
» commune de Fozzano, qui repoussait cette réclamation en se
» prétendant seule propriétaire des biens qui en étaient l'objet,
» aurait dû rapporter, soit un titre de propriété, soit la
» preuve d'une possession suffisante à faire acquérir la pres-
» cription; que cependant l'arrêt attaqué constate qu'elle n'a
» produit aucun titre et que la possession dont elle se prévaut
» ne peut s'expliquer que par une confusion, par un abus que
» rien ne saurait légitimer; que, dès lors, c'est à bon droit que
» la Cour de Bastia a repoussé sa prétention d'être déclarée
» seule et exclusive propriétaire des biens litigieux. »

La commune de Fozzano n'était elle-même qu'une section relativement aux deux sections qu'elle avait perdues. Dès qu'elle ne justifiait pas des droits de propriété qu'elle alléguait, la justice devait, ainsi qu'elle l'a fait, lui opposer et faire prévaloir la présomption, ou, en d'autres termes, comme l'a dit la Cour de cassation, le principe général qui, à moins de preuves contraires, veut que les biens communaux soient la propriété de la généralité des habitants du territoire dans lequel ils sont situés.

144. Le Ministre de l'intérieur n'a jamais autrement entendu et fait pratiquer la loi. Le 30 août 1859, dans un avis qui a été inséré dans le bulletin officiel de son ministère, il disait que les biens communaux, situés dans le territoire de plusieurs villages distraits d'une commune, appartenaient, au moment de cette distraction, par indivis, d'après les articles 5, 6 et 7 de la loi de 1837, à la commune et aux sections qui en étaient séparées.

La jurisprudence invariable des Tribunaux et la jurisprudence de l'administration de l'intérieur confirment ainsi, avec toutes les raisons que nous avons données et avec toutes les autorités que nous avons citées, les droits des communes sur tous les communaux compris dans leur périmètre, lorsqu'aucune fraction ou aucun particulier ne justifie qu'ils sont sa propriété particulière.

Nous n'examinerons pas ici la question de savoir si, à défaut de titres ou de documents équivalents, les sections peuvent invoquer la possession qu'elles prétendraient avoir de certains biens communaux, nous la traiterons dans l'art. 5 de la section suivante, lorsque nous rechercherons et que nous indiquerons les biens et les droits qui ont été réservés à ces fractions de communes ou qui peuvent leur advenir, et qu'elles peuvent utilement posséder.

ARTICLE 12.

Conclusion du premier paragraphe.

145. Les biens communaux sont donc nés, se sont accrus et n'ont jamais fait qu'une seule et même chose avec la commune. C'est par leur union, qui ressemble à celle de l'âme et du corps, qu'ils ont formé cet être moral et politique qu'on a successivement appelé tribu, famille municipale, communauté, paroisse et commune. Un territoire unique les a liés dès le jour de leur origine; des intérêts communs les ont fait inséparables, et une administration indivisible en fait un tout qu'elle a maintenu et qu'elle maintiendra toujours.

Les premiers de ces biens et la commune n'étaient-ils pas unis par leur naissance, à la même heure, sur un même sol et sous les mêmes chefs et par les secours qu'ils étaient naturellement appelés à se prêter et qu'ils se sont, en effet, donnés?

Les seconds, que les lois romaines ont fait échoir, de plein droit, aux communes, n'avaient-ils pas la même destination que les premiers?

Ceux donnés par les seigneurs et que les anciens rois ont, par une énergique volonté, maintenus dans les mains des communes, n'étaient-ils pas, par les mêmes raisons, leurs propriétés, comme l'ont déclaré ces souverains?

Les nouveaux biens communaux, dont la Révolution a enrichi les communes, ne leur étaient-ils pas remis, à l'exclusion des sections, de l'aveu même de M. Aucoc?

Ceux achetés n'ont-ils pas toujours appartenus à l'acquéreur et a-t-on jamais autorisé une section à en acquérir?

146. En résumé, la preuve que tous les biens communaux, sur lesquels aucun village ou hameau ne peut justifier de droits particuliers, sont la propriété des communes, se trouve dans leur origine, leur caractère public et leur destination; dans les noms qu'ils portent et qu'ils tiennent des lois les plus anciennes et des cadastres; dans la taxe qu'ils supportent comme bien de mainmorte; dans l'usage en commun qui en est fait tantôt par les habitants de toute l'association, tantôt par ceux de beaucoup de villages et tantôt par ceux de deux ou de trois villages ou même d'un seul, selon leur situation et suivant les besoins des populations; dans la constitution, ou en d'autres termes l'orgnisation, que les lois de toutes les époques ont donné à la commune et ont refusé à la section; dans les termes et l'esprit de ces lois qui ont toujours voulu assurer à l'association municipale qu'elle formait, pour un temps indéfini, les moyens de supporter ses charges et de vivre, c'est-à-dire des biens et des revenus; dans la puissance de la présomption légale, de propriété des biens communaux, qui existe en faveur des communes et même dans les tendances de leurs populations à faire des aliénations au profit de la généralité des habitants, au double point de vue de leurs besoins matériels et de la bonne harmonie qui doit régner entre eux.

§ II.

BIENS DES SECTIONS DE COMMUNES.

ARTICLE PREMIER.

Les sections ne sont que des exceptions dans les communes et peuvent néanmoins posséder des propriétés immobilières et la jouissance en nature de ces propriétés, même après leur distraction d'une commune et leur réunion à une autre commune.

147. On sait déjà que les sections ne sont que des exceptions dans les communes.

On sait aussi que cette situation, relativement à la commune, ne leur permet de posséder qu'exceptionnellement des biens et des droits immobiliers.

Dans quels cas peuvent-elles en avoir et quels peuvent-ils être?

148. La section formée d'une ancienne commune qui a été réunie à une autre, et la section formée seulement d'une portion de territoire détachée d'une commune et qui a été jointe à une autre, à quelque époque que remontent les réunions, sont propriétaires des biens qu'elles possédaient au moment des réunions et qu'elles ont emportés; l'ancienne commune en était propriétaire, par cela seul qu'ils se trouvaient dans son territoire; la section en était propriétaire en vertu de titres particuliers, ou de son droit à une part dans les biens de la commune dont elle avait été détachée.

149. Les lois antérieures à 1837 ne s'expliquaient pas expressément sur les droits de propriété des communes ou sections réunies ; elles se bornaient à reconnaître l'existence des sections et à constater ainsi qu'elles pouvaient avoir des propriétés particulières, en laissant le soin de régler leurs droits de propriété, au droit commun, aux lois municipales spéciales et aux dispositions législatives qui avaient prononcé ou qui prononceraient les divisions et les réunions de communes.

Ainsi qu'on l'a déjà vu, c'était le Conseil municipal qui était investi du pouvoir de changer le mode de jouissance des biens communaux de toute nature appartenant soit aux sections, soit aux communes, et même d'en disposer par des locations, par des échanges, par des ventes ou par d'autres moyens, sous le seul contrôle de l'Autorité supérieure.

150. La loi du 18 juillet 1837 a été plus explicite par l'ensemble de ses dispositions et par son esprit ; elle a admis que des sections pouvaient être propriétaires d'immeubles.

Elle porte, en effet :

Dans l'article 5 : « que les habitants de la commune réunie à » une autre commune, conserveront la jouissance exclusive » des biens dont les fruits étaient perçus en nature et que les » édifices et autres immeubles servant à usage public deviendront propriétés de la commune à laquelle sera faite la » réunion. »

Et dans l'article 6 : « que la section de commune érigée en » commune séparée ou réunie à une autre commune emportera la propriété des biens qui lui appartiennent exclusivement, et que les édifices et autres immeubles servant à usage public et situés sur son territoire deviendront » propriété de la nouvelle commune ou de la commune à » laquelle la réunion sera faite. »

L'article 5 ne conserve aux habitants de la commune réunie que des jouissances en nature ; mais, comme l'article 6, il n'attribue à la nouvelle commune que les propriétés servant à un usage public.

« Les autres conditions de la réunion et de la distraction,
» ajoute l'article 7, seront fixées par l'acte qui la prononcera
» ou par une ordonnance ultérieure du chef de l'Etat, sous la
» réserve, dans tous les cas, de toutes les questions de pro-
» priété. »

Ces dispositions n'ont indiqué que les grands principes qui
doivent fixer d'une manière générale les droits des sections
désunies, relativement aux communes dans lesquelles elles
entraient; elles ont gardé le silence sur quelques points importants, ou parce qu'elles les ont résolus implicitement, ou
parce que le moment de les trancher n'était pas encore venu.

En présence de leurs termes, on se demande :

Si la section conserve, après sa réunion, la propriété des biens
qu'elle possédait en vertu de titres?

Si lorsqu'elle est détachée d'une commune elle emporte une
part de tous les communaux de cette commune?

Si elle prend une partie des biens patrimoniaux de la même
commune?

Pour trouver, sur ces questions, la pensée de la loi, il faut
la chercher : un peu dans le droit commun, beaucoup dans le
texte des articles qui viennent d'être cités, et aussi dans le
langage des législateurs qui en ont donné le véritable sens et
même dans la jurisprudence.

D'après les règles générales du droit, la section est à l'association communale ce qu'un sociétaire est à une association
dans laquelle ses membres ont mis en commun tous les biens
qu'ils possédaient. Elle fait partie de l'être moral appelé commune, propriétaire des biens communaux de toutes sortes,
sur lesquels elle a des droits incontestables, comme chaque
sociétaire fait partie de la société, propriétaire de tous les
biens sociaux, sur lesquels aussi il a des droits certains. Lorsque la commune ou la société se divise ou se dissout, les propriétés doivent également se diviser.

A ce premier titre de communiste, la section a incontestablement droit à la jouissance de la chose commune, pendant toute la durée de l'association et à une part dans cette chose lorsqu'elle quitte la société dont elle dépendait.

On pourrait croire, d'après le premier paragraphe de l'art. 5, dont les termes viennent d'être rapportés, que la section réunie ne conserve que la jouissance des terrains qu'elle emporte, dont les fruits se perçoivent en nature, et que la propriété de ces mêmes terrains et de tous les biens patrimoniaux est dévolue à la nouvelle commune; mais, ainsi que nous l'avons déjà expliqué, en attribuant à la nouvelle commune la propriété des immeubles destinés à un usage public, situés sur le territoire de la section réunie, le second paragraphe réserve nécessairement à cette section la propriété de tous les autres immeubles.

L'article 6, sans être, dans ses expressions, plus explicite que le précédent, fait pourtant mieux comprendre que la section réunie conserve la propriété de ses biens, en disant qu'elle l'emporte, sans ajouter qu'elle passe à la nouvelle commune.

Le même article ne remet encore à cette commune que les immeubles servant à un usage public et laisse toujours ainsi à la section la propriété de ses autres immeubles.

En rapprochant ces diverses dispositions, c'est-à-dire les textes que nous venons de faire connaître, on est forcément conduit à reconnaître que la section ne peut jouir, par ses habitants, ainsi que nous le démontrerons bientôt, que de fruits en nature, mais qu'elle conserve la propriété de ses biens. C'est ainsi que peuvent facilement se concilier les droits de la section avec ceux de la commune à laquelle la réunion est faite.

Lorsque la loi prononce une réunion, elle doit s'attacher à effacer toutes les causes de séparation, à fondre le plus complètement possible les intérêts, droits et charges des diverses fractions qu'elle rassemble, et à établir ainsi une communauté définitive et indivisible; mais les lois humaines ne font rien d'indestructible. La section, aujourd'hui réunie, peut, dans un temps prochain ou éloigné, retourner à sa première famille ou être érigée en commune séparée. N'est-il pas juste, ne serait-ce que pour ces cas, de lui conserver la propriété de tous les biens qu'elle apporte, surtout si, comme nous le démontrerons plus tard, cette réserve ne doit ni vouer ces biens à une stérilité perpétuelle, ni les rendre inaliénables?

C'est dans le sens de la fusion de tous les intérêts de l'association entière, et néanmoins de la conservation, au profit de la section réunie, de quelques avantages particuliers conciliables avec les droits de la commune, que doit être entendu l'article 5. En effet, ainsi qu'on vient de le voir, ses termes n'attribuent pas la propriété de tous les biens de la section à la nouvelle commune. On peut donc déjà affirmer que la propriété des biens communaux et patrimoniaux qui appartiennent à une section lui est restée sinon d'une manière complète, du moins pour certaines éventualités qui viennent d'être indiquées, et pour d'autres cas, par exemple, pour le cas aussi où d'anciens marais, après avoir été livrés à la culture, au profit de la commune, seraient rendus à leur première destination, c'est-à-dire à la jouissance en nature des habitants de la section; et pour le cas encore où des biens affermés depuis longtemps, en vue d'augmenter les recettes municipales, seraient mis de nouveau en pâturages et rendus ainsi à la jouissance de la section. N'est-il pas évident que la réserve, à son profit, qui ne pouvait en rien affaiblir le lien de son union, de la jouissance en nature de tels ou tels de ses immeubles, n'a été faite que par opposition aux prétentions que pourrait élever sur ces biens la nouvelle association municipale à laquelle elle est attachée, et que jamais il n'est entré dans la pensée du législateur que cette réserve, toute favorable à la section, fût exclusive de son droit de propriété sur tous les communaux autres que ceux appartenant au domaine public municipal? Enfin, si on trouve dans le texte de la loi qu'il ne conserve à la section que la jouissance de fruits en nature, limitée aux seuls biens qui peuvent en produire et au temps pendant lequel ils peuvent en donner, on ne peut y voir un droit de propriété absolu au profit de la nouvelle commune. Jamais, d'ailleurs, la loi n'enlève un droit sans le dire; elle n'a, par aucune des expressions qu'elle a employées, privé la section de celui qu'elle avait; il lui est donc resté, notamment pour les éventualités déjà indiquées.

151. Les rapporteurs de la loi de 1837 n'ont pas autrement expliqué ses dispositions : « La commune ou section réunie » *demeurera propriétaire*, a dit plus particulièrement M. Vivien » à ses collègues de la Chambre des Députés, de *tous ses biens* » propres et ne conservera néanmoins que la jouissance de » ceux dont les fruits se perçoivent en nature. »

Sur le même sujet, M. Vivien ajoutait : « La section distraite » partageait avec la commune dont elle est séparée la propriété » et la jouissance d'autres biens. La commune possédait des » immeubles donnés à bail et des pâturages dont les habitants » jouissent en nature. Des partages de ces biens seront quel- » quefois nécessaires. »

Le Ministre qui avait présenté la loi avait au contraire proposé de faire passer à la nouvelle commune la propriété des biens sectionnaires; mais il a ensuite reconnu, et la Chambre a admis avec la pairie, qu'il n'y avait aucun inconvénient pour l'unité communale, en d'autres termes pour la fusion de tous les intérêts municipaux, à laisser les sections propriétaires de leurs biens dès qu'on ne leur en conservait que la jouissance en nature.

Ces explications sont aussi catégoriques quant à la question de propriété qui nous occupe actuellement et que nous n'hésitons pas à résoudre en faveur des sections, que relativement à la question de jouissance, autrement que par des fruits en nature, que nous traiterons ultérieurement et que nous n'hésiterons pas davantage à trancher contre les sections. Elles

laissent aux sections la propriété de leurs biens. Constatons-le
d'autant plus fort que bientôt, par contre, nous fournirons la
preuve que les sections que nous défendons ainsi dans leurs
droits de propriété, ne peuvent prétendre ni à des fruits civils,
ni à des prix de vente de leurs propres biens.

152. Les Tribunaux et les jurisconsultes ont aussi tranché
la question de propriété en faveur des sections.

Le jugement déjà cité du Tribunal de Cambrai, du 17 juillet
1844, par ce motif, entre autres, que les biens qui n'appartenaient exclusivement à aucune fraction de la commune, en
vertu de titres, formaient le patrimoine de l'association entière
et devaient être réglés, par les principes généraux, a ordonné
le partage, par feu, entre une section distraite et la commune
qui subissait la division, notamment d'un bois nouvellement
défriché, d'une contenance de trente-neuf hectares, entièrement situé dans le territoire restreint de la commune et sur
lequel la section n'exerçait aucune jouissance.

D'autres décisions de Cours d'appel, des 15 juin 1829 et
17 mars 1832, et de la Cour de cassation, du 13 juillet 1841,
avaient également ordonné des partages de biens communaux
productifs de toute nature, entre des sections distraites et les
communes dont elles se séparaient.

La Cour de Besançon, par un arrêt déjà cité du 17 décembre 1827, et avec elle la Cour de cassation, par un arrêt du
24 avril 1833, avaient aussi ordonné, entre deux sections qui
avaient été distraites d'une commune et cette commune, le partage de tous les biens communaux renfermés dans leur territoire, par cette raison « que les deux sections justifiaient de
» leur existence en un seul corps d'habitants avec la com-
» mune dont elles avaient été séparées. »

Depuis, un arrêt de la Cour impériale de Dijon, du 20 janvier 1864, aussi déjà cité, a admis « qu'il ressortait des art. 5,
» 6 et 7 de la loi de 1837, que les sections détachées d'une com-

» mune emportaient, outre la propriété des biens qui leur ap-
» partenaient exclusivement, leur part dans les autres biens
» communaux situés dans l'ancienne circonscription à laquelle
» elles appartenaient. »

Le 26 avril 1865, la Cour de cassation a rejeté le pourvoi qui
avait été formé contre cet arrêt, par ce motif, entre autres,
« que les réunions de communes ne peuvent porter atteinte à
» leurs droits de propriété. »

Enfin, l'arrêt de la Cour de Bastia et l'arrêt de la Cour
suprême qui l'a maintenu, du 1er février 1865, tous deux déjà
cités, ont consacré les mêmes principes, en déclarant que deux
sections successivement distraites d'une commune et érigées
en communes, avaient des droits dans les biens communaux
situés dans le territoire restreint de la commune dont elles
avaient été détachées, dès que cette commune ne justifiait pas
qu'ils lui appartenaient exclusivement.

153 Dufour s'explique dans le sens de la jurisprudence :
« Quant aux biens productifs, ils sont, dit-il, naturellement
» susceptibles de partage entre la commune qui subit la distrac-
» tion et les sections qui en sont détachées..., il est rationnel,
» ajoute-t-il encore, que le partage s'effectue proportionnelle-
» ment au nombre des feux et non pas à l'étendue du territoire
» pour chaque portion distraite. »

Suivant le droit commun, suivant le droit administratif,
suivant la jurisprudence qui en a fait l'application et suivant
les écrivains, la section qui se sépare d'une commune a donc
droit, en principe, à une part proportionnelle dans tous les biens
communaux de cette commune.

154. S'agit-il d'un communal dont la jouissance était exercée en commun par tous les habitants de l'association municipale, ou de communaux épars sur tout le territoire dont la
jouissance, par suite d'un partage tacite, était divisément

exercée par les villages qui en étaient le plus rapprochés ? la propriété en aura été, dans tous les cas, conservée à la famille municipale entière, et toujours la section distraite aura le droit d'en réclamer sa part.

S'agit-il de biens patrimoniaux dont les revenus entraient dans la caisse municipale ? ils n'appartiendront pas moins à la section distraite qu'à la commune ; ils formeront ces biens immeubles donnés à bail que les législateurs déclarent indivis entre toutes les agglomérations de la même famille municipale et dont les Tribunaux prescrivent le partage par feu.

Ainsi, la section détachée, dès avant la loi de 1837, emportait incontestablement, comme la section distraite depuis, emporte encore, pour en conserver la propriété, les droits d'affouage et d'usage et les autres biens propres qui lui appartenaient en vertu de titres, et en outre sa part dans les communaux proprement dit et dans les biens patrimoniaux de la commune dont elle est distraite, qu'ils soient assis sur son territoire ou sur celui de son ancienne commune.

La commune qui subit la séparation, outre les biens particuliers qu'elle peut posséder comme section, conserve la part qui lui est échue dans le partage de tous les biens communaux et patrimoniaux.

La section réunie reste donc investie du titre de propriétaire de tout son domaine productif.

255. Mais que le respect de ces droits, qui ne sont pas sans limite, n'égare personne. Le droit de propriété pourra s'effacer devant des nécessités que nous indiquerons, et la jouissance réservée pourra elle-même cesser si les biens sur lesquels elle s'exerce sont livrés à un autre usage.

Jamais, nous en sommes convaincu, les Conseils municipaux, véritables arbitres de tous ces biens, n'oublieront les droits privatifs des sections. L'administration départementale les leur rappellerait au besoin ; mais jamais non plus ces droits ue devront enchaîner le progrès, que les législateurs ont entendu encourager, en permettant, dans de justes mesures, aux Conseils municipaux, de disposer des biens des sections.

156. Ainsi, la section, comme la femme mariée sous le régime de la communauté légale, conserve le titre de propriétaire des biens immeubles qu'elle apporte; mais le Conseil municipal, plus puissant que le mari, peut, non-seulement, ainsi que nous le verrons bientôt, les affermer au profit de l'association, il peut les vendre sans le consentement de la section, et même malgré ses protestations, si l'Autorité supérieure l'y autorise. La raison de cette différence dans les pouvoirs du mari et dans ceux de l'autorité municipale se comprend facilement : l'association maritale se dissout dans un délai fort court, par la mort de l'un des époux, et par une séparation de corps ou de biens; l'association communale doit toujours durer; l'époux survivant, pour conserver sa position sociale, a besoin de reprendre ses biens; la section devra trouver dans le budget municipal des ressources pour satisfaire ses besoins. Enfin, la loi civile s'est appliquée à conserver aussi distinctement qu'elle pouvait le faire les droits des familles qui s'unissent; tandis que la loi municipale a voulu, au contraire, par des motifs d'ordre public, fondre le plus complètement possible les droits des communes qui seraient unies sur leur demande ou malgré elles. Ainsi s'expliquent les droits de propriété des sections subordonnées aux nécessités de la communauté, et se justifie le pouvoir des Conseils municipaux de disposer des biens des sections lorsqu'il y a lieu de le faire.

157. Des sections d'une même seigneurie qui se sont divisées et sont entrées dans des communes différentes, ont pu conserver aussi la part qui leur a été abandonnée dans les biens et droits communs de la seigneurie qu'elles quittaient et qu'elles ont emportée.

Tous les principes qui viennent d'être développés leur sont applicables.

158. Toujours, d'après les mêmes règles, les anciennes as-associations gricoles, qui ont laissé en commun des biens qui sont aujourd'hui des communaux, ont également, sous le titre de section, conservé la propriété de ces biens.

159. Les villages, même ceux qui ont toujours dépendu de la même commune, les fractions de territoire que les opéra-tions du cadastre, ou de nouvelles délimitations, ont fait pas-ser d'une commune dans une autre et même les maisons isolées, qui ont été gratifiées de pâturages, d'usages, ou d'au-tres droits, soit par les seigneurs féodaux, soit par d'autres propriétaires, sont exactement dans les mêmes conditions quant aux biens et avantages qu'ils ont reçus; ils en sont pro-priétaires sous la réserve, au profit des communes, de leur pro-duit en argent.

ARTICLE 11.

Les lois de la Révolution ont pu attribuer certains biens aux sections, mais seu-lement aux sections qui avaient un territoire et une existence distincte et toujours sous des conditions restrictives.

160. La loi du 10 juin 1793 a pu aussi attribuer des terres vaines et vagues aux sections qui avaient eu un territoire.

Elle déclare, en effet, que tous les biens communaux connus sous divers noms qu'elle indique, sont et appartiennent aux communes et aux sections de communes, dans le *territoire* desquelles ils sont situés.

Cette loi et celles qui l'avaient précédée ont, ainsi qu'on l'a déjà vu, confirmé et au besoin rétabli les communes et même les sections qui avaient eu une existence distincte, dans leurs propriétés natives, anéanti les usurpations et les effets de la puissance féodale et réglé les rapports des communes avec les anciens seigneurs; mais elles ont laissé, dans les termes du droit commun, les communes les unes à l'égard des autres, les simples particuliers étrangers aux priviléges du régime féodal, et les sections relativement aux communes dont elles dépendaient et dépendent toujours.

La Cour de cassation et la Cour d'Orléans l'ont ainsi jugé, la première le 23 juin 1829 et la seconde le 27 août 1842.

Ces lois n'avaient pas, en effet, pour but de régler les droits des associations municipales entre elles, ni la situation relative des communes et des sections; elles voulaient uniquement frapper le régime féodal au profit des municipalités. Comme leurs coups auraient pu atteindre les sections, elles ont pris le soin, en les nommant, de réserver les avantages particuliers qu'elles pouvaient avoir. Les législateurs ne pouvaient rien faire de plus en leur faveur sans affaiblir la présomption légale de propriété qu'ils consacraient dans l'intérêt des communes. Ils faisaient, au surplus, assez pour les sections, puisqu'ils les autorisaient à se faire restituer, par les anciens seigneurs, les biens qui leur appartenaient exclusivement, et à les conserver.

L'esprit de ces lois s'est reproduit dans toutes celles qui les ont suivies; cependant il faut reconnaître, et on le sentira mieux dans l'examen que nous ferons des droits respectifs des communes et des sections sur les revenus et les prix des biens des sections, que les législateurs de 1818, de 1837, de 1849 et de 1852, ont de plus en plus et surtout plus formellement limité les droits des sections.

Toujours est-il, en ce qui concerne les sections qui avaient eu une existence distincte, qu'elles ont, comme les communes, reconquis le droit de s'emparer de tous les biens qui leur

10

appartenaient autrefois et de tous ceux qui étaient à l'époque
de la Révolution compris dans leur ancien territoire.

161. Mais il ne faut jamais l'oublier, un hameau, un village
ou une maison isolée, n'est qu'une fraction plus ou moins importante de l'association communale, sans droits généraux
ni particuliers, si un bienfait ne lui en a pas procurés, ou s'il n'a
pas eu une existence distincte ; il s'enrichit avec la commune si
des propriétés lui adviennent ; il s'appauvrit avec elle si des calamités viennent frapper les habitants ou les édifices communs.
Individuellement, un village ou une section n'a pu être ni devenir
propriétaire des biens de première origine ; il n'a pu, en effet,
posséder que certains biens dont la propriété doit être justifiée ;
absorbé par la commune dont il dépend, il ne peut prétendre
à des propriétés qu'en vertu de titres ; à toutes les époques, il
n'a reçu que des droits d'usage sur les propriétés d'autrui et
des communaux dont les fruits se percevaient en nature ;
jamais un seigneur ne lui a transmis d'autres avantages ; il
comprenait, comme les lois le comprenaient elles-mêmes, que
la commune était indivisible dans sa circonscription et dans
son administration, et qu'elle seule était propriétaire de tous
les biens sans maître, c'est-à-dire de tout le domaine patrimo-
nial qu'elle renfermait et de tous les édifices publics et autres
immeubles affectés à l'usage de tous. Un village ne devenait
une section que lorsqu'il avait été particulièrement gratifié de
biens. Il en est encore de même aujourd'hui.

C'est ainsi que l'a entendu la loi municipale du 14 décembre 1789, la première que la Révolution a produite ; elle a conféré aux corps municipaux le droit de régir les biens et revenus
communs, de régler et d'acquitter les dépenses communes, et
de délibérer au sujet des aliénations et de l'emploi de leurs prix,
sans limiter ce droit à tels ou tels biens, ni à tels ou tels revenus, et sans distinguer le village ou la section de la commune qu'elle trouvait réunis dans le même territoire, sous

la même administration, et qu'elle reconstituait en une seule famille.

Pourquoi les lois de la Révolution auraient-elles apporté de nouveaux avantages aux sections qui n'avaient pas eu d'existence distincte, et en auraient-elles accordé à des milliers de villages sans *territoire* et sans vie? Est-ce que la commune ne se compose pas de toutes les fractions qu'elle renferme, et n'est pas chargée de satisfaire à tous leurs besoins?

D'après ses termes, au surplus, la loi de 1793 n'a fait d'attribution de biens communaux qu'à la généralité des habitants des communes ou des sections dans le *territoire* desquelles ils étaient situés; elle ne pouvait rien donner, elle n'a, en effet, rien accordé aux sections qui n'avaient jamais eu et qui n'avaient point de *territoire*. Son texte est formel, et son esprit, puisé dans les Codes municipaux de tous les temps, frappe toutes les intelligences.

162. La présomption légale est donc, aux termes des vieux principes et de la législation qui les a sanctionnés, que les communes sont propriétaires des biens communaux d'ancienne et de nouvelle origine qui se trouvent dans l'enclave de leur territoire, les lois de la Révolution les ayant maintenues dans leurs droits privatifs, et n'ayant attribué qu'à elles tous les terrains vacants, s'ils ne se trouvaient pas dans l'enclave d'une section ayant eu un territoire et une existence distincte.

C'est dans cette même pensée, que tous les biens sans maître revenaient aux communes et non aux sections, qu'a été rendue la loi du 9 ventôse an XII; elle ne fait rentrer les biens communaux que dans les mains des communes.

M. Aucoc paraît partager cette opinion. Après avoir rapporté les dispositions de la loi de 1793, il fait remarquer « qu'il peut » s'élever des difficultés entre une section et la commune dont » elle dépend, sur le point de savoir si la section avait, à

» l'époque où cette loi a été rendue, une *existence distincte* de la
» commune et *la jouissance exclusive* des biens situés sur son
» territoire. » Puis il cite l'arrêt de la Cour impériale d'Orléans
qui se prononce en faveur des communes. Les expressions
dont il se sert et le monument de jurisprudence qu'il indique
sont plus explicites, contre les sections, que ne pourrait l'être
une longue dissertation.

Trolley, dans son traité de la hiérarchie administrative, ne
reconnaît à une section le droit de posséder des communaux
de nouvelle origine que lorsque le fief, dans les limites duquel
ils se trouvaient, la comprenait seule, parce qu'alors on devra
présumer que l'usurpation fut commise sur les vassaux qu'elle
renfermait, et non sur le reste de la paroisse qui était en
dehors de la seigneurie. La section n'est à ses yeux, dans l'ordre hiérarchique, qu'une exception, et toujours, ajoute-t-il, le
doute doit être résolu en faveur de la commune.

Dufour, dans son traité du droit administratif, ne suppose
même pas que les sections puissent avoir d'autres biens que
ceux qu'elles emportaient dans les cas de division ou de
réunion de communes.

Les sections peuvent donc, nous l'avons déjà prouvé en
nous occupant des droits des communes sur les biens communaux, posséder des biens ; mais en même temps que nous admettons, que nous affirmons même, qu'elles peuvent être
propriétaires, nous répétons, parce que nous ne saurions trop
le faire avec la présomption légale qui existe en faveur des
communes, avec tous les auteurs déjà cités et avec la jurisprudence, qu'elles ne sont que des exceptions dans les communes et qu'elles ne peuvent, par cette raison, posséder
qu'accidentellement des propriétés sous les restrictions que la
loi a dû poser dans l'intérêt général des associations municipales.

Article 3.

Conséquences, quant aux droits de propriété des biens communaux, qui découlent de la situation des sections dans les communes.

163. Les conséquences toutes naturelles qui découlent de la situation différente de la commune et de la section sont : d'une part, que la première qui a toutes les charges est nécessairement présumée propriétaire de tous les biens sans maître qui doivent l'aider à les supporter par leurs revenus et au besoin par leurs prix ; et d'autre part, que la seconde, qui n'a pas de place dans l'ordre social, n'a pas de charge et ne peut, par conséquent, avoir de revenus ordinaires, doit justifier par titre des droits de propriété auxquels elle prétend.

M. Aucoc reconnaît lui-même que les sections doivent rapporter des justifications de leurs droits de propriété. Il avoue ainsi encore une fois que la présomption de propriété existe en faveur des communes.

164. Mais par titre il ne faut pas toujours entendre un contrat, c'est-à-dire une acquisition, par acte authentique, ou par acte sous signatures privées, une donation ou une concession souveraine ou seigneuriale. Les sections peuvent s'autoriser d'anciens terriers ; des états généraux des biens compris dans chaque commune qui ont été dressés sous Louis XV, plus particulièrement de 1740 à 1750 ; de plans qui ont pu être faits à cette époque ou à d'autres dates ; et enfin de procès qu'elles auraient soutenus, ou parce qu'elles étaient primitivement propriétaires du communal qui aurait fait l'objet du litige, ou parce que les communes, en leur laissant le soin de le revendiquer ou d'en défendre la propriété, auraient, tacitement ou formellement, renoncé à y prétendre aucun droit. Ainsi encore, lorsqu'une section a eu un territoire qui renferme ses biens, il lui suffira de l'établir et d'invoquer les lois de 1793 et de 1837.

ARTICLE 4.

Cas exceptionnels dans lesquels la jouissance d'un communal par les habitants
d'un village pourrait expliquer et achever de justifier les droits de propriété
de ce village, résultant déjà d'autres faits.

165. Dans certaines circonstances exceptionnelles, la jouissance d'un communal par les habitants, ajoutée à d'autres
faits, pourrait suppléer des titres de propriété en faveur du
village que ces habitants formeraient.

Les partisans des sections soutiennent que le fait seul d'une
longue possession doit suffire pour prescrire et justifier des
droits de propriété en leur faveur. Mais pour élever une pareille prétention, il faut qu'ils ne se préoccupent ni des obligations de la commune qui doit établir et entretenir l'église paroissiale, le presbytère, la mairie, la maison d'école, d'autres
édifices, les places publiques, les rues et les chemins; ni des
sacrifices particuliers qu'elle fait ou peut faire pour les sections; ni de son unité communale, administrative, financière
et politique; ni de la présomption de propriété des biens communaux qui existe en sa faveur; ils ne voient que le fait de la
jouissance des communaux qui serait exercée par les habitants des villages qui en seraient le plus rapprochés, au
moyen notamment du pâturage des bestiaux, de la récolte de
litières ou de bois et du paiement des impositions, et ils trouvent dans ce fait une possession suffisante pour faire acquérir
et assurer aux sections la propriété des biens dont elles use-
raient ainsi.

Nous ne voulons pas plus favoriser les communes que les
sections; nous ne tenons qu'à être justes, et pour l'être, suivant
nous, on ne peut oublier ni les besoins, les obligations et les
droits des communes, ni l'intérêt qu'inspirent les populations,
souvent sans défense, des sections. On ne doit pas non plus
seulement s'en tenir aux faits les plus apparents, on doit, au

contraire, se rendre compte de tous les faits dans .eur ensemble, apprécier leur valeur et ne leur laisser ou ne leur donner que la portée qu'ils ont réellement, d'après les lois civiles et administratives. De même que nous avons reconnu l'existence des sections, et que nous avons constaté qu'elles pouvaient, dans divers cas et sous certaines conditions, avoir des biens en vertu de titres ; de même nous reconnaîtrons qu'elles peuvent, dans quelques circonstances, en acquérir par divers moyens, au nombre desquels peut se trouver, sinon la prescription, du moins une possession explicative de droits déjà constatés par d'autres faits.

Ainsi, la situation des communaux peut quelquefois faire connaître leur origine et faire présumer qu'ils appartiennent à un ou à plusieurs villages, à l'exclusion des autres agglomérations de la commune.

Un terrain renfermé dans un village, formant, sinon une place publique, au moins un espace facilitant l'accès et la desserte des habitations, a pu être donné par un ou par deux propriétaires, ou laissé en commun par un plus ou moins grand nombre de riverains. On comprend les services qu'il peut rendre, en restant dans l'état où il se trouve ; il est à la population rurale ce qu'un lieu de réunion dans une ville est à ses habitants.

La même observation peut aussi s'appliquer à certains pâturages resserrés entre les quelques habitations d'un hameau.

Ces communaux et d'autres se trouvant à peu près dans les mêmes conditions, ont pu être inscrits au nom des villages les avoisinant ou les entourant dans les états généraux dressés en 1747 et en 1749 ou à d'autres époques, dans les anciens états de sections de 1791, dans les matrices cadastrales et sur des plans, ou dans d'autres actes.

Les villages les renfermant ou s'en rapprochant ont même pu avoir autrefois une existence distincte ; ils peuvent aussi avoir été détachés d'une autre commune ; ils peuvent encore avoir des titres insuffisants par eux-mêmes ou des documents également insuffisants, mais les uns et les autres susceptibles d'être expliqués et complétés par des faits tels, entre autres, qu'une possession.

Dans ces divers cas et dans d'autres semblables, la possession, si elle était exclusive, pourrait, avec les autres faits ou actes, former un faisceau de circonstances graves, précises et concordantes, confirmer et justifier les droits de propriété au profit de villages, à l'exclusion des communes dont ils dépendraient.

Ainsi encore, des sections qui, avec l'appui du Conseil municipal, auraient judiciairement réclamé un communal ou résisté à une demande en revendication, pourraient s'autoriser de la possession qu'elles auraient des immeubles qu'elles se seraient fait adjuger. Cette possession ne serait pas isolée, elle serait basée sur un document suffisant.

La Cour de cassation s'est trois fois prononcée dans le sens de ces solutions par des arrêts des 21 janvier 1852, 26 août 1856 et 1er janvier 1865, en admettant dans le premier que des circonstances graves, précises et concordantes pouvaient donner de la valeur à la possession, et en repoussant dans les deux autres, comme inefficaces, des possessions qui n'étaient pas appuyées de titres.

On peut donc déjà affirmer que, sans titre ou sans une possession appuyée sur des titres ou sur des documents suffisants, une section ne peut prétendre à la propriété d'aucun bien communal situé dans la commune dont elle dépend.

166. Mais une section pourrait acquérir, par une simple possession et par la prescription, des droits de propriété sur des biens communaux situés dans une commune voisine. Il peut se faire qu'une section envoie paître ses bestiaux sur un communal situé en dehors de la circonscription à laquelle elle appartient ou qu'elle y prenne les bois qui lui sont nécessaires.

Dans ce cas , si sa possession était exclusive , elle possèderait
pour elle-même. La présomption serait que ces biens lui ont
été donnés ou qu'elle les a acquis. Dans tous les cas, sa
possession serait acquisitive ; on ne pourrait pas dire qu'elle
l'exerce comme membre de l'association à laquelle elle appartiendrait, puisque les propriétés ne se trouveraient pas dans
son territoire, ni comme membre de l'association voisine, puisque ses habitants seraient étrangers à cette commune.

Article 5.

Une jouissance isolée, même lorsque ceux qui l'exercent supportent les impôts,
est insuffisante pour constater ou pour conférer des droits de propriété au profit de villages.

167. La jouissance, ou en d'autres termes la possession isolée, serait insuffisante pour conférer à un village la propriété
de biens compris dans la commune à laquelle il appartiendrait, s'ils avaient conservé leur nature de marais ou de landes
et s'ils étaient, dans ces conditions, restés accessibles à tous
les habitants. L'inefficacité d'une pareille jouissance s'explique
d'elle-même.

Lorsqu'une commune est composée de plusieurs villages ou
hameaux, il arrive quelquefois que les pâturages sont situés
au centre du territoire communal, de manière à permettre à
chacun d'eux d'y envoyer facilement leurs bestiaux ; ou qu'un
certain nombre de villages trouvent soit une bruyère, soit un
autre communal à leur portée, tandis que d'autres hameaux
en sont trop éloignés pour en profiter ; ou bien encore, que les
communaux de la même municipalité sont assez nombreux
pour que chaque village puisse en rencontrer un ou deux à sa
convenance.

Dans le premier cas, tous les habitants des divers villages composant la commune envoient leurs bestiaux sur tous les communaux indistinctement; ils peuvent en profiter sans trop perdre de temps.

Dans le second cas, les plus proches voisins des communaux en usent seuls, tandis que les villages qui en sont éloignés, pour ne pas fatiguer leurs troupeaux, n'en jouissent pas.

Dans le troisième cas, chaque village profite du communal ou des communaux qui sont le plus à sa convenance. Il s'en trouve pour tous.

C'est la situation du communal, relativement aux lieux habités, qui fait qu'il n'est fréquenté que par un ou deux villages.

Toutes ces jouissances communes ou particulières s'exercent au même titre d'habitants de la commune.

En tous lieux, lorsqu'aucune section ne peut justifier de droits particuliers, un village pourrait ne plus se contenter du communal qu'il avait depuis longtemps l'habitude de fréquenter et conduire ses bestiaux sur un second et même sur un troisième. Ses voisins, sans aucun doute, se récrieraient contre sa prétention, parce que, en effet, n'étant plus satisfait de son lot, il troublerait les vieilles divisions tacites que la situation des communaux avait commandées et que le temps avait maintenues; mais il ne faudrait pas moins supporter ce nouveau-venu dans les pâturages qu'il viendrait partager, parce que, en définitive, un ou plusieurs villages en auraient-ils seuls usé depuis des siècles, qu'ils n'en seraient pas moins le patrimoine de la commune, soumis par la force des choses, jusqu'à un règlement contraire, à la dépaissance de tous les bestiaux qu'elle renferme.

C'est dans ce sens que s'explique la jouissance en commun ou par section des communaux; elle n'attribue aucun droit particulier à la fraction de la commune qui l'exerce.

Dans l'Oise, quoique le hameau de Giencourt, commune de Breuillevert, ait toujours joui seul d'un marais l'avoisinant et portant son nom, la commune en a vendu une partie et affermé une autre partie, pour concourir à ses charges ordinaires et extraordinaires.

La commune de Bailleval, du même département, a disposé de la même manière du marais de la section de Sénécourt, pour réparer son église et réaliser d'autres améliorations.

Les mêmes faits se produisent, tous les jours, dans presque toutes les municipalités de l'Empire.

168. Trolley pense également que dans toutes les communes on peut agir ainsi, et lorsqu'il s'explique sur le caractère et la portée des jouissances exercées séparément par les villages d'une même commune, il dit :

« Supposez plusieurs landes ou marais éloignés les uns des » autres; il est bien évident que les habitants des divers villa- » ges doivent envoyer leurs bestiaux ou couper des bruyères » dans le communal qui se trouve auprès d'eux. Mais ce n'est » là qu'un règlement tacite, un mode de partage de la jouis- » sance indivise, un fait, en un mot, qui conserve la propriété » de la commune, sans conférer aucun droit exclusif à chaque » village. »

169. Nous n'hésitons donc pas à conclure que la jouissance la plus reculée, remonterait-elle à des milliers d'années, d'un communal, par un seul village, ne lui conférerait pas plus de droit que celle d'un seul jour; il en aurait usé comme membre de la commune, au nom de l'association et pour elle.

Pourquoi lui appartiendrait-il en vertu de sa seule jouissance, lorsque les villages qui profitent en commun d'un ou de plusieurs communaux ne pourraient pas s'en dire également propriétaires ? Ce ne pourrait être que parce que ses habitants en recueilleraient seuls les fruits; mais il ne devrait cet avantage qu'à sa situation rapprochée du communal et à un partage tacite. Si un village pouvait tenir un pareil langage, deux, trois et même un plus grand nombre pourraient aussi l'employer. Vingt villages qui jouiraient d'un vaste communal ou de tous les communaux de l'association municipale, pourraient élever la même prétention contre un vingt-unième et dernier village qui s'en trouverait trop éloigné pour en profiter, ou qui, pendant un temps plus ou moins long, n'aurait pas eu de bestiaux. Il ne peut pas en être ainsi d'après les lois constitutives de la commune. Jusqu'à preuve contraire, tous les habitants d'une commune sont, sans exception, présumés jouir des communaux grands et petits, situés au nord, ou au midi, ou au centre du territoire, comme membres de la grande famille municipale; et de même que les successeurs de fermiers qui ont commencé à jouir en cette qualité ne peuvent jamais prescrire contre les propriétaires, de même les habitants d'un village qui sont réputés avoir commencé à posséder pour la commune ne peuvent, pas plus que leurs devanciers, prescrire contre elle. Il suffit, pour l'association municipale, que ses biens conservent leur nature primitive, et tant qu'ils la conserveront, ils ne pourront être prescrits par des faits que tous les habitants pourront accomplir.

170. Le paiement des impositions aurait-il été fait par les habitants des villages dont les bestiaux auraient été conduits dans les pâturages, qu'il ne rendrait pas la possession plus utile; il ne ferait pas, en effet, qu'elle aurait lieu à titre de propriétaire de la part de ceux qui l'auraient exercée.

D'abord, ce n'est pas, comme on le croit généralement, depuis les temps les plus reculés, que les biens communaux sont soumis à l'impôt; ils n'en supportent, dans presque tous les départements, que depuis la formation du cadastre et de la matrice.

Ensuite, en règle générale, c'est la commune qui devrait

supporter les contributions des communaux avec les ressources budgétaires, ou au moyen de centimes extraordinaires.

Dans beaucoup de localités, les municipalités les paient effectivement; mais dans d'autres, parce qu'elles laissent la jouissance des communaux aux habitants, elles leur laissent aussi le soin d'en acquitter les charges.

C'est, on le sait déjà, en conséquence des avantages qui en résultent pour eux que les habitants les plus voisins des communaux y envoient leurs bestiaux. C'est aussi en raison de ces mêmes avantages et afin que les choses puissent continuer à se passer à leur satisfaction qu'ils paient les impositions. La commune est ainsi dispensée d'inscrire à son budget une dépense qui ne serait, pour elle, compensée par aucun profit; elle peut, n'ayant pas de charges à supporter, ne point imposer de taxes de pâturages, ni faire d'amodiation, ni réaliser de vente. De cette manière, tous les intérêts sont ménagés, et sans bourse délier, la commune, par la jouissance de ses habitants qui s'exerce pour elle, conserve tous ses droits. Ces arrangements, que les relations habituelles, entre les communes et les différents hameaux qui les forment, ont provoqués, et que le simple bon sens fait même présumer, sont justifiés par l'intérêt des populations.

Pour faciliter le paiement de l'impôt, ainsi qu'on l'a précédemment vu, les communaux ont quelquefois reçu dans les matrices cadastrales le nom qui, d'ailleurs, leur convient le mieux, du village dont ils sont le plus rapprochés, et qui était pour tous, auteurs du cadastre, agents des contributions et autorités, présumé devoir en recueillir les fruits naturels et en supporter par compensation les charges.

Ce ne sont pas toujours les habitants du hameau dont le communal porte le nom qui en usent seuls et qui en paient les contributions. Un grand nombre de marais, landes ou bruyères indiqués sous le seul nom d'un village, reçoivent les bestiaux d'autres villages.

Généralement les propriétaires des différents villages qui profitent du communal en supportent les charges, suivant une répartition officieuse que fait le receveur municipal ou le maire, ou que ces deux agents font ensemble. Tantôt la répartition est faite par tête entre tous les habitants, s'ils ne sont pas nombreux, tantôt entre les plus riches, tantôt entre les propriétaires des bestiaux d'après le nombre qu'ils envoient au pâturage. D'autres fois, l'impôt est acquitté par un seul propriétaire, le plus considérable, parce que ses sentiments ou son intérêt lui conseillent d'agir ainsi. Plus d'un percepteur ne s'adresse souvent qu'à un riverain qui a déjà réuni à sa propriété une grande partie du terrain de tous. Lorsqu'un communal ne profite qu'à un village, ce ne sont pas toujours tous ses habitants qui en supportent les charges : c'est fréquemment le propriétaire qui en profite le plus. Presque jamais l'impôt n'est acquitté par portion égale entre les habitants riches et pauvres. Ceux qui n'ont pas de bestiaux ou qui n'en possèdent qu'un petit nombre, ne paient rien ou presque rien relativement aux autres, la charge de l'impôt devant être proportionnée au bénéfice que procure la jouissance. Si la répartition se faisait par tête ou par ménage, le percepteur serait exposé à supporter des pertes. Une année, il puise dans une ou deux bourses ; une autre année, il grossit la cote d'un autre contribuable. C'est toujours arbitrairement que les choses se font. Il ne peut en être autrement, puisque, d'un côté, les contributions, pèseraient-elles directement sur le village, qu'il n'aurait pas de ressources pour les payer, et que, d'un autre côté, elles ne peuvent frapper individuellement sur les habitants qui ne sont pas des propriétaires indivis.

Ce n'est donc que parce qu'ils jouissent des communaux que les usagers se cotisent pour en supporter l'impôt ; mais croiraient-ils qu'ils le paient pour leur village, que ni ce paiement, ni la manière dont s'exerce leur jouissance, ne pourraient établir les droits de propriété du groupe qu'ils forment.

171. L'inscription des communaux sur les matrices cadastrales, au nom des villages, et même le partage des produits qu'ils donneraient entre ces villages, dans des proportions déterminées, ne donneraient non plus aucune valeur acquisitive à la jouissance, parce que, même dans ces cas, elle ne serait toujours exercée par les habitants qu'en raison de leur qualité d'habitants et collectivement au profit de la commune.

172. En résumé, les habitants ne pourraient s'autoriser, pour prescrire au profit d'un village qu'ils formeraient contre la commune dont ce village dépendrait, ou contre un autre village, de la jouissance de biens communaux qui ne serait pas justifiée, par ces raisons, notamment :

1º Que lorsque des landes ou marais sont éloignés les uns des autres, il est bien évident que les habitants des divers villages d'une même commune doivent envoyer leurs bestiaux ou couper des bruyères dans le communal qui se trouve auprès d'eux ; que ce n'est là, ainsi que l'a expliqué Trolley après Chabrol, qu'un règlement tacite, un mode de partage de la jouissance indivise, un fait, en un mot, qui conserve la propriété à la commune, sans conférer aucun droit à chaque village ;

2º Qu'une jouissance, sur des biens qui sont ainsi restés accessibles à tous et ont conservé leur caractère public, par la dépaissance des bestiaux, par l'enlèvement de litières et de terres à bâtir, et même par le paiement des impositions qui ne sont qu'une charge de cette jouissance, ne peut être exercée, par un ou plusieurs habitants, qu'au nom et au profit de la commune entière ;

3º Et enfin, que la présomption de propriété qui existe en faveur de la commune se dresserait toujours contre les sections ; la loi ne pouvant pas cesser de protester contre ces fractions de l'association municipale et de toujours réclamer au profit de la généralité des habitants.

La constitution et l'unité communales feraient obstacle à ce qu'une jouissance par une fraction quelconque de la communauté pût servir de base à une prescription, si d'ailleurs le droit commun ne s'y opposait pas formellement.

172. La possession, suivant le droit commun, doit, en effet, pour faire acquérir la propriété, être non équivoque et à titre de propriétaire. Elle est équivoque, lorsqu'elle laisse douter si le possesseur jouit pour lui-même ou pour autrui. L'habitant qui conduit ses bestiaux sur des pâturages où d'autres habitants mènent ou peuvent mener aussi les leur, ne jouit et ne possède ni en son nom privé, ni au nom du village qu'il habite; il n'exerce qu'un droit qui appartient à la généralité des habitants, et comme il ne le fait qu'en sa qualité d'habitant, il ne peut s'en autoriser pour prescrire à son profit ni au profit du village qu'il habite contre la commune dont il est avant tout habitant. Lorsqu'il use d'une place publique, même en y faisant des dépôts, il ne la prescrit pas plus que les autres habitants qui en jouissent de la même manière. Les communaux, comme la place, tant qu'ils conservent leur nature, sont publics en ce sens que chacun peut en user, et restent par conséquent imprescriptibles.

Relativement à la commune, la jouissance des communaux ne constitue même qu'un acte de pure tolérance qui ne peut fonder ni possession ni prescription. Elle n'a pas plus de valeur que n'en aurait, relativement au propriétaire, le vain pâturage qui serait exercé sur les terres qu'il aurait laissé en friche.

Nous n'hésitons donc pas à conclure que la jouissance la plus ancienne, serait-elle de plusieurs siècles, d'un communal par un seul village, ne lui conférerait pas plus de droit que celle d'un seul jour.

174. C'est, du reste, dans ce sens que se sont toujours prononcés les Tribunaux civils et administratifs :

Un arrêt du Conseil de 1745 portait qu'un bois indivis entre une commune et un hameau devait être partagé dans la proportion du nombre des feux.

Un acte de 1760, en réglant le compte de coupes de bois, disait que le hameau était propriétaire d'un huitième du bois. La commune réclamait le partage par feu. Le village demandait un huitième de la propriété, en s'autorisant des énonciations du second titre et d'une possession conforme à ces énonciations.

La Cour de Paris, par un arrêt du 25 mai 1835, et la Cour de cassation, par un arrêt du 20 juillet 1840, ont admis que le partage devait être fait dans la proportion des feux, en considérant que le second acte n'avait pas dérogé au premier; que quant à la prescription, les habitants du hameau ne pouvaient l'invoquer, parce qu'ils étaient présumés avoir possédé en conformité de leur titre, c'est-à-dire conformément à l'arrêt de 1745; que pour admettre une interprétation contraire, il faudrait qu'elle résultât de termes ou de faits non équivoques qui n'existaient pas dans la cause.

L'arrêt de la Cour d'Orléans, déjà cité, du 27 août 1842, affirme mieux encore les droits de propriété des communes, sur tous les biens communaux qu'elles renferment, nonobstant la possession de certains villages, en posant en principe, d'une part, que la présomption de droit était que tout bien communal appartient à la généralité des habitants, et d'autre part, que pour détruire cette présomption de droit, les villages doivent faire cette double preuve : qu'en 1790, les biens communaux qu'ils revendiquaient étaient possédés par eux exclusivement et qu'ils avaient, à cet égard, une existence distincte et indépendante de la commune.

Deux seigneurs se prétendaient respectivement propriétaires d'un vaste terrain situé entre leurs fiefs; n'ayant pu se mettre d'accord, ils sont convenus, par un acte de 1772, que ce terrain resterait neutre entre eux, et ils ont remis à un autre

11

temps à faire décider leur contestation. Les choses se trouvaient ainsi lorsque la Révolution et les lois sur les biens communaux sont survenues; le terrain qui était situé entre les deux seigneurs s'est alors trouvé entre les territoires des deux communes qui en usaient déjà; il a depuis été porté sur le cadastre et inscrit sur les matrices comme appartenant *pour moitié* à chacune de ces communes. Pendant de longues années, c'est-à-dire pendant un temps plus que suffisant pour prescrire, ces mêmes communes ont payé *par moitié* les impositions dont il était grevé, et reconnu ainsi d'une manière bien formelle qu'elles y avaient des droits égaux. Néanmoins, sur la demande de l'une d'elles, les Tribunaux civils à tous les degrés se sont arrêtés au principe qui, à défaut de titres ou de documents pouvant les suppléer, exige que le partage entre communes soit fait par feu. (Arrêt de la Cour de cassation du 7 août 1849.)

L'inscription sur la matrice pour moitié au profit de chaque commune, son acceptation par leur représentant, le paiement des impositions également par moitié, et la jouissance des communes dans ces conditions n'ont été admis ni comme équivalant à des titres, ni comme constituant une possession pouvant motiver une prescription; ils ont été considérés comme sans valeur en présence de la règle qui veut qu'à défaut de titre ou de possession appuyée de documents équivalents, le partage entre communes ait lieu par feu.

Deux autres communes possédaient un bois par indivis et pour lequel elles n'avaient d'autres titres qu'une *possession immémoriale*. Jusqu'en 1822, elles s'étaient partagé les bois d'affouage *par égales portions* et avaient payé dans *la même proportion* la contribution foncière; mais à cette époque, l'une d'elles, dont la population était la plus considérable, a réclamé le partage *par feu*, conformément aux avis du Conseil d'Etat de 1807 et de 1808. Sa prétention a été admise par le Conseil de Préfecture, dont l'opinion a été approuvée par une ordonnance royale du 13 février 1822. La commune qui réclamait le partage par moitié, en vertu de sa possession immémoriale, justifiée par ces circonstances que les bois d'affouage et la contribution foncière avaient toujours été ainsi divisés, s'est pourvue contre cette ordonnance; mais un arrêt du Conseil d'Etat du 28 décembre 1825 l'a confirmée.

Le principe de la loi qui, à défaut de titre ou de possession appuyée, soit par d'anciennes divisions territoriales, soit par des documents jugés équivaloir à des titres, exige le partage par feu, a encore ainsi été consacré.

Les autres arrêts déjà cités, qui consacrent la présomption de droit que les communes sont, jusqu'à preuve contraire, propriétaires de tous les communaux situés dans leur enceinte, quelle que soit la manière dont les habitants en ont usé, s'accordent aussi pour repousser toutes les possessions isolées de villages ou de toute autre portion du territoire communal.

Enfin, dans une dernière espèce, l'opinion que nous avons émise en 1860 a été confirmée, ainsi que le constate l'arrétiste du Recueil périodique de Dalloz. Nous voulons parler de l'affaire déjà analysée concernant les deux communes qui avaient été détachées de la commune de Fozzano, et qui, par la raison que cette commune ou fraction de l'ancienne communauté de ce nom, ne justifiait pas de titre ou de possession appuyée au moins de documents, ont été reconnues copropriétaires des biens communaux situés dans son territoire restreint et admis à les partager avec elle.

Dans cette espèce comme dans celle de l'arrêt d'Orléans de 1842, on voit parfaitement, comme nous l'avions établi dans nos premiers travaux, que des sections ne peuvent prétendre à des droits séparés qu'en justifiant de leur existence distincte ou de titres, et en détruisant la présomption de propriété qui existe en faveur de la commune entière contre les sections qui la composent.

175. La possession isolée de villages ou d'autres fractions de communes, relativement à d'autres villages de la même circonscription, c'est-à-dire la possession non appuyée sur des titres ou sur une ancienne existence distincte qui y suppléerait, ou sur une division territoriale qui en tiendrait lieu, ou sur des actes et documents équivalents, est donc sans valeur acquisitive sur des biens communaux, quand même elle serait de tous les temps, immémoriale en d'autres termes, et qu'elle serait d'accord avec des inscriptions sur les matrices cadastrales et le paiement des impositions. On ne pourrait, par conséquent, s'en autoriser, ni pour réclamer et faire opérer des partages, entre des communes ou entre des sections de communes, autrement que par feu, suivant la règle posée dans les décrets de 1807 et de 1808, ni pour détruire la présomption de propriété confirmée au profit des communes, par la loi du 10 juin 1793, et mise en pratique dans tout l'Empire et même dans la Haute-Vienne.

ARTICLE 4.

Cas dans lesquels la possession de biens communaux peut en faire acquérir par prescription la propriété, à des particuliers qui les ont usurpés.

176. Si pourtant des biens communaux étaient mis en culture ou entourés de murs, la possession aurait changé de caractère; elle ne serait plus exercée pour la commune, par tels ou tels de ses habitants, mais contre elle, par de simples particuliers agissant en leur nom privé et dans leur intérêt exclusif. Ces biens ne seraient plus abandonnés au pâturage des bestiaux; ils auraient cessé d'être accessibles à tous les habitants; ils seraient entre les mains d'usurpateurs qui les détiendraient pour eux seuls. Alors, mais dans ces cas seulement, ou dans d'autres à peu près pareils, la prescription pourrait courir contre la commune.

177. Mais que les voisins des communaux ne croient pas cependant que les portions qu'ils en détachent chaque année pour les réunir à leurs terres, puissent, comme dans les cas que nous venons d'indiquer, devenir leur propriété au moyen de la prescription, parce qu'ils en changent la nature. Leurs anticipations n'ont été faites que graduellement en labourant leur champ; la commune a pu ou ne pas les apercevoir ou ne pas bien s'en rendre compte; leur possession, à quelque époque qu'elle remonte, a été et reste clandestine; elle ne peut servir de base à la prescription. Ainsi l'ont pensé Pardessus et Troplong, et l'ont décidé deux arrêts de la Cour de Paris des 25 février 1821 et 30 novembre 1835.

ARTICLE 5.

Conséquences fâcheuses qui résulteraient, pour les communes et pour les habitants aussi bien des sections que des communes, des droits que des villages pourraient acquérir, par la prescription, à la propriété de biens communaux compris dans le territoire communal.

178. Les lois de la Révolution, en proclamant de nouveau, comme on vient de le voir, en faveur des communes, la présomption de propriété de tous les biens communaux renfermés dans leur circonscription, et les Tribunaux, en l'appliquant comme ils l'ont fait, chaque fois qu'ils en ont eu l'occasion, ont montré une haute sagesse et une grande intelligence des besoins des populations.

On ne saurait, en effet, sans placer les villages et les habitants des campagnes dans un état permanent d'antagonisme, compter, dans les communes, les sections, par le nombre des villages, et encore moins accorder aux sections des droits complets de propriété et de jouissance.

C'est pourtant ce que voudraient faire dans la Haute-Vienne, que nous acceptons pour exemple, le Conseil général et M. Aucoc; mais ni les élus du département, ni M. Aucoc ne se sont expliqués, et n'ont pas assurément compris, nous nous plaisons à le croire, tous les graves inconvénients qui résulteraient de la division du territoire communal en dix, ou en vingt, ou en un plus grand nombre de fractions plus ou moins étendues, plus ou moins riches et plus ou moins indépendantes les unes des autres; les membres du Conseil général, on le comprend, désirent se montrer favorables à la génération actuelle et s'assurer ainsi sa sympathie et sa confiance. M. Aucoc veut justifier la pensée qu'il a émise et qu'il a fait prévaloir devant le Conseil d'État, c'est là un sentiment bien naturel; mais si le désastreux système des représentants de la Haute-Vienne et de l'écrivain qui le propage triomphait, il ne donnerait satisfaction qu'à des sentiments égoïstes, et il affaiblirait, s'il ne le détruisait pas, le sentiment contraire d'amour-propre, cette sorte de patriotisme qu'on trouve dans la commune, aussi bien chez les hommes dont les regards ne peuvent pas s'étendre au-delà que chez ceux qui ont la légitime ambition de s'occuper des affaires publiques de leur pays. Suivant ces patrons des sections, il en existerait dans la Haute-Vienne mille sept cent quatre-vingt-dix-neuf qui seraient propriétaires de biens communaux dans les deux cents communes qui composent le département. On peut même affirmer, sans craindre de beaucoup se tromper, qu'en comptant mieux on trouverait encore mille ou quinze cents autres villages qui ne manqueraient pas de se prétendre propriétaires de pareils biens à aussi juste titre. Toujours, d'après l'opinion que nous combattons, avec l'énergie que donne la conviction, toutes ces fractions de l'association municipale, dont le nombre, dans la Haute-Vienne, ne serait pas inférieur à trois mille, pourraient jouir des biens qu'elles renfermeraient, ou plutôt si le Conseil municipal les amodiait, car lui seul a le pouvoir de le faire, elles en touche-raient les revenus, et s'il les vendait, car ce serait encore lui qui le ferait, elles en recevraient également le prix; enfin, quoique toutes les charges et tous les avantages les compensant doivent être réunis, fondus en d'autres termes, dans les mains de la com-mune, les sections emploieraient à leur gré, c'est-à-dire où, quand et comme bon leur semblerait ces revenus et ces prix que le pouvoir municipal aurait réalisés malgré elles! Cepen-dant le Conseil général a lui-même reconnu, et M. Aucoc n'éta-blit pas le contraire, que les sections n'avaient aucune de ces facultés faute d'organisation et de caisse. On ne saurait donc, dans ces conditions, morceler chaque commune en nombreuses fractions qui se croiraient toutes à son niveau et ses égales. Ce serait la ruiner. Si on pouvait la déchirer ainsi, si chaque cons-truction ou agglomération nouvelle pouvait la morceler encore, et surtout si chaque fraction avait des propriétés particulières à sa disposition et pouvait, à sa guise, user de leurs produits en argent, l'administration municipale deviendrait à peu près impossible. Les maires seraient insuffisants. Il faudrait, comme n'ont pas craint de le proposer quelques Conseils généraux, abroger la loi de 1837 dans ses dispositions essentielles. Ainsi, on devrait, soit créer de nouveaux Conseils municipaux ou d'autres autorités, soit instituer des commissions syndicales permanentes, et en conséquence établir autant de budgets que de hameaux, et multiplier, dans la même proportion, les cais-ses et les comptabilités.

Un tel système ne serait rien moins que subversif de l'unité communale inscrite dans le Code des attributions municipa-les et dans le Code de l'organisation communale. Il est par conséquent en opposition avec tous les principes d'union, d'or-dre, de paix et de progrès chez les populations rurales. Aussi les municipalités de presque tous les départements, mieux inspirés, s'efforcent-elles, par des locations, et au besoin par des aliénations, d'enrichir les communes d'édifices publics, d'établissements communaux et de bons chemins.

Dans la Haute-Vienne, particulièrement, les populations disposent des biens communaux par des aliénations, en faveur des communes entières, malgré les vœux du Conseil général et malgré l'opinion nouvelle sortie, on se refuse à le croire, du Conseil d'État, qui aurait pour but, on le comprend encore moins, de faire dans les communes réduites, selon le vœu des législateurs, à 36,000 environ, des centaines de mille de petites communes, au grand préjudice des populations, avec des propriétés, des revenus, un budget et le droit, comme dans les grandes, de faire des recettes et des dépenses.

ARTICLE 8.

Conclusion.

179. Ainsi, suivant toutes les lois anciennes et nouvelles, suivant surtout la loi de 1837 et les paroles explicatives de ses auteurs, suivant tous les écrivains et suivant la jurisprudence des Tribunaux, les sections, qui n'ont jamais eu et ne sauraient avoir d'organisation et qui ne sont rien par elles-mêmes, ne peuvent exceptionnellement être propriétaires que de droits d'affouage et d'usage et d'autres biens, à la condition qu'elles justifieront de titres, que de la part qui leur est échue et qu'elles ont pu emporter en se séparant d'une ancienne seigneurie ou d'une commune, dans les biens communaux et patrimoniaux de l'association qu'elles ont quittée, et que des biens que les lois de la Révolution ont pu leur attribuer, si elles avaient eu un territoire et une existence distincts, ou des droits particuliers dont les seigneurs les avaient dépouillées, et encore n'ont-elles ces propriétés ou droits que sous les conditions et restrictions que les législateurs ont toujours trouvé sage de poser et que nous ferons bientôt connaître.

§ III.

COMMUN AUX DEUX PRÉCÉDENTS.

Aux Tribunaux civils appartient le droit de résoudre toutes les questions de propriété qui peuvent s'élever entre des sections d'une même commune ou entre des sections ou des communes.

180. La loi du 16-24 août 1790 porte dans l'article 4 du titre IV, que toutes les contestations relatives aux droits de propriété doivent être soumises à l'autorité judiciaire.

Cette règle subsiste toujours, et tous les jours le Conseil d'État et la Cour de cassation en font l'application aussi bien à des droits d'usage ou autres qu'à la propriété d'immeubles.

Ainsi, le Conseil d'État déclarait le 13 mai 1809 et a souvent répété depuis « que les contestations relatives à des droits de » propriété qui se trouvent exister entre des communes ou les » différentes sections d'une même commune ne peuvent être » jugées que par les Tribunaux civils. »

Il statuait dans le même sens, le 1er août 1834, à l'occasion d'une demande en revendication d'un terrain communal suivant le maire, formée au nom d'une commune contre des particuliers qui prétendaient constituer une section et être ainsi collectivement propriétaires de ce terrain ; et encore les 28 décembre 1854 et 25 juin 1855, à l'occasion de questions d'aptitude personnelle d'habitants, à des affouages d'une commune ou d'une section.

La Cour de cassation a aussi décidé, le 29 juillet 1856, que les Tribunaux civils étaient seuls compétents pour traiter toutes les questions de propriété, et le 24 mars 1863, que la Cour de Poitiers n'avait point excédé sa compétence en se prononçant sur la question de savoir si les biens, dont un testateur avait disposé au profit d'une commune, appartenaient en totalité à cette commune ou revenaient pour partie à une section qui en avait été détachée.

Les Tribunaux sont également compétents pour statuer sur des questions de propriété, lors même qu'ils auraient besoin, pour le faire, de consulter les actes du pouvoir exécutif et du pouvoir législatif qui auraient divisé ou réuni des sections de communes ou des communes, ainsi que l'a encore reconnu la Cour de cassation dans deux derniers arrêts des 18 juillet 1861 et 24 mars 1863.

181. Il en serait autrement, s'il s'agissait de statuer sur le partage de fonds restés libres dans la caisse d'une commune démembrée ou sur la validité d'un partage de biens communaux effectué entre des sections, ou sur des difficultés relatives au mode de jouissance des biens communaux. Dans le premier cas, le partage des fonds restés libres devrait se faire par un acte du Chef de l'État; dans le second, il appartiendait au Conseil de Préfecture de maintenir ou d'annuler le partage; et dans le troisième cas, la valeur des anciens usages ou des nouveaux règlements administratifs serait aussi apprécié par le Conseil de Préfecture.

CHAPITRE VI.

MISE EN VALEUR DES BIENS COMMUNAUX.

⁓⁓⁓

§ 1er. Observations générales sur la situation des biens communaux et sur la nécessité qui se fait de plus en plus sentir de les utiliser.

§ II. Exploitation directe des biens communaux par les communes.

§ III. Locations des biens communaux. — Art. 1er Locations par adjudications et par contrats amiables. — Art. 2. Locations par allotissements de jouissances. — Art. 3. Locations par l'établissement de taxes de pâturage.

§ IV. Aliénations des biens communaux par tous les moyens autorisés, et excepté, par conséquent, par des partages gratuits qui sont prohibés. — Art. 1er. Aliénations par adjudication ou par contrats amiables. — Art. 2. Partages gratuits prohibés. — Art. 3. Aliénations au moyen de partages à titre onéreux, les seuls qui sont encore autorisés.

§ V. Transformation des biens communaux, en terres arables, en bois, en prairies, en prairies-bois, par les moyens déjà connus, et par tous autres qui seront possibles, notamment selon les lois de 1837 et de 1860.

§ VI. Conservation de quelques terrains en pacage, dans les contrées pastorales et dans d'autres, dans l'intérêt, tout à la fois, de l'agriculture et de l'élève du bétail.

§ VII. Dans tous les cas, de quelque manière que les biens communaux soient utilisés, on doit respecter le grand et salutaire principe de l'unité communale.

§ VIII. La loi de 1837, permettant tous les moyens de mise en valeur des biens communaux, suffit à tous les besoins, surtout depuis la loi de 1860, et doit être maintenue.

§ IX. Formalités à observer pour réaliser les locations et les aliénations et pour améliorer et transformer les biens communaux, par tous les moyens déjà indiqués, ou par tous autres.

—

§ Ier.

Observations générales sur la situation des biens communaux, et sur la nécessité qui se fait de plus en plus sentir de les utiliser.

182. Lorsque les lois du 28 juillet 1860, sur la mise en valeur des biens communaux et sur le reboisement des montagnes n'existaient pas encore, nous avions déjà fait connaître la situation des propriétés communales et réclamé leur transformation; nous cédions alors à un sentiment bien légitime d'amour du bien public.

Tout le monde, avions-nous dit, est d'accord sur ces faits : que les communaux sont l'objet de la convoitise des propriétaires qui les avoisinent et de la dévastation de tous; que ceux encore existant sont, en géuéral, à peu près improductifs, et qu'il faut enfin en tirer tous les avantages qu'ils peuvent produire.

C'est ce que le Conseil général de la Haute-Vienne exprimait en 1857, en ces termes : « Parmi les réformes qui, pour » le pays, ont un caractère spécial d'opportunité, le Conseil a » placé depuis longtemps en première ligne la suppression des » communaux. L'existence de ces biens est, en effet, contraire » à toutes les indications de la raison, de la science économi- » que et de la théorie agricole. Pour en comprendre tous les » inconvénients, il suffit de comparer les biens indivis avec les » biens exploités par les particuliers; il suffit de voir la posi- » tion déplorable dans laquelle se trouvent tant de communes

» riches de communaux étendus, et néanmoins tellement pau-
» vres, qu'elles ne peuvent faire face aux moindres de leurs
» besoins; il suffit enfin de jeter un regard sur ces bruyères
» stériles, ces landes désolées où les ruisseaux ravinent le
» sol, où les sources ne produisent que de dangereux bour-
» biers. »

Un ancien et éminent magistrat de la Cour de Limoges,
M. Grellet-Dumazeau, avait précédemment tenu un langage
non moins énergique : « Un pillage presque continuel, avait-il
» dit, dépouille ces malheureux terrains de leur gazon et de
» leurs engrais naturels. La communauté entière vient y pren-
» dre sa terre à bâtir et y pratiquer des excavations qui ne se
» comblent jamais. Les surfaces demeurées praticables aux
» voitures sont sillonnées de chemins dans tous les sens, avec
» tout le dédain, ou pourrait dire toute la haine, qu'inspirerait
» un sol ennemi. Enfin, si, malgré ces causes, le communal
» donne quelque chétive production, elle est livrée au pâtu-
» rage de manière à la détruire plutôt qu'à en profiter. Le gros
» bétail, les bêtes à laine, les chèvres, les porcs et les oies y
» sont jetés pêle-mêle, les un ravageant et infectant ce qui
» aurait pu être pâturé par les autres. Ajoutons que ce terrain
» ne produit rien du tout pour le particulier sage et soigneux
» qui craint de mêler ses troupeaux à tant d'animaux nuisibles
» ou suspects de maladies contagieuses. »

« On voit avec étonnement et peine, disait depuis M. de Coët-
» logon, préfet de la Haute-Vienne, que, dans un pays où
» les produits agricoles ne peuvent suffire à l'alimentation des
» habitants, plus de 20,000 hectares de biens communaux,
» représentant dans leur état actuel une valeur de près de
» 3 millions restent improductifs. »

A ce tableau, malheureusement trop ressemblant, il faut
ajouter que, dans tous les pays, les communaux incessamment soumis à des anticipations diminuent chaque jour d'une
manière très-sensible.

Ainsi, au moment du cadastre, ces biens avaient encore, dans l'arrondissement de Rochechouart, que nous prenons pour exemple, une superficie de....................... 482ʰ 04ᵃ 08ᶜ

D'après des vérifications faites sur les lieux mêmes, les usurpations commises par des riverains, par des propriétaires qui n'ont pas hésité à faire porter des articles en leur nom sur la matrice, et par certains villages qui, sans scrupules ni formalités, se sont partagés des communaux entiers, ne s'élèvent pas à moins de................. 149 70 22

De manière que la contenance actuelle des propriétés territoriales des communes se trouve réduite à... 332ʰ 33ᵃ 86ᶜ

Si des mesures ne sont pas immédiatement prises pour faire réintégrer les communes et les sections dans leurs droits, et pour arrêter l'esprit d'envahissement qui se manifeste de toutes parts, il n'existera bientôt plus de communaux.

Dès avant le cadastre, d'autres anticipations non moins considérables avaient déjà eu lieu.

Les mêmes faits de dévastation et de destruction des biens communaux se produisent dans presque toutes les communes de l'Empire.

183. Il y a donc nécessité pour éviter l'anéantissement complet de ces biens, dans un temps très-prochain, de les mettre en valeur.

C'est ce que pensent plus de neuf dixièmes des Conseils généraux.

Le Conseil général de la Haute-Vienne paraît lui-même avoir reconnu ces vérités. Ses délibérations de 1866 constatent, en effet, qu'il s'associe à l'administration départementale pour faire faire des études, afin d'arriver à la reconnaissance et à la mise en culture des terrains communaux.

Cette nécessité d'utiliser ces biens se fait d'autant plus sentir que l'Empereur travaille davantage à faire accroître la force et la richesse de la France, et à procurer ainsi plus de bien-être à ces populations rurales qui lui ont toujours montré tant de dévouement.

L'enquête agricole a démontré d'une manière évidente que la construction du réseau complet des chemins vicinaux est une condition essentielle de la prospérité du pays.

L'Empereur, se préoccupant de la réalisation de cette grande œuvre d'intérêt national, a chargé le Ministre de l'Intérieur d'étudier, de concert avec le Ministre des finances, un ensemble de mesures qui permît de la terminer en dix ans, par le triple concours des communes, des départements et de l'État.

La dépense qu'elle doit occasionner est évaluée à 800 millions, savoir : 300 millions pour frais d'entretien et 500 millions pour frais de construction.

Cette dépense doit être couverte :

1º Par la dotation actuelle des chemins vicinaux, qui s'élève annuellement à 41 millions, soit pour dix années, à .... 410 millions.

2º Par les ressources exceptionnelles que les communes créent chaque année et qui s'élèvent, pour dix ans, à... 200 —

3º Par une somme qui serait fournie par les départements... 100 —

4º Et par une subvention qui serait accordée par l'État, à raison de 10 millions par an........... 100 —

TOTAL..................... 810 millions.

Les départements, nous n'en doutons pas, supporteront facilement la contribution de 100 millions, à laquelle il paraît juste et nécessaire de les assujettir. Un examen attentif de leur situation financière donne vite la conviction que leurs charges actuelles ne seront pas sensiblement aggravées par ce concours.

La convenance et l'équité de la participation de l'Etat se justifient par l'utilité de l'entreprise, au point de vue des intérêts généraux du pays. Des sacrifices ne sont-ils pas faits tous les jours au profit des grands centres de populations! Il est, dès lors, de toute justice d'en faire aussi au profit des campagnes.

Les communes, sans aucun doute, trouveront une première ressource certaine dans la dotation actuelle affectée aux chemins vicinaux ordinaires.

La loi de 1867, qui a autorisé les Conseils généraux à élever à 7, au lieu de 5, le nombre des centimes attribués à ces chemins, permettra aux communes de leur appliquer de nouveaux fonds.

L'intérêt privé apportera aussi son contingent de ressources.

Enfin, l'époque où les chemins vicinaux de grande communication et les chemins d'intérêt commun seront achevés n'est plus éloignée. Lorsqu'elle sera arrivée, il sera possible d'augmenter les ressources des chemins vicinaux ordinaires.

Mais, d'une part, les dépenses prévues pourront s'accroître; d'autre part, les chemins de grande communication et les chemins d'intérêt commun ne seront peut-être pas terminés aussi vite qu'on peut l'espérer, et enfin les communes ne réalisent pas facilement tous les ans 20 millions de ressources exceptionnelles.

Sans douter du succès de l'œuvre, on peut donc craindre que les ressources fassent parfois défaut. Dans la Gironde, par exemple, la dotation annuelle des chemins vicinaux ordinaires ne s'élève pas, comme on a pu le supposer, aux trois quarts des frais d'entretien et de construction; elle n'atteint même pas le tiers de ces frais. Il en est nécessairement de même dans beaucoup de départements.

Mais cette crainte de ne point trouver de ressources suffisantes disparaîtrait à peu près complètement, si les communes utilisaient leurs biens communaux selon les vues du premier Empereur et selon les bienveillantes mesures de Napoléon III. La loi de 1837 leur permettait de le faire ; la loi de 1860 les y oblige. Qu'elles mettent donc ces biens en valeur par leur transformation, ou par des locations surtout, et au besoin par des aliénations, elles trouveront dans ces moyens d'en tirer parti le complément des sommes qui leur seront nécessaires, et elles satisferont ainsi à cette double nécessité, qui leur incombe, d'utiliser leurs biens afin d'en éviter la dilapidation et d'achever leurs chemins vicinaux pour le plus grand intérêt de l'agriculture, des populations et même de l'Etat.

184. Mais quel parti peut-on tirer des biens communaux ?

Il n'est pas possible, en pareille matière, de poser des règles absolues. Tantôt il y aura intérêt à continuer, dans de plus ou moins larges proportions, la jouissance en nature et indivise ; tantôt, au contraire, le partage de la jouissance, avec une redevance, même faible relativement, devra être préféré et mis en pratique, non ainsi qu'il a eu lieu dans l'Artois et dans les trois évêchés de Metz, Toul et Verdun, en vertu des anciens édits de 1769, 1775, 1779 ; mais, suivant les lois nouvelles, en limitant la jouissance à neuf, ou à dix-huit, ou à vingt-sept ans ; dans beaucoup d'autres contrées on devra, pour agir d'une manière plus conforme aux lois modernes, recourir à des locations et à des ventes ; ailleurs, on pourra faire des plantations et même des prés-bois. Toujours on devra consulter la nature et la situation des terrains, les convenances locales, l'esprit, les habitudes et les besoins des populations. Tel mode de culture qui conviendra dans une localité, ne pourra pas être suivi dans une autre. Ce sera aux municipalités à rechercher et à faire adopter celui qui leur paraîtra préférable. L'Administration supérieure les guidera elle-même dans la voie qui paraîtra la meilleure.

La première publication que nous avons faite ne constatait pas seulement des faits d'anticipation et de destruction des biens communaux qui se commettaient dans la Haute-Vienne, et que nous donnions comme exemple de ce qui se passait dans toute la France; elle combattait l'esprit de résistance qu'on rencontre trop souvent chez les propriétaires, et même les vœux du Conseil général de la Haute-Vienne, si contraires au progrès: enfin, elle indiquait les moyens que nous croyions les meilleurs d'utiliser ces biens, et nous réclamions, avec toute l'énergie dont nous sommes capables, leur mise en pratique en vue de l'amélioration des campagnes que nous considérions comme plus utile encore que la transformation des villes.

Les municipalités de l'arrondissement de Rochechouart surtout ont écouté nos conseils et les ont suivis avec un admirable et exemplaire dévouement.

Ainsi, il a été vendu, presque immédiatement après nos avis, dans les communes dont les noms suivent, savoir:

Maisonnais	7h	31a	6,369 fr.
Pensol	4	73	3,005
Milhaguet	»	43	338
Champsac	6	20	5,605
Saint-Junien	4	95	2,505
Marval	7	35	4,405
Saint-Martin	4	08	4,815
Oradour-sur-Glane	100	02	35,963
Javerdat	10	90	3,085
Chaillac	2	40	2,054
Cussac	»	05	336
Saint-Mathieu	12	18	5,988
La Chapelle	4	13	873
	164h	73a	75,341 fr.

Ces biens ne valaient, d'après les statistiques, que 16,500 fr. et on en a obtenu le magnifique chiffre qui vient d'être indiqué, même en modérant beaucoup les prix, pour tenir compte aux populations de partages irréguliers qu'elles avaient fait de partie de ces biens.

D'autres aliénations également importantes ont été décidées dans presque toutes les autres communes du même arrondissement de Rochechouart.

On a fait aussi des ventes dans des communes des autres arrondissements du même département.

Avec les prix de ces ventes, d'autres ressources municipales et des subventions gouvernementales, on a ouvert de nombreux chemins; les populations allaient ainsi au-devant des grandes mesures que l'Empereur devait bientôt prendre; on a relevé des clochers et fait d'autres travaux dans les églises; on a construit des maisons d'école, des mairies et des presbytères; on a établi des champs de foire, des places publiques, des fontaines et des halles; enfin, on a agrandi et clos des cimetières.

Des locations et des aliénations, sous les diverses formes que la loi autorise, et des améliorations, notamment par des plantations, ont également lieu, surtout depuis quelques années, dans presque tous les départements. Les Conseils généraux les encouragent, et dans un langage tout à la fois énergique et persuasif, beaucoup de ces Conseils blâment les partages gratuits ou à vil prix, ou réclament l'emploi de mesures coercitives contre les municipalités qui laissent encore leurs biens improductifs.

Enfin, en tous lieux on restaure les édifices publics ou on en établit de nouveaux, et on améliore les chemins vicinaux ou on en ouvre de nouveaux.

On voit dans tous ces faits de transformation des biens communaux et d'améliorations des établissements communaux et des voies vicinales, que les vœux du Conseil général de la Haute-Vienne ne répondent ni aux besoins, ni aux aspirations des populations.

185. Depuis nos premiers enseignements, et pendant qu'ils

obtenaient les résultats qui viennent d'être indiqués, sont survenues les lois de 1860. Ces lois ont considérablement grandi les moyens d'action de l'autorité départementale ; elles l'ont, en effet, armée contre la routine et l'insouciance, et même contre le mauvais vouloir.

D'un autre côté, nous avions élucidé, aussi bien qu'il nous avait été possible de le faire, la question de propriété des biens communaux que nous croyions désormais résolue dans le sens des communes, pour tous ceux de ces biens qui sont sans maître.

Aidé aujourd'hui par les lois nouvelles et encore par la situation mieux définie qui appartient aux communes et aux sections de communes, il nous sera d'autant plus facile de faire connaître tous les moyens qui s'offrent aux populations et à l'autorité, pour mettre ou faire mettre les biens communaux en valeur.

Il faut se défendre et nous le ferons, de toute règle absolue, pour indiquer le mode de mise en culture et de transformation de ces biens et spécialement de ceux des sections ; il ne saurait être, en effet, le même partout. Suivant l'opinion que nous avons déjà exprimée et que nous résumons, il doit varier selon la qualité, l'étendue et la position des propriétés qu'il aura pour objet ; selon la tradition, les usages, la richesse du sol et du pays et les méthodes de culture de chaque département et même de chaque commune ; et aussi, suivant le nombre des villages et des sections, leur situation dans des plaines ou sur des montagnes, leur importance relative et leurs prétentions plus ou moins justifiées.

§ II.

Exploitation directe des biens communaux par les communes.

186. Les communes pourraient exploiter par elles-mêmes leurs biens communaux. La loi du 18 juillet 1837 les y autorise par son article 17, en leur permettant, avec l'assentiment de l'Autorité administrative supérieure, d'en régler, comme elles le jugent à propos, le mode d'administration et de jouissance. Mais agiraient-elles sagement en le faisant? Nous ne le pensons pas. Les administrateurs municipaux, des campagnes surtout, ne donnent ordinairement qu'une partie de leur temps aux affaires communales; ils ne pourraient presque jamais diriger la culture d'une ferme, ou d'un champ, ou d'une vigne; leur dévouement, personne ne le mettra en doute, serait toujours complet; mais les détails d'une gestion, réclamant des soins de tous les instants, ne pourraient leur convenir. Tous n'ont pas les mêmes vues; leur personnel se modifie d'ailleurs souvent, et tandis que l'intérêt privé, avec ses soins et sa persévérance, ferait fructifier de médiocres terrains, les maires, faute de direction soutenue, en laisseraient dépérir d'excellents. Tous les magistrats municipaux ne sont pas cultivateurs et on ne saurait exiger d'eux des connaissances agronomiques. Combien d'entre eux repousseraient les honneurs de la mairie, s'ils devaient les entraîner à employer, conduire et salarier des ouvriers, et à acheter et vendre des bestiaux, des fourrages, des grains et d'autres denrées alimentaires! L'exploitation par la commune serait, il faut le reconnaître, à peu près impossible; elle serait dans tous les cas peu profitable à ses intérêts, si elle n'y était pas nuisible. Que les municipalités entretiennent exceptionnellement des prairies dont elles vendraient chaque année les récoltes sur pied, cela pourrait encore se faire sans trop d'inconvénients; les travaux qu'elles auraient à faire exécuter seraient temporaires et peu importants; les prix des ventes passeraient sans comptabilité et sans intermédiaire, par conséquent, des mains des acquéreurs dans la caisse municipale. La commune de Sacy-le-Grand, dans l'Oise, et d'autres familles communales de la Somme, administrent ainsi quelques parcelles de leurs propriétés.

Dans les mêmes localités et dans d'autres aussi, beaucoup de marais sont tourbeux; les richesses qu'ils renferment sont livrées à l'industrie privée par des baux suffisamment longs pour permettre l'extraction du combustible. Si les municipalités voulaient se faire industrielles, elles compliqueraient leur administration sans aucun avantage; souvent même elles éloigneraient de la gestion de leurs affaires des hommes honorables. On comprendrait encore le boisement par la commune de ceux de ses terrains qui seraient d'une culture difficile et dont le sol serait néanmoins bon ou la création de prés-bois, ainsi que le propose le Conseil général du Jura. Les municipalités n'auraient qu'à diriger des plantations et quelques travaux d'améliorations et d'entretien pendant un temps limité, et ces plantations et ces travaux pourraient même être faits par les soins des agents des forêts ou sous la direction des ingénieurs du département. Les produits des bois ou des prairies se vendraient, suivant le Code forestier, ou par adjudication, selon des formes toujours faciles à observer.

L'exploitation directe par la commune ne saurait donc être conseillée en général, et encore moins dans le Limousin où, suivant le Conseil général, le respect de la chose commune ne serait pas encore suffisamment pratiqué.

§ III.

LOCATIONS DES BIENS COMMUNAUX.

ARTICLE PREMIER.

Locations par adjudications et par contrats amiables.

187. L'amodiation, au contraire, est de tous les lieux et préférable à tous les autres régimes; elle était inscrite dans les anciennes lois; elle l'est dans les nouvelles.

Le décret de l'an VIII, par opposition à la loi des partages, en autorisant les populations à continuer le mode de jouissance qu'elles avaient jusqu'alors suivi, défendait de le changer sans une autorisation souveraine.

L'ordonnance de 1818, voulant donner aux communes plus de facilités de disposer de leurs biens restés en jouissance commune, a permis d'affermer ceux qu'elles ne jugeraient pas nécessaires à la dépaissance des troupeaux.

C'est ensuite la loi de 1837, dans les articles 17 et 19, qui est venue dire comment les amodiations seraient faites; elle confère aux Conseils municipaux le droit de régler les conditions des baux et de les faire.

Depuis, la Cour de cassation et le Conseil d'État, dans des décisions qui seront indiquées à la fin de ce paragraphe, a reconnu ce droit des municipalités d'affermer les biens communaux de toute origine et de toute nature.

En dernier lieu, la loi de 1867 a encore étendu les pouvoirs des Conseils municipaux; ces Conseils peuvent aujourd'hui, de concert avec le maire, régler définitivement les conditions des locations des biens de toute espèce, appartenant soit aux communes, soit aux sections et réaliser ces locations pour dix-huit ans.

188. L'amodiation est, au surplus, dans l'esprit de notre époque ; elle répond à la sollicitude de l'Empereur pour l'agriculture, pour la prospérité des communes et pour le bonheur des populations rurales. Avec les amodiations viendront, en effet, les bons chemins vicinaux et leur achèvement, le développement de l'agriculture, l'aisance chez les habitants des campagnes et le progrès en toutes choses.

189. Quatre-vingts Conseils généraux environ sur quatre-vingt-neuf, préfèrent l'amodiation au partage et à la vente. L'amodiation est mise en pratique, sur une grande échelle, surtout dans les départements du Doubs, de l'Oise, de la Somme, de la Côte-d'Or, de la Gironde, de la Haute-Loire, des Basses-Pyrénées, d'Eure-et-Loire, de la Haute-Marne, de la Haute-Savoie, de l'Indre, du Cher, des Vosges, du Loiret, des Deux-Sèvres, de la Marne, du Rhône, du Var, de la Seine-Inférieure, du Jura, de l'Aube, du Pas-de-Calais, de l'Hérault et de la Drôme.

190. C'est généralement aux enchères publiques que les locations ont lieu dans ces départements. Dans quelques-uns, elles se font à l'amiable par des allotissements de jouissance.

191. L'amodiation est encore réclamée par les besoins du pays. Ses productions, ainsi que le disait M. de Coëtlogon pour la Haute-Vienne, et que l'ont attesté de nombreux écrivains pour toute la France, ne suffisent pas à l'alimentation de ses habitants, et la vingt-septième partie de son sol resterait stérile ! C'est à ne pas croire que nous sommes dans le XIXe siècle, si fécond en grandes choses, et sous le règne du vrai progrès, à la tête duquel s'est placé l'Empereur qui

guide et soutient les efforts que nous faisons dans l'unique
pensée de la prospérité et de la grandeur de la France.

Autrefois, les biens communaux étaient considérables; ils
fournissaient aux bestiaux du pauvre, comme à ceux du riche,
une abondante nourriture; la jouissance en commun s'expliquait. Depuis un siècle, ils se sont beaucoup amoindris; le
pauvre ne conduit plus de vaches sur ceux que le temps et la
Révolution ont respectés; l'agriculteur n'y trouve plus non
plus d'engrais assez fertilisants. S'il y envoie encore son bétail,
c'est surtout pour lui faire respirer un air plus pur que celui
de l'étable, lorsqu'il ne craint pas de l'exposer à des maladies
contagieuses.

Maintenant, pour répondre aux nouveaux besoins que font
naître l'augmentation de la population, le développement de
la civilisation et l'accroissement du nombre des bestiaux, les
biens communaux ne peuvent plus qu'exceptionnellement
rester en pâturages. Dans ces conditions, ils seraient relativement stériles.

C'est précisément avec la pensée de les faire mettre en valeur que l'ordonnance de 1818, la loi de 1837 et le décret de
décentralisation de 1852 sont successivement venus rendre de
plus en plus faciles leur amodiation et leur aliénation.

192. Que les communes du Limousin et toutes les municipalités des autres contrées, cédant aux nombreux exemples
qui leur sont donnés et aux bienveillants conseils de leurs
administrateurs, livrent donc leurs communaux à l'agriculture qui saura les améliorer et leur faire produire d'abondantes
moissons. Déjà, certains de ces biens, dont les voisins se sont
emparés, disent tout le parti qu'on peut en tirer. Ils étaient
exactement dans les conditions indiquées par le Conseil général de la Haute-Vienne et par cet ancien magistrat de Limoges dont nous avons rapporté les paroles; ils sont aujourd'hui
couverts de superbes récoltes. Pourquoi tant d'autres commu-

naux, dont l'étendue est chaque année entamée par de nouvelles anticipations, ne seraient-ils pas livrés au même régime?
Tels pâturages et telles bruyères, qui ne donnent qu'une mai-
gre et insuffisante nourriture à quelques chétifs bestiaux, se
convertiraient en bonnes terres ou en excellentes prairies, et
donneraient en abondance des grains et des fourrages. Les revenus qu'ils rapporteraient seraient au moins dix fois plus
considérables que ceux qu'ils donnent; ils occuperaient des
bras et inviteraient au travail beaucoup de gens qui emploient
mal leur temps, en se faisant les gardiens de misérables
troupeaux dont le produit est presque nul. Les locations
des communaux, répondait un magistrat municipal de la
Haute-Vienne aux questions qui lui étaient posées, rendront
service aux indigents qu'ils entretiennent dans des habitudes
de fainéantise; elles les amèneront à mieux utiliser leur temps.
Les redevances que rendront aux communes certains propriétaires qui profitent seuls des pâturages avoisinant leurs métai-
ries, permettront même d'accorder des secours aux pauvres
les plus malheureux. Les fermiers, qu'on en soit bien convaincu, ne manqueront pas; on les trouvera dans les voisins
du communal et dans le village qui en sera le moins éloigné.
Les cultivateurs, les propriétaires, les colons et les ouvriers
trouveront des lots à leur convenance. Ces nouveaux locataires, ceux surtout qui louent leur temps, dépenseront leurs
heures de loisir sur les champs dont ils feront quelquefois des
jardins, et augmenteront en même temps leur aisance et la
valeur de la propriété. Plus heureux qu'ils ne l'étaient comme
simples journaliers, ils amélioreront leurs mœurs et s'éloigne-
ront moins de leur village. Qu'on ne dise pas que les plus
proches voisins du communal le verront cultiver avec déplaisir;
ils en seront eux-mêmes les fermiers. Des baux, avantageux
par leur longue durée et par leurs douces conditions, les invi-
teront à le devenir, et ils s'attacheront au sol qui les nourrira.
L'amodiation, ainsi pratiquée, sera véritablement une œuvre

de moralisation pour le pauvre que le communal n'entretiendra plus dans de mauvaises habitudes , et pour l'ouvrier laborieux qui trouvera d'autant plus de travaux et de bien-être.

193. Les communes profiteront plus particulièrement de l'amodiation. Presque toutes sont grevées de dettes et manquent des établissements les plus indispensables; elles sont, on peut l'affirmer sans crainte de beaucoup se tromper, imposées en moyenne de 10 centimes extraordinaires, la plupart pour un grand nombre d'années, et cependant le petit nombre seulement est pourvu de pompes à incendie; les deux tiers, si on prend pour exemple la Haute-Vienne, n'ont pas de maison d'école; une sur cinq est privée de presbytère. Dans la Corrèze, a dit le Préfet, elles sont généralement privées de mairie, de maison d'école et de presbytère convenable, un grand nombre d'églises sont délabrées et insuffisantes. La situation des communes, dans toutes les contrées, impose donc aux magistrats qui les administrent le rigoureux devoir de faire produire des revenus aux biens communaux qui ne répondent plus, lorsqu'ils restent incultes, à aucune des nécessités des temps actuels. Ces revenus leur assureraient les moyens de pourvoir à tous leurs besoins et ils leur permettraient même de réaliser des améliorations dans leurs chemins, rues et places publiques, et dans tous leurs services. Combien de communes qui, obligées de recourir chaque année à des impôts extraordinaires, seraient riches le lendemain de l'amodiation de leurs biens ! Enfin, l'amodiation permettrait aux communes de conserver leurs propriétés. Les habitants qui perdent toute énergie au piteux aspect des communaux, trouveraient d'utiles enseignements dans leur location; ils deviendraient plus soigneux de leurs propriétés et de celles qu'ils prendraient à ferme, lorsqu'ils admireraient les produits de terrains qui ne leur avaient inspiré que du découragement.

194. Le trésor public verrait aussi ses recettes s'accroître ; les droits d'enregistrement et de mutations deviendraient, en effet, plus considérables.

Le commerce et l'industrie recevraient de nouveaux aliments.

L'agriculture s'enrichirait de vastes terrains au profit du pauvre comme du riche, et l'intérêt général serait satisfait par les nouvelles productions qui seraient obtenues.

195. Mais quels biens et quels droits peuvent être affermés ?

Les droits d'usage divers, de pâturages et d'affouages sur des propriétés particulières ne devraient pas l'être ; ils ont généralement fait l'objet de donations et sont nécessaires aux populations qui les ont reçus. Ces populations devront, à moins de graves raisons, continuer à exercer ces droits suivant leurs besoins et selon les intentions de leurs bienfaiteurs. Les pâturages et quelques autres propriétés de peu d'importance, dont certains villages, qui en avaient besoin, ont pu être gratifiés, devront aussi, autant que possible, leur être réservés ; ils constituent, au profit des habitants, des avantages individuels, souvent nécessaires, dont la privation leur serait préjudiciable et qu'il serait d'ailleurs injuste de leur enlever.

Des terrains se trouvant au milieu de villages ou entre des habitations, pour en faciliter l'accès et la desserte, ou même pour leur procurer d'autres aisances indispensables, seront le plus ordinairement présumés avoir été mis en commun dans leur intérêt, et devront, presque toujours, conserver leur destination primitive.

Enfin, lorsque des biens ne seront pas jugés trop considérables pour la dépaissance des bestiaux d'un ou de plusieurs villages, et qu'il sera convenable de les laisser en pâturage, ils pourront ne pas être amodiés.

Tous les autres communaux, dont le sol est bon, pourront être affermés. Nous n'entreprendrons pas de les désigner. Il nous suffit de dire que tous ceux qui ne se trouvent pas dans des cas exceptionnels sont susceptibles d'être mis en location. Nous nous en rapporterons, au surplus, aux lumières des Conseils municipaux, en constatant pourtant que, suivant l'opinion des maires et des hommes les plus compétents que nous avons consultés, les deux tiers au moins des biens communaux peuvent être avantageusement affermés.

Les biens des communes réunies, des sections détachées de communes et jointes à d'autres, et des sections de communes en général, peuvent être amodiées comme ceux des communes.

Les mêmes droits et les mêmes biens qui, dans les communes, ne doivent pas être donnés à bail ou ne l'être que dans des cas de nécessité absolue, ne devront non plus l'être dans les sections. Les mêmes raisons doivent amener les mêmes résultats aussi bien dans les sections que dans les communes.

Les communes pourraient encore affermer le droit de chasse, qui leur appartient et dont elles n'usent pas, sur les terrains communaux. Ces sortes de locations ont déjà lieu dans l'Oise. Nous les avons conseillées, et nos compatriotes, animés de sentiments qui leur font honneur et que nous aimons à faire connaître, les rendent faciles et avantageuses, en consentant à interdire la chasse sur leurs terres aux étrangers qui ne sont pas notoirement leurs parents ou leurs amis. Aussi, des communes qui ne comptent pas cinq cents habitants et qui ne possèdent que quelques hectares de marais ou de friches, c'est-à-dire de terrains ne rapportant que de mauvaises herbes ou des broussailles, obtiennent-elles souvent des fermages annuels de plusieurs centaines de francs. Beaucoup de communes, ainsi aidées par le patriotisme de leurs habitants, ne manqueront pas de suivre les exemples que leur offre le département de l'Oise et d'augmenter ainsi leurs revenus.

En un mot, tous les biens des communes ou des sections de communes susceptibles d'être avantageusement cultivés et

tous les droits divers de ces associations pourront être donnés
à bail.

196. Les lois de 1837 et de 1867 autorisent formellement ces
locations ; elles donnent, en effet, aux Conseils municipaux le
pouvoir de régler le mode d'administration et de jouissance de
tous ces biens et droits, ainsi que les conditions de leurs locations, et le décret de décentralisation du 25 mars 1852 autorise
les Préfets à approuver les changements qui sont proposés par
les municipalités, quelle que soit la nature des biens, alors
même qu'il s'agirait d'un mode de jouissance antérieure à la loi
de 1793 et de propriétés sectionnaires.

Les Conseils municipaux peuvent donc amodier toutes espèces de biens communaux appartenant indistinctement aux
communes et aux sections, c'est-à-dire aussi bien les terrains
qui avaient toujours été abandonnés à la dépaissance des bestiaux que les propriétés patrimoniales. Leurs délibérations, décidant des locations pour dix-huit ans, n'ont même plus besoin
d'être approuvées par l'Autorité supérieure.

Les Conseils municipaux et les maires représentent, au
même titre, avec les mêmes attributions et les mêmes pouvoirs, toutes les fractions de l'unité communale. La section,
en effet, n'a pas l'exercice du droit de propriété dans sa plénitude ; elle ne peut gérer, administrer, disposer de ses propres
biens, ni agir par elle-même en ce qui les concerne ; elle a et
ses propriétés ont pour administrateurs légaux les administrateurs de la commune ; elle trouve des garanties pour la disposition de ses biens dans les formes à observer, dans la publicité qui précède et accompagne les baux, dans les enquêtes où
tous les intérêts sont appelés à se manifester, et surtout dans
la haute tutelle de l'Autorité supérieure, chargée d'apprécier
la convenance et l'utilité de l'affermement.

C'est dans ce sens du droit des municipalités de donner à
bail les biens communaux des sections de communes que se

sont prononcés un arrêt de la Cour d'Orléans du 7 juin 1851, un autre de la Cour de cassation du 25 avril 1855, et notamment quatre arrêts du Conseil d'Etat des 24 janvier 1856, 4 septembre suivant, 17 mars 1857 et 10 février 1859.

Ainsi, les biens des sections, quelle qu'en soit la nature, aussi bien que ceux des communes, peuvent être affermés si le Conseil municipal le croit utile et que l'Autorité supérieure le trouve bien.

197. Quatre Conseils généraux seulement refusent d'encourager l'amodiation et s'y opposent même par ce motif, entre autres, qu'elle serait impossible, les habitants des villages ou sections étant à leurs yeux seuls propriétaires des biens communaux et n'ayant pas d'ailleurs d'organisation ; ils préfèrent le partage entre les habitants de ces villages. L'un deux, qui n'a rencontré aucun adhérent dans les quatre-vingt-huit autres départements, veut qu'il ait lieu gratuitement. Les trois autres admettent un prix ; mais un prix insignifiant. Que ces quatre Conseils généraux, dissidents avec tous les autres, fassent donc l'expérience des amodiations dans de sages conditions pour les fermiers, et ils verront que dans leur pays, comme ailleurs, on peut trouver des locataires. Quant à l'emploi des prix, ils reconnaîtront bien vite qu'en laissant aux communes le soin de le faire, suivant leur droit, il ne donnera lieu à aucun embarras, ainsi qu'on le verra bientôt.

ARTICLE 2.

Locations par allotissements de jouissances.

198. On pourrait aussi, selon les vœux des Conseils généraux de plusieurs départements, recourir aux allotissements de jouissance entre les habitants des communes, la loi les autorise; elle a, en effet, donné aux Conseils municipaux le droit de régler le mode d'administration et de jouissance des biens communaux; elle a ainsi laissé à ces Conseils le choix des moyens d'en disposer pour le mieux des intérêts des associations municipales. Ce sera surtout dans les pays pauvres et sans industrie, où les amodiations réussiraient difficilement, que les allotissements de jouissance pourront convenir. Les lots qui seraient formés seraient ou tirés au sort ou attribués directement aux habitants, selon leur convenance. En faisant ainsi des allotissements, on fera encore des locations qui seront utiles aux populations et aux communes; mais on ne devra, en général, les consentir que pour des redevances en rapport avec la véritable valeur locative. Ce ne sera qu'exceptionnellement qu'on pourra abaisser le taux des fermages, ou pour répondre à des besoins de la population, ou pour faire disparaître des prétentions qui ne seraient pas sans fondement, ou parce que les fermiers seraient rares et que les locations n'auraient pas encore été pratiquées et ne seraient pas sympathiques. Mieux vaudrait encore ainsi enrichir les communes par de faibles revenus et améliorer par des travaux et des productions nouvelles le sort des populations, que de laisser incultes et complètement improductifs de bons terrains. Toutefois, on ne devrait donner la jouissance que pour un temps déterminé, qui ne devrait pas excéder dix-huit ou vingt-sept ans.

ARTICLE 3.

Locations par l'établissement de taxes de pâturage.

199. Il y a encore un autre moyen de tirer parti des communaux, même en les laissant incultes, c'est d'établir des taxes de pâturage. Les municipalités peuvent le faire. Les législateurs leur en ont donné la faculté. Plusieurs Conseils généraux, dont nous avons fait connaître les vœux, constatent, nous le savions d'ailleurs, que cette manière d'obtenir des revenus est mise en pratique dans beaucoup de communes, surtout dans les contrées pastorales. Ainsi, lorsque, sans se trouver dans des conditions à être affermés, des pâturages ou des landes seront, par leur nature et leur situation, utiles à des propriétaires ou à des fermiers, il sera juste de leur faire supporter une équitable rétribution au profit de la commune et par conséquent des malheureux qu'elle doit secourir. Ce mode de jouissance, s'il n'est pas le plus fructueux, n'exercera pas moins, dans certaines limites, une heureuse influence sur la situation financière des communes et sur la situation morale des populations. Les taxes seront établies au moyen d'un rôle qui en fixera l'importance et qui sera rendu exécutoire par le Préfet ou par le Sous-Préfet, selon les circonstances. Le montant en sera recouvré par le receveur municipal.

§ IV.

ALIÉNATIONS DES BIENS COMMUNAUX PAR TOUS LES MOYENS AUTORISÉS ET EXCEPTÉ, PAR CONSÉQUENT, PAR DES PARTAGES GRATUITS QUI SONT PROHIBÉS.

ARTICLE PREMIER.

Aliénations par adjudications et par contrats amiables.

200. Après la mise en ferme, par l'un des moyens qui viennent d'être indiqués, ou par tous autres, vient la vente ;

13

elle est autorisée par toutes les lois qui se sont succédées depuis 1789.

201. L'ancienne législation la repoussait.

Un édit de 1554 défendait, en effet, expressément, l'aliénation des biens communaux.

Une déclaration du roi, du mois d'avril 1667, interdisait absolument « toute aliénation, sous quelque cause et prétexte » que ce puisse être, et nonobstant les permissions qui pour- » raient avoir été obtenues. » Elle rendait même passibles de peines sévères les administrateurs qui auraient disposé de tout ou partie des immeubles des communes.

Les défenses de faire des ventes ont été renouvelées dans une décision royale du mois d'avril 1683.

Néanmoins, les rois ou, pour eux, les Cours souveraines, lorsque la valeur des biens n'excédait pas 3,000 fr., ont autorisé des ventes, pour des besoins urgents, lorsque les communes n'avaient pas d'autres moyens de les satisfaire.

202. La nouvelle législation s'est successivement montrée plus facile; elle autorise, aujourd'hui, les ventes toutes les fois que les municipalités et l'Autorité supérieure les trouvent utiles.

Une première loi du 14 décembre 1789 a permis les aliénations, en vertu de délibérations municipales, approuvées par l'administration ou le directoire du département.

Deux autres lois, des 29 mars, 5 et 10 août 1791, autorisaient encore l'aliénation des biens communaux, sous la surveillance des autorités départementales. La seconde l'exigeait même dans certaines circonstances qu'elle indiquait.

Une quatrième loi, du 21 mai 1797, modifiant les dispositions législatives antérieures, portait que les communes ne pourraient plus, à l'avenir, faire aucune vente de leurs biens sans une loi particulière.

Néanmoins, sous le premier Empire et pendant la Restauration, les communes ont encore été autorisées à en faire par des décrets et par des ordonnances.

La loi de 1837 et le décret de décentralisation de 1852 sont enfin venus poser les dernières règles sur cette matière. D'après leurs termes, les Conseils municipaux votent les aliénations, et les Préfets les laissent faire quand leur importance est minime, ou les autorisent, quelles que soient la nature et la valeur des biens qu'elles ont pour objet et les approuvent, dans tous les cas, s'il y a lieu.

L'aliénation des communaux est ainsi désormais possible toutes les fois que le pouvoir municipal et le pouvoir départemental sont d'accord de l'opérer; elle est souvent utile pour parer à des calamités ou pour réaliser d'indispensables améliorations; elle peut même être nécessaire pour achever le réseau des chemins vicinaux, selon les vœux des populations manifestés dans l'enquête agricole. Le nombre et le bon état des chemins sont des signes certains de progrès, et nous devons d'autant plus tenir, avec le Chef de l'État et avec son Gouvernement, à les faire multiplier et rendre parfaits, suivant les besoins qui se font sentir, qu'ils offriront la preuve la plus évidente qu'un peuple puisse donner de l'état avancé de sa civilisation.

C'est dans le sens du droit des municipalités et de l'Administration supérieure d'aliéner les biens communaux, quand de concert elles le jugent nécessaire, que se sont prononcées l'administration de l'intérieur, la jurisprudence des Tribunaux civils et du Conseil d'État.

203. Ce n'est pas à dire qu'il faut vendre tous les biens des communes; leur aliénation immédiate a pourtant rencontré de nombreux partisans. Plusieurs Conseils généraux, ayant à leur tête celui de la Gironde, la désirent. On placerait les prix qu'elle donnerait en rentes sur l'État. Les revenus de ces prix seraient de beaucoup supérieurs à ceux que fournissent les landes, bruyères et pâturages. Les communes les toucheraient sans la moindre difficulté, et elles seraient débarrassées de l'administration de biens presque impossibles à conserver.

Mais les communes seraient dépouillées de leurs patrimoines que, pendant de nombreux siècles, elles s'étaient efforcées d'accroître et de garder. Lorsque le sol serait ainsi converti en rentes, que deviendrait le capital? On peut prédire qu'il serait vite épuisé. Toutes les administrations municipales tiennent à laisser des traces de leur passage aux affaires ; elles puiseraient incessamment dans la bourse communale et dissiperaient ainsi son trésor en quelques années. Sans aucun doute, la plupart des municipalités feraient d'excellentes choses ; mais quelques-unes pourraient manquer d'expérience ou se laisser guider par des intérêts particuliers et mal employer un capital qui ne doit pas moins profiter à l'avenir qu'au présent.

Les pauvres souffriraient les premiers d'une pareille manière de disposer des communaux; ils ne pourraient plus élever de bestiaux sur les portions qu'il aurait été possible de leur réserver, et ils seraient privés des secours que les revenus du surplus leur auraient assurés. Leur patrimoine, car celui de la commune est véritablement le leur, passerait entre les mains des propriétaires qui pourraient seuls l'acheter et le conserver, tandis qu'ils demeureraient plus pauvres que jamais.

L'aliénation des communaux ne saurait donc, à notre avis, être uniquement faite en vue d'augmenter les revenus communaux, à moins qu'il soit impossible de les mettre autrement en valeur, ou qu'il s'agisse d'excédants de largeur de chemins, rues ou places publiques. Une bonne administration ne peut la laisser faire ou l'autoriser que lorsqu'elle est rendue indispensable par des besoins impérieux qu'il n'est pas possible de satisfaire autrement.

C'est dans ce sens que se sont prononcés plusieurs Conseils généraux dont nous avons analysé les délibérations.

204. Mais la vente peut être commandée soit pour acquitter une dette que la commune ne pourrait pas rembourser en quelques années avec ses ressources ordinaires et avec tous les centimes facultatifs qu'elle peut voter, soit pour faire construire une église, ou un presbytère, ou une maison d'école. Tous ces édifices ne doivent-ils pas être aussi utiles aux générations futures qu'aux générations présentes ? Mieux vaudrait, assurément, aliéner tout le domaine communal pour réaliser de pareilles améliorations qui doivent profiter à l'avenir, que de le laisser improductif, et de grever les populations actuel e de charges qu'elles ne doivent pas seules supporter.

L'aliénation peut encore être nécessaire pour réaliser d'autres améliorations qu'il est impossible de prévoir, ou pour répondre à de grands besoins dans des circonstances calamiteuses.

Dans tous ces cas, les communes devront l'appeler à leur secours, c'est l'avis de presque tous les Conseils généraux.

205. Même dans les cas de nécessité, on devrait, sinon par des raisons légales, du moins par des raisons d'équité, réserver, autant que possible, aux agglomérations qui les ont acquis ou en ont été gratifiées, les droits de pâturage, d'affouage, d'usage sur les propriétés de particuliers.

Les communaux qui ne doivent pas être amodiés, ou parce qu'ils ont reçu une destination qu'il n'est pas encore permis de changer, ou parce que leur situation les rend indispensables à certaines habitations, ne devront pas non plus, sans de graves motifs, être aliénés.

Tous les autres biens sont susceptibles d'être vendus.

206. L'aliénation se fait dans d'excellentes conditions, dans les contrées où l'agriculture est en progrès, au moyen d'adjudications publiques qui stimulent la concurrence et préviennent les fraudes. C'est ainsi qu'elle se réalise dans l'Oise, dans les Côtes-du-Nord, dans le Limousin et ailleurs, et que les

Conseils généraux demandent qu'elle ait lieu. Le meilleur moyen de mettre les biens communaux en valeur, a dit le Conseil de la Gironde, est de les vendre, en faveur des communes, aux enchères, sur des mises à prix déterminées à l'avance, après une publicité sérieuse et réelle, suivant leur véritable valeur, dans les termes de la loi du 18 juillet 1837. Partout, du reste, les délibérations des Conseils généraux en font foi, les aliénations se font suivant la valeur réelle.

207. Un Conseil général, celui de Haute-Vienne, repousse formellement les aliénations en proposant des partages gratuits; trois autres les écartent aussi en réclamant des partages à vil prix. Ce sont ces mêmes Conseils généraux qui ne croient pas à la possibilité des locations. En combattant ainsi ce double moyen, les ventes et les amodiations, de tirer parti des biens communaux, ils refusent de suivre l'Empereur et son Gouvernement dans les voies de progrès qu'ils ont ouvertes par les lois de 1857 et de 1860, et que tracent chaque jour les grands travaux qui s'accomplissent dans tout l'Empire; ils feront même obstacle à l'achèvement du réseau des chemins vicinaux pourtant si nécessaires à leurs mandants.

208. Qu'ils lisent donc les délibérations prises notamment dans la Haute-Savoie, dans les Basses-Pyrénées, dans Saône-et-Loire, dans la Haute-Savoie, dans la Gironde, dans la Somme, dans les Landes, dans la Haute-Saône, dans le Cher, dans les Deux-Sèvres, dans la Drôme, dans la Marne, dans le Rhône, dans l'Hérault, dans la Seine-Inférieure, dans les Vosges, dans la Nièvre, dans l'Indre, dans le Gers et dans la Dordogne, ils verront que, dans tous ces départements, on vend des propriétés communales, même des bois soumis au régime forestier et jusqu'à des coupes affouagères, pour combler les déficits des caisses municipales et pour faire des travaux d'utilité publique.

Qu'ils se rendent aussi compte de ce qui se passe dans les Landes et dans la Gironde, ils verront encore que, pendant les huit dernières années qui viennent de s'écouler, on a réalisé des millions, avec lesquels on a amélioré des biens considérables qui ont été conservés en vue d'assurer d'importants revenus aux communes, et avec lesquels encore on a élevé de nombreux édifices, des églises surtout, et ces magnifiques clochers que les populations aiment et admirent, et qui conserveront à perpétuité le souvenir des inépuisables bontés et de l'infatigable dévouement du cardinal Donnet, sous la haute et généreuse influence duquel ils ont été dressés à l'envie par des mains reconnaissantes.

Est-ce que dans la plupart des communes de toutes les contrées des aliénations importantes ne se font pas tous les jours au profit des municipalités? On en trouve la preuve dans les constatations et dans les votes des Conseils généraux. Est-ce que les nouvelles ventes ne se sont pas faites et ne continuent pas à se faire dans de meilleures conditions que les précédentes? L'affirmative résulte de l'élévation des nouveaux prix comparés aux anciens; et est-ce qu'avec les ressources que ces ventes apportent, les communes, outre les améliorations qu'elles réalisent, ne pourvoient pas mieux aux services municipaux? La satisfaction que les populations éprouvent et manifestent l'affirme de la manière la plus éclatante.

Que les Conseils généraux retardataires imitent donc les exemples qui leur sont donnés dans plus de quatre-vingts départements, ils comprendront que les communes, les hommes qui les habitent, les édifices publics qu'elles renferment et surtout les maisons de Dieu trouveront leur compte dans les aliénations, et ils se hâteront, eux aussi, de les encourager.

ARTICLE 2.

Partages gratuits prohibés.

209. Le partage en nature rendrait, il est vrai, à l'agriculture, des biens qu'elle réclame ; mais il n'est plus dans l'esprit de nos institutions ; il ne produirait aucun avantage pour les communes.

210. Sous l'ancien droit, il n'était autorisé qu'exceptionnellement, il aurait été un moyen d'aliéner les biens communaux, et leur aliénation était défendue.

211. C'est la loi du 12 août 1792 qui, la première, décréta le partage gratuit des biens communaux entre les habitants de chaque commune.

Celle du 10 juin 1793 est venue ensuite régler le mode et les effets de ce partage.

212. Mais bientôt, le 9 juin 1796, les législateurs, « considérant qu'il était instant d'arrêter les funestes effets de ces » lois, » en suspendirent provisoirement l'exécution.

Une autre loi du 9 ventôse an XII, confirmative de la précédente, disait que tous les biens qui n'avaient point fait l'objet de partages réguliers rentreraient dans les mains des communautés d'habitants.

On peut donc déjà affirmer que le droit de partager les communaux n'a existé que dans les dernières années du XVIIIᵉ siècle.

La preuve qu'il avait disparu avec la tourmente révolutionnaire est encore écrite dans un décret du 9 brumaire an VIII. Il porte que « les communes qui n'avaient pas profité du béné-

» fice de la loi de 1793, et avaient conservé leur mode de jouis-
» sance, continueront à jouir de leurs biens de la même ma-
» nière, et que ce mode ne pourra être changé que par une
» décision souveraine. »

Une ordonnance du 7 octobre 1818, conséquente avec toutes
les prohibitions prononcées contre les partages, venait même
ajouter que les biens restés en jouissance commune, et que les
Conseils municipaux ne jugeaient pas nécessaire à la dépaissance des troupeaux, pourraient être affermés sans qu'il soit
besoin de recourir à l'autorisation du Gouvernement, lorsque
la durée des baux n'excèderait pas neuf années.

213. Aussi, M. le Ministre du commerce et des travaux
publics, bien pénétré de l'esprit de toutes ces dispositions législatives, n'hésitait-il pas à écrire dans une circulaire du 6 août
1834 « que le droit de partage accordé par la loi de 1793 avait
» été une des atteintes les plus graves qui aient été portées à
» la propriété communale. »

M. le Garde de sceaux se montrait encore plus explicite dans un
rapport qu'il faisait au roi le 8 mai 1835. « La loi du 10 juin 1793,
» affirmait-il, qui permettait le partage gratuit des communaux,
» a été abrogée par celles postérieures sur la matière. »

214. La loi du 18 juillet 1837 sur l'organisation municipale
porte, dans son article 17, que les Conseils municipaux règle-
ront, par leurs délibérations, le mode d'administration des
biens communaux, les conditions des baux dont la durée
n'excèdera pas dix-huit ans pour les biens ruraux et neuf ans
pour les autres, le mode de jouissance et la répartition des pâturages et fruits naturels autres que les bois; et, dans son
article 19, que ces mêmes Conseils délibèreront au sujet des
tarifs et règlements de perception de tous les revenus communaux, des acquisitions, aliénations et échanges de propriétés
communales, du partage des biens indivis entre deux ou plu-

sieurs communes ou sections de communes, des conditions des baux de longue durée et de tout ce qui intéresse la conservation et l'amélioration des biens communaux.

Aujourd'hui, les Conseils municipaux peuvent même régler les conditions des baux à loyer n'excédant pas dix-huit ans.

Mais la loi de 1837 ne dit rien à l'égard des partages individuels entre les habitants d'une même commune ou d'une même section. Si elle n'avait pas considéré que la législation de 1793 avait fait son temps, elle s'y serait reportée, ou elle aurait expliqué comment les partages auraient dû se faire ; elle aurait d'autant moins négligé de les autoriser que deux fois, une première en 1833 et une deuxième en 1834, la Chambre des Députés avait, sur la proposition de sa commission, introduit dans le projet de loi un article les permettant et faisant même connaître la marche qu'on devrait suivre pour les opérer, et que depuis, à la veille du vote de la même Chambre, M. Legrand, député de la Creuse, avait encore demandé d'ajouter dans l'article 19 aux matières sur lesquelles le Conseil municipal pouvait délibérer « le partage facultatif des terres vaines et vagues » et autres fonds susceptibles d'être partagés. »

Le Gouvernement n'avait pas admis ces amendements; M. le Ministre de l'intérieur les a combattus et les deux Chambres les ont rejetés.

Le silence de la loi de 1837 signifie donc bien clairement que les partages ont été à jamais proscrits. C'est le sens logique qu'on doit en tirer en présence de l'interdiction prononcée par la loi du 9 juin 1796; des paroles qui viennent d'être rapportées du Ministre des travaux publics, du commerce et de l'agriculture; du langage du Garde des sceaux; de l'attitude du Gouvernement et du Ministre de l'intérieur devant la Chambre des Députés et surtout des votes réitérés des deux Assemblées législatives.

215. Un avis du Conseil d'État du 28 février 1838 admet

aussi que la loi de 1793 est tombée en désuétude, ou a été abrogée, en établissant qu'on ne peut plus, suivant la loi de 1837, disposer des biens communaux que par la vente, l'affectation à un service public, la jouissance en commun et le bail à ferme ou à loyer.

Dans un nouveau compte-rendu, M. le Garde des sceaux répétait, en 1844, « que le partage restait interdit. »

La même année, le 26 avril, le Conseil d'Etat disait, dans l'un de ses arrêts, « qu'aux termes des lois en vigueur, il ne » pouvait plus y avoir lieu à partager des biens communaux. »

216. Enfin, le décret de décentralisation de 1852 est venu compléter la série des lois qui ont repoussé le partage en autorisant l'amodiation et même la vente dans les cas où elles seraient nécessaires.

En 1860, lors de la discussion de la loi sur la mise en valeur des biens communaux, la pensée d'y introduire une disposition autorisant le partage facultatif de ces biens s'était encore produite; mais le Conseil d'Etat, par M. Baroche son président, a répondu à ses partisans : « La question de partage » des communaux n'est ni dans le projet de loi, ni dans l'es- » prit de ce projet. La loi, c'est la mise en valeur des biens » communaux, en respectant leur existence; le partage, c'est » leur suppression; le partage n'est donc pas dans la loi. »

Sur ces explications, les amendements qui avaient été proposés ont été retirés et la Chambre n'a pas eu à s'en occuper.

La loi de 1867 est restée muette à l'égard des partages; elle est par conséquent conçue dans l'esprit de la législation en vigueur.

Le partage gratuit n'est donc plus dans nos lois depuis bientôt trois quarts de siècle.

217. Il serait contraire à la destination des biens qu'il aurait pour objet; il les ferait passer, contre le vœu des générations qui ne sont plus, au préjudice de celles qui ne sont pas encore, entre les mains d'individus qui n'en sont que les dépositaires. Avec son domaine, qui était aussi permanent qu'elle, la commune a traversé de nombreux siècles; elle en franchira encore de plus nombreux, et ce serait après les enseignements que nous ont donnés les lois de 1792, 1793, et celles qui les ont presque immédiatement abrogées, que nous la dépouillerions de ses derniers biens? Non, il ne sera pas dit que la population actuelle, guidée comme elle l'est par un Gouvernement sage, sera moins honnête que celles qui l'ont précédé; elle rendra à l'avenir tous les biens que le passé lui a légués.

Pourquoi attribuerait-on ces biens plutôt aux habitants qui composent la commune à une époque donnée, qu'à ceux qui leur succéderont? Serait-ce pour améliorer le sort des pauvres? Mais il y en aura toujours. Parmi ceux actuels, bien peu sauraient profiter de l'avantage passager qui leur serait fait, et bientôt les communaux seraient sortis de leurs mains. Mieux vaut, dans leur intérêt, les conserver. Ou ils leur donneront, dans de sages proportions, la facilité d'élever quelques bestiaux pour fertiliser leurs champs et se procurer de l'aisance, ou ils permettront à la commune, par les revenus qu'elle en tirera, de venir à leur secours, soit dans leur domicile, soit dans des établissements de bienfaisance.

Que de reproches pourraient faire les pauvres d'une autre époque à la génération actuelle si, par un sentiment purement égoïste, qu'on peut même appeler antichrétien, elle les dépouillait d'une ressource qui devait leur appartenir aussi! Ce n'a donc été que dans un temps d'anarchie, et pour satisfaire à des exigences d'un moment, que le partage des communaux a été décrété; mais le bon sens public et les législateurs en ont fait prompte justice.

Des réunions d'habitants ont même rendu à la commune les lots qui leur étaient échus.

218. Le Gouvernement, d'accord avec les vieux et les nouveaux principes, sans se préoccuper de la législation temporaire de 1793, a repoussé tous les partages gratuits qui lui ont été soumis.

219. Les Conseils généraux eux-mêmes, consultés sur le meilleur emploi à faire des communaux, se sont presque tous prononcés pour l'amodiation. Quatre seulement ont été d'avis de la division, en d'autres termes du partage qui, de leur aveu, ne saurait plus se faire qu'en vertu d'une nouvelle loi qu'ils ont réclamée.

Le partage gratuit est donc tombé dans l'opinion publique, comme il est disparu de nos Codes. Il n'a d'ailleurs été réclamé que par un seul Conseil général. Tous les autres le repoussent avec nous.

Nous n'en parlerons plus.

ARTICLE 3.

Aliénations au moyen de partages à titre onéreux, les seuls qui sont encore autorisés.

220. Mais il est un autre partage que nous ne repoussons pas d'une manière absolue, c'est celui qui serait fait, moyennant la valeur réelle des terrains ou même moyennant des prix modérés, suivant que les besoins de la commune seraient plus ou moins grands, et selon encore que les villages ou les sections auraient des prétentions et même des droits, plus ou moins apparents ou plus ou moins justifiés, sur la propriété des biens qui seraient ainsi aliénés. Un partage à titre onéreux est une véritable vente et peut être fait, dans certains cas exceptionnels, surtout dans les contrées où les adjudications et les locations ne réussiraient pas.

221. C'est ainsi que s'est prononcé le Conseil d'Etat le 16 mars 1838. Les Conseils municipaux des communes de Hoguette et Vignats (Calvados) et de Lauraguel (Aude), avaient voté le partage, entre les habitants chefs de ménage desdites communes, de divers terrains communaux, à la charge par chacun des copartageants de payer le prix principal de son lot, suivant une estimation qui en avait été faite, dans des délais fixés, de servir les intérêts légaux de ce prix jusqu'à complète libération et de se soumettre aux autres conditions déterminées par les délibérations respectives de ces Conseils. Ces résolutions des municipalités ont été soumises aux membres du Conseil d'Etat composant le comité de l'intérieur et ces membres :

« Vu la loi du 10 juin 1793, celle du 21 prairial an IV, le dé-
» cret du 9 brumaire an VIII, et la loi du 18 juillet 1837, sur
» l'administration municipale;

» Vu l'avis du Conseil d'Etat du 21 janvier 1838;

» Considérant qu'aux termes des lois en vigueur et depuis
» celle du 21 prairial an IV, il ne peut plus y avoir lieu à par-
» tage de biens communaux.

» Qu'en effet, d'après les principes posés par ces lois, la pro-
» priété des biens communaux, sans distinction de ceux qui
» sont mis en jouissance commune, ne peut être considérée
» comme résidant sur la tête de chaque habitant et comme
» susceptible de se diviser entre eux, mais que ces biens cons-
» tituent, quelles que soient leur nature et leur origine, la
» propriété indivisible du corps de commune;

» Considérant qu'il n'existe que quatre manières de disposer
» de cette propriété, soit quant au fond, soit quant à son af-
» fectation et à ses produits, savoir :

» 1° L'aliénation par voie de vente ou d'échange, réglée par
» l'article 19, § 3, et par l'article 46 de la loi du 18 juillet 1837;

» 2° L'affectation à un service public dans la forme prescrite
» par l'article 19, § 3, de la même loi ;

» 3° La jouissance en commun, à laquelle se rapportent l'ar-
» ticle 105 du Code forestier et l'article 17, § 3, etc... de la loi
» du 18 juillet 1837 ;

» 4° Enfin, le bail à ferme ou à loyer dont parlent les arti-
» cles 17, § 2 et 19, § 8 de cette dernière loi ;

» Qu'il résulte de ce qui précède que les propositions des
» Conseils municipaux des communes sus-indiquées ne sont
» pas susceptibles d'être autorisées sous forme de partage ;

» Mais, en même temps, considérant que l'intention évi-
» dente de ces Conseils municipaux a été d'aliéner à toujours
» la propriété des terrains communaux dont il s'agit, moyen-
» nant un prix basé sur une estimation régulière desdits ter-
» rains, et au profit d'acquéreurs, entre les mains desquels
» cette propriété deviendrait à l'instant même aliénable et dis-
» ponible ;

» Considérant que dès lors les dispositions délibérées par les
» Conseils municipaux de la Haguette, de Vignats et de Lau-
» raguel présentent tous les caractères de véritables ventes et
» paraissent susceptibles d'être autorisées sous cette forme,
» si d'ailleurs elles offrent à ces communes des avantages qui
» puissent justifier une dispense de la formalité des enchères ;

» Considérant, sous ce rapport, que les terrains dont l'alié-
» nation est proposée ont peu de valeur proportionnellement à
» leur étendue ; que dans l'état actuel, les communes n'en
» tirent aucun produit ; que le défrichement et la mise en va-
» leur de ces terrains ne peuvent s'opérer promptement qu'au-
» tant qu'ils seront divisés en un grand nombre de lots ; que ces
» ventes amiables et multipliées qui peuvent s'étendre à tous
» les chefs de famille, bien qu'aucun d'eux ne doive être
» considéré comme ayant un droit quelconque à les obtenir,
» ont l'avantage de faire participer au bien-être résultant de
» l'accroissement de la somme de propriétés particulières,

» chacun de ceux qui profitent personnellement de la jouis-
» sance commune;

» Considérant, d'autre part, qu'il résulte des renseignements
» donnés par l'administration des contributions directes, que le
» prix d'estimation fixé par les experts n'est pas éloigné de la
» valeur réelle des terrains dont l'aliénation est demandée;

» Que le délai accordé par chaque commune pour le rem-
» boursement du prix principal des lots ne paraît pas excessif,
» et que, en attendant, l'intérêt de ce prix devra être payé au
» taux légal;

» Considérant, enfin, qu'à l'égard des lots dont l'aliénation
» ne pourrait avoir lieu, conformément aux vues indiquées par
» les Conseils municipaux, au profit des acquéreurs dénom-
» més dans les délibérations, il importe de rentrer dans l'appli-
» cation des règles générales qui prescrivent la mise aux en-
» chères des biens communaux à vendre,

« Ont été d'avis :

» 1° Que les propositions contenues dans les délibérations
» des Conseils municipaux des communes sus-indiquées ne
» peuvent être autorisées comme partages de biens commu-
» naux;

» 1° Qu'elles sont susceptibles d'être autorisées sous forme de
» ventes faites amiablement à plusieurs dans les termes indi-
» qués par le projet d'ordonnance ci-joint;

» 3° Que les lots à l'égard desquels les ventes amiables ne
» pourraient pas avoir leur effet doivent être mis aux enchè-
» res publiques sur une mise à prix égale à l'estimation;

» 4° Que le prix capital de ces ventes devra être employé en
» achat de rentes sur l'Etat, au nom des communes intéres-
» sées. »

Sur cet avis, est intervenue, ledit jour 16 mars 1838, une
ordonnance royale qui en a admis les motifs et les conclu-
sions.

Un autre avis du Conseil d'Etat du 24 avril 1844 a encore

posé en principe que, aux termes des lois en vigueur et depuis la loi du 21 prairial an IV, il ne peut plus y avoir lieu au partage des biens communaux.

Ainsi, en même temps, le Conseil d'Etat, d'accord avec la loi, repousse les partages gratuits et admet exceptionnellement les partages à titre onéreux, lorsqu'ils offrent aux communes des avantages qui puissent justifier la dispense de l'application de la règle générale qui prescrit la mise aux enchères et lorsqu'ils ont, par conséquent, tous les caractères de véritables ventes.

Les aliénations, sous la forme de partages, moins avantageuses, sans doute, que celles faites à la chaleur des enchères publiques, ne sont donc pas absolument impossibles ; il ne faut pas plus les repousser que les allotissements de jouissance, lorsqu'elles pourront changer l'état économique des lieux où on les fera et qu'elles pourront enrichir encore les communes, les habitants et l'Etat.

222. Mais jamais on ne devra, par un partage entre les habitants, céder des biens communaux, pour rien, comme le demande le Conseil général de la Haute-Vienne, ou pour un vingtième, ou un dixième, ou un quart, ou un tiers de leur valeur, comme ont cru pouvoir le demander trois ou quatre autres Conseils de département. Ainsi, en effet, que le simple bon sens le dit, que la commission du Conseil de la Gironde et ce Conseil lui-même ont eu le courage de l'exprimer et que l'ont déclaré ou fait comprendre le Conseil général de la Seine-Inférieure et presque tous les autres Conseils, aliéner ainsi les biens communaux, serait spolier les communes en tout ou en partie. Ce serait aussi dépouiller l'avenir en faveur du présent. Une loi qui statuerait dans ce sens, c'est-à-dire une loi qui permettrait des cessions gratuites ou à vils prix, serait en opposition avec les sages et magnifiques principes du Code civil, au titre de la vente et au titre des partages; elle froisserait même les

sentiments de justice et de patriotisme de notre époque de civilisation ; elle serait frappée encore plus rapidement de la répro-
bation publique que la loi, de triste mémoire, du 12 août 1792.

§ V.

Transformation des biens communaux en terres arables, en bois, en prairies, en prairies-bois, par les moyens déjà connus et par tous autres qui
seront possibles, notamment selon les lois de 1860.

223. Ce qu'on peut encore faire, c'est, lorsque des biens communaux sont en marais humides, ou dans d'autres conditions
qui font obstacle à leur mise en culture, de les transformer
notamment en terres arables, pour ensuite en tirer parti par
l'un des moyens qui viennent d'être indiqués ou par d'autres, si
d'autres sont préférables.

224. Les lois du 28 juillet 1860 autorisent, on peut même
dire, prescrivent cette transformation.

La première, relative à la mise en valeur des marais et des
terres incultes, porte en substance :

Qu'on devra dessécher, assainir, rendre propres à la culture
ou planter en bois les marais et les terres incultes ;

Que lorsque le Préfet estimera qu'il y a lieu d'appliquer ces
dispositions à des propriétés communales, il invitera le Conseil
municipal à délibérer 1° sur la partie des biens à laisser à l'état
de jouissance commune; 2° sur le mode de mise en valeur du
surplus; 3° sur la question de savoir si la commune ou la section propriétaire entend pourvoir par elle-même à cette mise
en valeur ;

Qu'en cas de refus ou d'abstention par le Conseil municipal,
comme en cas d'inexécution de la délibération par lui prise, un

décret impérial déclarera, après avis du Conseil général, l'utilité des travaux d'améliorations et en règlera le mode d'exécution ;

Que ces travaux seront exécutés aux frais de la commune
ou des sections propriétaires ;

Que si les sommes nécessaires à ces dépenses ne sont pas
fournies par les communes, elles seront avancées par l'État,
qui se remboursera de ses avances, en principal et intérêts,
au moyen de la vente publique d'une partie des biens améliorés ;

Que les communes pourront s'exonérer de toute répétition
de la part de l'État, en faisant l'abandon de la moitié des terrains mis en valeur;

Et que les propriétés à améliorer pourront même être mises
à ferme d'office aux enchères publiques, sans toutefois que les
locations puissent excéder vingt-sept ans, à la charge par
l'adjudicataire d'opérer la mise en valeur.

La seconde de ces lois prescrit, dans des conditions qu'elle
indique et qui ont quelque analogie avec celles qui viennent
d'être rapportées, le reboisement des terrains situés sur le
sommet ou sur la pente des montagnes, et autorise le Gouvernement à venir en aide aux communes, aux établissements
publics et aux particuliers qui feront des reboisements, par
des subventions proportionnées à leurs besoins, à l'utilité des
travaux qu'ils exécuteront et aux sommes qui seront accordées par les Conseils généraux.

Un décret du 27 avril 1861 complète cette dernière loi par
des dispositions réglementaires, et admet les reboisements
facultatifs et les encourage aussi par des subventions.

225. On comprend l'importance de cette nouvelle législation; elle était dans la pensée de Napoléon Ier, ainsi que le
révèlent les mémorables paroles qu'il a prononcées dans une
séance du Conseil d'État; mais trop occupé par la magnifique

organisation qu'il donnait à la France et par les grands événements militaires de son glorieux règne, il n'a pu la réaliser. L'insigne honneur d'en doter la France ne pouvait revenir et ne revient, en effet, qu'à Napoléon III. Son génie ne sait pas seulement calmer nos esprits trop disposés à la controverse, nous rapprocher dans un même sentiment d'amour du bien public et conduire nos soldats à la victoire dans de lointaines contrées, partout où il y a quelque chose d'utile à faire et à résoudre. Il sait aussi descendre, au profit des populations des campagnes, qu'il aime autant que celles des villes, à de pacifiques mesures économiques et les faire mettre en pratique, d'abord par des exemples, ensuite et surtout par les lois de 1860, et enfin par des instructions qui en facilitent l'application.

Les lois nouvelles que sa ferme volonté vient de faire introduire dans nos Codes municipaux auront des avantages incalculables. Elles feront féconder, au profit de tous, au profit des caisses des communes et au profit de l'État, près de trois millions d'hectares de terrains insalubres ou au moins infertiles.

226. Déjà les communes, ainsi poussées vers le progrès et l'aisance, sont à l'œuvre.

Les Préfets actuels, mieux guidés et plus forts que leurs prédécesseurs, obtiennent, tant par la sagesse de leurs exhortations que par les nouveaux pouvoirs qui leur sont donnés, de magnifiques résultats, au moyen de locations, d'aliénations, de reboisements et d'autres améliorations.

Les Conseils généraux, moins quelques-uns, sont entrés dans la même voie. Ceux de la Somme, de l'Hérault, du Haut-Rhin, de l'Ain, des Pyrénées-Orientales, de la Marne, de la Charente, du Doubs, de l'Oise, des Vosges, de la Haute-Savoie, et d'autres ont même, ainsi que l'attestent leurs délibérations, recours aux moyens qui peuvent être employés pour parvenir, soit avec l'action des communes, soit sans leur concours, et même malgré leur résistance, à la mise en culture de leurs biens.

Partout les travaux d'amélioration sont à l'ordre du jour; que toutes les communes, par le concours simultané des parties intéressées, des départements et de l'État, mettent donc en valeur les marais qui ont besoin d'être desséchés, les landes et autres propriétés dans lesquelles des fossés d'assèchement ou des tranchées d'irrigation ou d'autres travaux importants sont nécessaires, et les montagnes qui sont susceptibles d'être boisées. Elles devront surtout mettre en prairies naturelles ou en bois les propriétés qui seront reconnues appartenir aux sections. Ce sera le moyen d'assurer ainsi, temporairement au moins, à ces fractions de commune les fruits en nature que les lois combinées de 1837 et de 1860 leur ont conservés; mais tel mode de transformation qui serait bon dans des pays sans ressource, ou pour des terrains insalubres et inhabités, ne saurait être appliqué à des biens disséminés dans tout le territoire communal, ni même à d'autres communaux réunis sur un même point qui seraient recherchés par l'agriculture, à moins qu'ils n'appartiennent à des sections de communes et qu'il soit possible de leur faire produire des fruits naturels. Ce sera aux Conseils municipaux ou, à leur défaut, aux Préfets, à choisir les meilleurs modes de culture. Ils le feront nécessairement pour le plus grand bien-être des populations.

Mais il importe de constater, et nous le ferons avec une véritable satisfaction, que désormais l'Autorité administrative supérieure est armée contre la négligence ou l'insouciance et même contre le mauvais vouloir des municipalités. Aussi avons-nous déjà vu, dans la Somme et dans quelques autres départements, des projets d'amélioration dressés d'office et approuvés, malgré les Conseils municipaux. Espérons que ces exemples empêcheront d'autres résistances de se produire.

Le Conseil général de la Haute-Vienne trouve, il est vrai,

que la mise en valeur des communaux, selon les lois de 1860,
viendra fatalement se heurter contre les difficultés résultant
de la constitution incomplète et insuffisante des sections dont
il voudrait sans doute faire des communes dans les communes
auxquelles elles appartiennent; mais, d'une part, on pourra,
dans beaucoup de circonstances, faire produire aux biens améliorés des sections des fruits en nature ; et d'autre part, ainsi
que nous l'établirons ultérieurement, les fruits civils, même
des biens sectionnaires, entreront, suivant les prescriptions de
la loi, dans la caisse municipale, pour le plus grand avantage
de l'association entière, et par conséquent des sections dont
les besoins pourront être satisfaits. Aucune difficulté, pas plus
dans la Haute-Vienne qu'ailleurs, ne pourra donc s'opposer à
l'amélioration des communaux de toute origine par des travaux de dessèchements ou autres.

§ VI.

Conservation de quelques terrains en pacage dans les contrées pastorales et dans
d'autres, dans l'intérêt tout à la fois de l'agriculture et de l'élève du bétail.

227. Enfin, on pourra, on devra même, selon les vœux de
quelques Conseils généraux et suivant la diversité des besoins
qui se feront sentir, conserver, dans les contrées pastorales surtout, des terrains en pacages, dans l'intérêt de l'agriculture et
de l'élève du bétail; mais on ne devra le faire que dans de sages
proportions, et encore devra-t-on successivement réduire le
plus possible les pâturages et augmenter ainsi les terres arables. Tout le monde gagnera à cette transformation progres-
sive. Il n'est plus contesté, en effet, que la jouissance en com-

mun ne soit le mode le plus contraire à toute espèce d'amélioration. On devra encore, comme nous l'avons déjà expliqué,
établir sur les animaux qui seront conduits sur les terres laissées en pacage des taxes de pâturage. On facilitera ainsi, sans
exciter de jalousie entre les habitants des divers villages ou
sections de la même commune, l'amodiation et la vente des
biens qui seront, immédiatement ou dans l'avenir, soustraits
à la jouissance en commun, et tous les communaux, selon que
le veulent la raison et les besoins des associations municipales,
produiront des revenus.

§ VII.

**Dans tous les cas, de quelque manière que les biens communaux soient utilisés,
on doit respecter le grand et salutaire principe de l'unité communale.**

228. Quel que soit le régime qui sera adopté, qu'on se montre aussi favorable que possible aux villages et aux sections,
en faisant produire des fruits naturels aux biens dont ils
seraient propriétaires, ou qu'on afferme ou qu'on aliène ces
biens, on devra, dans tous les cas, respecter le principe de
l'unité communale et les pouvoirs qui l'affirment des municipalités, de disposer des biens communaux et de leurs produits
en argent. Sans unité et sans la puissance qui en découle pour
son Gouvernement, la commune serait divisée et troublée dans
son existence. Ce sont ses biens, leur gestion, les avantages
qu'ils lui procurent et l'unité de la fortune mobilière qui assurent sa vie et l'animent. Si elle en était privée, elle ne serait
plus qu'un corps sans âme. Elle seule devra donc, par ses représentants, proposer le mode de mise en valeur qui satisfera le
mieux ses intérêts et les intérêts des villages et des habitants;
elle le choisira, en prenant conseil de l'état de l'agriculture, de

l'esprit plus ou moins progressif des populations et de sa situation financière ; et seule, en conséquence de l'unité qui fait sa
force, elle profitera des prix de fermes et de ventes. Déjà beaucoup de Conseils municipaux usent de l'initiative qui leur
appartient et de leur droit de disposer des biens communaux
avec une grande sagesse, ainsi que le prouvent les locations,
les aliénations et les améliorations qui se font dans la Haute-
Vienne, dans la Gironde, dans les Côtes-du-Nord, dans les
Landes et dans beaucoup d'autres départements; mais si, dans
quelques localités, on devait les stimuler, l'Autorité supérieure
ne manquerait pas de le faire et toujours par les bienveillants
avis, les sages exhortations et le tact qui lui sont propres, et
au besoin avec les pouvoirs qu'elle tient de la loi de 1860, elle
préparera et fera facilement prévaloir le système qui sera le
meilleur. N'obtient-elle pas tous les jours des sacrifices facultatifs des communes? Elle réussira, à plus forte raison, lorsqu'avec son amour du bien public elle proposera la fertilité de
terrains abandonnés et de maigres pâturages, en d'autres termes des revenus et par conséquent de nouvelles sources de
travail et de richesse, c'est-à-dire le progrès.

§ VIII.

La loi de 1837, permettant tous les moyens de mise en valeur des biens communaux, suffit à tous les besoins, surtout depuis les lois de 1860, et doit, par
conséquent, être maintenue.

229. Quelques Conseils généraux ont demandé leur intervention et celle des Conseils d'arrondissement, ou celle
de commissions syndicales, ou encore celle des Conseils
de Préfecture, notamment dans les aliénations, sous forme
de partage. Ces nouvelles autorités, si elles pouvaient exis-

ter, décideraient d'importantes questions. Ainsi, elles fixe-
raient les prix qui pourraient être réclamés et le mode de paiement, ou donneraient leur avis sur l'importance de ces prix.
Une pareille immixtion dans les affaires des communes, toute
paternelle qu'elle pourrait être, ne produirait pas assurément
le bien qu'en attendent les Conseils qui la sollicitent; elle ne
ferait qu'ajouter un rouage à ceux existants; elle compliquerait
une administration déjà difficile; elle retarderait souvent l'approbation de bonnes et urgentes mesures, et pourrait parfois
nécessiter l'examen de la situation financière de la commune,
en d'autres termes de ses besoins, pour savoir à quels chiffres
il conviendrait de porter les prix de ventes; elle porterait
nécessairement une atteinte aux prérogatives des municipalités, en les exposant à produire leurs budgets ou au moins
à faire connaître leurs ressources, pour justifier les projets
qu'elles formeraient et les prix qui seraient nécessaires pour les
réaliser; elles livreraient ainsi, dans certaines circonstances,
pour arriver à des résultats souvent fâcheux, leurs actes, les
approbations qu'ils auraient reçus, et dans beaucoup de cas
jusqu'à leur administration, à des discussions et à des criti-
ques qui auraient l'inconvénient d'affaiblir et quelquefois de
déconsidérer l'autorité administrative.

Les nouveaux tuteurs qui seraient donnés aux communes
ne pourraient d'ailleurs prendre que des mesures générales,
lorsque la gestion et la disposition des biens communaux doivent avoir lieu de manières différentes, selon les cas et suivant des besoins qu'ils ne connaîtraient jamais parfaitement;
ils n'auraient pas l'entière responsabilité de leurs actes, et
certains Conseils municipaux timorés se déchargeraient sur
eux de celle qui leur incombe.

Il importe donc de laisser aux représentants des communes,
sous le seul contrôle du Préfet, le soin de régir les biens communaux; de laisser à l'état de places et de pâturages ceux de
ces biens qui doivent être ainsi utiles à des propriétés qu'ils

avoisineraient ou à l'agriculture ; de décider les améliorations, les locations et les aliénations, par les moyens qu'ils préféreront et de fixer eux-mêmes, avec le seul concours de l'Administration supérieure, les prix de fermes et de ventes, selon que les circonstances, dont ils sont les meilleurs appréciateurs et les seuls bons juges, leur diront de le faire.

L'intervention des Conseils électifs, ou de commissions , ou des Conseils de Préfecture, dans les questions de locations, ou d'aliénations, ou d'améliorations des biens communaux, ne peut se justifier que dans les cas exceptionnels où il s'agit de réclamer du Gouvernement une déclaration d'utilité publique de grands travaux. Ainsi les lois de 1860, sur la mise en valeur des terrains incultes et sur le reboisement des terrains situés sur le sommet ou la pente des montagnes, prévoient les cas où des communes se refuseraient à assainir des marais ou à planter des montagnes et où, après avoir proposé de faire ou consenti à faire ces utiles améliorations, elles s'abstiendraient ou refuseraient même de les exécuter.

On comprend que dans de pareilles circonstances, le Gouvernement tienne à s'appuyer sur l'avis des Conseils d'arrondissement et de département. D'ailleurs, ces lois appellent les Conseils généraux à prêter appui aux communes par des subventions, et tous ces Conseils en accordent, dans la proportion des besoins qui se font sentir, de l'utilité des travaux et des secours qui sont accordés par le Gouvernement. Dans ces conditions complètement étrangères à l'administration municipale ordinaire, en d'autres termes à des fixations de prix d'immeubles qui peuvent souvent varier, suivant les circonstances, le concours généreux et bienfaisant des Conseils électifs ne peut être qu'utile ; mais que dans les cas d'aliénation, sous forme de partage, ou dans tous les cas de vente, sous d'autres formes, en vue de constructions ou de fondations d'établissements, d'autres corps délibérants que les Conseils municipaux soient nécessaires, nous ne pouvons l'admettre. Les communes auraient à en souffrir dans leurs intérêts et dans la dignité de leurs représentants légaux.

§ IX.

Formalités à observer pour réaliser les locations et les aliénations et pour améliorer et transformer les biens communaux par tous les moyens déjà indiqués ou par tous autres.

230. Les formalités à remplir pour parvenir, soit à l'amodiation des propriétés communales par adjudications et par contrats amiables, ou par allotissements de jouissance, ou par attribution de lots, ou par l'établissement de taxes, soit à l'aliénation des mêmes biens, peuvent se résumer ainsi :

1º Le Conseil municipal doit tout d'abord décider la mise en ferme par l'un des moyens qui viennent d'être indiqués, ou l'aliénation ou la transformation des biens communaux, c'est-à-dire leur amélioration.

Si la délibération décide une location pour un temps n'excédant pas dix-huit ans, elle sera, suivant les dispositions combinées des articles 17 et 18 de la loi de 1837 et 1er de la loi de 1867, exécutoire après l'expiration de trente jours accordés au Préfet pour l'annuler, ou de deux mois, s'il en avait suspendu l'exécution.

Si la délibération autorise une amodiation dont la durée devrait excéder dix-huit ans, ou une aliénation, ou des travaux d'amélioration, elle ne sera exécutoire, selon les articles 19 et 20 de la loi de 1837, et selon les lois de 1860 et de 1867, qu'en vertu d'une approbation du Préfet, sauf les cas où l'approbation, par le Ministre compétent, ou par un décret, est prescrite par les lois ou par les règlements d'administration publique ;

2° Sur la demande du Conseil municipal ou du maire, le Préfet ou le Sous-Préfet nomme un expert pour estimer les immeubles à affermer ou à vendre. Selon les circonstances, l'expert fait connaître les revenus ou les prix qui peuvent être obtenus des locations ou des acquéreurs. Il dresse même un plan indiquant et déterminant d'une manière précise les immeubles que la commune veut affermer ou dont elle entend disposer. Il divise les terrains par lots, s'ils doivent être amodiés ou aliénés par portions;

3° Lorsque des biens sont susceptibles d'être améliorés et transformés, selon les lois de 1860, le Conseil municipal, spontanément ou sur l'invitation du Préfet, délibère sur le mode de mise en valeur qu'il trouvera le meilleur.

Si les biens qu'il s'agit d'améliorer appartiennent à une section de commune, une commission syndicale doit être consultée.

En cas d'abstention ou de refus du Conseil municipal d'utiliser les biens communaux, par des travaux d'amélioration, un décret impérial, après avis du Conseil général, déclarera les travaux d'utilité publique;

4° Une enquête de *commodo* et *incommodo* est ouverte sur le projet, soit de mise en ferme, soit d'aliénation, soit de travaux d'amélioration.

Les délibérations du Conseil municipal et les listes des ayants-droit à la jouissance, lorsqu'il s'agit de la fixation des cotisations ou taxes, où les actes de l'Autorité supérieure, selon les circonstances, sont portés à la connaissance des habitants. Ceux de ces habitants qui ont ou qui croient avoir intérêt à ce que les biens restent dans l'état où ils se trouvent et entre les mains de la commune, peuvent former des oppositions aux locations, ou aux aliénations, ou aux travaux projetés;

5° Après l'expertise et l'enquête, une nouvelle délibération est prise par le Conseil municipal pour approuver, s'il y a lieu, le travail de l'expert et pour fixer les mises à prix, soit de fermages, soit de ventes.

S'il s'agit de la fixation d'une redevance ou cotisation de

pâturage, le Conseil municipal la fait aux termes de l'article 44 de la loi de 1837; il confectionne sur les renseignements que lui donne le maire, ou qu'il s'est procurés, ou qui lui sont fournis par les demandes qui lui sont adressées, une liste des ayants-droit à la jouissance.

Si des réclamations ont été formées dans l'enquête contre les projets de la commune, soit par les habitants, soit par le commissaire enquêteur, le Conseil municipal les apprécie et les discute;

6° Sur la nouvelle délibération qui est prise, la location peut être réalisée, après le délai de trente jours, si elle ne doit pas durer plus de dix-huit ans. Si la location doit excéder cette limite ou s'il s'agit d'une aliénation, le Préfet l'autorise, s'il la trouve opportune et utile. Dans le cas de travaux d'amélioration et de transformation, ils sont autorisés ou prescrits par l'Autorité supérieure;

7° Dans le cas où les habitants, qui avaient formé des plaintes dans l'enquête, voudraient les reproduire, ils ne pourraient le faire que devant le Préfet ou devant le Ministre de l'intérieur. Ces nouvelles réclamations ne seraient recevables, c'est-à-dire susceptibles d'être examinées, que si elles étaient renouvelées avant la réalisation des locations ou des ventes, ainsi que l'ont décidé trois arrêts du Conseil d'État des 4 avril 1861, 1er février 1866 et 26 mai de la même année;

8° Lorsque toutes les formalités qui viennent d'être indiquées sont remplies, il peut être passé outre à la réalisation par adjudications ou par contrats amiables des locations, ou des aliénations, ou des améliorations;

9° Les locations excédant dix-huit ans et les aliénations, sous quelque forme qu'elles soient faites, doivent être soumises à l'approbation du Préfet, et elles ne sont valables qu'en vertu de son approbation.

Telles sont les principales et nécessaires formalités qui doivent précéder et suivre, selon les cas, les locations, les aliénations et les améliorations des biens communaux.

CHAPITRE VII.

DROITS DES COMMUNES AUX REVENUS DE TOUS LES BIENS COM-
MUNAUX, AUTRES QUE CEUX EN NATURE QUI SONT RÉSERVÉS
AUX SECTIONS, AUX PRIX DES BIENS ALIÉNÉS, AUX CAPITAUX
ET A TOUTE LA FORTUNE MOBILIÈRE.

§ Iᵉʳ. Les droits des communes, à tous les revenus en argent, aux prix de ventes, même des biens sectionnaires, à tous les capitaux, en un mot à toute la fortune mobilière, résulteraient de leur constitution et de leurs obligations, envers toutes les fractions qui les composent, lors même que les lois ne les leur au-raient pas expressément attribués. — § II. Il en était déjà ainsi dans les temps anciens et sous le droit romain. — § III. Sous la féodalité, les communes ont conservé leur territoire, leur organisation, leurs biens, leurs revenus et leur unité. — § IV. Les lois de la révolution de 1789 et du Consulat, et les tendan-ces de Napoléon Iᵉʳ ont maintenu les communes dans tous leurs droits aux fruits civils, aux capitaux et aux biens mobiliers de toute origine. — § V. Les mêmes droits des communes, à tous les produits en argent, ont été proclamés et observés sous la Restauration et sous le Gouvernement de 1830. — § VI. La loi de 1837 et les explications de ses auteurs ont encore mieux constaté les droits des communes, à l'exclusion des sections, à tous les revenus en argent et à tous les capitaux, même à ceux provenant des biens sectionnaires. — § VII. On ne pourrait d'ailleurs trouver une commune dans une commune, ni un budget dans un autre budget — § VIII. Si une commune ou une sec-tion réunie à une autre commune avait dû avoir, à quelque époque que ce soit, une fortune mobilière, on n'aurait pas commencé par la dépouiller des capitaux qu'elle possédait au moment de la réunion. — § IX. Explications des nouveaux auteurs et jurisprudence du Ministère de l'intérieur dans le sens du droit des communes à tous les droits civils et à tous les capitaux. — § X. Autre justification des droits des communes à toute la fortune mobilière apportée par le Conseil d'État et par une commission de l'Assemblée législative. — § XI. Confirmation des mêmes droits des communes à tous les revenus en argent et à tous les capitaux par cinq décisions du Conseil d'État et par la Cour impériale d'Orléans et la Cour de cassation. — § XII. Les lois de 1860 et de 1867 ont respecté les droits des communes à tous les biens meubles. — § XIII. Malgré la loi et malgré toutes les preuves fournies à l'appui des droits des communes, une nouvelle jurisprudence du Conseil d'État attribuerait aux sections des revenus et des capitaux. — § XIV. Excès de pouvoir du Conseil d'État. — § XV. En supposant que le Conseil d'État puisse examiner la question de savoir à qui, de la commune ou de la section, reviennent les produits en argent des biens sectionnaires, il viole ouvertement la loi en les refusant à la commune. — § XVI. Les besoins des sections doivent être et seront toujours satisfaits par les communes.

§ Ier.

Les droits de la commune, à tous les revenus en argent, aux prix de ventes, même des biens sectionnaires, à tous les capitaux, en un mot à toute la fortune mobilière, résulteraient de sa constitution et de ses obligations envers toutes les fractions qui la composent, lors même que les lois ne les lui auraient pas expressément attribués.

231. Il ne suffit pas d'avoir fait connaître les droits des communes à tous les biens communaux sans maître, et comment elles peuvent les mettre en valeur et en disposer; il faut encore établir que tous les prix de fermes et tous autres revenus en argent, les prix de ventes, d'échanges ou de partages, à titre onéreux d'immeubles et même les prix des coupes ordinaires ou extraordinaires de bois, les sommes provenant de remboursements de capitaux exigibles ou de rentes rachetées, c'est-à-dire toute la fortune mobilière, reviennent aux communes lors même que ces revenus, prix, capitaux et autres ressources en argent proviendraient de propriétés ou de droits qui seraient reconnus appartenir aux sections.

La commune, on le sait désormais, n'a qu'à ouvrir les registres de l'état civil, les recensements de la population, les pièces cadastrales, les livres des résolutions de la municipalité, le budget et la caisse, pour faire connaître chacun de ses membres, l'étendue de son territoire, ses propriétés, ses lois, ses ressources et ses charges.

Seule, elle est tenue de pourvoir à tous les services publics : ainsi, elle est chargée de la construction et de l'entretien de tous les édifices communaux publics et autres, de l'établissement et de l'entretien des chemins vicinaux de toutes les catégories, de tous les frais d'administration, des dépenses relatives à l'instruction publique, à l'exercice du culte et aux enfants trouvés et abandonnés, des frais d'établissement de clôture, d'entretien et de translation des cimetières et de l'acquittement de toutes les dettes exigibles.

Pour faire face à toutes ces dépenses et à d'autres que nous négligeons, la commune a droit aux revenus de tous les biens dont les habitants n'ont pas la jouissance en nature, aux taxes de toute nature établis aussi bien sur les propriétés sectionnaires que sur les autres, aux produits des centimes ordinaires que lui accordent les lois de finances, à une part dans l'impôt des patentes, aux droits d'octroi, de place dans les halles, dans les foires et dans les marchés, aux droits de stationnements et de locations sur les voies et lieux publics, de péages et mesurage et de concessions d'eaux, aux prix des concessions dans les cimetières, à une portion dans les amendes de simple police, aux prix de tous les biens aliénés, aux dons et legs en argent, aux capitaux exigibles ou provenant du remboursement de ventes, aux produits des coupes de bois et même aux recettes accidentelles.

232. — La section, au contraire, ne peut montrer que des titres, si elle en a, pour justifier des droits de propriété qui peuvent lui appartenir, et pour s'assurer ainsi des fruits en nature.

Si elle n'a pas de titre et par conséquent point de propriété, elle n'est, administrativement parlant, que le néant dans l'association municipale ; elle n'a aucune charge et aucune ressource ordinaire ; elle ne peut avoir que des charges extraordinaires résultant, par exemple, de condamnations, et des recettes également extraordinaires qui ne peuvent même être créées, pour elle, que par la municipalité et seulement pour l'acquittement de ses dettes exceptionnelles ; elle ne peut avoir de fortune mobilière et elle n'a point, par conséquent, de budget ni de caisse.

223. Les conséquences forcées de la situation différente de la commune et de la section, sont : d'un côté, que la commune qui doit supporter toutes les charges doit profiter et profite de tous les produits, en argent, qu'elle peut retirer des biens communaux, même de ceux des sections, et qu'elle peut, en outre, disposer à son profit, de tous ces biens sans distinction; et, d'autre côté, que la section qui n'a point de charge ordinaire et qui ne peut avoir que les propriétés et droits immobiliers qu'elle justifie lui appartenir, n'a droit qu'à la jouissance de ces biens et droits, limitée à des fruits en nature.

Ainsi l'a toujours voulu et le veut encore l'unité communale qui entraîne avec elle, autant que possible, l'unité de fortune immobilière, et d'une manière absolue, la fusion, c'est-à-dire l'unité de fortune mobilière dans le budget municipal, comme dans la caisse communale ; unité sans laquelle la commune ne peut exister, agir et assurer les services municipaux.

§ II.

en était déjà ainsi dans les temps anciens et sous le droit romain.

234. Nous avons, en effet, constaté au cinquième chapitre dans le cinquième paragraphe :

Avec Darrest, que dans les Gaules, avant les Romains, un territoire appartenait à une tribu, à un clan, à une famille, à une communauté, c'est-à-dire à une agglomération d'habitants qui, de nos jours, s'appelle commune ; et que généralement les pâturages et les bois étaient laissés en commun entre les habitants de cette communauté ;

Avec la loi romaine au Code de Sensibus, que les communes avaient, sous les Romains, un territoire composé, non-seulement de terres productives cultivées par des colons, mais des terres hermes et stériles ;

Avec Proudhon et Latruffe, que dans les provinces romaines, où le sol était divisé entre les colons, des biens communaux avaient été soigneusement réservés au profit des habitants des communes ;

Avec l'histoire de ces temps anciens, que les empereurs romains avaient même accordé aux communes, de plein droit, tous les biens abandonnés ;

Et enfin, avec la législation de la même époque, que la commune avait le caractère de personne morale et qu'elle était capable d'acquérir des propriétés.

Suivant cette même législation, qui l'avait complètement organisée, la commune avait des revenus provenant soit de contributions payées par les habitants, soit de droits qui se percevaient déjà sur certaines denrées, soit du produit des biens dont elle était propriétaire. Tous ces revenus étaient, les lois le disaient expressément, employés à construire et entretenir des édifices publics et à faire des acquisitions.

§ III.

Sous la féodalité, les communes ont conservé leur territoire, leur organisation, leurs biens, leurs revenus et leur unité.

235. Si la commune a perdu de ses franchises, sous la féodalité, elle n'a pas moins conservé son organisation, son territoire, ses biens, des revenus, une caisse; en d'autres termes, son unité.

C'est dans ces conditions que les coutumes ont confirmé son existence.

Les anciens rois ont reconnu qu'il n'y avait que les paroisses ou communes qui avaient des revenus.

Saint Louis n'admettait, dans chacune d'elles, « qu'une huche » destinée à recevoir et conserver les fonds communs.

Depuis, le *Dictionnaire raisonné des Sciences* a répété « *que*
» *le corps d'habitants* d'une ville, d'un bourg ou *d'une simple*
» *paroisse*, pouvait, par la location des *communaux, qui étaient*
» *à toute la communauté*, retirer des revenus qui s'appelaient
» deniers patrimoniaux et avoir un *coffre* pour y mettre ces
» deniers. »

236. Louis XIV ne s'est pas borné à faire restituer des biens aux communes, il leur a défendu de faire des aliénations sans sa permission, et il a ajouté dans l'art. 7 du titre XXV de l'ordonnance du 13 août 1669 « que si, dans les biens communaux,
» il s'en trouvait dont la commune pouvait profiter, sans

» incommoder le pâturage, ils pourraient être donnés à ferme,
» *pour les prix être employés en réparation des paroisses dont les*
» *habitants sont tenus ou autres urgentes affaires de la commu-*
» *nauté.* »

Ce souverain, comme tous ses prédécesseurs, ne voyait de communautés pouvant posséder des biens, en tirer des revenus par des locations et disposer de ces revenus, que dans les paroisses assises sur un territoire et pourvues d'une administration ; il tenait, comme les empereurs romains et comme ses devanciers, à maintenir et fortifier leur constitution, à leur conserver une fortune immobilière et à leur procurer des revenus.

237. Denizart comprenait aussi et écrivait « que les locations » ne pouvaient se faire qu'au profit des associations munici- » pales entières. » Il ne supposait pas que des sections pussent prétendre à des loyers ; les villages n'étaient rien par eux-mêmes.

Guyot, Merlin et Dalloz ont enseigné et rapporté que les communautés d'habitants, qui étaient de leur nature perpé- » tuelles, possédaient des biens communaux dont la propriété » était à toute la communauté et l'usage à chacun des habi- » tants, à moins qu'ils n'eussent *été loués au profit de la com-* » *munauté.* »

238. Les revenus que ces biens produisaient étaient communs à tous les habitants de la paroisse ; ils formaient des deniers patrimoniaux qui entraient dans cette bourse commune et unique, pour toute la communauté ou paroisse, que saint Louis appelait *huche*, que les anciens écrivains ont ensuite désigné sous le nom de *coffre*, et que de nos jours on appelle *caisse municipale*. Ils servaient aux besoins généraux de la communauté, qui n'était établie que pour le bien commun de tous ceux qui en étaient les membres.

Sous le droit romain, sous le régime coutumier et sous la

législation des anciens rois, les prix de fermages et toutes les
valeurs mobilières étaient donc sans distinction portés dans la
caisse communale, la seule qui pouvait exister, et appliqués
aux charges dont la commune entière était tenue.

239. L'unité territoriale, politique, administrative et financière était, sous toutes les lois des temps féodaux, comme elle
sera toujours, la base de la constitution communale; elle éta-
blissait, et elle ne cessera d'établir, entre tous les habitants,
tous les villages et même les sections d'une même commune,
une admirable et nécessaire solidarité d'intérêt.

Il en est de l'unité communale comme de l'unité nationale;
elle n'existe que par la communauté, de territoire, de besoins,
de ressources et de sacrifices. Ce n'est, en effet, que dans la
réunion de ces conditions qu'on trouvait autrefois la commune
et qu'on la trouve encore aujourd'hui; si on la morcelait dans
sa circonscription, ou si on la divisait dans ses intérêts, elle
n'existerait plus.

§ IV.

Les lois de la révolution de 1789 et du Consulat, et les tendances de Napoléon Ier,
ont maintenu les communes dans tous leurs droits, aux fruits civils, aux
capitaux et aux biens mobiliers de toute origine.

240. Les lois nouvelles ont confirmé et mieux défini encore
les principes fondamentaux des communes.

Le décret du 14 décembre 1789 a, en effet, donné aux municipalités « le droit de régir les biens et revenus communs et de
» délibérer au sujet des aliénations et de l'emploi des prix de
» ventes », sans limiter ce droit à tels ou tels biens ni à tels
ou tels revenus.

La loi du 10 juin 1793, en réintégrant les communes dans tous leurs biens, a, il est vrai, conservé aux villages qui étaient devenus des sections, les propriétés qui pouvaient leur appartenir, mais sans leur en donner ni l'administration ni les fruits civils, ni la valeur en argent ; elle a, au contraire, laissé subsister le pouvoir des municipalités de les affermer, de les aliéner et d'en employer les produits où et comme bon leur semblerait.

241. Le principe de l'unité communale s'est aussi montré, avec toutes ses conséquences, dans la loi du 28 pluviôse an VIII. La France, depuis de nombreux siècles, s'était laissée emporter vers l'unité en tous genres. La royauté l'avait rencontrée dans les communes, et comme elle trouvait des éléments de puissance dans ces associations, elle avait resserré les liens qui unissaient leurs intérêts ; elle s'était même constituée gardienne de leur indépendance et leur avait ainsi donné plus de force. Napoléon, à son tour, et toutes les lois du Consulat qui étaient l'expression de sa ferme volonté, en donnant au pays une administration que le monde entier admire toujours, ont encore mieux fait ressortir l'unité communale. A aucune époque, il n'avait été aussi bien établi que chaque commune, grande ou petite, composée d'une ou de plusieurs agglomérations, n'avait qu'un territoire, une administration, un budget, une comptabilité ; qu'elle concourait à l'administration et à l'action de l'Etat, et que sa municipalité pouvait disposer de toutes les propriétés et de toutes les ressources communales, sous la seule surveillance du Préfet et du Ministre.

§ V.

Les mêmes droits des communes à tous les produits en argent ont été proclamés et observés sous la Restauration et sous le Gouvernement de 1830.

242. Sous la forme qui était toujours employée dans l'an cien régime, une ordonnance de Louis XVIII, du 7 octobre 1818, a consacré les mêmes droits des communes à tous les produits en argent, « en autorisant la mise en ferme des biens commu-» naux pour suppléer à l'insuffisance des revenus affectés aux » dépenses des communes, et obvier à l'inconvénient des im-» positions locales. »

Le 23 juin 1819, une nouvelle ordonnance considérait qu'il était du plus grand intérêt pour les communes de rentrer dans la jouissance de leurs biens communaux usurpés, ou d'en re-tirer une redevance annuelle qui, en ajoutant à leurs ressources actuelles, les indemniseraient des pertes qu'elles avaient éprouvées, et décidait, en conséquence, que les administra-tions locales s'occuperaient, sans délai, de la recherche et de la reconnaissance des terrains usurpés sur les communes et généralement de tous les biens d'origine communale.....

C'est dans ce sens du droit des communes, à tous les fruits civils et à tous les capitaux, que se prononçait le Ministre de l'intérieur, le 13 février 1834. Il écrivait : « L'unité de territoire » et d'administration, d'où résulte l'unité de la comptabilité et » du budget dans une commune complexe, quels que soient le » nombre et les droits distincts des sections dont elle se com-» pose, ne permet pas d'admettre le concours de deux caisses » communales différentes ; il est de principe, il est naturel que » les deniers de revenus versés dans la commune caisse servent » aux besoins généraux de la communauté. »

243. Cette doctrine a même été consacrée par le Conseil d'Etat, dans un arrêt du 3 février 1843, que nous citons ici, parce qu'il s'applique à des faits qui remontent à 1832. Les communes d'Harprich et de Villerange, qui avaient été réunies en 1813, avaient été séparées en 1832. On trouvait disponibles dans la caisse communale 11,750 fr. 29 c. Il s'agissait de partager ce reliquat. La commune d'Harprich prétendait qu'elle avait le droit de prélever une somme de 6,561 fr. 34 c. qui provenait de plusieurs coupes effectuées dans les bois qui lui appartenaient exclusivement. Le Conseil d'Etat a répondu « que les fonds restés libres dans la caisse communale étaient, » quelle que fût leur origine, indivis entre les deux fractions » de communes qui se séparaient et que le partage devait en » être fait en raison du nombre de feux de chacune d'elles. »

Nous reviendrons sur cet arrêt, qui n'est pas moins l'expression de la législation de son époque que de celle de 1832.

§ VI.

La loi de 1837 et les explications de ses auteurs ont encore mieux constaté les droits des communes, à l'exclusion des sections, à tous les revenus en argent et à tous les capitaux, même à ceux provenant des biens sectionnaires.

244. C'est lorsque les années, des siècles et même des milliers de siècles avaient ainsi formé, organisé, enrichi la commune et en avaient fait une véritable unité, et lorsque les lois, de tous ces temps, lui avaient, en conséquence, attribué tous les revenus civils et tous les biens meubles, qu'est arrivée la loi du 18 juillet 1837.

Cette loi a-t-elle, en un jour, renversé ce long et éloquent passé au profit des sections qui n'ont ni organisation ni vie particulière et qui, le plus souvent, ne savent même pas où commence et où finit, nous ne dirons pas leur territoire, elles n'en ont point, mais leur étendue? ce serait lui faire injure que de le supposer.

Elle a, au contraire, formellement maintenu le grand et salutaire principe de l'unité communale et conservé, par suite, aux communes, toutes les ressources mobilières en argent, quelle qu'en soit l'origine; elle a, comme les lois antérieures, conféré aux corps municipaux, le droit d'administrer, d'affermer tous les biens communaux, même ceux des sections, sans leur aveu; elle a, en outre, formellement déclaré, comme l'exigeaient la constitution communale et les besoins de tous les services municipaux, et comme l'avait fait la législation romaine, l'ordonnance de 1669, l'ordonnance de 1818, le Ministre de l'intérieur en 1834, les auteurs anciens et nouveaux et même le Conseil d'Etat, que les locations et les aliénations ne pouvaient se faire qu'au profit des associations entières, en ne conservant aux habitants de la commune ou section réunie, que la jouissance exclusive des biens dont les fruits étaient perçus en nature.

Les articles 5 et 6 portent, en effet, « que les habitants de la » commune ou section réunie à une autre commune, conser- » veront la jouissance exclusive des biens dont les fruits » étaient perçus en nature;

» Et que les édifices et autres immeubles servant à usage » public deviendront propriété de la commune à laquelle sera » faite la réunion. »

L'article 6 ajoute, que « la section de commune, érigée en » commune séparée ou réunie à une autre commune, emportera » la propriété des biens qui lui appartenaient exclusivement. »

Cette dernière disposition n'est pas moins favorable à la nouvelle commune qu'à la section qu'elle reçoit, puisqu'elle a pour résultat de faire apporter par cette section le plus de biens possible au profit de l'association entière quant aux revenus civils, et de la section quant aux fruits naturels.

Ces textes sont précis et éblouissants de clarté en faveur des droits des communes, à tous les fruits civils et à tous les capitaux, quelle qu'en soit l'origine.

Mais ce ne sont pas seulement les textes qui parlent en faveur des communes, ce sont aussi les motifs qui les ont inspirés et la discussion dont ils ont été l'objet.

245. Dès le début de la discussion de la loi, deux systèmes ont été mis en présence : le premier conservait aux communes, comme le faisaient les lois antérieures et la jurisprudence, tous les revenus en argent et tous les biens meubles. Le second, au contraire, tendait à les faire attribuer aux sections lorsqu'ils proviendraient des propriétés qui seraient reconnues leur appartenir, ainsi que la fortune mobilière qu'elles possèderaient au moment où elles passeraient d'une commune dans une autre.

On voit déjà, par les expressions des articles 5 et 6, qu'il a été donné raison au premier de ces systèmes.

246. Montrons maintenant pourquoi le Gouvernement le préférait au second et comment les législateurs l'ont admis.

Les instructions du Ministre de l'intérieur de 1834, qui sont rapportées dans la section qui précède, expliquent les motifs qui ont déterminé le Gouvernement à laisser aux communes, à l'exclusion des sections, tous les revenus en argent et tous les biens meubles. Comme les anciens rois et comme la Restauration, il les leur avait laissés ; en demandant aux législateurs de les leur conserver aussi, il se montrait conséquent avec lui-même. Il ne comprenait pas, d'ailleurs, qu'il fût possible d'admettre le concours de deux budgets et de deux caisses dans une commune, c'est-à-dire de plusieurs communes dans une, et il trouvait au contraire naturel que des revenus versés dans la caisse commune servissent aux besoins généraux de la communauté.

C'est en 1831 qu'il a présenté dans ce sens un premier projet à la Chambre des députés ; il le justifiait encore par ces autres raisons que la commune a seule des ressources et des charges ordinaires ; que seule aussi elle est chargée de tous les services municipaux et que la section ne peut être chargée ni de dépenses obligatoires, ni même de dépenses facultatives.

Ce projet a été longuement examiné et il n'a été traduit en loi que le 17 mai 1833, avec des amendements qui n'ont pas tous été acceptés.

247. Un second projet a été présenté à la même Chambre le 13 janvier 1834, il a été discuté dans de nombreuses séances, du 27 février au 10 mars suivant, et il a été voté dans ce sens, que les communes avaient seules droit à toute la fortune mobilière.

248. Ce nouveau projet, après avoir encore été rendu plus explicite en faveur des droits des communes à tous les fruits civils et à tous les capitaux, a été porté à la Chambre des pairs le 11 décembre 1834.

Une commission l'a examiné, et le 19 mars 1835 le baron Mounier, au nom de cette commission, après avoir fait connaître les vives discussions dont il avait été l'objet, a dit : « Qu'en » définive, la majorité était revenue au principe du projet » (déjà adopté par l'autre Chambre) ; qu'elle avait néanmoins » pensé que, pour éviter l'apparence d'une contradiction, il » était nécessaire de modifier la rédaction, et qu'on déclarerait » simplement que les habitants de l'ancienne commune au- » raient leurs droits aux fruits qu'ils *percevraient* en nature, » tandis que les revenus qui étaient portés au budget de l'an- » cienne commune passeraient à celui de la nouvelle ; que, » sans doute, cette disposition ne respectait pas complètement » le principe que chaque section doit conserver la propriété des » biens qu'elle possédait ; mais que si ce principe paraît con-

» forme à la justice, sa stricte application entraînerait de
» fâcheux résultats ; que rien n'était plus contraire à la cons-
» titution de la commune, plus propre à diviser ses habitants ,
» que ces propriétés et ces avantages qui ne sont pas ceux de
» tous ; que réunir des communes, sans fondre leurs droits ;
» laisser à chaque section *la jouissance* de propriétés distinc-
» tes, serait juxtaposer des portions de territoire et les assu-
» jettir à l'administration d'une même municipalité, mais ne
» serait pas former une communauté. »

Le même rapporteur, s'occupant ensuite des attributions des
Conseils municipaux, ajoutait : « Les Conseils municipaux
» régleront, par conséquent, le mode d'administration et de
» jouissance des biens communaux ; ils décideront s'ils doivent
» être *affermés* (au profit de la commune), ou si les *habitants*
» jouiront des fruits en nature. »

La rédaction ne paraissant s'appliquer qu'à des réunions, a
été renvoyée à la commission pour faire régler les conséquences des distractions. La nouvelle rédaction, qui a été adoptée
sous des articles qui portaient les nos 8 et 9, a laissé, comme la
première, tous les revenus aux communes et seulement des
jouissances en nature aux sections.

249. Le projet a été reporté à la Chambre des députés le
27 janvier 1836. Il avait encore subi des modifications, mais il
reproduisait toujours, dans deux articles qui portaient alors les
nos 3 et 4, les mêmes dispositions que le Ministre de l'intérieur
expliquait ainsi :

« En cas de réunion, nous confondons toutes les propriétés
» et nous ne conservons aux communes ou sections réunies
» que la jouissance des droits perçus en nature. »

Il a depuis été reconnu qu'il n'y avait aucun inconvénient à
laisser aux sections la propriété de leurs biens pour certaines
éventualités, parce qu'elles ne pouvaient ni les vendre , ni les
affermer, ni profiter de leurs produits en argent, ni se faire, par

aucun de ces moyens d'en tirer parti, les rivales des communes.

250. Le 26 avril 1836, M. Vivien, rapporteur, déclarait, en effet, « que la commune ou section réunie conservait la propriété » de ses biens pour le cas où une séparation ultérieure viendrait » à être prononcée. »

On peut ajouter qu'elle la conservait encore pour retenir les fruits naturels qui lui étaient réservés et pour les défendre au besoin.

Puis M. Vivien continuait ainsi : « Mais si la section ou com- » mune réunie demeure propriétaire de tous les biens qu'elle » apporte, *la jouissance ne peut lui en être exclusivement attri-* » *buée;* elle conservera celle des biens dont les revenus étaient » perçus en nature... Quant aux biens qui rapportent des *reve-* » *nus en argent...* tels que des fermes de terre... *leur produit* » *entrera au budget de la nouvelle commune. On ne pourrait con-* » *server ces sortes de revenus aux sections réunies, sans détruire tous* » *les effets de la réunion, c'eût été maintenir à jamais des intérêts* » *et des droits distincts, rendre nécessaires deux budgets, deux* » *comptabilités et presque deux Conseils municipaux...* La réu- » nion n'est avantageuse qu'autant que les diverses fractions » réunies peuvent se *fondre entièrement* ensemble et établir une » *communauté complète et définitive.* »

Le projet qui accompagnait ce rapport était explicite en faveur des communes.

251. La discussion n'a pu être immédiatement entreprise ; elle n'a eu lieu que dans une session suivante ; elle a été commencée le 21 janvier 1837 et elle a été terminée le 11 février suivant. S'étant engagée en l'absence de M. Vivien, rapporteur, une nouvelle rédaction a été présentée ; elle se bornait à dire « que la commune ou section réunie conserverait la propriété » et la jouissance de ses biens. »

252. M. de Marcy, en se montrant le partisan des sections, a expliqué « qu'il a toujours été entendu dans l'esprit de la com-
» mission *que les biens meubles de la fraction réunie passeraient*
» *à la nouvelle commune*, que ce fait s'était accompli dans sa
» commune; qu'en effet, après avoir vendu ses immeubles,
» moyennant 80,000 fr., elle avait été réunie à une autre mu-
» nicipalité, et que cette somme était passée dans le budget
» de la nouvelle commune au profit de la généralité des habi-
» tants; qu'il en avait parlé au rapporteur, mais que celui-ci
» lui avait répondu *qu'il devait en être ainsi*, parce qu'il ne
» pouvait y avoir qu'un budget dans chaque commune. M. de
» Marcy, en protestant contre de pareilles conséquences,
» déclarait qu'il laissait aux jurisconsultes plus expérimentés
» que lui le soin d'arranger les choses de manière à attribuer
» aux sections les revenus de leurs biens. »

253. M. Gillon a reproduit ainsi la même opinion : « Comme
» l'alliance des communes est chose souhaitable, il faut, au-
» tant que possible, écarter ce qui pourrait faire obstacle aux
» réunions, et pour cela déclarer que la commune ou section
» de commune conservera la propriété de tous les biens qui lui
» appartiennent, sans aucune distinction autre que l'exception
» relative aux immeubles servant à un usage public. Mais il y
» a une objection. Il faudrait, dit-on, faire deux budgets.
» D'abord remarquez que deux budgets ne seront pas toujours
» indispensables. Il ne faut pas être un habile administrateur
» pour le comprendre. D'ailleurs, il est incontestable qu'il y a
» déjà en France une foule de communes qui présentent cette
» administration bicéphale.
» En effet, dans les communes qui se composent de plu-
» sieurs sections, on trouve fréquemment cette *singularité* :
» c'est qu'une section a eu le bonheur de trouver un bienfai-
» teur qui l'a mise à même de pourvoir *à ses besoins* (quels be-
» soins a donc une section?) Elle a des revenus en rentes dont

» elle profite exclusivement. Dans ce cas, fait-on deux bud-
» gets? On suit la règle générale. La section qui possède des
» revenus en affecte une partie aux charges communales, sans
» s'imposer de centimes facultatifs, tandis que cette charge
» est supportée par les autres villages qui ne possèdent rien.
» Ce qui existe déjà pour les communes anciennes, vous le
» tolèrerez pour les communes nouvelles. »

254. M. Charlemagne, unissant ses efforts à ceux de
M. Gillon, trouvait que les revenus d'une section lui étaient
nécessaires, qu'ils pourraient être employés, par exemple, à la
réparation de *son église* et de *son presbytère*, et que l'en priver
au profit de la nouvelle commune serait injuste.

255. Que d'erreurs et d'inexpériences révèlent les paroles de
ces deux orateurs! Aussi ont-elles été repoussées et est-ce à
tort que M. Aucoc les rapporte comme étant l'expression de
la loi.

Elles avaient été combattues à l'avance, dans les termes qui
viennent d'être rapportés, par le baron Mounier, rapporteur,
devant la Chambre des pairs; par le Ministre, en présentant de
nouveau le projet devant la Chambre des députés, et par
M. Vivien, rapporteur, devant la Chambre des députés.

À son tour, M. Dumon les a détruites, dans la séance même
où elles ont été prononcées, de la manière suivante : « Dans
» l'état actuel, une section de commune qui ne jouit pas du
» revenu de ses biens, quand ils se résolvent en une somme
» d'argent, en aurait la jouissance exclusive, par cela seul
» qu'elle aurait changé de commune! Cela serait extraordi-
» naire. Qu'arriverait-il, en effet, lorsque la section de com-
» mune, transférée dans une autre commune, aura cette jouis-
» sance privée? On dit que cette section, y gagnant cela, favo-
» risera la réunion; cela n'est pas, car s'il est tout simple qu'on
» veuille marier les filles sans dot, il est tout simple aussi

» qu'on ne veuille pas les épouser sans dot..... Si donc vous
» voulez ne pas entraver les réunions, conservez les choses
» comme elles sont..... Il ne faut pas s'élever à la qualité d'ad-
» ministrateur et ne pas avoir de prétention en cette matière,
» pour comprendre qu'il n'est pas bon qu'il y ait un Etat dans
» un Etat, une commune dans une commune, un petit budget
» dans un budget. Avant la réunion, il n'y a qu'un budget.
» La raison en est simple, c'est que la section qui a des biens
» séparés versant cependant les revenus de ses biens dans la
» recette municipale, les charges sont supportées par la com-
» mune et les recettes faites par la commune. Du moment où
» vous l'incorporez à une autre commune avec un revenu spé-
» cial, vous n'avez pas la prétention de vouloir que la com-
» mune, à laquelle elle sera réunie, vienne, par exemple,
» réparer ses chemins. Il faudra donc que vous fassiez un budget
» dans un budget, que vous organisiez une commune dans
» une commune et que vous compliquiez l'administration de
» difficultés qui seront nées exclusivement de la réunion. »

En conséquence, ce législateur a, comme le Gouvernement
et comme les rapporteurs, demandé le maintien des termes
des articles 5 et 6, tels qu'ils ont été votés et qu'ils sont
ci-dessus rapportés.

256. M. Laurence, en proposant de laisser à l'acte qui prononcerait la réunion le soin d'en prévoir et d'en consacrer les conséquences, en d'autres termes d'en régler toutes les conditions, disait à la Chambre : « L'Assemblée constituante a com-
» pris la nécessité de respecter l'individualité des communes,
» et cependant elle ne pouvait y parvenir; car il y avait des
» paroisses qui n'avaient pas plus de soixante-cinq habitants.
» On réunit alors plusieurs paroisses en une; mais en même
» temps, pour ne pas mélanger les intérés, on décida que cha-
» cune de ces paroisses formerait une section; c'est là l'origine
» des sections..... Si vous réunissez une section entière, la

» chose est toute simple. Comme elle avait des biens à part,
» elle entrera dans la nouvelle commune, aux mêmes condi-
» tions. Si au lieu de prendre une section entière, vous n'en
» réunissez qu'une portion, pourquoi lui accorderiez-vous dans
» la nouvelle commune une existence qu'elle n'avait pas? Vous
» consommeriez le mariage par le divorce. Cela se peut-il? Je
» comprends avec la commission la disposition par laquelle les
» communes, au moment de se séparer et ensuite de se
» réunir, transigent sur leurs intérêts; mais je ne comprends
» pas le sens absolu de la disposition par laquelle une partie
» quelconque séparée d'une commune viendrait, dans la nou-
» velle commune, comme une femme qui se marie sous le
» régime paraphernal, administrant ses biens propres et sans
» cesse en butte avec la commune avec laquelle elle est destinée
» à vivre en bonne harmonie. Si on commence par la division
» des intérêts, la réunion est impossible. Ce sera le germe
» d'une discorde permanente. »

257. M. Chasles, parlant dans le sens des droits de la commune, disait : « Il n'y a spoliation, comme le prétendent les
» défenseurs des sections, que lorsqu'on prend le bien d'au-
» trui. L'article de la commission conserve à chacun son bien.
» La commission dit que les biens qui appartiennent à la com-
» mune ou fraction réunie, continueront à lui appartenir en
» propriété; mais que les revenus appartiendront à la commune
» nouvelle. Vous ne faites une commune nouvelle que pour
» qu'elle soit plus riche qu'auparavant. Si, au contraire, les
» revenus n'entrent pas dans le budget de la commune nou-
» velle, je demande en quoi elle sera plus riche et aura plus
» de ressources. Je réclame le maintien de la disposition qui
» accorde les revenus aux communes. »

258. MM. Vatou et de l'Epée ont proposé de conserver aux
communes ou sections réunies la propriété et la jouissance de

leurs biens propres, aux mêmes conditions que par le passé.
« Ainsi, ont-ils dit, si la commune réunie possède un bois,
» elle le conservera aux mêmes conditions qu'auparavant. Si
» c'est une rente qui était versée dans le budget de la com-
» mune, elle le sera dans le budget de la nouvelle commune.
» En adoptant une rédaction dans ce sens, la Chambre sorti-
» rait d'embarras. »

259. Le Commissaire du Gouvernement s'est ensuite ainsi
exprimé : « La section réunie à laquelle appartient des biens
» qui fournissent des fruits en nature continuera à en jouir.
» La section qui retirait des revenus en argent les apportera en
» dot à la nouvelle commune. C'est le fait général et je dis (ré-
» pondant à une affirmation contraire) que quand une section
» de commune possède des biens, les revenus de ces biens
» servent à la commune à laquelle elle est réunie. Vous vou-
» lez que les édifices qui servaient à la commune réunie ser-
» vent aussi à celle à laquelle la réunion est faite, nous vou-
» lons que les autres biens servent également à l'utilité com-
» munale, excepté quand ils sont en nature. Si la lésion est
» trop forte, vous ne prononcerez pas la réunion. Ne pas unir
» dans les termes des articles 5 et 6 (tels qu'ils ont été votés), ce
» serait le moyen de créer des juxtapositions de sections de
» commune et non des unités communales. J'appuie donc le
» projet primitif du Gouvernement et de la commission. »

260. Une nouvelle rédaction, conçue dans le même esprit
que la première, est alors apportée par la commission ; elle
laisse encore tous les fruits civils et la fortune mobilière aux
communes.

261. M. Charlemagne la combat de nouveau et va jusqu'à
affirmer que, dans l'Est de la France, il y a un grand nombre
de communes ou sections réunies qui jouissent privativement

de leurs revenus en nature et en argent, mais il reçoit, comme M. Gillon avait reçu sur une affirmation à peu près pareille, une dénégation formelle du centre de la Chambre.

262. La discussion, comme on le voit, a été laborieuse et parfois un peu confuse; mais elle n'a pas moins bien fait connaître les diverses opinions qui se sont produites. On y voit parfaitement qu'au moment du vote, la Chambre s'est trouvée en présence de quatre systèmes.

L'article de la commission, appuyée par le Gouvernement, qui laisse, en principe, aux communes, tous les revenus et toute la fortune mobilière municipale et ne conserve exceptionnellement aux sections que des jouissances en nature.

La proposition de MM. Vatou et de l'Épée qui conservait à la nouvelle commune les revenus de la commune ou section réunie qui entraient dans le budget, mais lui laisserait ceux qui n'y entraient pas, s'il pouvait y en avoir ainsi d'égarés.

La proposition de M. Laurence, qui, en admettant comme la commission la fusion de tous les intérêts entre les communes et fractions réunies, remet à l'acte qui prononcera la réunion le soin d'en prévoir et d'en consacrer les conséquences, en d'autres termes, d'en régler les conditions, même en ce qui concerne les revenus de toute espèce de propriétés et la fortune mobilière.

Et enfin, la proposition, contraire aux trois qui précèdent, faite par le général de Marcy et énergiquement soutenue par M. Gillon et M. Charlemagne, d'attribuer aux sections ou fractions de sections réunies, les revenus en argent de leurs biens propres et la fortune mobilière qu'elles auraient pu apporter.

263. La Chambre s'est prononcée pour la proposition de M. Laurence; elle a ainsi, avec ce législateur, admis l'unité communale, en d'autres termes, la fusion de tous les intérêts, et remis au pouvoir qui prononcerait la réunion le soin d'en

régler les conditions et repoussé, par conséquent, le système de MM. de Marcy, Gillon et Charlemagne qui, en attribuant des revenus aux sections, serait destructif du principe d'unité communale.

264. Si, en s'en remettant à la loi qui prononcerait la réunion, la Chambre, tout en reconnaissant et en admettant même la nécessité de la fusion de tous les intérêts, n'en a pas fait, pour un instant, une règle absolue, on verra bientôt qu'elle est revenue aux articles du projet, c'est-à-dire à la proposition du Gouvernement et de la commission, et qu'elle a ainsi rétabli le droit des communes à toutes les ressources en argent.

265. La loi a, en effet, été de nouveau soumise aux délibérations de la Chambre des pairs. Une commission a été chargée de l'examiner. Son premier soin a été de rendre aux articles 5 et 6 leur première rédaction, ne laissant aux sections que des fruits en nature; elle a ensuite constaté, dans un rapport qui a été fait par le baron Mounier, le 27 mars 1836, « que les habitants » d'une commune qui cesse d'exister doivent conserver les » avantages individuels dont ils jouissaient; qu'ils doivent donc » continuer à jouir des fruits qu'ils percevaient en nature, tandis » que les revenus qui étaient appliqués aux dépenses générales » doivent être réunis à ceux de la nouvelle commune. »

266. Au moment de la discussion qui a eu lieu le 30 mars 1837, il n'a plus été fait que deux objections :

Une par le baron Feutrier, plutôt favorable que contraire aux communes, expliquant en substance « que tous les jours il » arrive que, suivant l'ordonnance de 1818, lorsque la caisse » municipale est vide, les biens, qui étaient restés jusqu'ici en » jouissance commune, sont affermés pour subvenir aux be- » soins communaux, et demandant s'il n'y aurait pas à crain-

» dre, d'après les termes proposés, que la commune ou section
» réunie n'élevât la prétention que ces biens ne pourraient
» jamais être affermés. »

Une autre, par le général Brun, portant « qu'il y a des com-
» munes composées de plusieurs sections qui ont des droits
» particuliers, des droits communaux, des droits d'affouages et
» qu'elles doivent les conserver. »

Le rapporteur a d'abord ainsi répondu : « Si les biens sont
» affermés, on n'en jouit pas en nature. Le revenu d'un bien
» affermé est converti en argent. S'il était versé dans la caisse
» communale, il serait à la communauté, et les habitants de la
» section qui passeront dans une autre commune y trouveront
» les avantages de la nouvelle communauté. »

Ces déclarations ne sont que des affirmations de profondes
et logiques vérités :

Oui, en effet, « si les biens sont affermés, les habitants n'en
» jouissent pas en nature. » Individuellement, ainsi que l'avait
dit l'éminent orateur qui a prononcé ces paroles, ils sont privés
des avantages de cette jouissance; mais collectivement, ils
retrouvent dans la commune d'autres avantages, et quand
même la compensation ne serait pas exacte, ils ne sauraient
s'en plaindre parce que la réunion des sections ne peut se faire
et ne se fait qu'à la condition de la fusion de toutes les ressources dans la caisse communale et quelquefois de sacrifices,
ainsi que va le répéter le même orateur.

Oui aussi « le revenu d'un bien affermé est converti en argent. » En d'autres termes, la jouissance en nature qui consti-
tuait un avantage individuel au profit des habitants cesse, et
l'argent, produit de la conversion, passe, suivant la loi et
suivant les précédents, à la commune qui est seule capable de
le recevoir et de l'employer.

Oui encore, « si le revenu était versé dans la caisse communale, il serait à la commune. » C'est encore une affirmation
que faisait ainsi le rapporteur. Dès que le revenu, assurait-il,

était versé dans la caisse communale, et dans sa pensée il y était toujours versé, il était, il sera toujours à la commune, il ne pouvait et il ne pourra être versé ailleurs, la section n'ayant pas d'organisation. Il se confondait et il se confondra toujours avec les autres ressources de la commune et il sera toujours à elle. Sans cette fusion, la commune ne serait pas formée et n'existerait pas, ainsi que l'avait déjà affirmé le même législateur, et qu'il va encore le dire.

Le baron Mounier continuait du reste ainsi : « Notre rédac- » tion est la conséquence d'un principe très-clair : lorsqu'on » réunit une commune ou une section à une commune, les ha- » bitants de la commune ou de la section supprimée doivent » rester *autant que possible* dans la position où ils étaient aupa- » ravant... Ils jouissaient de tous les avantages produits par la » gestion générale *des revenus* de la commune, d'une mairie, » d'une église, d'une école, des chemins, d'une bonne police, » d'un garde champêtre ; ils retrouveront tous cela dans la nou- » velle commune..... Dans le cas, par exemple, où ils jouissaient » d'un affouage de bois, on a établi que les biens dont les fruits » étaient distribués en nature continueraient à recevoir la » même destination... De là résulte que, quand un bois n'était » pas exploité par un affouage, qu'il donnait un revenu qui » *était* (il l'était toujours) *versé* dans la caisse communale, il est » évident que ce revenu doit passer à la nouvelle commune. » L'orateur, conséquent avec lui-même, assurait ainsi que les revenus ont toujours profité à la commune et sont toujours entrés et devront toujours être versés dans sa caisse, puis il terminait ainsi : « Vous me direz, cela n'est pas toujours » juste, c'est possible ; mais c'est *une condition nécessaire* » de la réunion. » Ainsi, au moment même du vote de la loi, le baron Mounier, comme l'avaient fait le Ministre de l'inté-rieur de 1834, le Ministre qui avait présenté la loi, et M. Vi-vien, a affirmé, une dernière fois, que la fusion de toutes les ressources en argent, en d'autres termes, l'unité de budget, de caisse et de comptabilité, était une condition nécessaire de la réunion des communes ou des sections, de la formation, par conséquent, de la nouvelle commune et de son existence.

267. La loi ainsi rédigée de nouveau, suivant les premiers projets, et ainsi expliquée, a alors été votée par la Chambre des pairs; elle reproduisait textuellement les termes du projet primitif présenté par le Gouvernement et admis par la commission de la Chambre des députés, par son rapporteur et par la Chambre elle-même, termes qui sont exactement ceux des articles 5 et 6 de la loi, et qui, aux yeux mêmes de leurs contradicteurs, disaient formellement et signifiaient que tous les fruits civils et toute la fortune mobilière appartenaient aux communes, à l'exclusion des sections qui ne pouvaient en avoir.

Ce vote a été la condamnation définitive des prétentions des sections à autre chose qu'à des fruits en nature, pour leurs habitants et la confirmation des droits accordés aux Conseils municipaux, d'affermer et d'aliéner, avec ou sans l'assentiment de l'Administration supérieure, selon les cas, les biens communaux de toute nature et de toute origine, quand ils le trouveront utile, et d'employer leurs prix aux besoins généraux de l'association.

268. La loi a encore été présentée à la Chambre des députés, le 3 mai 1837; mais comme elle reproduisait la rédaction primitive, que cette Chambre avait déjà adoptée et que la pairie venait de rétablir, elle a été votée de nouveau sans discussion. Elle exprimait et son esprit voulait, suivant la pensée du Gouvernement, suivant la proposition de la commission et suivant M. de Marcy et ses adhérents qui la combattaient, qu'il n'y eût que la commune qui pût avoir des revenus, des capitaux, une fortune mobilière, un budget et une comptabilité; les sections ne pouvant prétendre, par leurs habitants, comme par le passé, qu'à des avantages individuels, c'est-à-dire à des jouissances en nature.

269. Ainsi a été confirmé et proclamé, par les deux Chambres, d'accord avec le Gouvernement, le principe de l'unité communale et a été complètement écarté le système de MM. Gillon, de Marcy et Charlemagne qui ne tendait rien moins qu'à faire deux, cinq, dix et même vingt, ou un plus grand nombre de communes dans une seule commune.

270. D'ailleurs, après les articles 5 et 6, ne laissant aux sections, par leurs termes et par leur esprit, que la propriété des biens qui leur appartiennent exclusivement et que des fruits en nature sont venus et ont été votés par les mêmes législateurs :

1º L'article 10 qui a conféré au maire le droit d'administrer les propriétés de la commune comprenant celles des sections, d'en gérer les revenus et de représenter la section même en justice ;

2º L'article 17 qui attribue au Conseil municipal le droit de régler le mode d'administration des biens communaux, qu'ils appartiennent à la communauté entière ou à une section, les conditions des locations de ces biens, le mode de jouissance et la répartition des pâturages et fruits communaux, et enfin les affouages ;

3º L'article 19 qui donne au Conseil municipal le pouvoir de louer à longs termes, et d'aliéner tous les biens communaux, même ceux des sections ;

4º L'article 30 qui met à la charge de la commune les dépenses applicables à tous les services municipaux, et par conséquent aux constructions et réparations des églises, des presbytères et des autres propriétés communales se trouvant dans des sections, lors même que ces fractions de commune en profiteraient seules, et qui, par contre, ne laisse peser aucune charge obligatoire ou facultative sur les sections, qu'elles soient ou non riches de propriétés;

5° L'article 31 qui fait entrer dans les recettes ordinaires de la commune les revenus de tous les biens dont les habitants n'ont pas la jouissance en nature, les cotisations imposées annuellement sur les ayants-droit aux fruits qui se perçoivent en nature;

6° Et enfin, l'article 32 qui fait aussi entrer dans les recettes extraordinaires de la commune les prix de tous les biens aliénés, les dons et legs en argent, le remboursement des capitaux exigibles et des rentes rachetées, les produits des coupes extraordinaires de bois et toutes les autres recettes accidentelles résultant, par exemple, de souscriptions.

Tous ces articles sont en parfaite harmonie avec les cinquième et sixième qu'ils complèteraient, s'ils avaient besoin de l'être; ils viennent, en effet, répéter que tous les revenus, tous les prix de vente, tous les capitaux, en un mot toutes les ressources y indiquées appartiennent à la commune; confirmer et même exécuter ces deux articles en faisant figurer toute la fortune mobilière dans le budget de la commune pour l'acquittement de toutes ses charges et rendre ainsi hommage à la règle de l'unité communale.

Comment, après un accord aussi majestueux, entre toutes les dispositions de la loi de 1837, peut-on prétendre que des sections sont soumises à des charges ordinaires, ont droit à des ressources ordinaires et par suite à une fortune mobilière! On ne peut se l'expliquer.

271. Mais revenons aux articles 5 et 6 et achevons, avec leurs termes explicites, avec le but que les législateurs ont voulu atteindre et avec d'autres preuves, d'en montrer encore et d'en justifier le sens.

L'article 5, après avoir réglé le sort des revenus des biens communaux et de la fortune municipale mobilière, et l'article 6, après s'être occupé des biens dont la propriété resterait aux sections, sous les conditions qu'ils posent, ont tous les deux disposé que les édifices et autres immeubles servant à usage public deviendraient propriété de la commune à laquelle la réunion serait faite.

C'était juste. Du moment que les services publics pesaient sur les communes, les communes devaient être propriétaires des édifices et des autres immeubles servant à l'usage de tous les habitants. Par la même raison, les revenus en argent et la fortune mobilière devaient appartenir aux communes. Toutes ces choses sont inséparables ; elles ont toujours été unies et la loi de 1837 les a encore mieux et plus étroitement liées, en exprimant qu'elle ne réservait aux sections que des jouissances en nature, et qu'au contraire elle laissait aux communes, avec les édifices publics, les moyens d'entretenir ces édifices et même de les reconstruire, c'est-à-dire tous les revenus et toute la fortune mobilière.

272. M. Aucoc reconnaît lui-même que les ressources mobilières, qui appartiennent à une commune ou à une section, au moment de sa réunion, passent dans le budget de la nouvelle commune, au profit de la généralité des habitants.

Mais il prétend, avec M. Gillon, en oubliant que les paroles de cet orateur ont soulevé d'énergiques protestations et ont été repoussées par les deux Chambres, que l'article 5, qui conserve aux habitants la jouissance des biens dont les fruits étaient perçus en nature, n'accorderait à la commune, d'après sa construction grammaticale, que les rentes et les capitaux qui existaient, et les revenus des biens qui étaient affermés, au moment de la réunion de la section propriétaire.

273. Il se trompe, l'esprit de la loi ne se trouve ni dans le système que présentait M. Gillon, ni dans le temps d'un verbe, que le *Moniteur* n'a même pas donné suivant ses vues.

Il est tout entier dans son texte et dans les explications de ses auteurs.

Le texte n'accorde, en effet, aux sections que des jouissances en nature et on ne saurait l'étendre à d'autres avantages, par exemple à des fruits civils. C'est ce que le Conseil d'Etat a reconnu dans un avis du 9 décembre 1858, que nous rapporterons bientôt. Quant à présent, il nous suffit de dire que cet avis déclare qu'il faut bien se garder d'étendre à des cas non prévus la disposition exceptionnelle qui conserve des jouissances en nature aux sections, parce que si on lui donnait une plus grande portée, on arriverait à créer une commune dans la commune ; et encore que des sections ne peuvent supporter de dépenses obligatoires ni de dépenses facultatives, parce qu'elles pèsent toutes sur les communes.

Les explications des législateurs ne sont pas moins formelles que les termes de la loi ; elles mettent surabondamment en lumière la pensée qu'ils expriment que tous les revenus et toute la fortune mobilière reviennent aux communes à l'exclusion des sections. Ainsi, ces législateurs ont en substance déclaré et affirmé :

Le Ministre, en présentant la loi, et le Commissaire du Gouvernement à la veille du vote, qu'en cas de réunion tous les intérêts seraient confondus, à l'exception seulement des fruits en nature ;

Le baron Mounier, dans son dernier comme dans son premier rapport, que les habitants des sections ne conservent que des avantages individuels, c'est-à-dire, des fruits en nature dont ils peuvent individuellement profiter ; tandis que tous les produits en argent, qui ne peuvent pas constituer des avantages individuels, passent à la commune ; la fusion de tous les intérêts, c'est-à-dire, de tous les fruits civils, des créances et des capitaux de toute origine, étant la condition nécessaire de la réunion ;

M. Vivien, que, si la propriété de ses biens pouvait être

laissée à une section, on ne pouvait lui en attribuer, pour l'avenir comme pour le présent, la jouissance exclusive; qu'elle conserverait celle des biens dont les fruits étaient perçus en nature; mais qu'on ne pouvait lui laisser de revenus.

M. Dumon, qu'il ne peut y avoir un État dans un État, une commune dans une commune, un budget dans un budget.

C'était à l'appui de la rédaction qui a prévalu dans les commissions des deux Chambres, tout d'abord dans la Chambre élective, ensuite, dans la Chambre des pairs et encore dans la Chambre des députés, que ces paroles étaient prononcées. Elles viennent donc dire, avec les termes de la loi, non-seulement que la section ne peut avoir de budget et de caisse, c'est-à-dire, de moyens d'inscrire et de conserver une fortune mobilière; mais qu'on ne peut, dans aucun cas et à aucune époque, lui en conserver une, sans détruire tous les effets de la réunion, sans maintenir à jamais des intérêts et des droits distincts dans la même famille municipale et sans faire des sections des puissances qui se jalouseraient et se feraient les rivales de la commune.

En s'exprimant comme ils l'ont fait et en rédigeant la loi telle qu'elle est, malgré MM. Gillon et Charlemagne, les législateurs ont laissé à la commune les revenus et les capitaux existant au moment de la réunion et ceux que l'avenir apporterait, parce que tous lui sont également nécessaires. Toujours, en effet, ils lui seront indispensables, parce que toujours elle sera chargée de tous les services publics et par conséquent de supporter toutes les dépenses obligatoires et toutes les dépenses facultatives; toujours, enfin, sous la seule exception des fruits en nature, les intérêts devront être confondus pour les besoins généraux de l'association et jamais, pas plus le lendemain que le jour de la réunion, les revenus ne pourront être conservés aux sections qui n'en ont nul besoin et qui ne peuvent à aucun moment former une commune dans une commune.

M. de Marcy admettait lui-même que, dans la pensée de la commission et du Gouvernement, et suivant les termes proposés qu'il combattait, mais qui ne sont pas moins devenus ceux de la loi, toute la fortune mobilière présente et future passait à la commune nouvelle.

A la vérité, M. Gillon, avec une superbe assurance, disait qu'il ne fallait pas être un habile administrateur pour comprendre que deux budgets ne seraient pas toujours indispensables, et que si une section avait des revenus on suivrait la règle générale, en affectant une partie de ses revenus aux charges communales; mais la règle générale, pour tous et surtout pour les hommes pratiques, c'est l'unité communale proclamée par la loi, l'unité financière par conséquent.

§ VII.

On ne pourrait, d'ailleurs, trouver une commune dans une commune, ni un budget dans un autre budget.

274. S'il y avait deux budgets, il n'y aurait pas de réunion, l'unité financière n'existerait pas, la nouvelle commune n'aurait rien gagné en s'agrandissant, et on ne l'agrandit que pour qu'elle soit plus riche; elle se composerait de plusieurs associations qui auraient chacune leurs droits et leurs charges. L'acte prononçant la réunion serait une lettre morte. Dans le budget de la section, s'il pouvait y en avoir un, qu'il soit particulier ou qu'il se trouve à la suite de celui de la commune, on comprendrait tous les revenus des biens sectionnaires et tous les autres produits que ces biens pourraient donner, tels que des prix de coupes de bois ordinaires ou extraordinaires et de ventes d'immeubles ou de droits im-

mobiliers, et cependant les sections ne peuvent avoir qu'exceptionnellement des ressources extraordinaires, et encore
faut-il qu'elles soient créées par le Conseil municipal pour faire
face, par exemple, à des frais de procès ou à des amendes.
On devrait aussi, si tant est qu'une section pût avoir un budget, y faire entrer une part dans le prix de location de la
chasse sur les propriétés de la commune et de la section, et sur
tout le territoire communal, une part dans les droits de
patentes et d'octroi qui se percevraient dans la section, et
même les prestations qui seraient dues par ses habitants.
Mais en outre, si, contrairement à la loi, un pareil budget pouvait être fait, il devrait être rédigé en vue des services publics
municipaux. Ainsi, il devrait renfermer des crédits au profit
notamment des chemins, de l'exercice du culte et des salaires
des agents municipaux, lorsque, suivant la loi et la jurisprudence, de pareilles charges ne peuvent peser sur des sections
et doivent toutes, au contraire, être supportées par la commune, qu'elles soient obligatoires ou facultatives. Le Receveur
municipal percevrait des droits qui, relativement, seraient
d'autant plus élevés qu'ils porteraient, dans chaque fraction de
la commune, sur de faibles sommes, il aurait une comptabilité
spéciale par section, et il ferait, au nom de chacune d'elles, des
placements au Trésor. Chaque fraction aurait sa bourse particulière et une fortune mobilière personnelle, qui pourrait
grossir indéfiniment, puisqu'elle ne serait grevée d'aucune
charge; tandis que la commune épuiserait toutes ses ressources
et ne satisferait peut-être pas à tous les besoins qui se feraient
sentir. Le désordre existerait dans les finances et dans l'administration de la commune. De pareilles choses sont heureusement impossibles, puisque d'un côté la section, suivant la loi
et suivant les explications de ses auteurs, ne peut avoir de
revenus ni aucune autre ressource ordinaire, et ne peut pas
même, ainsi qu'on le verra encore, s'imposer extraordinairement, pour faire ou pour entretenir une église et d'autres édifi-

ces, ou pour acheter des cloches; et d'autre côté, la commune est seule chargée de tous les services publics municipaux, c'est-à-dire, d'assurer à la section aussi bien l'usage des édifices publics et le service religieux, qu'une bonne vicinalité et une vigilante police.

S'il n'y a qu'un budget, on sera dans le vrai, c'est-à-dire dans les termes et dans la volonté de la loi; il mentionnera tous les revenus, tous les produits et tous les capitaux énumérés dans les articles 31 et 32 du Code municipal de 1837 et le montant des centimes qui seront votés en vertu de l'article 3 de la loi de 1867. Toute la fortune mobilière, quelle qu'en soit l'origine, sera ainsi, selon la pensée des législateurs, confondue dans l'unique caisse municipale et dans le seul budget communal, qui doit en indiquer l'importance; ce budget mentionnera aussi toutes les dépenses qui pourront être faites, tant à l'égard des édifices communaux que relativement aux autres services, et tous les besoins seront satisfaits dans la mesure du possible. Il n'y aura qu'une comptabilité et la fusion de tous les intérêts existera réellement; l'unité communale sera ainsi manifeste.

On pourrait sans doute, dans un seul budget, inscrire par distinction, à la suite du chapitre des recettes, les revenus d'un bien sectionnaire et faire un article de dépenses correspondant, par son importance, à celui de ces revenus; mais où conduiraient de pareilles mentions? Absolument à rien. Le Conseil municipal ne disposerait pas moins de toutes les ressources. S'il lui fallait dire, en les portant à l'entrée du bourg, sur un chemin conduisant plus ou moins directement à la section propriétaire, qu'il les emploie au profit de cette section, il le ferait et aucune plainte ne pourrait être légalement écoutée par le Conseil d'État. S'il les appliquait à un chemin traversant la section, mais qui profiterait surtout au chef-lieu de la commune, il ferait mieux les choses en apparence, et pourtant il n'agirait pas seulement dans l'intérêt de la section, il agirait aussi pour la commune dont il accomplirait les obligations. Jamais, avec des mentions qui peuvent amener de pareils résultats ou d'autres plus fâcheux encore, pour la bonne union des populations, on ne formera sérieusement deux budgets, deux caisses et deux comptabilités.

Toutes les fois qu'on fera un budget portant en recette et en dépense les revenus et les prix de biens sectionnaires, on ménagera peut-être, pour un instant, des susceptibilités; mais on les retrouvera plus ardentes au moment où le Conseil, usant de son droit, disposera du crédit et l'appliquera aux besoins les plus urgentes, par exemple à la reconstruction d'un presbytère qu'un incendie aurait détruit, ou d'une église que la foudre aurait fait écrouler, ou à la fondation d'une école que l'intérêt des habitants réclamerait impérieusement. On aurait eu le tort, en distinguant ainsi, lors de la formation du budget, certaines ressources des autres, de faire naître des espérances qu'on ne pourrait satisfaire et de créer des embarras difficiles à surmonter.

275. Il y a pourtant des cas où des sections peuvent s'imposer des sacrifices et faire ouvrir, par ce moyen, un crédit pour faire réaliser, à leur profit, d'utiles améliorations. Ainsi, une section, qui connaît l'insuffisance des ressources ordinaires de la commune, peut faire des souscriptions pour faciliter l'établissement d'un abreuvoir, par exemple. Ces souscriptions sont portées à la municipalité qui les refuse ou les accepte, selon leur importance et suivant le but, plus ou moins utile, que poursuivent leurs auteurs. Dans le premier cas, il n'y est donné aucune suite. Dans le second, le Conseil ajoute à la somme offerte une autre somme, si les ressources communales lui permettent de le faire; il ouvre au budget un crédit et l'amélioration réclamée est exécutée, si l'Autorité supérieure l'a approuvée. Le Conseil municipal pourrait prendre l'initiative de la construction, notamment d'une fontaine ou d'un lavoir, au

centre d'une section, et pour la faire de l'aliénation de biens
appartenant à cette fraction de la commune. S'il ne la prenait
pas, les habitants pourraient lui adresser une supplique. Dans
le cas où des besoins plus pressants ou plus grands de l'association entière ne s'opposeraient pas aux vues et au désir de la
section, le Conseil vendrait, selon qu'il le jugerait à propos,
tout ou partie de ses biens; il ouvrirait, comme dans le cas
d'une souscription, un crédit et réaliserait le projet qu'il aurait
conçu ou qui lui aurait été présenté. L'Administration supérieure, on ne peut pas en douter, se prêtera toujours à ces
combinaisons, les encouragera et au besoin les provoquera.

276. Mais qu'on le remarque bien, dans aucun de ces cas,
il n'y aura deux budgets, deux comptabilités et deux communes dans la même commune. On aura, selon le gré des populations, fait des choses utiles, avec des souscriptions qui auront été offertes, comme on en offre tous les jours pour faire
des chemins et pour fonder une caisse d'épargnes ou un hospice. On aura, par des aliénations qui pouvaient se faire
sans nuire à d'autres services, augmenté les ressources communales et satisfait des besoins. L'unité communale n'aura
reçu aucune atteinte. Il n'aura existé ni deux budgets ni deux
caisses. La section sera restée ce qu'elle était, une fraction de
l'association qui aura reçu un bienfait qu'elle devra surtout à
la sagesse de la municipalité. Si par exemple l'aliénation avait
produit 10,000 fr., cette somme se serait confondue avec les
autres ressources municipales, et si la dépense ne s'était élevée qu'à 6,000 fr., la section n'aurait aucune réclamation à
faire. La fortune de la commune se serait augmentée de 4,000 fr.
et le Conseil municipal serait resté maître de l'employer toute
entière à payer des dettes, ou à telle amélioration qu'il aurait
cru utile de faire. Au contraire, si la dépense avait excédé les
10,000 fr., la commune n'aurait aucune réclamation à faire à
la section. Le Conseil municipal aurait agi pour le mieux des

17

intérêts de l'association entière et de la fraction qui profiterait plus particulièrement de l'amélioration.

277. Ainsi, il n'y a et il ne peut y avoir qu'un budget dans chaque commune, absorbant les capitaux anciens et nouveaux de toute provenance, tous ceux en un mot qui étaient réalisés au moment de la réunion et tous ceux que l'avenir apportera.

Comment pourrait-il en être autrement lorsque, de l'aveu de M. de Marcy, la fortune mobilière de toutes les époques et de toute origine appartient à la commune, d'après les termes de la loi; et lorsque, suivant M. Aucoc, les revenus et les capitaux qui existaient au moment de la réunion passent à la nouvelle commune?

§ VIII.

Si une commune ou une section réunie à une autre commune avait dû avoir, à quelque époque que ce soit, une fortune mobilière, on n'aurait pas commencé par la dépouiller des capitaux qu'elle possédait au moment de la réunion.

278. Si la section avait dû avoir dans l'avenir des revenus et des capitaux, on n'aurait pas commencé par la dépouiller de ceux qu'elle possédait au moment de la réunion, on les lui aurait conservés; ils auraient formé sa première fortune mobilière, et les nouveaux revenus ou capitaux qu'elle aurait pu réaliser seraient venus la grossir. En la privant de ces premières ressources, les législateurs lui ont, à plus forte raison, refusé d'une manière absolue toutes celles qui pourraient lui échoir ultérieurement.

279. S'il fallait, d'ailleurs, entrer dans la voie des distinctions, entre tels ou tels revenus et tels ou tels capitaux, et en suivre l'origine et l'emploi, on se demanderait :

1° Comment les revenus résultant de locations antérieures à la réunion pourraient continuer à entrer dans la caisse communale, lorsque ceux résultant de locations postérieures n'y entreraient pas?

2° Quel serait le sort de loyers de biens sectionnaires affermés au moment de la réunion, laissés depuis, pendant un temps plus ou moins long, en landes ou marais et donnés de nouveau à bail? Quelques partisans modérés des sections, pour être conséquents avec eux-mêmes, trouveraient, sans doute, que les locations n'ayant été qu'interrompues, les revenus devraient continuer à appartenir à la commune, tandis que d'autres, plus ardents, soutiendraient peut-être que la cessation des baux, pendant plus ou moins de temps, aurait suffi pour l'en priver;

3° Si les prix de ventes faites avant la réunion, mais non recouvrés, passeraient aux communes comme ceux déjà encaissés?

4° S'il faudrait faire état, au profit des sections, des intérêts des prix de fermes et de ventes de leurs biens? Si ces intérêts et les sommes qui les auraient produits ne devraient pas être placés de préférence à toutes autres ressources? et ce que deviendrait le trésor des sections, qui pourrait aller toujours croissant, puisqu'elles n'ont pas de charges, si elles pouvaient entasser revenus sur revenus et capitaux sur capitaux? Poser de pareilles questions, n'est-ce pas montrer que les ressources en argent ne peuvent se partager entre une commune et les sections qui en dépendent et entrer dans plusieurs caisses;

5° Si les habitants des sections pourraient se distribuer, pour en empêcher l'accumulation indéfinie, les prix de leurs biens propres, lorsque la loi défend le partage de ces biens eux-mêmes et les revenus en argent, lorsqu'ils doivent être appliqués aux charges de l'association? Faire de pareilles dis-

tributions, ce serait évidemment faire indirectement ce qu'il
n'est pas permis de faire directement;

6° Et enfin, comment lorsqu'on ne pourrait partager ces
fortunes, les Conseils municipaux qui en sont les dispensa-
teurs pourraient être tenus de les employer au gré des habitants des sections qui se montreraient d'autant plus exigents,
qu'ils manqueraient de toute initiative et qu'ils ne pourraient
disposer par eux-mêmes de ces fortunes.

Dans tous ces cas et dans beaucoup d'autres, on se trouverait en présence de difficultés et de questions insolubles.

280. Au contraire, dans le système des droits des communes aux revenus en argent et aux prix de ventes, toutes les
difficultés disparaissent, ou plutôt il ne peut s'en élever.

Toujours les fruits civils et les capitaux, en d'autres termes,
tous les produits en argent, quelles que soient leur origine,
l'époque des délibérations municipales et les dates des baux ou
des ventes, la loi n'ayant fait aucune distinction entre les uns
et les autres, tomberont dans l'unique caisse communale, s'y
confondront avec toutes les autres ressources, au profit de la
généralité des habitants, et recevront un emploi aussi facile
qu'utile et toujours encore lorsque les choses se passeront
ainsi, selon la loi, les communes seront calmes et prospères.

S'il en était autrement, la loi, contre le vœu formel de ses
auteurs, aurait condamné pour toujours à la stérilité les biens
sectionnaires qui, au moment de la réunion, n'auraient donné
que de maigres pâturages ou des produits pour ainsi dire nuls.
Les sections les conserveraient, dans cette triste condition, pour
en recueillir les fruits naturels, dussent-ils être insignifiants,
et les communes, malgré les besoins les plus légitimes et le
droit qui leur est accordé, d'en disposer, ne pourraient ni les
affermer ni les vendre.

De pareilles conséquences seraient non-seulement contraires
aux termes précis de la loi et à son esprit qui apparaît d'une

manière si lumineuse dans le langage de ses auteurs, mais encore à tous progrès.

Tous les hommes pratiques comprendront les embarras de toutes sortes qui surgiraient de la division des intérêts et des mille prétentions diverses que cette division ferait naître.

281. Des exemples vont rendre encore plus sensibles les difficultés que la loi aurait créées, si la commune n'avait pas les droits que nous lui reconnaissons sur tous les fermages des biens des sections :

Une commune annexée à une autre pouvait, la veille de sa réunion, affermer tout ou partie de ses pâturages pour réparer ses chemins, ou les aliéner pour faire un presbytère ou une maison d'école. Le lendemain de son annexion, elle voudrait les conserver, pour l'unique avantage, presque nul de ses habitants, sans se préoccuper des besoins généraux de l'association.

La commune qui aurait subi la réunion et qui ne serait plus elle-même qu'une section, tiendrait également à réserver à ses anciens habitants, lors même qu'ils n'en retireraient qu'un profit sans importance, la jouissance en nature de ses biens, et résisterait de toutes ses forces à leur amodiation.

Les simples sections transportées d'une commune dans une autre, et les communes qui les auraient reçues, agiraient de la même manière, quand même la communauté entière aurait un immense intérêt à mettre les communaux en valeur.

De là un antagonisme stérile entre la commune et les sections et entre les sections d'une même commune; des tiraillements dans la famille municipale; l'impossibilité presque absolue d'amodier ou d'aliéner des biens dont les prix, qui étaient naturellement affectés à des dépenses générales, n'auraient plus, après des modifications territoriales, de destination et d'emploi certains; et enfin, la grave difficulté d'administrer des communes qui auraient été ainsi modifiées dans leur circonscription et divisée dans tous leurs intérêts.

282. L'agriculture elle-même, que l'ordonnance de 1818 avait déjà voulu favoriser en facilitant la mise en ferme des biens communaux et en cherchant ainsi à les faire concourir à l'augmentation des moyens de subsistance, devrait se passer de ces biens, parce que des intérêts particuliers ou des rivalités et même des passions locales les condamneraient à rester improductifs. Presque jamais, en effet. le Conseil de la commune ne les lui livrerait s'il ne devait pas trouver dans leurs revenus des ressources dont il pourrait disposer dans l'intérêt de l'association entière ; il resterait indifférent à leur égard, et si exceptionnellement il les affermait, leurs produits, qui ne tomberaient pas dans la bourse municipale, n'auraient pas d'emploi ou ne rendraient généralement que des services souvent fort contestables.

283. Non, la loi de 1837 n'a pas voulu jeter l'anarchie dans les communes ; elle a, au contraire, entendu faire, pour elle, plus que la Restauration n'avait fait par l'ordonnance de 1818, en limitant d'une manière plus précise les droits des sections. Formulée comme elle l'est, elle n'a, nous devons encore le constater, fait que reproduire les principes et presque les expressions des lois romaines et des ordonnances de Louis XIV et de Louis XVIII, l'opinion des anciens écrivains, la jurisprudence du Conseil d'Etat et la jurisprudence du ministère de l'intérieur. Ainsi basée dans le passé, la loi de 1837 a été solidement établie.

§ IX.

284. La loi de 1837 a aussi trouvé de fermes appuis dans les jurisconsultes et dans la jurisprudence de l'administration de l'intérieur qui ont eu à l'interpréter et à l'appliquer.

Ainsi, M. Jèze, qui était au Ministère la loi vivante, a le premier expliqué ses dispositions comme nous venons de le faire, et fait connaître comment dans la pratique on devait l'appliquer : « Si, a-t-il dit, en donnant un exemple, une com- » mune est composée de deux sections réunies et que l'une » possède des biens, tandis que l'autre n'en a pas et se trouve » grevée d'impositions extraordinaires jusqu'au maximum fixé » par les règlements, il faut, si des besoins généraux survien- » nent, qu'il y soit satisfait avec les seules ressources de la » section propriétaire. »

Ce langage est celui adouci, nous voulons dire pris dans l'acception la plus favorable aux sections, des auteurs de la loi de 1837. Il est presque le nôtre. Nous ne voulons pas non plus dépouiller sans nécessité les sections de leurs avantages; mais nous voulons, avec les législateurs, que leurs biens, toutes les fois que le besoin s'en fera sentir, servent à acquitter les charges générales de la commune, et qu'il n'appartienne qu'à l'Administration supérieure, sous le contrôle du Ministre, de veiller à ce que les actes d'amodiations et d'aliénations surtout, n'aient lieu que selon les convenances et l'intérêt des populations.

Dans son traité sur le régime administratif et financier des

communes, publié en 1844, Davenne, après avoir émis l'avis
qu'un bien sectionnaire peut être vendu dans l'intérêt de la
commune pour acquitter une dette ou pour faire une dépense
urgente, a écrit : « Que si les biens d'une section sont amodiés
» ou vendus, les deniers qui en proviennent doivent être ver-
» sés dans la caisse municipale pour être employés aux
» dépenses générales de la commune. » Toutefois, a-t-il
ajouté : « Si la section avait des besoins particuliers, le pro-
» duit de ses biens devrait, autant qu'il serait possible, y être
ɪ appliqué. »

Trolley, dans son ouvrage sur la hiérarchie administrative,
admet le même principe d'une manière encore plus absolue, si
c'est possible. Il dit : « Que si la section vend, afferme son
» communal ou impose quelques taxes aux parties prenantes,
» le capital, le revenu ou les taxes tombent dans la caisse mu-
» nicipale ».

Depuis, Foucart, dans son traité du droit public, sans distinguer, parce que la loi ne distingue pas entre les biens affermés plus tôt ou plus tard, émet la même opinion en ces termes :
« Les revenus des biens affermés des communes ou sections
» réunies sont versés dans la caisse municipale, parce qu'ils
» sont destinés à supporter les charges communales. »

Dufour, après avoir répété que les habitants conserveront la
jouissance exclusive des biens dont les fruits se percevaient en
nature avant la réunion, ajoute : « Quant aux biens qui rap-
» portent un revenu en agent, leur produit tombe dans la
» caisse municipale. On ne pouvait en laisser la jouissance
» exclusive à la commune ou à la section réunie sans rendre
» nécessaires deux budgets, deux comptabilités. »

Il dit encore, en s'occupant de la jouissance des biens communaux, que les uns sont destinés à l'usage personnel des
habitants ; « que d'autres sont affermés et que le prix du bail
forme un revenu communal. »

A quelque époque que la location ait lieu, les fermages qu'on ne pouvait laisser à la section doivent donc aussi, suivant cet auteur, entrer dans la caisse municipale, puisqu'elle est toujours seule ouverte pour les recevoir, et qu'au moment où nous écrivons, la commune n'a encore , comme en 1854, alors que cet auteur s'exprimait ainsi, qu'un budget et une comptabilité.

M. Seriguy, professeur de droit administratif à la Faculté de Dijon, dans des termes énergique qui révèlent une profonde conviction, a applaudi à notre opinion.

. M. Dalloz l'a honorée d'une approbation qui lui accorde une valeur que nous ne pouvions lui donner.

L'administration de l'intérieur avait, jusqu'en 1856, une jurisprudence conforme à ces principes, quelque fût le moment de changement de mode de jouissance des biens sectionnaires. Par des lettres et des décisions insérées au *Bulletin officiel* du 13 février 1834, de 1838, du 3 avril 1839 et du 7 février 1856, elle expliquait : « que l'unité de territoire et d'administration » d'où résulte l'unité de la comptabilité et du budget dans une ı commune complexe, quels que soient le nombre et les droits » distincts des sections, ne permettaient pas d'admettre le » concours de deux caisses communales différentes. » En conséquence, cette administration faisait savoir à MM. les Préfets, ' encore en 1856, « que les revenus en argent de ces biens de- » vrait tomber dans la caisse municipale et être affectés aux » besoins généraux de la commune, si les besoins particuliers ɪ de la section ne les absorbaient pas. »

Dans la première édition de son livre, page 135, M. Aucoc faisait lui-même connaître cette jurisprudence.

§ X.

285. Le Conseil d'Etat et une commission de l'Assemblée législative ont reconnu que le principe que nous soutenons, des droits des communes à tous les produits en argent, était le seul vrai.

Plusieurs propositions ayant pour but la mise en valeur des biens communaux ont été faites dans le sein de l'Assemblée nationale.

Le Conseil d'Etat a été saisi d'un projet de loi sur l'adminis-tration intérieure.

La section de législation avait proposé à l'Assemblée géné-rale de laisser des revenus aux sections; mais cette proposition a été repoussée et le Conseil d'Etat a envoyé, le 23 décem-bre 1850, à l'Assemblée législative, un projet renfermant des dispositions entièrement conformes aux articles 5 et 6 de la loi de 1837.

Le rapport accompagnant ce projet était, en ce qui concerne les revenus des biens sectionnaires, ainsi conçu : « Les habi-» tants de la commune ou section réunie conservent la jouis-» sance exclusive des fruits qui étaient perçus en nature. » Quant aux biens qui rapportent un revenu en argent, leur » produit tombe dans la caisse communale. On ne pouvait » en laisser la jouissance exclusive à la commune ou section » réunie..... Ces règles, consacrées par la loi de 1837, sont sim-» ples et claires; elles ont le grand avantage d'avoir été appli-» quées depuis plus de dix ans, sans soulever de sérieuses

» difficultés; elles doivent être conservées. On s'est demandé
» s'il ne fallait pas accorder aux sections des garanties plus
» efficaces que celles qui leur sont offertes par le maire, par le
» Conseil municipal et par l'Autorité administrative supérieure
» et les faire représenter par des commissions syndicales toutes
» les fois qu'il s'agirait de l'administration de leurs biens.....
» Mais quel serait le résultat de ces dispositions nouvelles?
» Elles permettraient tout au plus aux sections de défendre,
» par la voie contentieuse, des intérêts que l'action purement
» administrative des Préfets suffit pour protéger et sauvegar-
» der; elles auraient l'inconvénient de faire naître, entre les
» communes et leurs sections, des causes perpétuelles et per-
» manentes de division et d'exciter des procès longs et dis-
» pendieux. »

Le projet du Conseil d'Etat, ainsi expliqué, a été adopté
en 1851 par la commission de l'Assemblée législative.

Ainsi a été confirmée l'œuvre des législateurs de 1837, par
le Conseil d'Etat, comme corps préparant les lois, et par les
législateurs de 1851.

§ XI.

Consécration des mêmes droits des communes à tous les revenus en argent et à
tous les capitaux, par cinq décisions du Conseil d'Etat, et par les Cours d'Orléans et de Cassation.

286. Les principes proclamés, en 1851, ont été admis par le
Conseil d'Etat, en 1843, en 1849, en 1853, en 1858 et en 1864.

En 1843, à l'occasion, il est vrai, d'une séparation remontant à 1832, mais suivant les lois de toutes les époques, et par
conséquent suivant celle de 1837, il décidait que tous les fruits
civils réalisés étaient dans la caisse municipale à toute la commune, quoiqu'ils provinssent d'un bien sectionnaire.

En 1849, le 18 août, il déclarait que des taxes de pâturages, imposées sur les biens d'une section, pouvaient concourir à payer notamment les dépenses occasionnées par des travaux exécutés dans l'intérêt exclusif d'une autre section. En conséquence, il repoussait la réclamation de la section propriétaire, en disant que les Conseils municipaux réglaient le mode des pâturages et fruits communs et que leurs délibérations approuvées n'étaient pas susceptibles d'être attaquées par la voie contentieuse.

En 1853, le 7 juillet, le Conseil d'Etat a décidé que les dettes d'une commune réunie à une autre, devenaient, par le seul effet de la réunion, des charges des deux groupes, c'est-à-dire de la nouvelle commune. Il a ainsi reconnu que le passif, comme l'actif, des sections ou des communes réunies, se confondaient dès le moment de leur réunion par la seule puissance de la loi. On trouvera cet arrêt expliqué dans le chapitre XIII, deuxième section, au numéro relatif aux dettes pouvant résulter d'un changement de circonscription.

En 1858, le Conseil d'Etat a mieux défini, qu'il ne l'avait encore fait dans aucune décision et dans aucun avis, la situation des sections dans les communes, et montré ainsi plus clairement que les sections n'avaient d'existence que relativement aux droits immobiliers et aux jouissances en nature qui leur ont été réservées, et qu'elles ne pouvaient en avoir relativement aux dépenses obligatoires ou facultatives qui pèsent sur les communes, ni par conséquent relativement aux revenus qui doivent faire face à ces dépenses.

Jusqu'en 1854, le Conseil d'Etat avait reconnu que, lorsqu'une fraction de commune composait seule la circonscription d'une succursale ou chapelle de secours, les dépenses extraordinaires de reconstruction ou de grosses réparations des églises et des presbytères et d'achats de cloches, devaient porter exclusivement sur cette fraction de commune qui avait seule les bénéfices de la célébration du culte.

Mais, dès cette époque, un avis du comité de l'intérieur a
porté une première atteinte à cette jurisprudence, en refusant
d'approuver le projet d'un décret qui aurait autorisé une section à s'imposer extraordinairement pour acquitter les dépenses de réparations de l'église paroissiale de cette section,
par le motif que la dépense devait être supportée par la commune tout entière.

Un second avis du 9 décembre 1858, pris cette fois en assemblée générale, a complètement et définitivement renversé
cette jurisprudence; il porte, en effet : « Que les sections n'ont
» d'existence distincte et séparée que dans les cas spécialement
» déterminés par la loi; que tous les édifices et autres immeu-
» bles servant au public et situés sur le territoire de la section
» deviennent, de plein droit, par la réunion, propriétés de la
» commune entière; que si les sections de communes sont au-
» torisées à conserver, même après la réunion, *la jouissance*
» *de certains droits immobiliers* (la jouissance en nature), et
» si cette situation particulière semble donner à une section de
» commune une sorte d'existence séparée, il faut bien se gar-
» der d'étendre à des cas non prévus ce que la loi n'a admis
» que pour des cas exceptionnels; qu'autrement on arriverait
» à créer une commune dans la commune; qu'il n'y a pas à
» distinguer entre les dépenses obligatoires qui pèsent sur la
» commune et les dépenses facultatives; que les sections ne
» peuvent supporter ni les unes ni les autres. »

Les principes inscrits dans cet avis ont été consacrés par le
Ministre de l'intérieur, dans une décision de 1861, insérée au
Bulletin officiel, en ce qui concerne non-seulement la reconstruction ou la réparation d'une église, mais encore le logement d'un desservant.

Un arrêt au contentieux du 23 juin 1864 a confirmé la jurisprudence résultant des avis dont les principales dispositions
précèdent. Il porte, comme ces avis, que les réparations des
églises, dans le cas où une commune est divisée en plusieurs

paroisses, doivent être supportées, non par la fraction de commune renfermant l'église, mais par la commune. Il reconnaît ainsi que la section n'est rien en dehors des propriétés et des jouissances en nature qui lui ont été exceptionnellement réservées, et qu'au contraire la commune est tout et doit supporter les dépenses, parce qu'elle fait recette de tous les revenus et de tous les capitaux.

Le Conseil d'Etat, en statuant ainsi, non-seulement en 1850 comme corps préparant les lois, mais administrativement en donnant les avis de 1854 et de 1858, et juridiquement en 1843, en 1849, en 1853 et en 1864, est d'accord avec les termes et l'esprit de la loi et avec la jurisprudence du Ministère de l'intérieur pour reconnaître que la loi n'a accordé aux sections que certains droits immobiliers, des jouissances en nature, et qu'il n'est pas possible, sans étendre cette disposition exceptionnelle, de donner aux sections une fortune mobilière qui leur a été refusée et d'en faire, par ce moyen, des communes dans une commune.

La Cour d'Orléans, dans un arrêt du 7 juin 1851, a aussi décidé « que les biens des sections peuvent être affermés et » aliénés par les Conseils municipaux, et que les fruits civils » résultant des baux, comme les capitaux résultant des ventes, » doivent entrer dans la caisse communale. »

La Cour de cassation, comme le Conseil d'Etat, a aussi reconnu que la commune a son existence propre, et qu'elle constitue l'unité communale qui a pour conséquence l'unité administrative; que si elle peut se fractionner en section, ce n'est que pour certains intérêts de propriété et de jouissance; mais, qu'à cet égard même, la section ne forme pas un corps isolé, en d'autres termes un centre d'administration, d'où il suit que la section n'est absolument rien dans la commune, au double point de vue administratif et financier.

§ XII.

Les lois de 1860 et de 1867 ont respecté les droits des communes à tous les biens meubles.

287. La loi de 1860 n'a pas changé l'état des choses. Les législateurs de 1837 avaient permis l'amélioration des biens communaux au profit : ou des communes, s'ils produisaient des revenus, lors même qu'ils appartiendraient aux sections, ou de ces fractions de communes qui en seraient propriétaires, s'ils ne fournissaient que des fruits en nature ; la loi nouvelle a prescrit cette amélioration quand elle serait jugée utile par l'autorité administrative, en ajoutant, en ce qui concerne les biens sectionnaires, qu'elle aurait lieu sur l'avis d'une commission syndicale, mais sans enlever au Conseil municipal aucune de ses prérogatives quant aux locations, au règlement du mode de jouissance, à la répartition des pâturages et fruits communs et aux aliénations, ni à la commune ses droits sur les prix de ferme et sur tous les autres produits en argent, de manière qu'après comme avant 1860, si la mise en culture produisait et produit encore des fruits naturels, les habitants des sections propriétaires continueront à en profiter, tandis que si elle apportait et si elle apporte toujours des revenus, la commune continuera à les recueillir.

La loi de 1867 n'a non plus enlevé aucun pouvoir aux corps municipaux et aucune ressource aux communes ; elle n'a modifié les lois antérieures que pour faciliter les locations n'excédant pas dix-huit ans, que pour rendre exécutoire, sans approbation, toutes les délibérations y relatives, et que pour permettre de créer ainsi et par le vote de centimes additionnels de nouvelles ressources aux communes ; elle a aussi, au moins implicitement, affirmé que tous les revenus et tous les capitaux appartiennent aux communes, en maintenant la législation en vigueur qui n'admettait qu'un budget dans chacune d'elles.

Le pouvoir des municipalités de régler le mode des pâturages, les conditions des locations et des aliénations, le sort des fruits civils et des capitaux, a donc été plutôt étendu que restreint par les lois de 1860 et de 1867; et le droit des communes à tous les fruits civils et à tous les capitaux a lui-même été maintenu. Il suffit, du reste, qu'il ait été respecté et il l'a été.

§ XIII.

Malgré la loi et malgré toutes les preuves fournies à l'appui des droits des communes, une nouvelle jurisprudence du Conseil d'État attribuerait aux sections des revenus et des capitaux.

288. Néanmoins, malgré la loi et malgré toutes les autorités qui viennent justifier ses dispositions, la section du contentieux a, les 24 janvier 1856, 4 septembre suivant et 17 mars 1857, sur les rapports de M. Aucoc, il n'est pas inutile de le faire remarquer, décidé que si les Conseils municipaux avaient le droit, sous le contrôle de l'Autorité supérieure, de régler le mode de jouissance des biens communaux, appartenant soit aux communes, soit aux sections, et par conséquent de les affermer, les revenus des biens des sections devraient être réservés au profit de ces fractions de communes. Ces premiers arrêts sont en substance ainsi conçus :

« Considérant qu'aux termes des articles 5 et 6 de la loi du » 18 juillet 1837, les sections de communes réunies à une autre » commune conservent la propriété de tous les biens qui lui » appartiennent exclusivement, et la jouissance exclusive des

» biens, dont les fruits étaient perçus en nature, au moment
» de leur réunion; que si, d'après les dispositions des articles 17
» et 18 de la même loi, les Conseils municipaux ont le droit,
» sous le contrôle de l'Autorité supérieure, de régler le mode
» de jouissance des biens communaux, appartenant soit aux
» communes, soit aux sections de communes, l'exercice de ce
» pouvoir ne peut aller jusqu'à transférer à la commune en-
» tière la jouissance qui, dans les cas prévus par l'article 5 de
» la même loi, est restée exclusivement à la section. »

Depuis, par cinq autres arrêts des 10 février 1859, 5 mai de la
même année, 2 février 1860, 4 août 1864 et 28 janvier 1865, le
Conseil d'État a persisté dans la jurisprudence résultant des
arrêts de janvier et de septembre 1856 et de mars 1857; mais,
outre que cette jurisprudence fait une fâcheuse invasion dans
le domaine de l'administration, elle est en opposition formelle
avec l'avis de l'assemblée générale du Conseil d'État de 1858,
avec l'arrêt de 1864 et avec les autres décisions du même Conseil, notamment de 1843, de 1849 et de 1853, et encore avec les
décisions des tribunaux; elle ne pourra donc se soutenir par
ces raisons qu'elle ne s'appuie ni sur le texte ni sur l'esprit de
la loi et qu'elle en fait, au contraire, une fausse application.

Montrons qu'en effet le Conseil d'État, par ses arrêts de 1856
à 1865, s'immisce, malgré la loi, dans la question des affaires des
communes, en d'autres termes dans le domaine de l'administration, et dans tous les cas que par ces mêmes arrêts il viole
la loi dans ses termes et dans son esprit.

§ XIV.

Excès de pouvoir du Conseil d'État.

283. — Tout d'abord avant de discuter les arrêts du Conseil
d'État, ceux antérieurs comme ceux postérieurs à 1858, il y a

18

lieu d'examiner si, en les rendant, la section du contentieux n'a pas excédé ses pouvoirs, ou, en d'autres termes, si elle ne s'est pas emparée des pouvoirs des municipalités et de l'autorité administrative supérieure.

Sans refuser aux Conseils municipaux le droit de convertir, quand ils le jugent à propos, en fruits civils des fruits naturels, et en capitaux des immeubles, la section du contentieux ne leur permet plus de les employer aux besoins qui sont trouvés les plus grands et les plus urgents ; elle jette les yeux jusque dans la caisse communale ; elle y distingue, malgré la loi et malgré ses arrêts des 3 février 1843, 18 août 1849 et 7 juillet 1853, les ressources qu'elle renferme, et elle en dispose au profit des sections dans lesquelles le Conseil municipal avait peut-être la veille réalisé, au moyen d'une imposition extraordinaire, ou avec d'autres ressources, toutes les améliorations nécessaires ; elle descend de la sphère élevée qu'elle occupe dans le domaine de l'administration et commet ainsi un excès de pouvoir.

L'initiative et la faculté de l'amodiation et de l'aliénation des biens des communes et des biens de sections de communes, n'appartient, en effet, excepté dans les cas prévus par la loi de 1860, qu'aux Conseils municipaux, suivant les termes formels de la loi de 1837 ; mais lorsque ces Conseils ont jugé toutes les questions d'opportunité et d'utilité, observé toutes les formalités d'instruction, décidé et réalisé les locations et les ventes, et traduit ainsi en argent des jouissances en nature, ou les immeubles qui les procurent, qu'ils ont disposé de ces ressources dans les budgets, selon qu'ils ont le droit de le faire, et que le Préfet et le Ministre ont admis ou approuvé leurs actes, tout est dit ; ils ont usé de pouvoirs qui ne sauraient être mis en question devant le Conseil d'État. La loi de 1867 est au besoin venue l'affirmer par la liberté d'action qu'elle a reconnue et qu'elle a donnée aux municipalités. Déjà la législation de 1837 permettait aux Conseils

municipaux de régler définitivement certaines affaires, et leurs
délibérations étaient exécutoires si, dans les trente jours de
leur envoi, le Préfet ne les avait pas annulées ou n'en avait
pas suspendu l'effet. La loi nouvelle dispense d'approbation
les délibérations relatives au règlement des conditions des
baux à ferme et à loyer dont la durée n'excède pas dix-huit
ans. Les Conseils municipaux peuvent ainsi poser telles conditions que bon leur semble, et décider par exemple qu'ils réalisent les locations pour obtenir des produits supérieurs à ceux
que donnent des jouissances en nature ou pour faciliter la restauration ou la reconstruction soit d'une église soit de tous
autres édifices, ou encore pour satisfaire au décret du 17 août
1867, qui prescrit l'achèvement du réseau des chemins vicinaux; ils peuvent même, sans que le Préfet puisse modifier
leur vote, faire telles dépenses facultatives qu'ils croient utiles,
avec les ressources ordinaires et par conséquent avec les revenus, qui en font partie, des biens communaux de toute origine,
toutes les fois que le budget pourvoit à toutes les dépenses
obligatoires, sans appliquer aucune recette extraordinaire aux
dépenses obligatoires ou facultatives. Louer et vendre ainsi,
dans les termes de la loi, créer, par ces moyens, des ressources,
et les dépenser, avec ou sans l'assentiment de l'Autorité supérieure, selon les cas, c'est de la part des Conseils municipaux,
faire de l'administration; et approuver les actes qui sont susceptibles de l'être, et laisser exécuter ceux qui n'ont pas besoin
d'approbation, c'est, de la part de l'autorité préfectorale, faire
des actes de tutelle administrative, non susceptibles de recours
au contentieux.

290. Ainsi l'a pensé le Ministre de l'intérieur et l'ont jugé le
Conseil d'État, la Cour d'Orléans et la Cour de cassation.

A l'occasion du recours d'une section qui réclamait, contre la
commune dont elle faisait partie, des fruits civils de biens
qu'elle avait apportés, le Ministre disait, en 1856 : « que d'après

» les principes consacrés en pareille matière par la jurispru-
» dence de son département et par la jurisprudence du Con-
» seil d'État et de la Cour de cassation, la délibération par la-
» quelle le Conseil municipal avait voté la mise en ferme des
» biens d'une section, de même que l'arrêté préfectoral qui
» l'avait approuvée, étaient des actes de pure administration,
» non susceptibles d'être attaqués au contentieux. »

291. Le Conseil d'Etat consacrait la même opinion, quant
aux locations et aux ventes, dans six arrêts des 5 août 1829, 14
décembre 1836, 18 juillet 1839, 23 février 1841, 29 décembre 1858
et encore 29 décembre 1858, en déclarant, toujours à peu près dans
les mêmes termes, « que les délibérations votant des aliéna-
» tions et des locations sont des actes d'administration et que
» les arrêtés les approuvant sont des actes de tutelle adminis-
» trative à l'abri de tout recours devant lui. »

Il décidait encore, par l'arrêt du 18 août 1849, comme l'avait
toujours fait le Ministre, que l'administration ne sortait pas
du cercle de ses attributions lorsqu'elle réglait le mode d'administration des biens communaux et l'emploi de leurs produits. Ainsi, a-t-il dit, une commune composée de deux sections, qui impose des taxes sur les biens communaux de l'une
d'elles pour payer les dépenses qui se font dans l'autre,
n'exerce qu'un droit qui lui appartient aux termes de la loi de
1837; elle règle, dans le cercle de ses pouvoirs, le mode d'administration des biens et d'emploi de leurs produits. La délibération approuvée de son Conseil municipal ne peut lui être
déférée.

Imposer ainsi des taxes sur les biens d'une section, c'est les
amodier et en changer, par conséquent, comme la loi le permet, le mode de jouissance. Appliquer ces taxes qui sont de
véritables fermages spécialement à des travaux qui se font
dans une autre section, c'est régir les ressources et les affaires des communes et des sections comme la loi le permet

aussi. C'est, en d'autres termes, créer des ressources et les dépenser, faire, en un mot, de l'administration, dont le Conseil d'Etat ne peut se rendre juge.

292. La Cour d'Orléans et la Cour de cassation ont aussi reconnu les pleins pouvoirs des Conseils municipaux en pareille matière, en décidant qu'ils pouvaient, sous le contrôle de l'Administration supérieure, affermer et vendre tous les biens communaux, même ceux des sections, et créer ainsi des ressources aux communes; ces Cours ont, en effet, expliqué, savoir : la Cour d'Orléans, que les fruits civils résultant des baux et les capitaux résultant des ventes devaient entrer dans la caisse municipale au profit de la commune, et la Cour de cassation, que l'administration était seule compétente pour répartir les revenus, les employer, les régir, en d'autres termes.

A plus forte raison, doit-on, sous la loi de 1867, confirmative de la législation de 1837, reconnaître que le Conseil d'Etat a excédé ses pouvoirs, en réglant le sort de revenus dont les Conseils municipaux peuvent disposer en toute liberté.

293. Toutes les fois que des délibérations municipales sont relatives à des matières sur lesquelles il appartient aux Conseils municipaux de prononcer, et que les délibérations sont devenues exécutoires par la seule force de la loi ou ont reçu l'approbation du Préfet, elles ne peuvent être déférées au Tribunal administratif supérieur qui n'a pas de compétence pour les examiner; qu'un Conseil général ou un Conseil municipal refuse d'ouvrir un crédit pour payer une dette obligatoire, ou en ouvre un pour acquitter des sommes qui ne sont pas dues, il fait un acte d'administration que le Préfet ou le Ministre peut seul annuler; qu'un Conseil municipal porte au budget, qu'il lui appartient de dresser, dans les recettes et dans les dépenses communales, les revenus de biens sectionnaires pour faire une amélioration, soit dans le bourg, soit dans un village, ou qu'il laisse ces ressources dans la caisse municipale, il ne fait encore que de l'administration, et serait-elle mauvaise, que le Conseil d'Etat ne pourrait la rendre meilleure sans commettre le plus flagrant des excès de pouvoir. Ce serait au Préfet et au Ministre à faire faire un emploi convenable des ressources de toute nature et de toute origine, à moins qu'il s'agisse d'allocations que les Conseils municipaux peuvent faire à leur gré dans les termes de l'article 2 de la loi de 1867. C'est dans ce sens que la loi doit être comprise et que l'ont sainement interprété les décisions déjà citées de 1843, de 1849, de 1853, de 1858 et d'autres non moins positives.

294. Des exemples rendront plus palpable encore l'excès de pouvoir du Conseil d'Etat, lorsqu'il touche à des locations et à des ventes régulièrement opérées et surtout lorsqu'il en modifie les conditions pour en attribuer les produits aux sections.

Supposons qu'un Conseil municipal ait voté une location ou une aliénation de biens sectionnaires, par le seul motif que cette manière d'en user est la meilleure, et que le Préfet ait approuvé ce vote, s'il n'est par lui-même exécutoire, est-ce que le Conseil d'Etat pourrait empêcher la location ou la vente, ou dicter les conditions sous lesquelles on devrait les réaliser et dire par exemple qu'on devrait y insérer la condition que les prix tourneraient au profit de la section? Non, assurément, parce qu'en le faisant, il prendrait la place et userait des pouvoirs du Conseil municipal et de l'Administration supérieure.

Supposons encore qu'un Conseil municipal laisse les prix de fermes ou d'aliénations de biens sectionnaires dans la caisse municipale, afin de conserver et même d'augmenter, par des intérêts, les sommes disponibles, en vue de projets qu'il ne jugerait pas encore opportun de faire connaître, est-ce que le Conseil d'Etat pourrait lui prescrire de les employer au profit de la section qui avait la propriété de ces biens? Non encore, parce qu'en intervenant ainsi, il ferait de l'administration, et parce que d'ailleurs le Préfet ne pourrait pas lui-même contraindre la municipalité à réaliser des améliorations facultatives qu'elle ne voudrait pas encore faire, ni à payer des charges obligatoires, par cette double raison qu'il serait peut-être possible de les faire acquitter avec d'autres ressources, et que la section n'a pas ordinairement de charges obligatoires.

Allons plus loin. Supposons que cinq ou dix ans après la location ou la vente faite dans les termes de la délibération municipale et après le versement des prix dans la caisse communale, le Conseil municipal emploie, sans en faire connaître l'origine, une somme à peu près égale à ces prix, soit à des services communaux, soit à l'établissement d'un édifice ou d'un chemin, est-ce que le Conseil d'Etat pourrait trouver que les fonds dépensés proviendraient des biens sectionnaires et en prescrire un autre emploi? Non encore, parce que, dans ce cas, il se livrerait à un travail qu'il n'appartient qu'au Préfet de faire, qu'il rechercherait, en effet, dans la caisse municipale, contrairement à la loi et à tous les précédents, l'origine de fonds qui ne pourraient plus être distingués d'autres fonds, avec lesquels ils s'étaient mêlés et confondus et que s'il le faisait, il sortirait de ses attributions de juge pour se substituer au Conseil municipal ou pour se faire, à la place de l'Administration supérieure, le tuteur de la section et de la commune.

Allons plus loin encore. Supposons que le Conseil municipal, agissant très ouvertement, applique, en faisant connaître leur origine, les prix de fermes ou de ventes à la construction d'un chemin conduisant du chef-lieu de la commune à la section, dont les biens auraient été affermés, qui en serait distante de dix kilomètres, qu'il décide que les travaux commenceront, non du côté de la section, mais du côté du bourg, et et que tous les prix dussent être dépensés dans la construction des quatre ou cinq premiers kilomètres, qui seraient ou

inutiles ou presque inutiles à la section, est-ce que, sans faire
de l'administration, le Conseil d'Etat pourrait intervenir et décider qu'on aurait dû commencer le chemin par le bout opposé?
Non encore, parce qu'il prendrait la place du Conseil municipal ou le rôle du Préfet qui ne lui appartient pas, et que toujours il ferait de l'administration.

Dans ces divers cas et dans beaucoup d'autres, qu'on comprend mieux qu'on ne saurait les indiquer, le Conseil d'Etat,
s'il intervenait, sortirait du cercle de ses attributions de juge.

295. Peut-être pourra-t-on dire, en supposant un instant le
droit des sections à une fortune mobilière, que le Conseil municipal et l'Administration supérieure, si jamais on pouvait leur
supposer des intentions malignes, auront, dans ces cas, tourné
la difficulté; mais avouer qu'on peut ainsi éluder une jurisprudence, c'est reconnaître, d'une part, qu'elle ne s'appuie pas sur
la loi qui ne permet jamais qu'on la viole, même indirectement, et, d'autre part, que cette jurisprudence, dont on pourrait se garer aussi facilement, est mauvaise et bien prête à être
renversée.

Comment, d'ailleurs, pourrait-on imposer à un Conseil municipal l'obligation d'employer des fonds dans une section où il
n'y aurait aucun besoin à satisfaire, lorsqu'il pourrait utilement
les employer ailleurs en toute liberté pour des dépenses facultatives, ou les laisser dans les caisses du Trésor, afin de mieux
assurer les services publics municipaux? On ne pourrait le
faire sans se mettre en opposition avec la raison et, par conséquent, avec la loi qui en est l'expression.

Ainsi, d'après la loi, les locations et les aliénations et la question d'emploi de leur prix, c'est-à-dire de dépense de leurs produits; quelle que soit l'origine des biens affermés ou aliénés,
sont dans les limites des pouvoirs de l'administration et échap-
pent, par conséquent, aux investigations du Conseil d'Etat,
quand même, ce qu'on ne peut pas supposer, l'administration

municipale et l'Administration supérieure se seraient toutes
les deux trompées.

Mais, au surplus, si le Conseil d'Etat s'immisçait dans les
locations et les ventes, en dictait des conditions pour en attribuer les prix aux sections, et appliquait ainsi ces prix plutôt à
tels travaux, dans une section, qu'à tels autres que le Conseil
municipal aurait reconnu plus nécessaires et plus urgents,
dans une autre partie de la commune, au lieu de faire respecter un droit au profit d'une section, n'en violerait-il pas un, au
contraire, qui appartiendrait à la commune? C'est ce que nous
allons subsidiairement examiner dans la section suivante.

§ XV.

**En supposant que le Conseil d'Etat puisse examiner la question de savoir à qui,
de la commune ou de la section, reviennent les produits en argent des biens
sectionnaires, il viole ouvertement la loi, en les refusant à la commune.**

296. Ce n'est pas le Conseil municipal qui viole un droit en
faisant des locations et des ventes et en disposant des prix
qu'elles produisent, selon les besoins qui lui paraissent les
mieux justifiés, c'est, au contraire, le Conseil d'Etat qui trans-
gresse la loi, en accordant des fruits civils et des capitaux
aux sections de communes. Nous l'avons déjà prouvé. Établis-
sons-le mieux encore en discutant la dernière jurisprudence
du Conseil d'Etat.

En supposant que le Tribunal administratif supérieur puisse
se prononcer sur le sort de revenus, qu'il n'appartient qu'à
l'autorité municipale, avec ou sans le contrôle de l'Autorité
supérieure, de laisser prendre en nature ou de convertir en
argent, si le besoin s'en fait sentir, il se trompe, avec M. Aucoc, le premier de ses rapporteurs qui a inspiré ses décisions,

lorsqu'il veut faire tourner ces revenus en faveur des sections, à l'exclusion des communes dont elles dépendent.

Ses arrêts de 1856 et de 1857, et ceux de 1859, 1860, 1864 et
1865 sont, il importe de le constater, en opposition formelle
avec ceux de 1843, de 1849, de 1853, et même avec l'avis donné
en assemblée générale en 1853, et avec l'arrêt conforme de
1864.

Ces cinq dernières décisions accordent, en effet, les revenus
et les capitaux provenant des biens sectionnaires aux communes. La dernière, qui exprime l'opinion de tout le Conseil
d'État, va plus loin dans la pensée de la loi ; elle dispose, en
termes formels, que les sections ne sont autorisées à conserver, après leur réunion, que la jouissance de *certains droits
immobiliers*, c'est-à-dire la propriété de leurs biens communaux et les fruits en nature qu'ils peuvent donner, sans que
ces droits exceptionnels puissent être étendus ; la loi ne permettant pas de créer une commune dans une commune, et les
sections ne pouvant, par cette raison, avoir de revenus en
argent, ni supporter aucune dépense facultative ou obligatoire.

297. Mais examinons les arrêts, ceux mêmes de la section
du contentieux de 1856 à 1865 ; ils ne sont pas seulement en
opposition avec d'autres arrêts, ceux que nous venons de citer,
ils sont en opposition flagrante avec la loi elle-même. Leurs
termes le montrent et se prêtent ainsi d'autant mieux à la critique que nous allons en faire.

Il est bien vrai, comme ils le constatent, que les communes
ou les sections de communes ne perdent pas en se réunissant,
la propriété de tous leurs immeubles ; mais elles ne conservent, comme l'ont expliqué les législateurs de 1837, les immeubles qui ne sont pas affectés à un service public, que pour
certaines éventualités, par exemple pour le cas de séparation
ultérieure et aussi pour en jouir en nature ; et encore leurs

droits sur ces immeubles ne restent-ils pas entiers dans leurs mains. Ainsi, les Conseils municipaux des nouvelles communes peuvent les grever de taxes de pâturages et d'affouages, s'il leur est possible, en raison de la situation financière de la commune, d'en laisser la jouissance en nature aux habitants, ou les amodier et même les aliéner, selon les besoins qui peuvent se faire sentir, sous la seule réserve, comme s'il s'agissait d'édifices publics, passant, avec une section, d'une commune dans une autre, d'un droit éventuel à une indemnité en cas de séparation ; mais, quels que soient les produits qui seront obtenus, montant de taxes ou cotisations, prix de fermes ou de ventes, ils entreront, selon les termes de la loi, qui n'accordent aucune fortune mobilière aux sections, et suivant les paroles des législateurs qui leur ont refusé toute organisation dans la caisse communale et s'y confondront avec toutes les autres ressources municipales.

Ainsi l'a toujours voulu la constitution des communes, qui a fait de chacune d'elles une unité politique, une unité administrative et une unité financière.

Ainsi le voulaient également les lois romaines ; les anciens rois, suivant que le constate spécialement l'ordonnance de 1669 ; la restauration, suivant que l'atteste l'ordonnance de 1818 ; et le Gouvernement de 1830, suivant que l'affirmait, en 1834, le Ministre de l'intérieur.

Ainsi l'ont prescrit les termes des articles 5 et 6 de la loi de 1837, en ne conservant aux sections que des droits de propriété limités, puisque ces mêmes droits ont été entièrement mis à la disposition des corps municipaux, et aux habitants que des avantages personnels, c'est-à-dire des jouissances en nature, qui pouvaient leur être conservées sans gêner l'administration communale, ni faire obstacle même à des ventes.

Ainsi l'ont expliqué les auteurs de la loi de 1837, en déclarant qu'ils entendaient fondre tous les intérêts, la commune ne pouvant exister qu'à cette condition, et que la section ne pouvait conserver la *puissance* de propriété distincte, c'est-à-dire des revenus, des capitaux et une fortune mobilière.

Ainsi le veulent encore, non moins énergiquement, les articles 10, 17, 19, 30 et 31 de la même loi, qui ont remis au Maire et au Conseil municipal de pleins pouvoirs pour administrer, louer et même aliéner tous les biens des sections, et qui, en exécution de l'article 5, ont expressément disposé que la commune comprendrait dans son budget en recette, dans son actif, en d'autres termes. pour faire face à tous les services, tous les revenus des biens communaux dont les habitants ne jouiraient pas en nature, toutes les taxes, tous les prix des biens aliénés et des coupes extraordinaires de bois, tous les capitaux, quelle qu'en soit l'origine, et même toutes les recettes accidentelles.

Ainsi l'a décidé le Conseil d'État lui-même, dans ses arrêts déjà cités de 1843, de 1849 et de 1853, en déclarant, dans les deux premiers, que les revenus provenant de biens sectionnaires se confondaient dans la caisse communale avec toutes les autres ressources, ne pouvaient en être distinguées et formaient la fortune de la commune entière ; et dans le troisième, que les dettes de sections ou de communes réunies constituaient des dettes de la nouvelle commune.

Ainsi l'ont encore jugé la Cour de cassation et le Conseil d'État, en affirmant : la Cour de cassation, que si la commune peut se fractionner pour certains intérêts de propriété et de jouissance, suivant les articles 5 et 6, la section même. à cet égard, ne forme pas un corps isolé ; et le Conseil d'État, que si la section, selon les mêmes articles, a une sorte d'existence séparée, relativement à des droits de propriété et de jouissance en nature, on ne pouvait étendre ces avantages exceptionnels, car alors on arriverait à créer une commune dans la commune.

Ainsi, enfin, l'a compris la loi de 1867, en étendant encore les pouvoirs des Conseils municipaux, relativement aux locations qu'ils peuvent faire en pleine liberté, et relativement à l'emploi de leurs produits qu'ils peuvent aussi faire avec une complète indépendance, lorsqu'ils ont satisfait aux dépenses obligatoires, sans appliquer aucune recette extraordinaire aux dépenses obligatoires ou facultatives.

Un dernier arrêt du Conseil d'État du 7 mai 1867 semble se prononcer dans le sens des droits des communes aux revenus des biens sectionnaires. Il s'agissait, dans l'espèce qu'il a jugée, de savoir si les redevances dues à l'occasion d'un ancien partage de biens sectionnaires pouvaient être réclamés par la commune. Les habitants des sections soutenaient la négative. Le Conseil d'État a décidé que si la commune n'avait pas contesté la propriété exclusive des biens, à l'occasion desquels les redevances étaient dues, l'administration municipale de la commune n'avait pas moins qualité pour les réclamer. Cette décision, nous le reconnaissons, ne tranche pas la difficulté; mais elle aurait pu réserver expressément le droit des sections, elle ne l'a pas fait; on doit dès lors au moins conclure de ces termes qu'elle se rapproche davantage des arrêts de 1848, de 1849, de 1853, de 1858 et de 1864, que de ceux que nous discutons.

298. Le premier motif donné par le Conseil d'État dans ses arrêts de 1856 à 1865, accordant des fruits civils aux sections, dépasse donc la volonté de la loi; il élèverait contre ses termes, contre son esprit et contre son but, les sections à la hauteur des communes, lorsque les législateurs, sous les seules réserves qu'ils ont posées dans leur intérêt, ont tenu, par des raisons d'ordre public, à les faire entrer, territoire, habitants et fort une mobilière, dans la nouvelle association communale; il ferait ainsi dans une commune autant de communes qu'elle renfermerait de sections, on peut presque dire de villages, malgré les paroles acceptées par les Chambres, des rapporteurs, du Ministre, du Commissaire du Gouvernement et d'autres orateurs. Il laisserait à ces fractions de communes, nonobs-

tant les termes formels de la loi, sur leurs propres immeubles,
autres que ceux affectés à un usage public qui leur ont été entièrement enlevés, des droits complets de propriété et de jouissance avec des budgets particuliers et avec des comptabilités,
lorsque leurs droits ont été expressément restreints à une propriété dont la commune peut seule disposer si ses besoins
l'exigent, et à des fruits en nature dont les Conseils municipaux peuvent les priver, suivant les circonstances, et lorsqu'elles n'ont ni organisation, ni charges publiques ; enfin, il
enlèverait aux municipalités la plus importante de leur préro-
gative, celle dont l'initiative n'appartient qu'à elle, le droit
d'affermer sous leur seule responsabilité, et d'aliéner, de l'assentiment de l'Autorité supérieure, les biens des sections,
quand elles le croiraient utiles, et d'en employer les produits,
selon leurs pouvoirs souverains, aux améliorations qu'elles
trouveraient le plus nécessaires. De pareils résultats, ainsi que
le pensaient les législateurs de 1851 et que le décidait en 1858
le Conseil d'État, sont inconciliables avec les termes et avec
l'esprit de la loi, qui n'ont pas cru possible qu'il y ait un État
dans un État, un budget dans un budget et une comptabilité
dans une autre comptabilité.

299. Le second motif qui serait exact, s'il s'appliquait à des
jouissances en nature, cesse de l'être lorsqu'on l'applique à
des locations et aux revenus qu'elles produisent. Sans aucun
doute, la section du contentieux, dans les termes de ses arrêts
de 1856 à 1865, peut proclamer très-haut, avec les expressions
même, et dans tous les cas, avec l'esprit de la loi, que les pouvoirs des Conseils municipaux ne peuvent aller jusqu'à transférer à une commune entière la jouissance en nature qui, dans
le cas prévu par l'article 5, est réservée exclusivement aux habitants d'une section ; toutes les fois, en effet, que les Conseils
municipaux voudront transporter aux communes des jouissances en pâturage, en bois, c'est-à-dire, en nature, réservées tant

qu'elles pourront être pratiquées aux habitants d'une section
réunie, le Conseil d'État devra briser leurs délibérations lors
même qu'elles auraient été approuvées par l'Autorité supérieure, parce qu'elles enlèveraient un droit aux habitants des
sections propriétaires et violeraient ainsi la loi; mais que, par
les mêmes raisons, il mette obstacle à des amodiations, ou
qu'il en pose les conditions pour empêcher la généralité des
habitants de profiter de leurs produits, suivant les véritables
principes, il s'en prend lui-même à la loi, comme le feraient les
Conseils municipaux, s'ils déplaçaient des jouissances en nature, et la violente en ce qu'elle a accordé aux municipalités le
droit de disposer, par des locations et même par des ventes,
avec ou sans le contrôle de l'Administration supérieure, selon les cas, des biens des sections lorsque les besoins de la
communauté l'exigent; en ce qu'elle leur a donné les produits
en argent de ces mêmes biens, la fortune mobilière, en d'autres termes, les sections ne pouvant en posséder; et en ce
qu'elle leur a permis d'en user dans l'intérêt de l'association
entière, sur laquelle pèsent toutes les charges, et notamment
l'obligation de faire et d'entretenir les chemins dont l'Empereur
vient de décréter l'achèvement.

300. Le Conseil d'État, en accordant ainsi, malgré les législateurs de 1837, malgré ses décisions de 1843, de 1849, de 1853,
de 1858 et de 1864, et on peut presque dire, malgré le dernier
arrêt de 1867, des revenus en argent aux sections, étend à ces
sortes de fruits, qui leur ont été refusés, la disposition qui leur
laisse exceptionnellement des jouissances en nature, crée ainsi
une commune dans une commune et combat encore la loi dans
ce qu'elle veut le plus énergiquement : l'unité communale,
c'est-à-dire, selon sa pensée, telle qu'elle résulte de son texte
et qu'elle a été expliquée par ses auteurs, l'unité de territoire,
l'unité d'administration, l'unité politique, l'unité de domaine
public, l'unité de fortune mobilière, l'unité de budget, de

caisse et de comptabilité, et la fusion ou, en d'autres termes, l'unité de tous les intérêts. Le Conseil d'État, nous devrions dire la section du contentieux, ne peut évidemment pas détruire ce principe fondamental des communes. Aussi espérons-nous que ses arrêts de 1856 à 1865, quand même leur nombre augmenterait encore, seront bientôt contredits par d'autres et tomberont vite en désuétude. L'unité est, en effet, en même temps la base et la clef de voûte de l'édifice communal; c'est elle qui le soutient, lui donne la vie et assure sa durée; elle est même la condition essentielle de sécurité et de prospérité pour la commune, d'union et de bonheur pour ses habitants.

301. Enfin, disons-le, le Conseil d'Etat s'est trompé dans le second comme dans le premier des motifs de ses décisions. Pour admettre que la conversion en fruits civils des fruits naturels avait lieu au profit des sections, il s'est arrêté à une pensée d'équité fort louable, sans doute, mais qui avait été repoussée par les législateurs avec cette surabondante explication : « que s'il pouvait ne pas être juste de laisser les revenus » sectionnaires aux communes, c'était une condition nécessaire » de la réunion. » N'est-ce pas, d'ailleurs, à l'administration que reviennent toutes les questions d'équité? Elle saura toujours s'opposer à des locations et à des aliénations lorsqu'elles froisseront, sans nécessité, les intérêts des sections. Des raisons, d'un ordre social plus élevé qu'une question d'équité dont l'administration saura d'ailleurs toujours tenir compte, beaucoup plus larges, impérieuses même et seules compatibles avec la prévoyante économie de la loi, auraient dû faire remarquer au Conseil d'Etat, comme l'avaient fait les législateurs, que si des jouissances en nature pouvaient, sans inconvénient, être laissées à des habitants, parce qu'elles ne sauraient gêner l'administration de la communauté et qu'elles peuvent encourager des réunions, il ne pouvait en être de même des fruits civils qui seraient dans leurs mains des causes d'anta-

gonisme et d'embarras, et même de désorganisation et de désordre, tandis qu'ils sont pour les communes des éléments de
richesse, de prospérité et de force. C'est, en effet, avec les produits des biens communaux de toute origine que se réalisent,
dans les campagnes, les plus grandes améliorations, et ce sera
encore, ainsi que nous l'avons expliqué dans le chapitre précédent, avec ces produits, ajoutés aux autres ressources, que
s'achèveront les chemins vicinaux.

§ XVI.

Les besoins des sections doivent être et seront toujours satisfaits par les communes.

302. Sans doute, si une section avait des besoins particuliers, les produits de ses biens propres pourraient, devraient
même, autant qu'il serait possible, y être appliqués. L'équité
l'exigerait, mais les droits de la commune ne resteraient pas
moins entiers, et elle pourrait toujours en user, à la condition
pourtant qu'elle n'abuserait pas de ses pouvoirs, soit en vendant les biens d'une section pour en porter le prix dans une
autre section qui aurait également des propriétés, soit en pro-
voquant des ventes lorsque des locations pourraient suffire.
Dans ces divers cas, il appartiendrait au Préfet, sous l'autorité
du Ministre, de mettre ordre aux injustices qu'elle commettrait, en refusant d'approuver ses délibérations.

Toujours, en effet, les sections trouveront pour la bonne
gestion ou la disposition de leurs biens et même pour l'emploi
de leurs produits, des garanties dans les formes à observer,
dans la publicité qui précède les locations et les ventes, dans
les enquêtes où viennent se manifester toutes les réclamations,

dans l'esprit de justice qui anime les assemblées municipales et surtout dans la haute tutelle de l'Autorité administrative supérieure chargée d'apprécier la convenance et l'utilité des locations et des aliénations ou des améliorations qui peuvent être faites.

303. Il faut donc reconnaître que la loi a sagement fait, en ne conservant que des jouissances en nature aux sections qui ne peuvent avoir rien de plus, en laissant par contre aux communes, qui en ont besoin, tous les revenus et tous les biens meubles, et en permettant aux municipalités, dans l'intérêt aussi bien des sections que de l'association entière, dans l'intérêt de l'agriculture et dans l'intérêt de l'Etat, de disposer de la fortune municipale, sous le contrôle tutélaire et protecteur de l'Administration supérieure.

§ XVII.

Conclusion.

304. En résumé, aucune loi de notre époque, des temps modernes et des temps anciens, n'a accordé de revenus en argent aux sections. Au contraire, des lois qui remontent à des milliers de siècles, la législation que les rois de la troisième race ont surtout établie, les lois de la Révolution, l'ordonnance de 1818, et enfin la loi en vigueur de 1837 qui, à son tour, prévoit et satisfait les nécessités de son siècle de civilisation et de progrès, ont, par des raisons d'économie politique de la plus haute importance, laissé aux communes tous les produits en argent.

CHAPITRE VIII.

EXISTENCE ET AFFIRMATION DES SECTIONS, AU POINT DE VUE DE
LEURS DROITS PARTICULIERS ET DANS UN INTÉRÊT GÉNÉRAL, ET
EXTINCTION DES SECTIONS.

§ Ier. Existence reconnue des sections, à raison de leurs biens et droits distincts.
— § II. Les autorités judiciaires et administratives peuvent, selon les cas, reconnaître ou nier l'existence des sections.— § III. Des habitants, propriétaires de
biens indivis, ne forment pas des sections. — § IV. Sections sans biens ni
droits, qu'il s'agit d'ériger en communes ou de faire passer d'une commune
dans une autre. — § V. Sections formant des circonscriptions électorales. —
§ VI. Sections établies en vue de l'assiette de la contribution foncière. —
§ VII. Sections dans lesquelles un adjoint spécial peut être institué. — § VIII.
Sections formées par la distribution de secours aux indigents. — § IX. Sections organisées pour l'exercice du culte. — § X. Sections établies en vue de
la distribution de l'instruction. — § XI. Autres cas dans lesquels des sections
peuvent être établies — § XII. Extinction des sections.

---

§ Ier.

Existence reconnue des sections, en raison de leurs biens et droits distincts.

305. S'il est vrai que les sections ne sont dans les communes que des exceptions, il faut cependant reconnaître qu'il en

existe. Une agglomération d'un nombre plus ou moins grand d'habitants, quelques maisons et même une usine ou une propriété isolée, peuvent, dans certaines circonstances, former des sections.

L'ancienne législation ne parlait point de ces fractions de communes. Son silence pouvait tenir ou à ce que les réunions d'habitants qui avaient des intérêts particuliers formaient généralement des communautés, ou à ce que le droit municipal et les autorités des temps passés savaient donner satisfaction à tous les intérêts. Ce que l'on sait, parce qu'on le voit dans les vieilles lois, c'est que les agglomérations qui avaient des droits distincts et séparés en jouissaient, suivant les intentions des bienfaiteurs, selon les règles de l'équité, et d'une manière conforme à la constitution communale. En effet, ces lois n'admettaient, dans une même commune, quel que soit le nombre des villages, hameaux ou maisons isolées dont elle se composait, qu'une administration et une caisse, et ne laissaient ainsi aux sections aucun fruit civil. Tous les rois et toutes les coutumes l'ont affirmé, en ne donnant à chaque communauté ou paroisse qu'une municipalité et une huche, disait Saint-Louis, ou un coffre, disaient ses successeurs, pour centraliser et conserver toutes les ressources de l'association entière, et en décidant que les biens qui seraient inutiles au pâturage pourraient être donnés à ferme, pour le prix être employé en réparation des paroisses, dont les habitants étaient tenus, ou autres urgentes affaires de la communauté. Aucun édit, aucune ordonnance ne laissaient de revenus en argent à une fraction de paroisse. Les termes que nous venons d'emprunter aux actes souverains des siècles passés l'établissent de la manière la plus formelle.

306. La nouvelle législation a reconnu l'existence des sections, mais en même temps qu'elle les a admises, elle a déterminé avec précision les droits qui leur sont réservés.

Les lois des 28 août 1792 et 10 juin 1793 disposaient :

La première, que les terrains vains et vagues appartenaient à la généralité des habitants des communes ou des sections de communes, dans le territoire desquelles ils étaient situés.

Et la seconde, que si une municipalité était composée de plusieurs sections, et que chacune d'elles ait des biens communaux séparés, les habitants seuls de la section propriétaire auraient droit au partage de ces biens.

Ces dispositions étaient la conséquence de la nouvelle division de la France en départements, qui avait déjà formé des sections, et des réunions de communes qui avaient été précedemment faites et qui s'opéraient surtout alors; réunions qui avaient aussi constitué et qui créaient encore chaque jour des sections.

L'existence des sections a également été reconnue par un décret du 7 vendémiaire an IV, qui a défendu aux communes ou sections d'acheter ou de prendre à bail, en nom collectif, un local pour l'exercice du culte ; par la loi du 3 frimaire an VII, qui portait que les propriétés appartenant à des communes et à des portions de communes seraient portées, pour l'assiette de l'impôt, sur les états de sections, au compte desdites communes et portions de communes, et par la loi du 14 ventôse an VII sur les domaines engagés qui réservait aux communes et aux sections de communes tous leurs droits sur les biens qui leur appartenaient.

Un arrêté des Consuls du 24 germinal an XI a la même portée ; il est intervenu à l'occasion d'une affaire particulière, mais il a été inséré au *Bulletin des Lois.* « Il considère que les lois » des 29 vendémiaire an V et 28 pluviôse an VIII, n'ont pas » prévu le cas où les sections d'une même commune seraient » en contestation, relativement à des intérêts particuliers, et » n'ont pas, par conséquent, déterminé le mode d'après lequel » ces contestations devraient être suivies devant les Tribu- » naux, » et il dispose « que le Sous-Préfet composera des

» commissions qui se rassembleront devant lui, à l'effet d'y
» exposer les motifs de contestation et de délibérer s'il y a
» lieu d'intenter ou de soutenir un procès; que le Conseil de
» Préfecture sera appelé à accorder ou à refuser l'autorisation
» de plaider, et que si l'autorisation est donnée, les membres
» composant les commissions nommeront, pour les sections
» qu'ils représenteront, un d'entre eux pour suivre l'action de-
» vant les Tribunaux. »

Cet arrêté a posé les règles qui devraient être dorénavant
suivies, et a été appliqué dans tous les cas semblables qui se
sont présentés jusqu'en 1837.

On trouve aussi dans les articles 72 et 73 du Code forestier,
la preuve qu'il peut exister des sections de communes.

La loi du 18 juillet 1837, sur l'administration municipale, est
encore plus explicite; elle porte :

Dans l'article 2, que, toutes les fois qu'il s'agira de distraire
une section d'une commune, le Préfet prescrira une enquête.

Dans l'article 3, que, si le projet concerne une section de
commune, il sera créée, pour cette section, une commission
syndicale.

Dans l'article 6, que la section, érigée en commune ou réunie à une autre commune, emportera la propriété des biens
qui lui appartenaient exclusivement.

Dans l'article 49, § 1er, « que nulle commune ou section de
» commune ne peut introduire une action en justice, sans y
» être autorisée par le Conseil de Préfecture. »

Dans l'article 56, § Ier et dernier : « que lorsqu'une section est
» dans le cas d'intenter ou de soutenir une action judiciaire
» contre la commune elle-même, il est formé, pour cette sec-
» tion, une commission syndicale de trois ou de cinq membres
» que le Préfet chosit parmi les électeurs municipaux, et à leur
» défaut parmi les citoyens les plus imposés; et que l'action est
» suivie par celui de ses membres que la commission syndicale
» désigne à cet effet. »

Dans l'article 57, « que lorsqu'une section est dans le cas
» d'intenter ou de soutenir une action judiciaire contre une
» section de la même commune, il sera formé, pour chacune des
» sections intéressées, une commission syndicale. »

Une dernière loi du 28 juillet 1860, sur la mise en valeur des
marais et terres incultes, a encore constaté l'existence des
sections.

Des sections existent donc en principe, et on peut, par conséquent, en rencontrer, une et même plusieurs, dans la même
commune.

307. Mais à quel signe reconnaît-on les sections et quand,
juridiquement, existent-elles ?

Aucune loi ne l'a dit.

Celles dont nous venons de rapporter les termes en ont toutes parlé, mais sans en donner la définition et sans leur accorder aucun droit particulier.

Ainsi, les lois de 1792 et de 1793, en reconnaissant d'une
manière générale leur existence, ne leur ont accordé, ainsi
que nous l'avons démontré, dans les chapitres précédents, aucune propriété ; elles se bornent à respecter les droits qu'elles
pouvaient avoir.

Le décret de l'an IV, les lois de l'an VII, l'arrêté de l'an XI,
le Code forestier et la loi de 1860 n'apportent non plus aucun
droit nouveau aux sections.

La loi organique de 1837 se montre plus explicite ; elle ne
reconnaît pas seulement que les sections peuvent posséder des
propriétés et des droits, elle fait connaître avec précision les
propriétés et les droits qu'elles peuvent avoir.

Ainsi, par les articles 5, 6 et 7, elle admet qu'une section
peut être propriétaire d'immeubles, et elle lui en laisse la jouissance en nature.

Par les mêmes articles et par les 49e, 56e et 57e, elle explique
comment elle pourra faire valoir ses droits et les défendre

C'est donc dans ce Code de l'administration municipale, dans la jurisprudence et dans les autorités les plus accréditées qu'il faut chercher ce qu'est une section, et quand elle existe, puisque les lois antérieures à 1837 ne le disaient pas, et que cette loi elle-même est plutôt limitative qu'explicative de ses droits.

308. Des communes qui ont été réunies sont des sections les unes à l'égard des autres, suivant les législateurs de 1837 et les explications que nous avons déjà données.

Une fraction de commune, qui a été détachée d'une commune et réunie à une autre, forme aussi une section de commune.

Les sections, qui ont été ainsi formées, conservent et emportent les biens propres qui leur appartenaient particulièrement et même leurs droits dans les propriétés de la commune dont elles faisaient partie, pour en user dans les termes de la loi de 1837, suivant les indications que nous avons données dans le chapitre VII.

309. Des villages et même des maisons isolées forment également des sections, s'ils ont été gratifiés de propriétés foncières ou de droits d'usage, à partir des avantages qui leur ont été faits, et ils peuvent, comme les communes réunies ou les hameaux passés d'une communes dans une autre, user de ces propriétés et droits dans les mêmes conditions.

De nombreux exemples de cas où des sections ont été établies de cette manière sont donnés dans le chapitre IV. Nous y renvoyons pour éviter les répétitions.

310. Ce n'est que lorsque des agglomérations ont ainsi des droits distincts et séparés de ceux de la commune à laquelle elles appartiennent et qu'elles en justifient qu'elles peuvent prendre et porter le titre de sections, à l'égard seulement de ces droits particuliers.

311. C'est le sentiment de Gérendo, dans ses *Instituts du droit administratif.*

M. de Cormenin n'admet non plus l'existence des sections qu'autant « qu'elles ont des droits distincts quant au reste de » la commune. »

Laferrière explique « que les sections de commune ne sont » considérées à part que pour *certains intérêts de jouissance* et » de propriété. »

Dalloz écrit « qu'on doit entendre par section de com- » mune une portion du territoire communal ayant formé un » hameau, ou un village, ou même une commune distincte, » ou une fraction de commune, possédant des droits de pro- » priété ou d'usage particuliers. »

Deux arrêts, l'un de la Cour de cassation du 6 avril 1836 et l'autre de la Cour de Bourges du 9 décembre 1838, déclarent en substance « que l'existence d'un village dans une commune » ne suffit pas pour constituer une section, qu'il faut encore » que ce hameau ait des intérêts distincts et séparés de ceux » de la commune. »

Ainsi, il existe dans les communes des sections, et on les trouve dans les agglomérations qui possèdent des droits par- ticuliers. On désigne même sous le nom de section des frac- tions de commune qui n'ont pas toutes des droits particuliers. Nous les ferons connaître dans les 3e, 4e, 5e, 6e, 7e, 8e, 9e et 10e paragraphes de ce chapitre.

§ II.

Les autorités judiciaires et administratives peuvent, selon les cas, reconnaître ou nier l'existence des sections.

312. A quelle autorité appartient le droit de reconnaître l'exis- tence et l'étendue d'une section ? En général, à l'autorité judiciaire, par l'affirmation qu'elle peut faire des droits, au moyen desquels les habitants d'un village prétendent former une section, et quelquefois à l'autorité administrative par la négation qu'elle peut faire de ces droits. Des exemples et quelques courtes observations vont expliquer et justifier cette double compétence.

313. Une collection d'habitants peut prétendre avoir des droits sur des terrains et constituer une section à raison de ces droits. Si elle les revendique ou les défend, il n'appartient qu'à l'autorité judiciaire de les reconnaître et d'attester ainsi l'existence ou la non existence de la section.

La même autorité devrait encore connaître d'une réclamation d'affouages qui serait élevée par des habitants, par le motif que leur habitation se trouve dans l'étendue de la section; la recherche et la fixation des limites de la section n'étant faites, dans ce cas, que pour apprécier et reconnaître des droits, s'il y a lieu.

La compétence de l'autorité judiciaire, dans ces hypothèses et dans d'autres semblables, est attestée par la loi du 16-24 décembre 1790 qui réserve aux Tribunaux civils la décision de toutes les questions de propriété, par un arrêt du Conseil d'Etat du 31 août 1847, et par des arrêts de la Cour de cassation des 16 février et 6 avril 1859.

314. Au contraire, si des habitants prétendaient être propriétaires en commun, former une section à raison des biens qu'ils possèderaient collectivement et avoir intérêt à introduire une action, et s'ils demandaient à l'administration de constituer une commission syndicale pour les représenter, il appartiendrait au Préfet, ou au Ministre, en cas de recours devant lui, d'apprécier les faits, de repousser la demande et de nier ainsi l'existence de la section. Ce pouvoir de l'autorité administrative est constaté dans l'arrêt déjà cité du Conseil d'Etat du 31 août 1847, qui sera rapporté au chapitre des procès des communes dans la quatrième section.

315. Mais l'étendue des sections ne pourrait être recherchée par l'administration, en vertu de la loi du 19-20 avril 1790. Cette loi ne s'applique qu'à la fixation des limites des communes. Seules, en effet, les communes ont un territoire officiellement déterminé. Les sections n'en ont pas; il est dès lors inutile, au point de vue administratif, de rechercher leur étendue. L'administration pourrait tout au plus, suivant les principes généraux, interpréter un acte qui aurait séparé ou réuni des sections de communes ou des communes, si, à l'occasion des limites qu'il indiquerait, il s'élevait, devant les Tribunaux, des difficultés relatives à des droits de propriétés.

C'est donc en général aux Tribunaux civils à juger les questions de propriété et à constater ainsi l'existence des sections quant aux droits sur lesquels ils sont appelés à se prononcer, sauf à l'administration, dans les cas où elle est autorisée à le faire, à ne point reconnaître, sur de simples allégations qui ne lui paraîtraient pas justifiées, l'existence d'une section qui n'aurait pas été judiciairement constatée.

§ III.

Des habitants, propriétaires de biens indivis, ne forment pas des sections.

316. Mais de ce que des habitants d'un même village ont des droits communs sur certains biens, il ne s'ensuit pas toujours qu'ils forment une section de commune; ils ont pu se recueillir ou acheter ensemble, et laisser dans l'indivision, des pâturages pour les besoins de leurs troupeaux; dans ces cas, ils sont propriétaires des biens qui leur sont ainsi advenus, à l'exclusion du village dont ils font partie ; ils les possèdent pour eux-mêmes et ils peuvent en disposer ou les laisser à leurs héritiers. Au contraire, lorsque les propriétés appartiennent à leur village, ils ne peuvent en jouir qu'à la condition de l'habiter, et encore leur jouissance est-elle restreinte à des fruits en nature ; il ne leur serait permis ni de les aliéner ni de les faire passer à leurs héritiers. On ne saurait donc voir une section dans une réunion de propriétaires de biens indivis, quand même, à un moment donné, ces propriétaires formeraient tous les habitants du village.

§ IV.

Sections sans biens ni droits qu'il s'agit d'ériger en communes ou de faire passer d'une commune dans une autre.

317. Il n'est pas toujours nécessaire, nous devons indiquer cette exception, qu'un hameau ou une portion de territoire habitée, soit propriétaire d'immeubles ou en possession de droits particuliers pour former une section ; il suffit, dans les cas de divisions, de réunions et de formations de commune, que les habitants aient intérêt à résister à la division et à la réunion ou à les réclamer, pour être constitués en section.

M. Vivien l'a dit dans un rapport sur la loi de 1837, en déclarant « que la commission, lorsqu'il s'agirait de l'application » des règles relatives aux réunions, divisions et formations de » communes, entendait, par cette expression : *section de com-* » *mune,* toute portion habitée du territoire, qu'elle ait ou non » des droits particuliers ou des propriétés spéciales. »

Plusieurs des habitants qu'on veut faire passer d'une commune dans une autre peuvent avoir intérêt à rester dans la famille à laquelle ils appartiennent ; ils ont droit de produire leurs observations et ils ne peuvent le faire utilement que par une commission syndicale légalement constituée.

Le Conseil d'Etat a consacré cette opinion dans un avis du 28 février 1838. Sa décision est ainsi conçue :

« Considérant que la loi du 18 juillet 1837 a statué en termes » généraux pour tous les cas de fractionnement de commune ;

» Que rien n'établit qu'elle ait entendu limiter l'observation » des formes qu'elle prescrit au seul cas où il s'agit de section » de commune ayant des droits, des usages, des propriétés » spéciales ou une origine distincte ;

» Que l'observation de ces formes est également motivée et » également possible dans les cas où les mesures proposées » tendent à altérer l'existence ou l'individualité de la com- » mune ;

» Est d'avis que les formes prescrites par la loi pour les dis- » tractions de sections de communes doivent être observées » toutes les fois qu'il s'agit d'un assez grand nombre d'habi- » bitants ou d'une portion de territoire assez considérable pour » intéresser l'existence ou la constitution de la commune. »

On comprend très-bien que, dans les cas de divisions et de réunions de commune, les populations sont directement inté- ressées au maintien ou au déchirement de l'association com- munale à laquelle elles appartiennent, et qu'en pareille cir- constance, elles forment des sections pour la défense de leurs intérêts.

§ V.

Sections formant des circonscriptions électorales.

318. Des sections peuvent encore être temporairement for- mées en vue des opérations électorales. Cette mesure n'est pas

nouvelle ; elle avait été introduite dans les lois des 14 décembre 1789 et 27 juin 1790 ; elle a été reproduite dans les lois des
21 mars 1831 et 7 juillet 1852. On la retrouve dans la loi sur les
élections municipales du 5 mai 1855, dont l'article 7 est ainsi
conçu : « le Préfet peut, par un arrêté, pris en Conseil de Pré-
» fecture, diviser les communes en sections électorales; il peut,
» par le même arrêté, répartir entre les sections, les nombres
» des conseillers à élire, en tenant compte du nombre des
» électeurs inscrits. »

La loi de 1867 a aussi admis la division des communes en
circonscriptions électorales.

Le Préfet peut former les sections, comme il le croit le plus
utile aux intérêts de la commune. Il n'use de cette faculté
qu'avec une grande réserve, dans les cas, entre autres, où il y
a lieu d'assurer des représentants à toutes les parties de la
commune, lorsqu'il est à craindre que tous les conseillers
soient pris dans quelques-unes seulement, au préjudice des
autres. Selon qu'il le décide, les électeurs de chaque circonscription électorale peuvent nommer les représentants au Conseil municipal de la section qu'ils composent, ou concourir à
l'élection de tous les membres de la municipalité. Dans le premier cas, les choix ne portent que sur le nombre des conseillers affectés à la section ; dans le second, il s'applique à tous
les membres de la municipalité. Lorsque les choix doivent être
faits dans chaque section, et qu'une commune renfermant
trois cents électeurs doit avoir douze conseillers municipaux,
une circonscription de soixante-quinze électeurs environ ne
peut en élire que trois. Un groupe de quatre-vingt-dix à cent
dix électeurs en nommerait quatre. L'obligation de tenir compte
du nombre des électeurs est rigoureusement imposée à l'administration départementale. Si elle négligeait de le faire, ses
arrêtés ne souffriraient pas la discussion. Le Conseil d'État,
statuant au contentieux, les annulerait. Il a, en effet, déjà
rendu trois décisions dans ce sens, les 2 et 25 mai 1861, et 6

août de la même année. Le dernier de ses arrêts est ainsi conçu :

« Considérant qu'aux termes de l'article 7 de la loi du 5 mai » 1855, le Préfet peut, par un arrêté pris en Conseil de Préfec- » ture, diviser les communes en sections électorales et ré- » partir entre les sections le nombre des conseillers à élire, en » tenant compte du nombre des électeurs inscrits.

» Considérant qu'il résulte de l'instruction et notamment » des procès-verbaux des opérations électorales de la commune » de Tocqueville-Benarville, que les deux sections entre les- » quelles les électeurs de cette commune ont été divisés, par » arrêté du Préfet de la Seine-Inférieure, pris le 14 août 1860, » en Conseil de Préfecture, la première, celle de Tocqueville, » ne comprenait que soixante-quatorze électeurs inscrits, tandis » que la deuxième, celle de Benarville, en comprenait cent » quatre ; qu'en attribuant à chacune de ces sections un nom- » bre égal de six conseillers municipaux à élire, le Préfet n'a » point tenu compte du nombre des électeurs inscrits, et a » commis un excès de pouvoir ; que, par suite, les élections qui » ont eu lieu dans la commune de Tocqueville-Benarville doi- » vent être annulées. »

Les sections électorales n'auront jamais plus de durée que les opérations pour lesquelles elles seront faites. Il sera loisible à l'administration de les reconstituer, toutes les fois qu'il y aura des élections, et toujours elle pourra les former de manières différentes.

§ VI.

Sections établies en vue de l'assiette de la contribution foncière.

312. — Il est encore nécessaire, pour faciliter la confection des p ans cadastraux et la répartition de l'impôt foncier, d'établir des sections dans les communes. Les premières lois de la Révolution ont prescrit leur formation ; elles disposaient que toutes les propriétées immobilières seraient portées sur des états de sections. Ces états ont été dressés et ont reçu la désignation succincte de tous les immeubles renfermés dans les différentes circonscriptions qu'ils ont formées du territoire communal. Les pièces cadastrales de notre époque sont encore ainsi établies ; elles indiquent par série de numéros, les propriétés foncières, comprises dans chacune des sections qu'elles établissent.

Un décret du 1er décembre 1790, et la loi du 3 frimaire an VII expliquaient, en effet, que des répartiteurs feraient un tableau indicatif des noms et des limites des différentes divisions du territoire de chaque commune et que ces divisions s'appelleraient des sections.

Pour faire ces divisions, on a dû et on doit encore, suivant les règlements, s'attacher aux convenances locales, aux habitudes des populations, aux limites naturelles, invariables autant que possible, et surtout à la circonscription des sections de commune. Quoique ces divisions varient peu, elles n'intéressent en rien le droit de territoire, ni la propriété; mais si elles sont d'accord avec les limites des sections de communes, elles peuvent venir en aide à ces fractions de l'association municipale, lorsqu'elles se trouvent dans la nécessité de recourir à une imposition extraordinaire pour acquitter, par exemple, des frais de procès.

§ VII.

Sections dans lesquelles un adjoint spécial peut être institué.

320. L'article 3 de la loi du 5 mai 1855 fait encore connaître une autre espèce de fraction de commune. Il porte « que lors-

» que la mer ou quelqu'autre obstacle rend difficile, dange-
» reuse ou momentanément impossible les communications
» entre le chef-lieu et une fraction de commune, un adjoint
» spécial pris parmi les habitants de cette fraction est nommé
» en sus du nombre ordinaire; cet adjoint spécial remplit les
» fonctions d'officier de l'état civil et peut être chargé de l'exé-
» cution des lois et règlements de police dans cette partie de la
» commune. »

C'est ordinairement sous le nom de sections que sont désignées les fractions de communes dans les actes qui y établissent un adjoint spécial supplémentaire.

Cet adjoint a le rang et les droits des autres adjoints, et
c'est par une délégation directe de la loi qu'il est officier de
l'état civil; il doit habiter la section; s'il s'en éloignait, un
autre habitant devrait être appelé à le remplacer.

§ VIII.

Sections formées pour la distribution de secours aux indigents.

321. On désigne encore par la qualification de section, des
fractions qui sont formées dans les communes, pour la distribution de secours.

Dans certains cas, ces sections ne sont que temporaires;
dans d'autres, elles sont permanentes.

322. Elles ne sont que temporaires, lorsqu'elles sont organisées, dans les limites d'un bureau de bienfaisance, pour faciliter la distribution de secours à domicile. Ainsi, une œuvre
charitable peut, indépendamment de son bureau central, en
organiser d'autres dans des quartiers éloignés. Par ce moyen,

20

on rapproche les secours des indigents. La répartition en est faite avec plus de sollicitude et d'une manière plus exacte. Souvent même telles personnes qui ne se rendraient pas compte des louables efforts de la charité, en comprennent mieux les bienfaits lorsqu'ils se manifestent sous leurs yeux, et s'imposent, pour soulager des misères qu'elles ignoraient, des sacrifices qu'elles ne faisaient pas, ou augmentent ceux qu'elles faisaient.

323. Les sections sont permanentes et dans les conditions de celles que nous avons indiquées au chapitre IV., lorsqu'elles ont des droits séparés.

Ainsi, la ville de Liancourt, dans l'Oise, possède un hospice qui a été fondé par la noble, riche et bienfaisante famille des Larochefoucault-Liancourt, sous les conditions : 1° que des secours seraient donnés dans des communes voisines et dans des villages d'autres communes dépendant de l'ancienne seigneurie de Liancourt ; 2° et qu'un certain nombre de vieillards ou infirmes de ces mêmes localités rurales y seraient admis. Ces conditions s'exécutent toujours dans les villages d'Ars et de Vaux, qui dépendent de la commune de Cambronne et dans d'autres qui font partie d'autres communes.

Le village de Fay, de la commune d'Agnets (Oise), a été associé aux bienfaits de l'hospice de Clermont, par une honorable famille de cette ville.

Ces villages forment des sections de commune, relativement aux droits qui leur ont été conférés dans les avantages offerts par les hospices que nous venons de désigner.

324. Une portion du territoire de la commune de Brusquet avait été érigée en succursale. Un des curés de cette fraction de commune a fait une donation au profit des pauvres qu'elle renfermait, en demandant qu'un bureau de bienfaisance y soit établi. Le Ministre de l'intérieur avait l'opinion qu'il était contraire à la législation de créer deux bureaux de bienfaisance dans une même commune ; mais les membres du Conseil d'État composant le comité de l'intérieur ont émis, le 25 août 1835, un avis en sens contraire, qui est ainsi motivé :

« Considérant que rien n'indique, dans la loi du 7 frimaire an V, » ni dans l'ordonnance royale du 31 décembre 1821, qu'il ne » doive y avoir nécessairement qu'un seul bureau de bienfai- » sance par commune ; que si, en général, il est mieux de n'y » en établir qu'un seul, il est des circonstances où il y a lieu » de déroger à ce principe ;

» Considérant que, dans l'acte de donation, le donateur a » formellement exprimé le désir qu'il soit établi un bureau de » bienfaisance dans la section de Mousteiret, et qu'il impose » diverses charges aux administrateurs de cet établissement ;

» Que la donation faite à la section de Mousteiret est assez » importante pour que ses intentions soient remplies ;

» Que les deux sections de cette commune sont déjà séparées » par le culte et que le donateur est desservant de la suc- » cursale de Mousteiret ; que, dès lors, rien ne paraît motiver » le refus d'établir un bureau de bienfaisance pour la section » de Mousteiret. »

La commune de Mont-Saint-Eloy (Pas-de-Calais) avait été formée par la réunion de trois communes. Deux de ces com- munes qui, par l'effet de la réunion, n'étaient plus que des sections, avaient des bureaux de bienfaisance. La troisième, formant la section d'Écoivres, avait reçu, en 1858, une dona- tion d'immeubles, au profit de ses pauvres. Un décret du 25 janvier 1860 lui a accordé la création d'un troisième bureau particulier complètement distinct des autres.

Cinq cents francs de rente avaient été donnés aux pauvres d'un village du nom de Longwy-Bas, dépendant de la commune de Longwy, pour le cas où il y serait établi un bureau de bien- faisance particulier. Un décret du 14 décembre 1861 a autorisé la création de ce bureau et formé ainsi une section.

Une pareille décision a été rendue au profit d'une fraction de la commune de Martial, dans l'Aveyron.

Suivant l'article 14 de la loi de 1867, concernant les Conseils municipaux, la création de bureaux de bienfaisance peut être autorisée par les Préfets, sur l'avis des Conseils municipaux. Il va sans dire que, dans les cas qui viennent d'être indiqués ou dans d'autres à peuprès pareils, un bureau de bienfaisance peut être fondé dans un simple village et que le village ainsi gratifié deviendra, quant à cet établissement, une section de commune.

§ IX.

Sections organisées pour l'exercice du culte.

325. On peut encore trouver des sections dans les groupes de populations qui sont formées pour l'exercice du culte, lors même que ces groupes ou les diverses parties dont ils se composent n'auraient pas de propriétés particulières. Ainsi, dans une même commune, il peut exister plusieurs paroisses. Une paroisse peut se composer de plusieurs communes, quelquefois même une paroisse comprend une commune et une fraction de commune, ou est formée de portions de plusieurs communes.

Dans les villes importantes, il existe plusieurs églises et plusieurs paroisses. La commune de Duhaut, dans les Côtes-du-Nord, comprend trois paroisses. Rochechouart, dans la Haute-Vienne, en compte deux et fournit encore deux ou trois villages à la paroisse de Vayres.

Les paroisses ainsi formées sont autant de sections qui ont, quant à l'exercice du culte, mais relativement à cet exercice seulement, des besoins et des intérêts particuliers. Nous nous expliquerons sur l'importance de ces besoins et de ces intérêts, sur les droits de ces paroisses et sur les obligations qui, à leur égard, incombent aux communes dont elles dépendent ou qui les forment.

§ X.

Sections établies en vue de la distribution de l'instruction.

326. Des communes peuvent aussi être réunies pour la distribution de l'instruction.

L'article 36 de la loi du 15 mars 1850 porte : « que le Conseil » académique du département peut autoriser une commune » à se réunir à une ou plusieurs communes voisines pour l'en- » tretien d'une école. »

Souvent, en conséquence des dispositions de cet article, deux communes, trop faibles par leurs ressources et par le nombre des enfants qu'elles renferment, sont réunies et parviennent ainsi à remplir leurs obligations et à donner à un instituteur une occupation suffisante.

Un hameau qui se trouverait trop éloigné du chef-lieu de la commune dont il dépendrait pour profiter de l'école qui y est établie, pourrait-il être réuni à une commune voisine, dont l'école serait beaucoup plus à sa portée ? Nous inclinons pour l'affirmative. Il est vrai que la loi a surtout voulu faciliter l'entretien des écoles, mais elle a eu aussi en vue de répandre le plus possible l'instruction, et on doit l'interpréter dans le sens de sa plus grande diffusion.

§ XI.

Autres cas dans lesquels des sections peuvent s'établir.

327. Enfin, d'autres sections ont pu s'établir dans des cas semblables, ou à peu près pareils à ceux que nous venons d'indiquer, et peuvent se produire tous les jours dans d'autres circonstances. Les quelques exemples que nous venons de donner et d'autres qui se trouvent dans les précédents chapitres suffiront pour faire reconnaître les sections partout où elles peuvent exister.

§ XII.

Extinction des sections de communes.

328. On sait déjà que la plupart des sections de communes ont pour origine des divisions et des réunions de communes, et que les autres doivent leur existence à des dons qui leur ont été faits, soit d'immeubles, soit de droits d'affouages et de pâturages, soit d'autres avantages.

On sait encore que des sections de communes peuvent se composer ou d'une ancienne commune tout entière qui a été jointe à une autre, ou d'un village plus ou moins grand, ou de quelques maisons isolées, ou même d'une seule maison.

Toutes les habitations d'une section peuvent être détruites par un incendie ou par une inondation. Si elles ne sont pas rétablies et si toutes les familles qui les occupaient s'éloignent, la section est anéantie.

Une section qui n'avait dû son origine qu'à un bienfait, cesse d'exister si les propriétés ou les droits qu'elle avait reçus viennent à périr. Elle rentre dans toutes les agglomérations, sans droits particuliers qui, ensemble, forment la commune.

Les sections dont les propriétés auraient été vendues n'auraient plus non plus de raison d'être. Elles pourraient tout au plus conserver un droit à une indemnité pour le cas où elles pourraient être et seraient érigées en commune.

Des populations peuvent se déplacer; lorsqu'elles disparaissent, les sections qu'elles formaient disparaissent avec elles.

329. Une section peut être réduite à une seule maison et à un seul habitant. Dans ce cas, la section ne serait pas anéantie, l'être moral continuerait à subsister. N'avons-nous pas, en effet, déjà constaté et le Conseil d'Etat n'a-t-il pas d'ailleurs déclaré, notamment dans deux arrêts des 19 juillet 1833 et 19 décembre 1836, qu'une seule famille ou deux familles pouvaient former une section? Si des sections peuvent être constituées dans ces conditions, celles qui y sont ramenées peuvent encore vivre.

330. C'est l'opinion de M. Sérigny. Il pose, en principe, dans un premier passage de son ouvrage sur le droit public : « Que la commune formant une corporation, il s'en suit qu'elle » continue de subsister quand même tous ses membres viendraient à changer de résidence et qu'il n'en resterait plus » qu'un seul. » Dans un second passage, il dit encore : « C'est » là un point important à noter pour nos sections de commu- » nes dont les biens communaux conserveront leur caractère, » même lorsqu'un seul individu deviendrait propriétaire des » maisons et des biens-fonds possédés *ut singuli*. Ainsi, les » biens communaux de cette section continueraient d'être as- » sujettis au régime forestier et le propriétaire, unique habi- » tant, ne pourrait plaider librement en justice au sujet de ces

» biens; il faudrait observer les formes prescrites par la loi
» pour les procès des sections de communes. »

En 1863, le Ministre de l'intérieur a émis un avis dans le
même sens qu'il a fait insérer au *Bulletin officiel*. Les différentes habitations qui avaient constitué une section se sont
trouvées réunies entre les mains d'un seul particulier. Cet individu a prétendu pouvoir disposer, comme de sa propriété, de
tous les biens communaux qui appartenaient en propre à la
section, et il a demandé à profiter d'une indemnité due par
une Compagnie de chemin de fer pour occupation temporaire
de terrain. Le Conseil municipal de la commune dont la section
dépendait a réclamé le versement de cette indemnité dans la
caisse municipale. Le Ministre ayant été consulté, a répondu :
« Le fait accidentel qu'un propriétaire se trouverait habiter
» seul la section, ne saurait modifier en rien le caractère com-
» munal des biens qui appartiennent à cette fraction de com-
» mune. L'unique droit de ce particulier consiste à recueillir
» seul les produits desdits biens, tant qu'ils resteront livrés à la
» jouissance commune, et que d'autres habitants ne viendront
» pas s'établir sur le territoire de la section. Quant à la pro-
» priété de ces biens et à leur administration, ses prétentions
» sont dénuées de fondement, la section n'ayant pas cessé de
» conserver l'une et le Conseil municipal étant naturellement
» chargé de l'autre. »

331. L'opinion contraire a été exprimée par M. Dessalle,
avocat à la Cour de Limoges, dans une brochure qu'il a pu-
bliée en 1860. Ce jurisconsulte n'attend pas la mort de la section
pour disposer de ses biens. Dès qu'elle n'a plus qu'un habitant,
il lui attribue toutes les propriétés qu'elle possède. Mais est-ce
que ce dernier habitant ne peut pas être le premier d'une nouvelle et nombreuse population? Et est-ce que souvent une
section ne se compose pas seulement d'une maison, et par conséquent de la seule famille ou du seul habitant qui l'occupe?

Une section existe donc tant qu'il lui reste un habitant.

332. Quand elle a cessé d'être habitée et qu'elle a ainsi disparu, à qui reviennent ses biens? telle est, tout naturellement, la seconde question que nous devons traiter.

333. M. Dessalle, ainsi qu'on vient de le voir, hâtant l'extinction de la section, attribue toutes ses propriétés à son dernier habitant.

334. Chabrol, plus sage, est d'avis, comme l'ont écrit depuis MM. Sérigny et le Ministre de l'intérieur, qu'on ne peut en disposer que quand tous les habitants ont disparu; mais il ajoute qu'alors ils doivent appartenir aux individus qui possèdent des propriétés particulières dans les limites de la section.

Si, explique-t-il d'abord, une servitude de passage avait été constituée au profit d'un village, elle disparaîtrait avec lui, et le droit de pâturage concédé aux habitants qui n'existeraient plus, se réunirait tout naturellement à la propriété qui en était grevée. Puis il continue : « Il y a plus de difficulté pour
» les communaux qui se trouveraient dans les appartenances
» d'un village inhabité. Les communaux n'appartiennent à per-
» sonne en particulier; on ne pourrait donc pas dire que la dé-
» sertion du village y fait cesser le droit de pâturage par
» la réunion à la propriété; mais que deviendra donc le pacage
» commun? Il y a lieu de dire néanmoins qu'il demeurera
» réuni aussi avec la propriété; il ne s'agit donc plus que
» de savoir à qui cette propriété est déférée par l'extinction des
» habitants auxquels elle appartient *ut universi*. Il est évident
» que c'est à celui qui y possède des propriétés particulières;
» s'il n'y a qu'un seul propriétaire dans le village, c'est donc à
» lui que la propriété du communal appartiendra, et cette pro-
» priété deviendra dès lors un bien particulier à sa personne;
» s'il y a plusieurs propriétaires, les communaux appartien-
» dront à chacun, au prorata de sa propriété, par représentation
» et par suite du pacage qu'il y exerçait; mais s'il n'en exer-

» çait pas, par exemple si l'un était forain et l'autre habitant,
» les communaux appartiendraient-ils au dernier qui habiterait,
» comme dans une tontine ou loterie, au dernier vivant? Il sem-
» ble que celui qui a été le dernier habitant, ne jouissant ex-
» clusivement des biens communaux qu'à ce titre, a cessé
» d'avoir une propriété universelle dans le moment où ce titre
» lui a manqué. Il ne jouissait qu'en qualité d'habitant; son
» droit a donc cessé en cette qualité; dès lors, le communal
» doit être réparti entre tous les propriétaires; mais si dans les
» trente ans de cette espèce de partage l'un d'eux ou tout autre
» possesseur du *mas* venait à y construire une habitation, la
» totalité des communaux lui appartiendrait, et il pourrait
» évincer les possesseurs, parce qu'il ferait cesser leur titre et
» leur qualité; par ce changement, le village renaîtrait et il re-
» prendrait ses droits comme *jure pos liminii*. »

M. Aucoc partage la double opinion de Chabrol, que tant
qu'il reste un habitant, les propriétés sectionnaires restent des
biens communaux, et que quand la section est complètement
déserte, ses biens passent aux individus qui ont des propriétés
dans ses limites, au prorata de ces propriétés.

335. Nous ne pouvons admettre ni l'opinion de M. Dessalle,
que lorsqu'une section est réduite à un habitant, ses biens reviennent à cet habitant; ni celle de Chabrol et de M. Aucoc,
qu'après l'extinction de la section, ses biens passent aux individus qui y ont des propriétés dans la proportion de leur étendue ou du pâturage qu'ils exerçaient.

M. Dessalle s'appuie sur les vœux du Conseil général de la
Haute-Vienne, que nous avons discutés dans le chapitre II,
et c'est en s'emparant de la thèse soutenue par ce Conseil que
les biens des sections sont des propriétés indivises entre les
habitants, qu'il arrive à conclure que, dès qu'il ne reste plus
qu'un habitant, il n'y a plus d'indivision et que cet habitant,
qu'il suppose propriétaire de tous les biens compris dans la

section, devient, par la force des choses, propriétaire du communal qui ne se distingue plus de ses biens propres ; mais, ainsi que nous l'avons précédemment expliqué, les immeubles des sections ne sont pas indivis entre leurs habitants ; ils ont, suivant le Conseil général lui-même, *un caractère public* et sont, comme nous l'avons établi, des biens communaux dans les conditions et avec le caractère de ceux qui appartiennent aux communes. Les habitants ne se les transmettent pas par succession, ils en jouissent comme communistes et l'être moral, qu'il s'appelle section ou commune, en est seul propriétaire. Un dernier habitant ne saurait donc s'en emparer.

On conçoit mieux la solution de Chabrol. Il écrivait pour commenter la coutume d'Auvergne ; or, sous les coutumes, même sous les coutumes alodiales, beaucoup de jurisconsultes enseignaient que les terrains abandonnés, sans maître en d'autres termes, revenaient aux seigneurs. Chabrol émettait une opinion alors populaire, en attribuant les biens sectionnaires, devenus vacants, aux propriétaires qui en étaient les plus rapprochés.

Mais à Chabrol et à MM. Aucoc et Dessalle, nous répondrons que, dans les temps anciens, les biens communaux, même ceux des sections, si des sections existaient, étaient destinés, nonseulement à fournir des pâturages et des litières, mais à pourvoir aux besoins des communes entières.

Les lois romaines, en effet, attribuaient les revenus des biens communaux aux paroisses.

Les anciens rois permettaient leur location sans distinguer ceux des sections de ceux des communes, et prescrivaient l'emploi de tous leurs produits en argent, *en réparations des paroisses dont les habitants étaient tenus, ou autres urgentes affaires de la communauté.*

Ainsi, autrefois, les droits de la communauté ou paroisse entière s'étendaient sur les prix de locations de tous les biens communaux, en quelqu'endroit qu'ils fussent situés dans la commune et qu'ils appartinssent, soit à la paroisse, soit à des sections.

Depuis, les lois de la Révolution ont remis aux communes tous les terrains vacants, et posé de nouveau en principe que tous les biens abandonnés et tous les communaux, situés dans la circonscription communale, appartiennent, de plein droit, aux communes, à l'exclusion des sections qui ne justifient pas en être propriétaires.

L'ordonnance de 1818 admet les mêmes droits des communes, en autorisant la location de tous les biens communaux à leur profit.

La loi de 1837 les a confirmés ; elle a même, en ne laissant non plus que des fruits en nature aux sections, autorisé les communes à affermer et à aliéner à leur profit leurs biens, malgré leurs protestations.

La jurisprudence les a consacrés, notamment, par les arrêts d'Orléans de 1842, de Bastia de 1863 et de la Cour de cassation de 1865.

D'un autre côté, que sont aujourd'hui des biens communaux pour l'agriculture, s'ils ne lui sont pas livrés ? Rien ou presque rien. Ils ne donnent que de maigres pâturages dont les bestiaux ne peuvent plus profiter, habitués qu'ils sont à prendre à pleines dents d'excellentes et magnifiques herbes dans nos grasses prairies naturelles et artificielles que les progrès ont fait créer en tous lieux. Ils ne fournissent non plus que des litières sans valeur, relativement au temps qu'il faut employer pour les recueillir.

Au contraire, par les produits en argent qu'ils peuvent donner, au moyen surtout de locations et au besoin d'aliénations, ils permettent la réalisation d'améliorations qui sont devenues nécessaires dans toutes les communes. Ainsi, les propriétés, plus chargées qu'autrefois de récoltes et de fruits, ont besoin d'être mieux gardées. Les chemins réclament d'autant plus de travaux qu'ils deviennent plus utiles ; l'enseignement exige plus de dépenses.

En présence des vieux principes qui donnaient tous les revenus des biens communaux aux paroisses; de la législation, établie surtout par les rois de la troisième race, qui autorisaient des locations et en appliquaient les prix aux réparations et aux urgentes affaires des communautés; des lois de la Révolution, qui ont rétabli au profit des communes la présomption de propriété de tous les biens communaux, situés dans leur circonscription; de l'ordonnance de 1818, qui remettait aussi tous les revenus aux communes; de la loi de 1837, qui a confirmé tous les principes admis par les lois antérieures; de la jurisprudence qui les applique, et des besoins de notre époque, il est manifeste que les biens situés dans une section qui s'éteint, en supposant qu'on puisse reconnaître qu'elle en était propriétaire, reviennent de plein droit à la commune. Ils n'appartiennent à personne en particulier, Chabrol et M. Aucoc le reconnaissent. Pourquoi donc, suivant M. Dessalle, seraient-ils remis à un dernier habitant, qui peut avoir des successeurs et de nouveaux voisins, au préjudice des autres propriétaires des biens situés dans la section et dans la commune. Pourquoi encore, suivant Chabrol et M. Aucoc, les attribuerait-on, contrairement aux principes qui viennent d'être rappelés, à des propriétaires qui ne le seraient que de fraîche date et qui pourraient rapidement cesser de l'être, pour laisser incertaine entre leurs mains la propriété de ces biens pendant trente ans? D'ailleurs peu de sections ont des limites, et on ne saurait presque jamais au juste entre quels propriétaires il faudrait les répartir, ni dans quelle proportion le partage devrait se faire, tandis qu'en obéissant à la loi qui attribue aux communes tous les biens sans maître, il ne pourra s'élever aucune difficulté, ni au moment de l'extinction de la section, ni pendant les trente ans qui suivront, et on satisfera l'intérêt de la généralité des habitants et tous les besoins auxquels les biens communaux sont destinés. Est-ce que la commune n'était pas, avant l'extinction, et ne sera pas encore après, que la section reste sans habitation ou qu'elle en reçoive de nouvelles, chargée de la construction et de l'entretien des chemins qui la traversent et l'intéressent, et du soin de faire garder les propriétés et les récoltes qu'elle renferme ? Est-ce que la commune n'était pas et ne sera pas toujours la mère, la source de vie de chacune de ses fractions, dont le nombre peut augmenter ou diminuer sans lui causer aucun trouble. En recueillant les biens délaissés par l'un des membres de sa famille qui, en échange des charges qu'il lui imposait, lui devait appui jusqu'à épuisement de sa fortune particulière, la commune n'est donc, aux divers titres qui viennent d'être indiqués, qu'une héritière légitime instituée par la loi; elle ne fait même qu'un mince héritage, puisque déjà elle était, sous le seul contrôle de l'Autorité supérieure, maîtresse des biens qui lui adviennent, et que ces biens étaient et restent destinés à satisfaire : suivant l'équité, les besoins de la section, qui continuera à subsister au moins comme portion du territoire communal, et suivant la loi, les besoins de la commune entière, dans les cas de nécessité.

Enfin, si on admettait l'attribution des biens d'une section à un dernier habitant, ou le partage de ces biens entre les propriétaires des terrains formant la section, on devrait agir de la même manière dans toutes les sections qui disparaîtraient. Il pourrait ainsi arriver qu'il ne restât plus dans la commune, pour supporter les charges ordinaires et surtout celles extraordinaires, que les biens communaux du bourg. Tous les propriétaires des sections éteintes se seraient enrichis, et ils seraient encore dispensés de supporter des impositions extraordinaires par la vente des biens que les habitants du bourg ne pourraient se partager. De pareils résultats seraient iniques et montrent une fois de plus que les biens des sections ne peuvent revenir qu'à la commune.

En terminant, nous ferons remarquer que la similitude que Chabrol trouve entre une servitude de passage ou un droit de pâturage concédé à un village, et des biens communaux appartenant à ce village, n'existe pas, et qu'ainsi les raisons qu'il tire de cette prétendue similitude et que M. Aucoc a acceptées, pour attribuer les biens d'une section aux propriétaires de cette section, lorsque ses habitants ont disparu, pèchent dans leur base et tombent d'elles-mêmes. La servitude de passage et le droit de pâturage peuvent bien disparaître avec un village, c'est-à-dire, faute d'habitant pour les exercer. Mais des propriétés communales ne disparaissent pas comme une servitude, ils restent et il leur faut un maître, et ce maître c'est, ainsi que nous venons de le prouver, la commune.

CHAPITRE IX.

REPRÉSENTATION DES SECTIONS.

―――vvvvvvvv―――

§ Iᵉʳ. — En règle générale, les sections sont représentées par le maire, quand il s'agit de l'administration de leurs biens et droits, et par le Conseil municipal, quand il s'agit d'en régler le mode de jouissance ou d'en disposer.

§ II. — Exceptionnellement, lorsqu'il s'agit d'accepter des dons et legs, le Préfet peut représenter les sections.

§ III. — REPRÉSENTATION DES SECTIONS PAR DES COMMISSIONS SYNDICALES. — Art. 1ᵉʳ. Principes généraux sur la représentation des sections par des commissions syndicales. — Art. 2. Représentation des sections par une commission syndicale dans les cas de contestations. — Art. 3. Représentation des sections par une commission syndicale dans les cas de division et de réunion de sections ou de communes. — Art. 4. Une commission syndicale doit encore être donnée à une section, lorsqu'il s'agit d'améliorer ses biens, conformément à la loi de 1860. — Art. 5. Autres cas dans lesquels des sections peuvent être représentées par une commission syndicale.

―――

§ Iᵉʳ.

En règle générale, les sections sont représentées par le maire, quand il s'agit de l'administration de leurs biens et droits, et par le Conseil municipal, quand il s'agit d'en régler le mode de jouissance ou d'en disposer.

336. Ailleurs nous avons dit qu'au sein des communes il existe quelquefois, trop souvent même, des villages qui, tout en faisant partie intégrante de l'unité communale, possèdent des propriétés ou d'autres droits distincts de ceux qui appartiennent à la commune entière et que ces villages forment des sections de communes. Ici, nous avons à faire connaître les représentants de ces fractions de communes et comment leurs intérêts sont stipulés et doivent être administrés.

Aux termes des articles 10 et suivants de la loi du 18 juillet 1837, le Maire est chargé, sous la surveillance de l'Administration supérieure, de la police et de la voirie municipales, de la conservation et de l'administration des propriétés de la commune, de passer les baux, de souscrire les actes de ventes, partages, acceptations de legs et acquisitions et de représenter la commune en justice. Le Maire prend des arrêtés, à l'effet d'ordonner toutes les mesures utiles sur les objets confiés à sa vigilance et à son autorité, notamment par les lois des 14 décembre 1789, article 50; 24 août 1790, titre XI, article 3; 22 juillet 1791, titre Ier, article 46; et par le Code pénal, article 471, n° 16. Enfin, le Maire est chargé de l'administration de toute la commune.

Tous les pouvoirs ainsi conférés au Maire s'étendent à tout le territoire communal, à toutes les sections qu'il renferme, par conséquent; à tous les communaux, qu'ils appartiennent à la commune ou aux sections; et à tous les droits, soit de la commune entière, soit des fractions qui la composent. La loi n'a, en effet, établi aucune distinction entre la commune et les sections. Les règles qu'elle a posées s'appliquent par conséquent à l'une et aux autres.

Ce magistrat peut, doit même, exercer ses pouvoirs dans les sections comme dans le bourg chef-lieu de la commune; il doit le faire, non-seulement pour l'administration de tous les biens et droits communs; mais pour assurer la conservation des récoltes en général, la commodité du passage dans les voies publiques, le bon ordre dans les assemblées, la tranquillité dans les cabarets, pour prévenir les maladies contagieuses ou en diminuer les ravages, pour empêcher les inhumations non autorisées dans les cimetières des sections comme dans ceux du chef-lieu.

337. Suivant les articles 17 et 19 de la même loi de 1837, les Conseils municipaux règlent le mode d'administration des biens communaux, les conditions des baux à ferme de dix-huit ans et à loyer de neuf ans, le mode de jouissance, la répartition des pâturages et fruits communaux et les affouages ; ils délibèrent sur les acquisitions et sur les aliénations des propriétés communales et les conditions des baux à ferme excédant dix-huit ans et à loyer excédant neuf ans.

Les droits des Conseils municipaux ne sont pas plus limités que ceux du Maire, à telle ou telle portion de la commune, à tels ou tels biens communaux ou à tels ou tels fruits ; ils s'étendent par conséquent à tous les biens et droits, quel qu'en soit le propriétaire et quel qu'en soit la nature et la situation.

Aussi est-il reconnu, par de nombreux arrêts, que les Conseils municipaux peuvent changer le mode de jouissance des biens communaux, convertir, par exemple, des prairies en bois et des bois en prairies ou en terres arables, amodier et même aliéner toutes espèces de propriétés communales appartenant aussi bien aux sections qu'aux communes. N'est-il pas, en effet, manifeste qu'en ne donnant pas de représentants spéciaux aux sections, la loi a laissé au Conseil municipal le soin de régler le mode d'administration et de jouissance de leurs biens.

La loi de 1867 a encore étendu les pouvoirs des Conseils municipaux ; ainsi, ils pourront désormais régler définitivement les conditions des baux à loyer et des baux à ferme qui auront une durée de dix-huit ans.

Le Conseil municipal peut donc, en toute liberté, ou avec l'assentiment de l'Autorité supérieure, suivant les cas, affermer des pâturages et même vendre des coupes affouagères ou

les récoltes de prairies qui, ordinairement, étaient distribuées
en nature aux habitants des sections. Il peut même vendre
les biens sectionnaires, malgré les protestations des habitants.
Tous ces pouvoirs des Conseils municipaux sont déjà constatés dans la troisième section du chapitre VI de cet ouvrage,
non-seulement par les raisons de décider que nous avons données, mais par les autorités que nous avons citées.

338. La justice civile et la justice administrative ont attesté
ces pouvoirs des Maires et des Conseils municipaux par de
nombreuses décisions.

La Cour suprême les a ainsi affirmés dans l'arrêt du 25 avril
1855 :

« Considérant que, dans la hiérarchie administrative, la com-
» mune, comme société, a son existence propre et constitue
» l'unité à laquelle se réduit la dernière division territoriale du
» pays ;

» Que si elle peut se fractionner en section, ce n'est que pour
» certains intérêts de propriété et de jouissance ;

» Mais que, à cet égard même, la section ne forme pas un
» corps isolé ayant droit à une représentation particulière, si
» ce n'est accidentellement ;

» Qu'ainsi, en règle générale, l'unité communale a pour
» conséquence l'unité administrative ;

» Qu'en effet, la section ne saurait être assimilée à un simple
» membre de la communauté et n'a pas, à ce titre, l'exercice
» du droit de propriété dans sa plénitude ;

» Considérant que la section étant à la commune ce que la
» partie est au tout, il ne se peut que l'administrateur ou le
» représentant légal de la commune ne le soit pas en même
» temps de la section ;

» Que l'administration municipale représente au même titre,
» avec les mêmes attributions et les mêmes pouvoirs, toutes
» les fractions de l'unité communale ;

» Considérant que si, par dérogation à ce principe d'unité, la
» loi consent à distinguer la section de la commune elle-même
» et à lui donner un organe autre que celui de la commune,
» cette nécessité exceptionelle d'une représentation particu-
» lière n'est admise qu'en matière d'action judiciaire et dans
» les seuls cas d'antagonisme entre la commune et la section ;
   » Qu'en toute autre matière et en dehors de ces conditions, la
» règle générale conserve son empire et ne permet pas à la
» section de former un centre d'administration ;
   » Considérant, dès lors, que les baux et les ventes des biens
» sectionnaires, décidés par les Conseils municipaux et réa-
» lisés par des adjudications régulières, ne sauraient donner
» prétexte à aucune critique. »
   Les sections ont donc pour représentant le Maire, quand il
s'agit de l'administration de leurs biens, et le Conseil municipal, quand il s'agit de décider comment on en jouira ou si on
les vendra.

339. Les sections peuvent, d'ailleurs, afin d'assurer des
défenseurs à chacun de leurs intérêts distincts, fournir au Conseil municipal plusieurs membres, surtout lorsque le Préfet,
suivant le droit que nous lui avons reconnu, dans l'un des précédents chapitres, divise la commune en sections électorales.
   Le Ministre de l'intérieur, comprenant ce besoin de quelques
sections d'avoir parfois une représentation dévouée à leurs intérêts séparés, disait à ce sujet dans une circulaire du 29 août
1849 : « Un grand nombre de sections motivent leur demande
» d'érection en communes, sur ce fait que leurs intérêts maté-
» riels sont systématiquement négligés par l'autorité munici-
» pale, et que toutes les ressources de la commune sont dé-
» pensées au profit du chef-lieu. Il arrive très-souvent que ces
» griefs sont fondés. Dans ce cas, avant de donner suite à la
» demande en distraction, vous devez intervenir auprès de
» l'autorité municipale et vous efforcer d'obtenir qu'il soit sa-

» tisfait aux besoins légitimes de la localité qui se prétend
» lésée. Vous pouvez même, si une intervention officieuse, de
» de votre part, restait sans résultat, user de la faculté que vous
» donne l'article 45 de la loi du 21 mars 1831 (aujourd'hui
» l'article 7 de la loi du 5 mars 1855), pour procurer à cette
» localité un plus grand nombre de représentants, au sein du
» Conseil municipal, de manière à assurer une gestion plus
» équitable de ses intérêts. »

Cette dernière loi porte que le Préfet peut, par un arrêté
pris en Conseil de Préfecture, diviser les communes en sections électorales et répartir entre ces sections le nombre des
conseillers municipaux à élire, en tenant compte du nombre
des électeurs inscrits. Les sections peuvent ainsi avoir dans le
Conseil un nombre de membres proportionné à l'importance
numérique de leur population.

§ II.

Les Préfets peuvent aussi représenter les sections, notamment lorsqu'il s'agit
d'accepter des dons et legs.

340. Le Préfet, à défaut du Maire et du Conseil municipal,
peut aussi, dans certains cas, représenter les sections. Nous
indiquerons au chapitre XII, relatif aux procès des sections
de commune, divers cas où le Préfet peut et doit même prendre en main la défense de ces fractions de commune. Ici, nous
ne nous occuperons que des acceptations de dons et de legs. Le
Préfet peut, pour une commune, et ce qu'il peut faire pour
une commune il peut le faire pour une section., accepter une
donation qui est avantageuse à l'association, lorsque, par des

sentiments contraires à ses intérêts, le Conseil municipal la repousse ou que le Maire refuse de consentir l'acceptation.

Non-seulement il appartient au Préfet de retarder l'exécution des délibérations des Conseils municipaux, relatives aux conditions des baux dont la durée ne doit pas excéder dix-huit ans et au mode de jouissance des biens communaux, ou de ne pas donner sa sanction aux délibérations relatives aux conditions des baux à longs termes et aux aliénations autres que celles des bois communaux soumis au régime forestier, qui doivent toujours être présentées à l'approbation de l'Empereur; mais il peut encore, aux termes de l'article 48 de la loi de 1837 et du décret du 25 mars 1852, statuer sur les dons et legs.

L'article 48 porte, en effet, que les délibérations ayant pour objet l'acceptation des libéralités faites aux communes ou aux sections de communes et aux établissements communaux, sont exécutoires, en vertu d'un arrêté du Préfet ou d'une décision du Chef de l'Etat, selon les cas, et que les délibérations qui porteraient refus de dons et legs ne seront exécutoires que sur l'approbation du Souverain.

Le décret de 1852, tableau A, § 42, dispose qu'à l'avenir le Préfet pourra statuer sur les dons et legs.

Il n'y a que l'acceptation de dons et legs sans charge ni condition, ni affectation immobilière, et qui ne donnent lieu à aucune réclamation, qui est affranchie par la loi de 1867 de l'approbation de l'Administration supérieure.

Suivant les dispositions qui viennent d'être rapportées de la loi de 1837 et du décret de décentralisation, une commune ou une section de commune ne peut, excepté dans le cas qui vient d'être indiqué, ni accepter ni refuser une libéralité sans l'assentiment de l'Autorité administrative supérieure; une acceptation pourrait ou faire grossir outre-mesure les biens de mainmorte ou nuire d'une manière trop sensible aux héritiers du donateur dont la situation de fortune serait mauvaise; la donation pourrait, d'ailleurs, ne pas toujours offrir à la commune ou à la section les avantages que le Conseil municipal croirait y trouver; d'un autre côté, le refus d'acceptation entraînerait l'aliénation des objets légués et on vient de voir, on sait du reste, que les municipalités ne peuvent disposer à leur gré des biens communaux. Pour obvier aux inconvénients des acceptations irréfléchies ou des refus passionnés ou inintelligents, le Préfet a été autorisé à statuer, selon qu'il le croirait le mieux pour les intérêts de l'association donataire; il peut, par conséquent, approuver l'acceptation ou la prescrire, malgré le Conseil municipal et au besoin la faire lui-même.

341. C'est dans ce sens que le Conseil d'Etat a émis des avis avant et depuis la loi de 1837.

Ainsi, un terrain destiné à servir de cimetière avait été donné au hameau de Vaulichères, dépendant de la commune de Tonnerre, dont l'église était érigée en succursale et qui était séparé de la commune par une distance de quatre kilomètres, le Conseil municipal avait refusé d'accepter la donation. Le Comité de l'intérieur du Conseil d'Etat a reconnu que la délibération du Conseil municipal n'était pas conforme aux intérêts de la section de Vaulichères et, le 23 décembre 1834, il a exprimé l'avis que le Maire devait être autorisé d'office à accepter la donation. Conformément à cet avis, il est intervenu le 26 février suivant une ordonnance royale ainsi conçue :

« Considérant que les habitants de Vaulichères ayant une
» église érigée en succursale et étant séparés de Tonnerre par la
» distance d'une lieue, l'établissement d'un cimetière est convenable et utile, et que la donation faite à titre gratuit d'un terrain suffisant, sous la seule condition de lui donner la destination ci-dessus indiquée, est d'un avantage incontestable ;
» Considérant que l'avis du Conseil municipal de Tonnerre
» n'est pas conforme aux intérêts du hameau de Vaulichères,

« ARRÊTE :

» Le Maire de la ville de Tonnerre (Yonne) est autorisé à ac-
» cepter, pour le hameau de Vaulichères, la donation d'un
» terrain qui lui est faite par le sieur Daudigier, aux charges
» et conditions imposées par le donateur. »

Une donation avait été faite à la commune de Sauteyrar-
gues. Le Conseil municipal refusait de l'accepter. Le Ministre
a consulté le Conseil d'Etat, et le 22 mai 1838, le Comité de
l'intérieur s'est prononcé en ces termes :

« Quant à la question de savoir si le Gouvernement peut
» autoriser d'office l'acceptation d'un don ou legs fait à une
» commune; considérant que ce droit, déjà admis et appliqué
» à plusieurs reprises, sous la législation antérieure à la loi de
» 1837, peut encore moins être contesté sous l'empire de cette
» législation nouvelle;

» Que la reconnaissance implicite dudit droit ressort avec
» évidence des dispositions et des termes de l'article 48 de la
» loi précitée, puisqu'en effet cet article statue que les délibé-
» rations des Conseils municipaux qui porteraient refus de
» dons et legs ne sont exécutoires qu'en vertu d'une ordon-
» nance du roi;

» Qu'il est impossible d'admettre qu'au moyen de cette dis-
» position, le législateur n'ait en vue que d'imposer au Gou-
» vernement l'obligation d'approuver solennellement les déci-
» sions des Conseils municipaux, en lui interdisant la faculté
» d'en apprécier l'utilité et le mérite et de les reformer, s'il le
» juge contraire à l'intérêt des communes;

» Qu'au contraire, on ne saurait mettre en doute que l'inten-
» tion positive du législateur ait été d'empêcher que l'intérêt
» général d'une commune pût jamais être sacrifié, à l'occasion
» d'un legs ou d'une donation, à l'intérêt privé des membres
» de son Conseil municipal;

» Que cette présomption acquiert un nouveau degré d'évi-

» dence, par cette considération que les délibérations des Con-
» seils municipaux, ayant pour objet *l'acceptation* de dons et
» legs, sont exécutoires en vertu d'un simple arrêté du Préfet,
» lorsqu'il s'agit d'objets mobiliers ou de sommes d'argent dont
» la valeur n'excède pas 3,000 fr., tandis que, conformément à
» l'article 48, les délibérations portant refus de dons et legs,
» ne sont jamais exécutoires qu'en vertu d'une ordonnance du
» roi, même lorsqu'il s'agit de sommes d'argent ou d'objets
» mobiliers de la valeur la plus minime, d'où l'on doit con-
» clure qu'en établissant cette distinction, qui n'existait pas
» sous l'ancienne législation, l'intention du législateur a été
» d'assurer les garanties les plus étendues aux communes,
» même pour des intérêts d'une faible importance, garanties
» qui seraient complètement illusoires, si le droit du Gouverne-
» ment devait se borner à sanctionner d'une manière obliga-
» toire les décisions des Conseils municipaux;

» Considérant, d'ailleurs, qu'indépendamment même des
» conséquences à tirer de l'interprétation de l'article 48 précité,
» l'existence du droit en discussion doit être reconnue comme
» résultant virtuellement de cet autre droit du Gouvernement
» qui consiste à refuser à une commune, s'il le juge convena-
» ble, l'autorisation d'accepter une libéralité dont le Conseil
» municipal a demandé l'acceptation, puisqu'en effet l'un et
» l'autre doit reposer sur la même base, c'est-à-dire, sur le
» droit qui appartient au Gouvernement de statuer sur un legs
» ou une donation dans un sens contraire au vote du Conseil
» municipal;

» Considérant, enfin, que l'intérêt évident des communes ré-
» clame la reconnaissance du droit en discussion, et que, par
» tous les motifs ci-dessus énoncés, on ne saurait en mécon-
» naître l'existence;

» Est d'avis que le Gouvernement a le droit d'autoriser
» d'office l'acceptation d'une libéralité offerte à une commune
» et que le Conseil municipal de la commune a déclaré refuser
» sans justes motifs. »

Le 5 juillet suivant, une ordonnance a autorisé d'office l'acceptation de la donation repoussée par le Conseil municipal.

Deux autres ordonnances, des 7 novembre 1839 et 1er février 1844, ont appliqué les mêmes principes, l'une relativement à un legs fait à la fabrique d'une église, et l'autre en ce qui concerne une libéralité faite à une commune.

En conséquence des avis du Conseil d'État, le Ministre de l'intérieur a plusieurs fois invité les Préfets à autoriser d'office l'acceptation de libéralités. En 1861, il statuait encore ainsi dans les circonstances suivantes.

Le village de Ch..., qui dépend de la commune de S..., et qui compte cinq cents habitants, se trouve séparé du chef-lieu par une distance de plus de quatre kilomètres. Ch... est, en outre, situé dans le fond d'une vallée, tandis que le chef-lieu de la commune occupe le haut d'une montagne, et il en résulte entre les deux agglomérations une difficulté de communication qui a motivé l'érection en succursale d'une chapelle que possède la première. Dans la prévision de cette mesure et pour la compléter, les sieurs D... et autres ont acquis, au moyen de souscriptions et donné au hameau de Ch..., suivant acte public, un presbytère, un bâtiment qui pourra plus tard être transformé en église, enfin, un terrain destiné à servir de cimetière, le tout d'une valeur de dix mille francs.

Le Conseil municipal de S..., appelé à délibérer sur cette libéralité, a refusé d'en voter l'acceptation, en s'appuyant principalement sur ce qu'elle serait de nature à entraîner ultérieurement, pour la commune, des dépenses considérables qui ne lui sont pas imposées par la loi.

Le Préfet du département n'a pas partagé cette manière de voir; il a pensé qu'il y avait lieu d'autoriser d'office l'acceptation de la donation faite au hameau de Ch...; seulement, avant de prendre cette décision, il avait cru devoir demander des instructions au Ministre de l'intérieur.

Le Ministre a répondu « que la donation n'était pas moins

» avantageuse pour la commune de S..., que pour la section de
» Ch..., et qu'en conséquence, l'administration municipale de-
» vait être autorisée à l'accepter d'office.

» En effet, porte la décision, du moment où la chapelle de
» cette section a été régulièrement érigée en succursale, la
» commune se trouve tenue, d'après les dispositions du décret
» du 30 décembre 1809, de pourvoir, à défaut des ressources
» de la fabrique, à toutes les dépenses relatives à l'exercice du
» culte, c'est-à-dire, notamment, de construire une église plus
» vaste, si la nécessité en est reconnue plus tard, et de fournir
» un logement convenable au desservant. Elle a donc un inté-
» rêt évident à accepter une donation qui lui facilite les moyens
» de remplir cette double obligation.

» Quant à la création d'un cimetière pour la section de Ch...,
» elle constitue sans doute une dérogation à la règle générale,
» d'après laquelle il ne doit y avoir qu'un lieu d'inhumation
» dans chaque commune ; mais elle paraît suffisamment justi-
» fiée par la situation exceptionnelle du hameau. »

Le Conseil d'État, statuant au contentieux, a aussi, le 14 mars
1864, décidé que le Chef de l'État, aujourd'hui son délégué le
Préfet, peut, contrairement à une délibération d'un Conseil municipal, qui refuse la donation d'un terrain pour servir de cimetière, faite à un village, autoriser l'acceptation de cette donation.

Le Préfet peut donc, d'après les termes de la loi, d'après les
avis, et un arrêt au contentieux du Conseil d'État qui expliquent ces termes, et d'après la jurisprudence du Ministère de
l'intérieur, autoriser l'acceptation d'une libéralité faite à une
section de commune ; il peut aussi, par les mêmes raisons, à
défaut du Maire, si ce magistrat croyait aussi devoir s'abstenir,
accepter la donation ou le legs, et lorsque dans ces conditions
il concourt à la transmission d'une propriété ou d'un droit, il
représente la section donataire.

342. Mais s'il peut, dans ce cas particulier, en vertu des dispositions spéciales de la loi de 1837 et du décret de 1852, et dans d'autres que nous ferons connaître au chapitre des procès, se substituer à l'administration municipale, il ne pourrait le faire pour provoquer et pour réaliser, comme il le jugerait à propos, un partage de biens indivis, ni pour faire un règlement sur la vaine pâture, ni pour consentir la location d'un droit de chasse, ni pour faire des amodiations ou des aliénations ; aucun texte de loi ne lui en ayant donné le droit.

§ III.

Représentation des sections par des commissions syndicales.

ARTICLE PREMIER.

Principes généraux sur la représentation des sections par des commissions syndicales.

341. Dans toutes les lois qui se sont succédées, depuis la révolution de 1789 jusqu'à nos jours, les législateurs, ainsi que nous l'avons déjà constaté, ont reconnu que des sections pouvaient exister dans les communes et qu'on les trouvaient dans les agglomérations qui possédaient des biens propres ; mais en même temps qu'ils ont ainsi admis leur existence, il les ont expressément laissées dans la circonscription communale, dans les mêmes conditions de dépendance que toutes les autres parties de l'association municipale, et ils les ont, en conséquence, soumis à la même administration. Ils n'ont pas voulu leur donner d'organisation particulière et ils leur ont refusé, pour nous servir de leur expression, la *puissance* de propriétés distinctes, c'est-à-dire, des revenus, et une fortune mobilière.

Le baron Mounier avait, en effet, déclaré, dans un rapport qu'il faisait devant la Chambre des Pairs et qui explique toujours le véritable sens de la loi de 1837, que rien n'était plus contraire à la constitution de la commune, plus nuisible à son administration et plus propre à diviser ses habitants, que les propriétés qui, dans sa circonscription, ne seraient pas celles de tous et que des avantages (pécuniers) appartenant à une fraction de la communauté.

Depuis, le rapporteur de la même loi, dans la Chambre des Députés, a expliqué que si une section demeurait propriétaire de ses biens propres, la jouissance ne pouvait lui en être exclusivement attribuée, qu'elle conserverait celle des biens dont les revenus étaient perçus en nature et que, quant aux biens qui rapportaient des revenus en argent, leurs produits entreraient au budget de la nouvelle commune, parce qu'on ne pouvait conserver ces sortes de revenus aux sections sans détruire tous les effets de la réunion et sans maintenir à jamais des intérêts distincts et rendre nécessaires deux budgets et deux comptabilités.

Ces principes avaient été admis dans l'esprit des législateurs et dans les divers votes qui avaient eu lieu, et ils ont, en définitive, été consacrés par les termes de la loi.

Néanmoins, dans une séance de la Chambre des Pairs du 27 mars 1835, le comte de Montlozier avait, au contraire, demandé qu'un syndicat permanent fût constitué pour administrer les biens des sections. Il lui a été immédiatement répondu, par le rapporteur, que la commission de la Chambre avait pensé que les intérêts qui seraient réservés aux sections seraient représentés et défendus par le Conseil municipal de la commune dont elles feraient partie, et qu'il ne devait être accordé de représentation particulière aux sections que dans deux cas : celui où il s'agirait de plaider contre la commune elle-même, car dans ce cas la commune serait difficilement impartiale, et celui où, par suite d'une demande en séparation, il y aurait des intérêts à régler, car ce n'est pas seulement pour demander à former une nouvelle commune ou à être réunie à un autre commune, que le syndicat doit représenter la section de commune, c'est aussi pour défendre ses propriétés et régler ses intérêts.

Sur ces explications, et en s'appuyant nécessairement sur les motifs de la loi qui lui avaient été précédemment expliqués par son rapporteur, la Chambre des Pairs, dans la même séance du 27 mars, a repoussé la proposition du comte de Montlozier, qui n'avait pas d'ailleurs été appuyée, en votant les dispositions du projet qui n'accordait de représentants particuliers aux sections que dans les deux cas qui viennent d'être indiqués et seulement pour le temps pendant lequel les procès ou les divisions de territoire réclameraient des soins.

ARTICLE 2.

Représentation des sections par des commissions syndicales dans les cas de contestations.

344. Lorsque des sections se trouvent dans la nécessité d'intenter ou de soutenir une action judiciaire contre la commune dont elles font partie ou contre une section de la même commune, on comprend, avec les législateurs, qu'elles doivent avoir une représentation spéciale, puisque, dans le premier cas, la commune ne peut en même temps faire valoir ses intérêts et ceux des sections qui sont en opposition, et que, dans le second cas, elle ne peut pas prendre parti pour une de ses sections contre une autre, toutes les deux ayant un droit égal à sa protection. Aussi les articles 56 et 57 de la loi de 1837 ont-ils disposé que lorsqu'une section sera dans le cas d'intenter ou de soutenir une action en justice contre la commune, il sera formé, pour cette section, une commission syndicale de trois ou de cinq membres que le Préfet choisira parmi les électeurs municipaux, et, à leur défaut, parmi les habitants les plus imposés, et que lorsqu'une section se trouverait dans les mêmes conditions à l'égard d'une autre section, il serait formé pour chacune d'elles une commission syndicale, conformément aux dispositions qui précèdent.

Avant la loi de 1837, aucune loi n'avait prévu le cas où les sections d'une même commune seraient en contestation entre elles ou avec la commune dont elles dépendaient, relativement à des intérêts particuliers, et n'avait, par conséquent, déterminé le mode d'après lequel ces contestations devraient être suivies devant les Tribunaux. Cette lacune s'explique par cette circonstance que presque toutes les sections ont dû leur origine à la nouvelle division territoriale de la France et aux mesures qui ont été prises pour faire opérer des réunions de communes. Pour la combler, un arrêté du 24 germinal an XI a, pour une affaire particulière, posé des règles qui ont été suivies depuis pour des cas pareils; il a autorisé un Sous-Préfet à nommer des commissions syndicales composées chacune de cinq membres, pour représenter deux sections de communes dans une contestation relative à la possession d'un bois.

Depuis la loi de 1837, l'Assemblée législative et le Conseil d'Etat ont été saisis d'une proposition tendant à faire donner aux sections d'autres garanties que celles qui leur sont offertes par le Maire, par le Conseil municipal et par l'Autorité administrative supérieure, c'est à-dire, à les faire représenter par des commissions syndicales, toutes les fois qu'il s'agirait de l'administration de leurs biens, permanentes en d'autres termes; mais le Conseil d'Etat et la commission de l'Assemblée législative, après avoir constaté « que les habitants des » sections ont conservé la jouissance exclusive des fruits qui » étaient perçus en nature; que, quant aux biens qui rap-

» portent un revenu en argent, leur produit tombe dans la
» caisse communale; qu'on ne pouvait en laisser la jouissance
» exclusive aux sections; que ces règles, consacrées par la loi
» de 1837, sont simples et claires et ont le grand avantage d'a-
» voir été appliquées, depuis plus de dix ans, sans soulever
» de sérieuses difficultés et qu'elles doivent être conservées, »
ont pensé, avec raison, que de nouvelles dispositions auraient
tout au plus pour résultat de permettre aux sections de défendre, par la voie contentieuse, des intérêts, que l'action purement administrative des Préfets suffirait pour protéger et sau-
vegarder; qu'elles auraient l'inconvénient de faire naître entre
les communes et leurs sections des causes perpétuelles et permanentes de division et d'exciter des procès longs et dispen-
dieux.

La loi de 1837 est ainsi restée debout, et aujourd'hui encore
on ne doit accorder de représentation temporaire aux sections
que dans les cas qu'elle a indiqués et dans un autre, l'amélioration de leurs propriétés, qui a été prévu par une loi postérieure.

La commission syndicale, qui sera ainsi nommée par le Préfet, délibèrera sur l'objet de la contestation dont elle aura spécialement à s'occuper et désignera l'un de ses membres pour
suivre l'action qu'il s'agira d'intenter ou pour défendre à celle
qui serait déjà formée.

345. Lorsqu'une section succombe, ce fait ne saurait manquer d'arriver, surtout quand deux sections plaideront l'une
contre l'autre, elle sera condamnée à payer des dépens; elle
aura même, en outre, et la section qui obtiendra gain de cause
aura aussi, des frais particuliers et des honoraires à supporter.
Dans ce cas encore, qui est la conséquence de tout procès, la
section doit avoir une représentation spéciale : le Conseil municipal, qui est ordinairement chargé de surveiller et de stipuler
ses intérêts, ne pourra pas, avec les plus imposés de toute la

commune, créer les ressources nécessaires pour acquitter les dépenses occasionnées par des procès, soit au moyen d'une imposition extraordinaire si elle peut produire une somme suffisante, soit au moyen de la vente de biens appartenant à la section ou aux sections débitrices, soit au moyen d'une sous-cription; il devra s'adjoindre, en nombre égal aux membres dont il se composera, des plus imposés de ces sections. Cette garantie, résultant de la présence d'habitants intéressés au vote d'un impôt ou d'une vente, a été donnée aux sections par le Ministre de l'intérieur, en conséquence d'avis du Conseil d'Etat des 12 janvier 1821 et 8 février 1854. Dans deux circulaires des 27 mars 1837 et 9 mai 1845, le Ministre disait, en effet, aux Préfets : « Lorsqu'une section est dans la nécessité de recourir à » la voie d'une imposition extraordinaire, les plus forts contri-» buables de la section devront seuls être appelés à se réunir » au Conseil municipal. »

346. Si par des raisons que nous ne pouvons prévoir, à moins de supposer un mauvais vouloir, un Conseil municipal ne se prêtait à la création de ressources pour le paiement de frais et de dépenses relatifs à des procès, l'Administration su-périeure devrait le mettre en demeure de voter, soit une im-position extraordinaire pesant sur toutes les contributions de la section, soit l'aliénation de biens appartenant à cette sec-tion, et en cas de refus, elle devrait, conformément aux arti-cles 39 et 45 de la loi de 1835, imposer d'office la section.

Dans la circulaire déjà citée de 1845, on lit encore : « Que » lorsque les Conseils municipaux refusent de voter une impo-» sition extraordinaire pour payer des dépenses obligatoires, » les Préfets doivent adresser au Ministre des propositions, afin » qu'il soit pourvu d'office au paiement de ces dépenses, en » vertu du même article 39. »

Les frais de procès constituant des dépenses obligatoires, l'Autorité supérieure peut, d'office, dans les termes de la loi

22

et des instructions du Ministre, imposer les moyens de les acquitter.

Représentation des sections par une commission syndicale dans le cas de division
et de réunion de sections ou de communes.

347. Dans le cas où il s'agit de changer la circonscription
d'une commune, on comprend encore tout l'intérêt que peut
avoir une section à se faire ériger en commune ou à entrer
dans un nouveau territoire, et on sent aussi, comme l'ont senti
les législateurs, que le Maire et le Conseil municipal ne peuvent pas défendre des intérêts qui sont complètement, ou au
moins dans une certaine mesure, en opposition avec ceux de
la commune. Aussi, pour ce cas encore, l'article 3 de la loi de
1837 dispose que si le projet de modification de circonscription
concerne une section de commune, il sera créé pour cette section une commission syndicale et que les membres de cette
commission, dont le nombre sera déterminé par le Préfet, seront
élus par les électeurs municipaux, domiciliés dans la section
ou pris dans les plus imposés de la section, si le nombre des
électeurs n'est pas double de celui des membres à élire.

348. Par l'expression section, employée par les législateurs
dans cet article 3, on doit entendre toute partie habitée du
territoire communal. On doit, par conséquent, accorder une
commission syndicale à toute portion habitée, qu'il s'agit de
détacher d'une commune.

Le Ministre de l'intérieur a, en effet, exprimé l'opinion que,
lorsqu'il s'agit d'une section ou d'une portion de territoire assez considérable et assez peuplée, pour que la distraction n'en
puisse être opérée sans altérer sensiblement l'existence et la

constitution de la commune, il est nécessaire d'accomplir toutes les formalités prescrites par la loi de 1837.

Le Conseil d'État l'a d'ailleurs ainsi décidé par un arrêt du 26 août 1858 qui est conçu en ces termes :

« Considérant qu'aux termes de l'article 4 de la loi du 18 juil-
» let 1837, la distraction des parties habitées d'une commune
» dont la population dépasse trois cents habitants, ne peut être
» prononcée que par une loi, dans le cas où le Conseil muni-
» cipal, délibérant avec les plus imposés, ne consent pas à la
» distraction.

» Considérant qu'il résulte de l'instruction et notamment de
» la délibération du Conseil municipal de la commune de Poix,
» du 17 février 1856, que ce Conseil et les plus imposés, déli-
» bérant avec lui, ne consentaient pas à la distraction du ter-
» ritoire du hameau dit Petit-Poix, d'une contenance de cent
» quarante-neuf hectares, mais seulement à la distraction de la
» partie du territoire de ce hameau, désignée sous le nom du
» canton de Petit-Poix et qui ne contient que quarante-deux
» hectares.

» Considérant que la commune de Poix renferme une popu-
» lation de plus de trois cents habitants.

» Que, dès lors, à défaut de consentement du Conseil muni-
» cipal et des plus imposés de la commune de Poix, la distrac-
» tion de la totalité du territoire du hameau du Petit-Poix ne
» pouvait être prononcée par un décret. »

349. Aujourd'hui, suivant l'article 13 de la loi de 1867, les changements dans la circonscription territoriale des communes, faisant partie du même canton, sont définitivement approuvés par les Préfets, après l'accomplissement des formalités prévues au titre premier de la loi de 1837, en cas de consentement des Conseils municipaux, et sur avis conforme du Conseil général.

Si l'avis du Conseil général est contraire, ou si les changements proposés dans les circonscriptions communales modifient la composition d'un département, d'un arrondissement ou d'un canton, il est statué par une loi.

Tous autres changements dans la circonscription territoriale des communes sont autorisés par des décrets rendus dans la forme des règlements d'administration publique.

La discussion à laquelle ont donné lieu ces nouvelles dispositions a établi qu'elles ne dérogeaient en rien aux prescriptions de la loi de 1837, relatives aux distractions de sections de communes. Les garanties qui sont, à cet égard, stipulées dans cette loi continueront à subsister dans leur intégralité. L'article 13 de la loi de 1867 n'a pour but que de supprimer certaines formalités de procédure, relatives aux délimitations nouvelles que peuvent réclamer certaines communes.

350. Quant à la formation des commissions syndicales, lorsqu'il y a lieu d'en constituer, les nouvelles lois électorales ont abrogé la partie de l'article 3 de la loi de 1837, qui est relative au mode de nomination des commissions. C'est ce que le Ministre de l'intérieur a reconnu dans une circulaire du 29 août 1849.

Désormais, a-t-il dit, le principe du suffrage universel s'appliquera aux élections des commissaires syndicaux, comme à toutes les autres élections.

Les nouvelles lois électorales n'ont fixé ni les conditions d'éligibilité des membres des commissions, ni les règles à suivre pour leur élection; mais d'une part il tombe sous le sens et l'intérêt de la section, exige que les syndics soient pris dans son sein, et d'autre part, comme il s'agit d'élections intéressant la municipalité, on devra suivre pour les faire, et pour la solution des questions se rattachant à leur validité, toutes les règles tracées par les lois sur les élections municipales, c'est encore ce que le Conseil d'État a reconnu.

Dans un arrêt du 31 mars 1843, il a confirmé un arrêté du

Conseil de Préfecture du Pas-de-Calais, qui avait maintenu les opérations électorales, auxquelles il avait été procédé dans une commune qu'il désigne, le 25 juillet 1841, à l'effet de nom-mer une commission syndicale, pour donner son avis sur le projet d'ériger une section en commune distincte et séparée.

Dans un autre arrêt du 29 avril 1863, le Conseil d'État a en-core décidé « que les opérations électorales pour la nomination » d'une commission syndicale avaient eu lieu le 23 mars 1862 ; » que les protestations n'avaient été déposées à la Préfecture » que plus de cinq jours après la clôture desdites opérations » électorales ; et que dès lors c'était avec raison que ces protes-» tations avaient été déclarées tardives. »

Il est ainsi bien évident que les élections des membres des commissions syndicales doivent se faire suivant les formes tracées pour les élections municipales, et que toutes les diffi-cultés se rattachant à leur validité sont du ressort de la juri-diction administrative.

ARTICLE 4.

Une commission syndicale doit encore être donnée à une section, lorsqu'il s'agit d'améliorer ses biens, conformément à la loi de 1860.

351. Une commission syndicale doit encore être donnée à une section, lorsque ses biens sont susceptibles d'être amé-liorés par des dessèchements ou autrement, et que le Conseil municipal, spontanément ou sur l'invitation du Préfet, délibère, conformément à la loi du 28 juillet 1860, sur la partie de ces biens qu'il convient de laisser à l'Etat de jouissance commune, sur le mode de mise en valeur du surplus et sur la question de savoir si la commune entend pourvoir par elle-même, c'est-à-dire, avec ses ressources, à cette mise en valeur, ou avec les prix d'une partie des biens de la section.

Le dernier paragraphe de l'article 2 de la loi de 1860 est, en effet, ainsi conçu : « S'il s'agit de biens appartenant à une sec- » tion de commune, une commission syndicale nommée con- » formément à l'article 3 de la loi de 1837 est préalablement » consultée. »

Nous ne rappellerons ni les termes, ni la portée de cet article que nous avons déjà fait connaître, ni l'extension que les nouvelles lois électorales lui ont donnée et que nous venons d'indiquer.

352. La mission d'une commission syndicale, dans le cas qui nous occupe, n'est pas sans importance, quoiqu'elle n'ait que des avis à donner et que le Conseil municipal reste le représentant légal de la section et ait le pouvoir de délibérer sur la question de savoir si la mise en valeur est opportune, si elle doit porter sur tout ou partie des biens sectionnaires et comment elle peut avoir lieu.

On sait que les sections n'ont ni organisation, ni fortune mobilière et qu'elles n'ont droit qu'à des fruits en nature.

Le premier soin de la commission est donc de conseiller, si les circonstances l'y autorisent, de laisser à l'Etat de jouissance commune tous les biens des sections ou la plus grande portion possible.

En second lieu, cette commission a pour devoir, si la mise en valeur est reconnue avantageuse, de demander, soit à la commune dans le cas où elle pourrait et où elle consentirait à le faire, soit à des aliénations, les ressources nécessaires pour faire face aux frais de dessèchement, d'assainissement et d'amélioration. Dans la Gironde, les communes vendent une partie de leurs biens communaux pour améliorer le surplus. Les sections pourraient procéder ainsi lorsqu'elles n'auraient pas d'autre moyen de se créer des fonds. Il va sans dire que si un emprunt était fait dans la caisse municipale, des locations et même des ventes pourraient l'en indemniser. La commune.

d'ailleurs, peut être assez riche pour venir au secours d'une section ; n'en est-elle pas en quelque sorte la mère ? Elle peut même espérer retrouver dans sa fortune l'appui qu'elle lui prêterait, si à son tour elle en avait besoin.

En troisième lieu, la commission a encore pour devoir de réclamer la conversion des terrains incultes en bois, ou en prairies-bois, ou même en prairies, afin d'assurer aux habitants des sections des produits en nature.

L'Administration supérieure saura elle-même unir ses efforts à ceux de la commission, pour ménager et satisfaire tous les intérêts.

ARTICLE 5.

Autres cas dans lesquels des sections peuvent être représentées par une commission syndicale.

353. Il pourrait encore se présenter d'autres circonstances dans lesquelles des sections auraient droit à une représentation exceptionnelle, par exemple dans le cas où une commune prétendrait profiter en totalité ou en partie d'une libéralité qu'une section soutiendrait avoir été faite exclusivement en faveur de ses pauvres. La section devrait obtenir une commission spéciale pour faire valoir ses droits à la donation ou au legs, sauf lorsque les droits de ses pauvres auraient été reconnus, à laisser à la commune et à l'Administration supérieure le soin d'organiser et de faire administrer, suivant la loi, un bureau de bienfaisance ou un hospice.

Tels sont les cas dans lesquels les sections de communes ont droit à une représentation spéciale. Ordinairement, ou en d'autres termes en règle générale, tous leurs biens et tous leurs droits sont administrés par le Maire et le Conseil municipal, qui peuvent même en disposer, sous le seul contrôle de l'Autorité administrative supérieure.

CHAPITRE X.

PROPRIÉTÉS ET DROITS PARTICULIERS DES SECTIONS.

————

§ Ier. — Les sections conservent les propriétés et les droits séparés qui leur appartiennent et qui leur adviennent.

§ II. — Restrictions nécessaires apportées aux droits de propriété et de jouissance des sections.

§ III. — Anéantissement des droits des sections sur les immeubles affectés à un usage public qui se trouvent dans leur étendue au moment où elles passent d'une commune dans une autre.

§ IV. — Des indemnités peuvent, selon les circonstances, être dues par la commune qui reçoit un édifice public à la commune qui la perd.

§ V. — Les indemnités sont payées et sont reçues par les communes et non par les sections.

§ VI. — Depuis la loi de 1837, les sections n'ont conservé d'édifices publics que dans des cas très rares et ne peuvent en acquérir.

§ VII. — Les sections peuvent devenir propriétaires de biens et droits fonciers productifs.

§ VIII — Des sections ne pourraient devenir propriétaires de créances, de rentes, ni d'autres droits mobiliers.

§ IX. — Les sections conservent et emportent les droits indivis qu'elles ont, en vertu de titres, avec des tiers et avec la commune dont elles dépendaient et leurs droits dans les propriétés de cette commune.

§ X. — Droits des sections conservés ou éteints, selon les cas, dans les droits de parcours et de vaine pâture.

§ XI. — Les droits de glanage et de glandage ne sont conservés aux sections détachées qu'autant qu'ils sont fondés en titre.

§ XII. — HERBES MARINES. — Art. 1er. Droits des sections de communes sur les herbes marines, dans les cas où elles appartiennent à des communes riveraines de la mer. — Art. 2. C'est à l'autorité administrative et non à l'autorité judiciaire qu'il appartient de concéder les herbes marines et de statuer sur toutes les contestations qui peuvent s'élever à l'occasion de ces herbes entre les sections et les communes séparées ou réunies.

§ XIII. — Droits des sections et des communes auxquelles elles sont réunies, dans les établissements charitables des communes dont ces sections sont détachées.

---

§ Ier.

Les sections conservent les propriétés et les droits séparés qui leur appartiennent et qui leur adviennent.

354. Dans les précédents chapitres, particulièrement dans le quatrième, nous avons expliqué comment les sections pouvaient se former et devenir propriétaires de biens communaux et patrimoniaux. Nous n'avons plus ici qu'à faire connaître ces biens et les divers droits d'usage et autres que ces portions de communes peuvent posséder.

Des communes réunies, étant, les unes à l'égard des autres, des sections dans la nouvelle association qu'elles forment, restent propriétaires des biens et droits qu'elles avaient avant leur réunion; elles conservent aussi les pâturages et autres droits immobiliers qui leur appartenaient et même les établissements charitables qu'elles renfermaient.

Des sections réunies conservent également la propriété des immeubles, autres que ceux affectés à un usage public, les jouissances immobilières, les droits de pacages et autres qui leur appartenaient, en vertu de titre, aussi avant la réunion, et les droits indivis qui leur appartenaient dans les biens de la commune dont elles ont été détachées.

Ces diverses fractions de commune, lorsqu'elles ont eu, avant les lois de la Révolution, un territoire et une existence distincte, ont pu recevoir de ces lois des terrains vains et vagues. S'il leur en est advenu, elles en conservent la propriété.

Les villages ou les hameaux et même les maisons isolées qui ont reçu des biens communaux ou d'autres droits et ont ainsi été élevés au rang de sections, conservent ces biens et droits après leur incorporation dans une nouvelle commune, lors même qu'ils auraient toujours dépendu de la même commune et qu'ils n'auraient jamais eu et n'auraient pas encore de territoire.

Toutes les sections, quelles qu'en soient l'origine et l'importance, conservent également les droits particuliers qui ont pu leur être conférés de prendre dans des propriétés particulières du bois de chauffage, du bois de construction, des échalas et d'autres produits; les droits qu'elles ont pu recevoir de pâturages dans des forêts, dans des prairies et dans d'autres propriétés; et le droit dont elles auraient été gratifiées d'envoyer les malades, les infirmes et les vieillards indigents dans des hospices et de recevoir des secours de certains bureaux de bienfaisance.

D'autres droits séparés peuvent bien encore appartenir aux sections de communes. Nous ne saurions les indiquer tous, mais on les reconnaîtra facilement au moyen des explications qui précèdent et de celles qui se trouvent dans les chapitres précédents.

§ II.

Restrictions nécessaires apportées aux droits de propriété et de jouissance des sections.

355. Les lois des temps anciens, les édits des rois et l'ordonnance de 1818 autorisaient, on peut même dire prescrivaient, la location des biens communaux, pour, les prix à en provenir, être employés, suivant les lois romaines, à construire et entretenir les édifices publics, suivant les édits des anciens rois, aux réparations des paroisses, et suivant l'ordonnance de 1818, aux dépenses des communes.

Déjà, par ces monuments de législation, les doits des sections étaient restreints à certains avantages, puisque tous les biens communaux, aussi bien ceux des sections que ceux des communes elles-mêmes, pouvaient être affermés au profit de la paroisse ou commune entière.

Tous les écrivains des temps passés et ceux de la première moitié de notre siècle l'affirment.

La loi de 1837 est venue le dire à son tour en termes plus formels encore.

Ainsi, en même temps qu'elle autorise la section de commune érigée en commune séparée ou réunie à une autre commune à emporter la propriété des biens qui lui appartiennent exclusivement, elle porte dans l'article 5 : que les habitants de la commune ou section réunie à une autre commune conserveront la jouissance exclusive des biens dont les fruits étaient perçus en nature et afin que personne ne puisse se méprendre sur la portée de cette disposition restrictive ou plutôt limitative des droits des sections, ses auteurs ont eu soin d'expliquer :

Le baron Mounier, rapporteur de la loi devant la Chambre des Pairs, que les habitants de l'ancienne commune ou section réunie auraient leurs droits aux fruits qu'ils percevraient en nature, tandis que les revenus en argent passeraient à la nouvelle commune, que réunir des communes sans fondre leurs droits, serait juxtaposer des portions de territoire et non former une communauté, et que si ces prescriptions ne respectent pas complétement le principe que chaque section doit conserver ses propriétés, elles sont une condition nécessaire de la réunion ;

M. Vivien, rapporteur devant la Chambre des Députés, que si les sections demeuraient propriétaires des immeubles qu'elles apporteraient, pour le cas où une séparation ultérieure viendrait à être prononcée, la jouissance ne pouvait leur en être exclusivement réservée, qu'elles conserveront celle des biens dont les revenus étaient perçus en nature, et quant aux biens qui rapporteront des revenus en argent que leur produit entrerait au budget de la nouvelle commune, qu'on ne pourrait conserver ces sortes de revenus aux sections sans détruire tous les effets des réunions, que c'eût été, en effet, maintenir à jamais des intérêts distincts, rendre nécessaires deux budgets et que la réunion n'est avantageuse qu'autant que les diverses fractions sont fondues entièrement ensemble et forment une communauté complète ;

Le Ministre de l'intérieur, qu'en cas de réunion, on ne conservait aux sections que la jouissance de droits se percevant en nature ;

M. Dumon, député, que dans l'état actuel, les revenus des biens sectionnaires qui se résolvent en une somme d'argent entrent dans les recettes municipales et qu'il ne serait pas bon qu'il y ait un Etat dans un Etat, une commune dans une commune et un petit budget dans un budget ;

Et le commissaire du Gouvernement, que la section réunie, à laquelle appartiennent des biens qui fournissent des fruits en nature continuera à en jouir; mais que la section, qui retirait des revenus en argent, les apportera en dot à la nouvelle commune pour servir à l'utilité communale, que ne pas réunir les sections dans les termes de l'article 5 (tel qu'il a été voté), ce serait le moyen de créer des juxtapositions de sections de commune et non des unités communales.

On ne pouvait mieux et plus formellement confirmer les règles tracées par les lois anciennes, par les rois, par la jurisprudence et par la pratique.

La même loi de 1837 a, dans les articles 17 et 19, donné aux Conseils municipaux, sous le contrôle de l'Autorité supérieure, le pouvoir de régler le mode d'administration et de jouissance des biens communaux, et d'afffermer ces biens, qu'ils appartiennent aux sections de commune ou aux communes. Ces pouvoirs des Conseils municipaux ont encore été élargis par la loi de 1867.

Tous les jours les municipalités en usent, avec ou sans l'aveu des sections, et souvent malgré leurs protestations. Nous l'avons démontré ailleurs, et de plus longues explications seraient désormais inutiles.

On voit, par l'ensemble de ces dispositions, sans que nous ayons besoin de rentrer davantage dans la discussion à laquelle nous nous sommes livrés dans le chapitre VII et d'apporter de nouvelles justifications, que les droits des sections de commune sont limités à la propriété de leurs biens communaux et patrimoniaux pour le cas, entre autres, ainsi que l'ont expliqué les législateurs, où une séparation ultérieure viendrait à être prononcée, et à la jouissance en nature de ces biens, soit par la répartition de ces fruits entre les habitants, soit par le pâturage des bestiaux.

La loi n'a pas seulement ainsi limité les droits des sections sur leurs propres biens, elle a encore permis l'aliénation de ces mêmes biens, leur anéantissement, par conséquent, puisque leur prix doit, en principe, tourner au profit des communes.

Nous l'avons établi dans le chapitre VI avec les termes de la loi et avec un arrêt d'Orléans, du 7 juin 1851, un arrêt de la Cour de cassation du 25 avril 1855 et quatre arrêts du Conseil d'Etat des 24 janvier 1856, 4 septembre suivant, 17 mars 1857 et 10 février 1859.

Nous ajouterons que les Conseils municipaux peuvent même modifier d'anciens usages, en vertu desquels des futaies affouagères étaient délivrées en nature aux habitants, d'après l'étendue de leurs bâtiments, et décider, en conséquence, que ces futaies seront vendues au profit des communes, conformément aux dispositions du Code forestier; en agissant ainsi, ils ne font qu'user du pouvoir que leur donne l'article 17 de la loi de 1837.

C'est dans ce sens que s'est prononcé le Conseil d'Etat dans deux arrêts des 7 mai et 7 juillet 1863.

Il est vrai que dans les espèces de ces décisions, il s'agissait d'affouages communaux; mais de même que les Conseils municipaux peuvent disposer de toutes les autres propriétés des sections productives de fruits en nature et les traduire ainsi en argent, de même ils peuvent aliéner le quart en réserve pour le traduire également en argent. La loi ne fait aucune distinction; elle donne aux municipalités de complets pouvoirs dont elles peuvent toujours user et dans la pratique elles en usent.

356. Mais que les droits qui sont conférés aux municipalités n'effrayent pas outre-mesure les habitants des agglomérations propriétaires de biens distincts. Les corps municipaux ne pourront pas toujours, parce que tel serait leur caprice, faire des aliénations; ils ne pourront en réclamer que dans les cas de nécessité, par exemple, pour reconstruire ou réparer d'indispensables édifices publics, lorsque les communes manqueront absolument de ressources, et que les revenus des propriétés sectionnaires seraient insuffisants pour satisfaire les impérieux besoins qui se feraient sentir ; et encore ces aliénations ne pourraient-elles se réaliser que si l'Autorité supérieure, protectrice aussi bien des intérêts des sections que des intérêts des communes, les trouvait nécessaires.

357. Qu'on ne croit pas non plus que les limites posées aux droits de propriété et autres des sections, et le pouvoir qui est accordé aux municipalités de disposer des biens sectionnaires ne sont pas nécessaires ; ils sont impérieusement exigés par la raison d'être des communes et pour le maintien de l'ordre. La section n'existe qu'accidentellement. Si elle demeure propriétaire des biens qu'elle possédait, c'est parce qu'en les lui enlevant, on aurait nui aux réunions de communes et blessé l'équité, sans nécessité, et parce qu'il était possible de lui en laisser les fruits en nature, sans gêner l'administration communale ni détruire l'unité communale. Mais une communauté n'existe et n'est avantageuse qu'autant que les diverses fractions qui la composent sont entièrement unies ; il n'est pas bon, il n'est pas possible qu'il y ait une commune dans une commune, il y en aurait souvent plusieurs si les sections pouvaient avoir des revenus et des capitaux, c'est-à-dire, autre chose que des fruits en nature. On ne peut pas non plus former un ou plusieurs petits budgets dans un grand ; en le faisant, on organiserait plusieurs communes dans la même commune, contre les termes et contre l'esprit de la loi.

358. Les sections trouvaient, dans la commune dont elles dépendaient, les avantages produits par la gestion générale des revenus de la commune, d'une mairie, d'une église, d'une école, des chemins et d'une bonne police ; elles retrouveront les mêmes avantages dans la nouvelle commune à laquelle elles auront été réunies. Toutes les sections, quelle que soit leur origine, sont dans ces conditions. Elles n'ont donc pas besoin de ressources en argent et elles ne doivent jamais en avoir ;

c'est ce qui résulte des paroles des législateurs et du texte même de la loi.

Encore en 1858, le Conseil d'Etat disait que si les sections de commune sont autorisées à conserver, même après leur réunion, la jouissance de certains droits immobiliers, droits d'usage ou autres qui leur appartenaient exclusivement avant cette réunion, et si cette situation particulière semble donner à une section de commune une sorte d'existence séparée, il faut bien se garder d'étendre à des cas non prévus ce que la loi n'a admis que pour des cas exceptionnels, qu'autrement on arriverait à créer une commune dans la commune.

359. La disposition de la loi qui limite les droits des sections est d'autant plus sage qu'elle évite des divisions dans les communes et fortifie, par conséquent, l'union qui doit exister entre tous les membres d'une même famille.

La disposition qui donne l'administration et le droit de disposer des biens sectionnaires aux corps municipaux, n'est pas moins utile que celle qui attribue à la commune tous les produits en argent.

Toutes, par une admirable logique, confirment le principe de l'unité communale.

D'ailleurs, la commune a seule besoin de revenus et de capitaux, et les droits des Conseils municipaux sont toujours tempérés par la haute sollicitude de l'Administration supérieure.

Nous n'insistons pas davantage sur ces points dont nous nous sommes déjà occupés dans les chapitres précédents. Nous ne nous serions pas même autant répété que nous venons de le faire, si notre thèse qui est, nous le croyons fermement, la seule vraie, ne rencontrait un habile contradicteur dans M. Aucoc, et des adversaires jusque dans les grands corps de l'Etat.

§ III.

Anéantissement des droits des sections sur les immeubles affectés à un usage public, qui se trouvent dans leur étendue au moment où elles passent d'une commune dans une autre.

360. La loi de 1837 n'a point non plus laissé aux sections de communes, d'édifices et autres immeubles affectés à des services publics.

L'article 5, spécial à une commune réunie à une autre commune, dit positivement que ces propriétés appartiendront à la commune à laquelle la réunion sera faite.

L'article 6, applicable aux sections de communes érigées en communes séparées, ou réunies à une autre commune, dit encore que les édifices et autres immeubles servant à usage public, situés sur leur territoire, deviendront propriété de la nouvelle commune ou de la commune à laquelle la réunion sera faite.

Ces dispositions sont parfaitement d'accord avec celles qui refusent toute organisation, toute administration et toute fortune mobilière aux sections.

On ne pouvait évidemment pas conserver aux sections réunies la propriété d'une église, d'une chapelle de secours, d'un presbytère, d'une école, d'une fontaine et d'un lavoir, puisqu'on ne leur laissait pas les moyens de les entretenir et de les reconstruire, le cas échéant, ni d'en recueillir particulièrement tous les avantages.

Au contraire, on devait conserver ces sortes de propriétés aux sections érigées en communes, lorsqu'elles se trouvaient sur leur territoire, parce qu'elles leur étaient nécessaires, et parce que la commune qui avait subi la division ne pouvait les conserver et en user, sans de graves inconvénients, en dehors de son territoire.

C'est dans ce sens que M. Vivien, rapporteur, expliquait la loi de 1837, alors en projet, dans le rapport qu'il faisait le 26 mars 1836. « Il y aurait de l'inconvénient, disait-il, à ce que la » commune dont la section est distraite, possédât des édifices » publics en dehors de sa circonscription ; elle n'en jouirait » qu'en exerçant sur la nouvelle commune une espèce de » droit de servitude, dont l'usage donnerait souvent naissance » à des contestations. D'un autre côté, la section ou la com- » mune, réunie à une autre commune, apporte avec elle ces » immeubles ; mais on a pensé qu'il y avait principalement des » charges attachées à cette propriété, et la loi décide que ces » immeubles deviendront propriété de la nouvelle commune » qui les emploiera à l'usage général. »

Les sections réunies n'ont donc ni immeubles destinés à des services publics municipaux, ni revenus ; en lui refusant les uns et les autres, la loi s'est montrée conséquente avec elle-même.

§ IV.

Des indemnités peuvent, selon les circonstances, être dues par la commune qui reçoit un édifice public à la commune qui le perd.

361. La loi devait se montrer également juste à l'égard de la commune qui perd des édifices publics et elle l'a fait implicitement du moins.

Dans les premiers projets qui avaient été discutés dans les deux Chambres, on trouvait une disposition qui prévoyait une indemnité de la part de la commune qui s'enrichissait au profit de celle qui se trouvait privée d'une école ou d'une autre propriété publique ; elle n'a pas été reproduite dans la rédaction définitive ; mais les rapports qui ont été faits dans les deux corps délibérants ne permettent pas le doute sur la pensée des législateurs, ni sur l'esprit qu'ils ont imprimé à leur œuvre.

« On a considéré, disait à la Pairie, le 27 mars 1837, le baron » Mounier, que lorsqu'un édifice important pour une com- » mune, une église par exemple, lui serait enlevé avec la sec- » tion sur le territoire de laquelle cet édifice était placé, il se- » rait juste d'indemniser la commune d'une perte qu'elle serait » peut-être obligée de remplacer à grands frais. Le projet de » loi a admis, en conséquence, le principe du paiement d'une » indemnité ; mais en l'énonçant, le projet n'est point entré » dans les moyens d'exécution ; il ne parle point de l'évalua- » tion de cette indemnité ; il ne déclare point sur qui retombe- » rait la charge ; nous pensons qu'on y rencontrerait de gran- » des difficultés. Une section peu considérable est distraite » d'une commune, les habitants de cette section seront-ils » tenus de payer la valeur d'un édifice construit sur son sol ? » Ce serait lui imposer un fardeau accablant, et arriver parfois » à l'impossible. A la vérité, dans notre système qui fait passer » la propriété de l'édifice à la nouvelle commune, ce serait à » elle à supporter le paiement de l'indemnité ; il n'y aurait plus » la même impossibilité. Mais nous ferons remarquer que les » cas de cette nature seront évidemment bien rares ; qu'il ne » faut pas s'en préoccuper et mentionner dans la loi une me- » sure d'une application difficile et qui éveillerait tant de pré- » tentions. Si l'on peut supposer des circonstances dans les- » quelles il serait équitable d'indemniser une commune de la » privation de certains immeubles servant au public, ce serait » dans l'acte de séparation qu'on stipulerait cette indemnité, » soit en en fixant immédiatement la quotité, soit en annon- » çant qu'elle serait fixée dans les formes déterminées. »

M. Vivien, à son tour, disait aux députés, le 16 mai 1837, dans

un dernier rapport : « Les derniers articles du titre premier ont
» subi quelques changements. Le principe de l'indemnité que
» vous aviez voulu consacrer au profit de la commune, à qui la
» distraction d'une partie de son territoire enlevait un de ses
» édifices publics, ne se trouve plus écrit dans la loi, mais
» il n'est pas contesté. Les cas où l'indemnité sera due se pré-
» senteront très-rarement ; ils pourront être réglés par l'acte
» même qui opèrera la distraction, et peut-être une disposition
» générale et expresse aurait, comme on la craint, encouragé
» de nombreuses prétentions, le plus souvent dénuées de tout
» fondement. »

Le Ministre de l'intérieur, interprétant et appliquant la loi,
d'après les explications de ses auteurs, a, le 29 janvier 1848,
invité les Préfets à faire étudier les projets de réunion ou d'é-
rection de communes, avec d'autant plus de soins, que des indemnités pourraient être dues. « A l'égard des édifices servant
» à usage public, a-t-il dit, qui, aux termes de la loi, doivent
» suivre le sort du territoire sur lequel ils se trouvent situés,
» les indemnités ou compensations auxquelles leur délaisse-
» ment forcé pourra peut-être donner lieu dans quelques cir-
» constances extraordinaires, devront être réglées par l'ordon-
» nance royale ou par la loi qui changera la circonscription.
» A cet égard il n'existe aucune règle précise. Le législateur a
» eu l'intention évidente de tout laisser à l'appréciation de l'au-
» torité administrative, parce qu'il n'était pas possible de régler
» à priori les cas si divers qui peuvent se présenter, ni même
» de rappeler les principes généraux, dont l'application peut
» servir à résoudre les difficultés nées de la séparation. Ce
» sera donc à vous, Monsieur le Préfet, à examiner dans chaque
» espèce, d'après les demandes des parties, et surtout d'après
» les circonstances qui auront précédé ou déterminé le projet
» de séparation, ce qu'il serait juste ou convenable de décider
» en même temps qu'on la prononcerait. Cette appréciation
» sera souvent très-délicate et exigera de la part de l'Adminis-

» tration, une attention toute particulière. Je vous recom-
» mande d'y apporter un très-grand soin, afin que vos propo-
» sitions soient toujours motivées sur des faits positifs. Plus le
» pouvoir attribué, en cette matière, à l'autorité administrative
» est indéfini, plus elle doit s'attacher à ce que ses décisions
» ne soient jamais fondées que sur une stricte équité. »

Une loi du 4 juin 1859 a consacré le principe qu'une indemnité était due par une commune qui recevait un presbytère, à la
commune qui le perdait. Cette loi a prononcé la réunion à la
commune de Grandville (Manche) d'une partie du territoire des
communes de Saint-Nicolas et de Domville. La commune de
Saint-Nicolas perdait un presbytère qu'elle avait fait récemment
bâtir. La commune de Grandville a été chargée de payer à la
commune de Saint-Nicolas une indemnité égale au préjudice
qu'elle éprouverait, suivant le règlement qu'en ferait l'administration.

Tous les écrivains enseignent aussi que la commune qui
perd des édifices publics a droit à des compensations.

La loi de 1837, ainsi expliquée, ne peut guère présenter de
difficulté dans l'application de ces deux règles : que les édifices publics passent à la nouvelle commune et que cette commune doit des indemnités, compensations ou remboursements.
La loi n'a pas soumis ces indemnités à des règles invariables ;
elle ne pouvait le faire ; elle s'est bornée à poser des principes
généraux qu'on trouve dans l'article 6, et elle s'en est remise
aux circonstances pour la fixation des indemnités. Ainsi, on
pourra, selon les cas, consulter l'étendue des territoires divisés, l'importance des populations laissées dans l'ancienne
commune et emportées par les sections distraites, le revenu
imposable des deux territoires, la fortune respective des agglomérations séparées. On pourra aussi avoir égard à la situation des édifices, au service qu'ils rendaient et qu'ils pourront
continuer à rendre à la commune et aux populations qui les
perdent, et aux avantages qu'ils procureront à la commune

qui les reçoit et aux habitants de cette commune qui s'en rapprochent le plus.

§ V.

362. Mais on se demande par qui des communes ou des sections de commune sera payée et sera reçue l'indemnité?

M. Aucoc paraît croire, ou du moins laisse entendre, que l'indemnité peut profiter à la commune ou à la section qui perd ses droits.

Nous ne saurions partager l'opinion qu'une section peut jamais avoir des droits à une indemnité.

D'abord, par qui l'indemnité doit-elle être payée? Evidemment par la commune à laquelle la réunion est faite, puisque c'est à elle que l'attribution est faite. Les articles 5 et 6 disent, en effet, qu'elle deviendra propriétaire des édifices publics.

Ensuite, à qui reviendra l'indemnité? Encore à la commune, puisqu'elle seule a droit à tous les produits en argent.

Supposons, d'ailleurs, une section passant avec un presbytère d'une commune dans une autre. Ou cet édifice appartenait à la commune qui a subi la distraction, ou il était la propriété de la section qui en est détachée. Dans le premier cas, l'indemnité reviendrait sans conteste à la commune, puisqu'elle était propriétaire; dans le second, la section n'aurait rien à réclamer, parce qu'elle serait inhabile à le faire, et encore parce que l'immeuble même, en passant à la nouvelle commune, resterait où il était et continuerait vraisemblablement à remplir sa destination primitive au profit de la section.

Dans aucun cas, la section ne peut donc ni payer ni recevoir d'indemnité. Le baron Mounier l'a formellement dit dans le rapport dont nous venons de rapporter les termes : « Dans notre » système, a-t-il dit, qui fait passer la propriété de l'édifice à » la nouvelle commune, ce serait à elle à supporter le paiement » de l'indemnité. »

§ VI.

Depuis la loi de 1837, les sections n'ont conservé d'édifices publics que dans des cas très-rares, et ne peuvent en acquérir.

363. On se demande encore si, depuis et en vertu de la loi de 1837, les communes sont propriétaires des immeubles à usage public qui, avant cette loi, se trouvaient dans des villages.

Pour la négative, on peut dire que la loi n'a pas d'effet rétroactif.

Mais, en premier lieu, y avait-il des sections propriétaires d'édifices publics? On peut en douter, surtout pour les sections qui n'avaient pas eu de territoire et d'existence distincts. Dans tous les cas, les sections auraient à en rapporter la preuve.

En second lieu, lorsque les communes perçoivent, de par la loi, tous les produits en argent et sont tenues également, de par la loi, d'entretenir toutes les propriétés communales, publiques ou non, peut-on encore trouver des sections propriétaires de portion quelconque du domaine public municipal? Nous inclinons pour la négative, par ces raisons que, dans la pratique, on ne peut pas distinguer un édifice public appartenant à une section, d'un autre appartenant à la commune. Tous sont administrés, reconstruits, s'il y a lieu, améliorés, réparés et conservés ou aliénés par le Conseil municipal, s'il y a utilité et convenance à le faire.

S'agit-il, par exemple, d'une école, elle doit être entretenue par la commune. Il en est de même à l'égard des édifices consacrés à l'exercice du culte, ainsi que l'ont décidé l'avis déjà cité du Conseil d'Etat, du 9 décembre 1858, et un arrêt également du Conseil d'Etat, rendu au contentieux, le 23 juin 1864. On ne peut donc pas dire que des hameaux ou même des sections, au moment où ils sont passés dans la commune où ils se trouvent, sont restés propriétaires d'immeubles servant à l'usage du public; car s'ils en avaient, à l'époque de leur réunion, la nouvelle commune en aurait profité moyennant des indemnités qu'elle aurait payées ou des compensations qui se seraient opérées. Il n'y a qu'un cas où des sections pourraient encore être propriétaires de pareils immeubles, c'est lorsqu'elles formaient autrefois d'anciennes communes ou des divisions territoriales ayant eu une existence distincte. Ainsi, si elles avaient une église ou un presbytère qu'elles auraient apportés dans la commune à laquelle elles auraient été incorporées, et que ces édifices existassent toujours, elles en auraient conservé la propriété pour l'emporter, en cas de séparation ultérieure, parce qu'en entrant dans la nouvelle association, elles n'auraient pu recevoir aucune indemnité ni compensation.

364. Suivant M. Aucoc, une section de commune aurait pu, depuis la loi de 1837, acheter ou faire construire un édifice public, en être propriétaire exclusive, supporter les charges auxquelles il pourrait donner lieu et profiter des bénéfices qu'il pourrait donner.

Nous ne pouvons admettre ces solutions.

Une section ne peut faire ni acquisition, ni construction, parce qu'elle ne peut pas avoir et qu'elle n'a pas de capitaux ni de revenus. Elle pourrait tout au plus réaliser des ressources par des souscriptions; mais les sommes qui seraient ainsi réunies formeraient des deniers communaux et ne serviraient à faire, dans les sections, que des choses communales.

265. Deux arrêts du Conseil d'Etat et le Ministre de l'intérieur l'affirment dans trois circonstances différentes :

Dans une première espèce, le curé et l'adjoint d'une commune avaient été chargés de recueillir des souscriptions à l'effet de former l'appoint de la somme nécessaire à l'exécution des travaux de reconstruction d'une église. Des fonds étaient restés libres entre leurs mains et ils avaient cru pouvoir les employer à des dépenses de décors intérieurs de l'église. La commune les a appelés à rendre compte des sommes qu'ils avaient recueillies. Le Conseil de Préfecture de la Gironde, par un arrêté du 4 octoble 1845, a considéré « qu'ils s'étaient constitués comp-
» tables de deniers communaux », et leur a enjoint de fournir le compte des sommes recouvrées et de l'emploi qu'ils en avaient fait. Le Conseil d'Etat, par un arrêt du 12 août 1848, a confirmé cette décision, en déclarant que le curé et l'adjoint « s'étaient ingérés dans le maniement de deniers commu-
» naux. »

Dans une seconde espèce, un ecclésiastique avait fait appel à la piété et à la charité de ses paroissiens pour l'aider et aider la commune, par des souscriptions, à reconstruire l'église. Cet ecclésiastique avait reçu l'engagement de cent neuf personnes, à la tête desquelles il s'était mis, la plupart habitants de la commune, de fournir des journées d'hommes et de chevaux, des matériaux ou de l'argent. Il avait conservé et employé les fonds qui lui avaient été remis, et sur la demande que lui faisait la commune de les verser dans la caisse municipale, il répondait, et plusieurs souscripteurs venaient soutenir, qu'il avait recueilli les souscriptions en son propre nom et pour en disposer librement, et que, dès lors, il n'avait aucun compte à rendre. Néanmoins, le Conseil de Préfecture de l'Yonne, par un arrêté du 8 janvier 1855, et avec lui le Conseil d'Etat, par un arrêt du 15 avril 1855, ont décidé que cet ecclésiastique rendrait compte des sommes qu'il avait reçues, par ces motifs, entre autres, « qu'aux termes de l'article 64 de la loi de 1837,

» toute personne autre que le Receveur municipal qui, sans au-
» torisation légale, s'ingère dans le maniement des deniers de
» la commune, est, par ce seul fait, constituée comptable; qu'il
» résulte de l'instruction que les souscriptions recueillies ont
» été sollicitées en vue de la reconstruction de l'église et pour
» suppléer à l'insuffisance des ressources de la commune, et
» que les fonds recueillis dans ces circonstances devaient être
» considérés comme des deniers communaux. »

Le Ministre de l'intérieur a lui-même appliqué ces principes,
en 1865, en décidant que les sommes provenant de souscriptions recueillies, par le trésorier d'une fabrique, pour la reconstruction d'une église, avaient le caractère de deniers communaux, et que, nonobstant une délibération du Conseil municipal
qui avait demandé que ces sommes fussent remises dans les
mains de la fabrique de l'église, ils devaient être encaissés par
le Receveur municipal.

366. Toutes les souscriptions faites dans une commune, en
vue de la construction ou de la restauration d'un édifice public,
ne peuvent donc produire que des deniers communaux. S'il
n'en était pas ainsi, des autorités pourraient abuser de la confiance de leurs administrés ou de leurs paroissiens pour réaliser des sommes relativement considérables, et faire, à leur gré
et sans contrôle, des fondations qui ne seraient pas toujours
en rapport avec les besoins des populations ou qui imposé-
raient pour l'avenir de trop lourdes charges aux communes.
A plus forte raison, des sommes recueillies dans une section
de commune doivent avoir le même caractère de deniers communaux et doivent être versés dans la caisse municipale, puisque la section n'a pas d'organisation, n'a point de caisse, par
conséquent, et manque des moyens nécessaires pour centraliser des capitaux et pour les employer. Une section qui ferait,
de son initiative ou avec une autorisation, une souscription
pour la réalisation d'une amélioration quelconque, devrait la

présenter, avec ses projets, au Conseil municipal, et il appartiendrait à ce Conseil et à l'Autorité supérieure de les accepter et de prescrire le versement des fonds dans la caisse communale ; mais dans ce cas, comme dans celui de la reconstruction d'une église, la section et le Conseil feraient ensemble une œuvre qui serait la chose de la commune et devrait être entretenue par elle. S'il en était autrement, une section pourrait élever autel contre autel et faire ainsi, ou au moins préparer, malgré les explications des législateurs et malgré les termes de la loi, une commune dans une commune.

367. On comprendrait encore, jusqu'à un certain point, qu'une ancienne commune, réunie avant la loi de 1837, conservât, pour certaines éventualités de divisions futures, la propriété de son église, parce qu'il était reçu, et qu'il reste admis que des sections pouvaient et peuvent posséder des immeubles et encore parce qu'en règle générale nos lois n'ont pas d'effet rétroactif ; mais en présence de la nouvelle législation qui a mis dans les mains des communes, sauf indemnité, s'il y a lieu, les édifices publics qui se trouvent dans leur circonscription, et en présence aussi de l'impossibilité dans laquelle se trouvent les sections, de faire quoi que ce soit par elles-mêmes, on ne peut plus conserver de nouveaux édifices publics à des fractions de communes. Il ne peut s'en établir dans la circonscription communale que de l'assentiment du Conseil municipal et au profit de la commune entière.

D'ailleurs, de pareils édifices intéressent l'ordre et l'avenir de la commune ; ils ne s'établissent que par les soins et sous la surveillance de l'autorité communale, et lorsqu'ils sont faits, ils sont et restent sous la puissance de la même autorité qui est seule chargée de veiller à leur conservation et de les entretenir. Les sections ne peuvent par elles-mêmes les administrer et elles ne peuvent non plus en tirer aucun profit en argent.

§ VII.

Les sections peuvent devenir propriétaires de biens et droits fonciers productifs.

368. Mais si une section de commune ne peut se créer d'é-
difices publics, parce qu'ils touchent à l'organisation de la
commune et qu'ils en assurent ou en troublent la paix, elle
peut devenir propriétaire d'autres immeubles. De même qu'autrefois les seigneurs ou d'autres propriétaires ont pu faire en
leur faveur des concessions, de même aujourd'hui des propriétaires peuvent leur donner ou des propriétés foncières ou
la jouissance de certains droits immobiliers. Si la loi ne parle
pas des avantages qui peuvent leur être faits, elle ne les défend pas, et on peut dire qu'elle les autorise en conservant
aux sections les propriétés qu'elles avaient au moment de leur
réunion à une autre commune ; il n'y a pas plus d'inconvénient
à leur laisser ainsi arriver de nouveaux biens, qu'il n'y en avait
à leur conserver ceux dont elles étaient déjà propriétaires. Si
donc des donations de droits fonciers étaient faites à des fractions de commune, les Conseils municipaux devraient les accepter pour elles, et s'ils refusaient de le faire, l'Autorité supérieure ne manquerait pas d'accorder les autorisations nécessaires en pareil cas, et au besoin de faire les acceptations.

Donner à une section, n'est-ce pas enrichir la commune,
puisque s'il s'agit de droits mobiliers, ils lui reviendront de
plein droit, et que s'il s'agit d'immeubles ou de droits fonciers,
ils pourront lui apporter des revenus et même, le cas échéant,
des capitaux.

Trolley, dans son traité de la hiérarchie, n'est pas de cet
avis. Son point de départ étant différent du nôtre, nous ne pou-

vous être d'accord sur les conséquences qu'il en tire. Ainsi, il
soutient que les sections ne peuvent être propriétaires, à titre
privatif, que des biens communaux proprement dits, et qu'au
contraire tous les biens patrimoniaux qui donnent des revenus
appartiennent de plein droit, comme les immeubles affectés à
un service public, à la commune dont la section dépend, et,
partant de là, il conclut que si une donation ou un legs de
biens patrimoniaux était fait à une section, ce serait la commune qui en profiterait.

« L'indivisibilité de la commune, dit-il, voilà la règle ; la frac-
» tion en section, c'est un accident, une exception ; il faut un
» texte qui le consacre ; or, nous n'en trouvons que pour les
» biens communaux. »

Dans un autre passage, il exprime l'opinion que lorsqu'une
commune est réunie, les biens patrimoniaux, les immeubles
affermés, les rentes et les créances qui lui appartenaient, deviennent la propriété de la nouvelle commune.

Nous avons bien admis, avec cet écrivain, que la section était
un exception, et qu'elle ne pouvait avoir ni rentes, ni créances,
ni revenus en argent, parce que la loi l'a dit et que ce n'est
qu'à cette condition que tous les intérêts sont fondus, suivant
la volonté des législateurs ; mais la loi a laissé aux sections la
propriété de leurs immeubles, autres que ceux affectés à un
usage public. Elles peuvent donc être propriétaires de pâturages, de biens patrimoniaux, de droits d'usage et d'affouages.
S'il en est ainsi, et on ne saurait en douter, elles peuvent continuer à recevoir de pareils biens et droits sous la seule condition, résultant de la loi, que s'ils produisent des fruits civils,
ils appartiendront à la commune.

§ VIII.

Des sections ne pourraient devenir propriétaires de créances, de rentes, ni d'autres droits mobiliers.

369. Nous venons de dire que les sections pouvaient recevoir des biens fonciers. Par ces expressions, nous avons déjà voulu constater qu'elles ne pouvaient recevoir des biens mobiliers. Il nous reste à l'établir.

Trolley ne permet pas aux sections de devenir propriétaires de biens patrimoniaux, c'est-à-dire, d'immeubles produisant des revenus en argent. Il ne veut pas, à plus forte raison, leur laisser arriver des capitaux ou des rentes. Il est parfaitement logique dans cette double opinion, puisque, à ses yeux, elles ne doivent pas avoir de fortune mobilière.

M. Aucoc, au contraire, est d'avis que les sections peuvent s'enrichir d'immeubles donnant des fruits en argent et aussi de valeurs mobilières. Il est également conséquent avec lui-même, puisqu'il leur accorde des fruits civils et des prix de ventes et en fait ainsi de véritables communes dans la commune. Il admet, c'est tout naturel, dans son système, qu'elles peuvent, non-seulement recevoir des donations de toutes espèces de biens, mais encore qu'elles peuvent faire des acquisitions et même des constructions. Il affirme ainsi, qu'elles peuvent, dans l'état actuel de la législation, faire une église, un presbytère, une école et les entretenir si elles sont assez riches.

Comme nous trouvons les sections sans organisation, comme nous voyons, de l'aveu même de M. Aucoc, que les législateurs leur ont enlevé jusqu'aux capitaux et aux revenus qu'elles pouvaient avoir au moment de leur réunion à une autre commune, et comme ces législateurs ont décidé par les termes de la loi et bien fait comprendre par les explications qu'ils ont données, qu'elles n'auraient que des fruits en nature et qu'il était impossible de leur laisser des revenus en argent, nous disons, avec la conviction que nous sommes dans le vrai, qu'elles ne peuvent recevoir de biens meubles, parce qu'il ne leur a été donné ni de les conserver, ni de les utiliser. Nous le disons d'autant plus haut, qu'elles pourraient, malgré la loi, par la puissance de revenus en argent et de capitaux, bâtir église contre église, école contre école, et anéantir ainsi la commune, ou au moins la troubler, par des constructions dans des lieux où elles seraient inutiles, et par le bruit qu'elles feraient de leurs écus.

Si, nonobstant la volonté de la loi, un bienfait en argent était offert à une section de commune, par une donation ou par un legs, il irait, en cas d'acceptation, en droite ligne, dans la caisse communale, se confondre avec les autres ressources, et il s'y trouverait à la disposition du Conseil municipal.

§ IX.

Les sections conservent et emportent les droits indivis qu'elles ont, en vertu de titres, avec des tiers et avec la commune dont elles dépendaient et leurs droits dans les propriétés de cette commune.

370. Une section de commune peut avoir, en vertu de titres, des droits indivis avec la commune dont elle dépendait, ou avec une autre commune, ou avec une autre section, ou avec des particuliers, ou encore avec des établissements publics, dans des biens patrimoniaux et dans d'autres propriétés situés sur des territoires voisins, et même dans des droits de pâturage et autres, dans des bois de l'État ou sur d'autres propriétés.

Elle avait, avec la commune dont elle faisait partie, des biens communaux dont les habitants jouissaient en nature et même d'autres biens productifs de revenus, compris dans le territoire communal. Ces biens étaient également indivis entre les divers villages dont se composait la commune et le bourg chef-lieu.

Lorsque la section quitte la commune à laquelle elle appartenait, elle emporte les droits indivis qu'elle avait en vertu de titres, et les droits aussi indivis qu'elle avait dans les divers biens et droits de la commune.

Selon les circonstances, elle peut, suivant les règles que nous indiquerons dans le chapitre XI, ou continuer à jouir des biens et droits qu'elle emporte, ou en réclamer une part dans la proportion des feux dont elle se compose.

371. Les législateurs affirment unanimement tous ces droits des sections :

En 1833, M. Persil, rapporteur du projet qui, après de nombreuses épreuves et quelques modifications, est devenue la loi de 1837, supposant la division d'une commune ou d'une section de commune, se demandait quels seraient les droits de la portion distraite, et continuait ainsi : « Si ce sont des droits de propriété sur un bois, sur un champ, sur un pré, il y aura propriété indivise entre la portion de section (ou de commune) qu'on sépare et la portion qui reste. Cela est conforme au principe de la disposition qui consiste à dire qu'il n'appartient pas à la loi de séparation et de réunion, de juger les questions de propriété. Ainsi, quand toute une section est propriétaire (on peut dire quand toute une commune est propriétaire) et qu'on sépare la moitié de la section ou de la commune, la propriété est possédée par indivis. Si les deux portions de sections veulent partager et que le partage soit possible, on le fera ou bien on licitera.... Il y aura indivision des droits de pâturage, comme il y aura indivision des droits de propriété. On les partagera ou on les licitera. »

M. Vivien, autre rapporteur de la même loi, disait au Corps législatif, le 26 avril 1836, après avoir énuméré certains droits réservés aux sections distraites d'une commune et réunies à » une autre : « Enfin, la section partageait, avec la commune » dont elle a été ou dont elle sera séparée, la propriété d'autres » biens, notamment des pâturages dont les habitants jouis- » saient en nature ; des partages de ces biens seront quelque- » fois nécessaires. »

372. Le *Dictionnaire général d'administration*, Proudhon, Migneret et d'autres écrivains, enseignent aussi que les por- tions de communes qui n'avaient pas d'existence distincte au sein de la commune dont elles faisaient partie, et les fractions de sections emportent leur part dans la propriété des biens communaux et patrimoniaux des associations qu'elles quittent et peuvent la revendiquer.

373. C'est dans ce sens que se sont prononcés les Tribu- naux civils et le Conseil d'Etat, avant et depuis la loi de 1837, dans les espèces suivantes :

Les hameaux dits de Tremeurs et du Haut-du-Mont avaient été distraits de la commune de Fontenay et réunis à celle de Trémonzey. Lorsqu'ils appartenaient à la commune de Fontenay, ils profitaient des affouages qu'elles possédaient ; après leur distraction ces avantages leur ont été contestés ; mais ils leur ont été conservés d'abord par un jugement de première instance, et ensuite par un arrêt de la Cour de Nancy, qui est ainsi conçu :

« Considérant que les hameaux de Tremeurs et du Haut-du- » Mont, quoique ayant cessé de faire partie de la commune de » Fontenay, pour être réunis à celle de Trémonzey, n'ont pas » perdu les droits qu'ils avaient antérieurement sur les forêts » situées sur le banc de Fontenay ; qu'il est reconnu en prin- » cipe, fondé sur la justice et le droit commun, que la réunion

24

» des communes ne doit porter aucune atteinte à leurs droits
» respectifs de propriété. »

Le pourvoi qui a été formé contre cet arrêt a été rejeté le 13
mai 1828.

Deux faubourgs de la ville de Neufchâteau étaient, en partie,
formés d'habitations dépendantes de communes voisines. Sur
la demande de la ville, une ordonnance royale, du 4 août 1824,
a ajouté à son territoire la partie de banlieue qui appartenait
à la commune. M. le Préfet des Vosges et M. le Ministre des
finances ayant été appelés à s'expliquer sur les droits respectifs de la commune de Ronceux et de la portion de territoire
qui en avait été détachée, ont déclaré que, conformément au
décret du 17 janvier 1813, la réunion d'une section de la
commune de Ronceux à la ville de Neufchâteau ne devait
préjudicier en rien aux droits d'affouage, entre autres, dont
les habitants détachés jouissaient antérieurement comme
membres de la communauté. La décision du Ministre est du
26 juillet 1825.

En 1826, une partie du quart en réserve appartenant à la
commune de Ronceux a été vendue moyennant 14,490 fr. Le
Conseil municipal de la ville de Neufchâteau a réclamé une
partie de cette somme ; la commune de Ronceux a refusé de
l'accorder. Alors est intervenu, sous la date du 6 mars 1828, un
jugement du Tribunal de première instance, qui est ainsi
conçu :

« Attendu que les quarts en réserve par la destination, qui
» est donnée à leurs produits, ne cessent pas de faire partie
» intégrante de la masse dont ils ont été distraits ;

» Attendu que la mesure de prévoyance qui les affecte ne
» change pas pour cela leur nature ; qu'ils restent biens com-
» munaux ; que l'article 542 du Code civil n'admet, d'ailleurs,
» aucune distinction ;

» Attendu qu'il est reconnu en principe que la réunion des
» communes ou des sections de commune ne porte aucune at-

» teinte à leurs droits respectifs ; qu'une section de commune
» conserve ceux dont elle jouissait avant sa distraction et son
» incorporation ;

» Attendu que la section de Ronceux, réunie à la ville de
» Neufchâteau, avait, comme ont tous les habitants compo-
» sant cette commune, des droits acquis sur le quart en ré-
» serve des bois de cette même commune, qu'ils doivent donc
» être maintenus aujourd'hui dans ces droits ;

» Par ces motifs, le Tribunal déclare que le quart en réserve
» de la commune de Ronceux fait partie de la forêt commu-
» nale, déclare que le droit de copropriété des habitants de la
» section réunie s'étend sur ce quart en réserve *comme sur tous*
» *les autres biens de la commune.* »

La Cour de Nancy a confirmé ce jugement par ces motifs,
« que la réunion des communes ou sections ne porte aucune
» atteinte à leurs droits respectifs, et que l'article 562 du Code
» civil n'admet aucune distinction entre les diverses espèces
» de biens communaux. »

A son tour, la Cour de cassation s'est prononcée dans le
même sens, par un arrêt du 20 avril 1831.

Depuis un temps immémorial, les trois hameaux de Carnay,
Vaudey et Fournet se trouvaient réunies en une seule commune et paroisse. En 1822, une ordonnance royale détacha les
hameaux de Vaudey et Fournet de la commune de Carnay et
les incorpora à deux autres communes. A l'occasion de ce démembrement, les sections de Vaudey et Fournet demandèrent
le partage des biens communaux, de quelque nature qu'ils fussent, dépendant par indivis de l'ancienne commune de Carnay.

Le 3 juillet 1826, un jugement a rejeté cette demande.

Mais, le 17 décembre 1827, la Cour de Besançon, infirmant ce
jugement, a ordonné que le partage demandé serait fait administrativement ; elle s'est fondée principalement sur ce que
« les sections de Fournet et de Vaudey, justifiant leur exis-
» tence en un seul et unique corps de communauté avec la

» commune de Carnay, prouvaient que cet état de choses, fort
» ancien, n'avait jamais été interverti ni changé, et démon-
» traient que l'usage des parcours et autres biens communs
» leur avait appartenu et avait toujours été exercé indivisé-
» ment. »

Le pourvoi qui avait été formé contre cet arrêt a été rejeté,
le 24 avril 1833, par ce motif, entre autres, « qu'en statuant,
» comme elle l'avait fait, la Cour avait posé les bases du par-
» tage des biens possédés indivisément par les trois hameaux,
» d'après les règles établies par l'avis du Conseil d'Etat du 20
» juillet 1807, en réservant expressément à l'administration le
» règlement de ce partage, et n'avait violé aucune loi. »

Une portion de la commune de Poussay, connue sous le
nom de Maison-Rouge, a été détachée de son territoire et
réunie à celui de la ville de Mirecourt, par une ordonnance
royale du 23 décembre 1832; elle jouissait, avant sa séparation, et elle a continué à jouir après, jusqu'en 1848, de l'affouage
dans les bois de la commune de Poussay; mais, à partir de
cette époque, ses habitants n'ont plus été compris dans le rôle
des affouages.

La commune de Mirecourt a demandé leur rétablissement
dans le droit qui leur appartenait et qu'ils avaient exercé depuis leur séparation.

Le Tribunal a reconnu en principe le droit des habitants de
Maison-Rouge; mais les a restreint aux seuls habitants des
maisons qui existaient au moment de la modification des territoires.

La Cour de Nancy a aussi reconnu les droits de la section,
mais elle a, en outre, décidé qu'ils s'étendaient à tous ses habitants actuels, c'est-à-dire, à tous les habitants existant au moment du partage.

Sur le pourvoi qui lui a été déféré, la Cour de cassation, par
un arrêt du 18 juillet 1861, a ainsi maintenu les habitants de
Maison-Rouge dans leurs droits :

« Attendu que l'affouage n'est qu'un mode particulier de la
» jouissance des produits de la chose commune et indivise ;
» que, sous ce rapport, l'exercice du droit d'affouage n'est que
» l'exercice même du droit de propriété ;

» Attendu que le décret, du 17 janvier 1813, décide, en termes
» exprès, que la réunion des communes ne doit porter aucune
» atteinte à leurs droits de propriété respectifs ;

» Attendu que les décisions de l'autorité publique qui, par
» des considérations purement administratives, réunissent ou
» divisent plusieurs communes ou sections de communes, ne
» peuvent, en effet, exercer aucune influence sur les droits de
» propriété ou de copropriété qui leur appartenaient avant les
» décrets qui règlent les nouvelles circonscriptions communa-
» les; qu'il résulte de ce principe, que la section de commune
» réunie à une commune voisine, n'acquiert aucun droit sur
» les biens de cette commune, dont les produits se perçoivent
» en nature et que, par suite, elle doit conserver tous ses droits
» sur les biens de la communauté dont elle est administrative-
» ment séparée ; que, d'après ce qui précède, il est manifeste
» que l'arrêt attaqué, en décidant que la section de Maison-
» Rouge conservera, pour l'avenir, son droit aux affouages de
» Poussay, et que le bénéfice en sera étendu à toutes les mai-
» sons construites sur son territoire, a fait une saine applica-
» tion des règles de droit, en cette matière, et qu'il y a lieu de
» rejeter le pourvoi. »

Les mêmes principes ont encore été appliqués par la Cour de
Besançon, le 31 juillet 1835, à l'occasion de droits d'affouage.

Un avis du comité de l'intérieur du Conseil d'Etat, du 13 février 1833, a également reconnu que la section détachée d'une
commune emporte avec elle et conserve tous les droits réels
de propriété et de jouissance, séparés ou indivis, qu'elle exerçait sur le territoire de son ancienne commune ; que, dès lors,
si une portion des biens communaux sur laquelle elle avait
des droits indivis vient à être aliénée après la séparation, la

commuue dont elle dépend est fondée à demander le partage du prix de ces biens, qui a été versé à la caisse municipale.

Par une juste réciprocité, de nombreux arrêts ont décidé que la réunion de deux communes ne fait acquérir, ni à l'une ni à l'autre, aucun droit de copropriété sur les biens qu'elles possédaient respectivement avant leur réunion, et notamment sur les terres vaines et vagues, situées dans le territoire de chacune d'elles, et que ce principe vrai pour un hameau, pour un groupe d'habitations, est également vrai pour une seule habitation.

Le Tribunal de Cambray, par un jugement du 17 juillet 1844, a également reconnu, au profit d'un village qui se séparait, des droits sur les biens communaux situés dans tout le territoire communal, et il a, en conséquence, ordonné le partage de ces biens par cette raison : « que le sort de ces biens doit être réglé » par les principes généraux. »

Enfin, un dernier arrêt de la Cour de cassation vient de confirmer la jurisprudence résultant des autorités que nous venons de citer ; il conserve aux sections tous leurs droits indivis sur les biens de la commune dont elles ont été détachées, et leur accorde une part dans ces biens.

374. Ainsi, avant la loi de 1837, comme depuis, c'est-à-dire suivant les anciens principes et suivant cette loi, les sections avaient et ont toujours des droits indivis dans les biens communaux et patrimoniaux et dans les droits d'affouages, d'usage et autres des communes dont elles ont été ou seront détachées, et elles peuvent, en cas de séparation, en réclamer leur part.

Indépendamment de ces droits dans les biens communaux proprement dits et dans les biens productifs de revenus, une fraction de commune peut encore posséder indivisément, avec la commune ou avec la section qu'elle a quittée, ou avec des particuliers, ou avec des établissements publics, d'autres propriétés et des droits d'affouage d'usage et autres, dans des forêts de l'Etat ou dans des propriétés particulières, même sur le territoire d'une commune voisine.

Ainsi, d'anciens souverains, ou des seigneurs, dont les propriétés sont arrivées dans les mains de l'Etat, ont pu, ainsi que nous l'avons précédemment expliqué, permettre aux habitants d'une ou de plusieurs communes de prendre, dans une forêt, des litières, des bois d'œuvre ou à brûler, et des échalas.

Ainsi encore des droits de pâturage et la permission de prendre certains fruits dans des bois ou dans d'autres propriétés, et même des domaines entiers ou des usines, ont pu être concédés indivisément à plusieurs sections ou à plusieurs communes, ou à des sections et à des particuliers.

Ainsi, enfin, une commune a pu recevoir ou acheter d'une autre commune ou de particuliers des terres ou des maisons, ou certains droits d'usage.

Et ces sections ou communes ont pu subir des divisions.

Dans tous ces cas, qui sont donnés comme exemples, les sections de communes détachées d'une commune ainsi gratifiée, ou donataires avec d'autres sections, ou avec des particuliers, ou même avec des établissements publics, conservent leur part dans les avantages qui ont été faits à l'association dont elles ont été séparées, ou à elles-mêmes directement avec d'autres, et elles peuvent, selon les circonstances, la réclamer ou continuer à jouir, comme par le passé, de la chose indivise.

§ X.

Droits des sections conservés ou éteints, selon les cas, dans les droits de parcours
et de vaine pâture.

375. Une section conserve-t-elle aussi les droits de parcours
et de vaine pâture qu'elle exerçait dans son ancien territoire,
si elle avait formé une commune particulière, ou dans la circonscription de l'ancienne famille dont elle a été détachée ?

Pour se prononcer sûrement sur cette question qui en soulève
plusieurs, il faut dire ce que sont les droits de parcours et de
vaine pâture, comment la loi en permet l'exercice, et distinguer
entre les droits fondés en titre et ceux qui ne le sont pas et
entre une section ayant eu une existence distincte et une section ayant toujours dépendu d'une commune.

Le droit de parcours est celui en vertu duquel les habitants
de deux ou de plusieurs communes peuvent envoyer paître
leurs bestiaux, les troupeaux de moutons surtout, d'un territoire sur l'autre. Ce droit est toujours réciproque. Un avis du
Conseil d'État, du 22 décembre 1803, ne l'admet que sous cette
condition.

La vaine pâture est le droit réciproque que les habitants
d'une même commune ont d'envoyer leurs bestiaux paître sur
les terres les uns des autres. Ce droit s'exerce sur les chemins,
sur les terres incultes, sur tous les héritages où il n'y a ni
ensemencement ni récolte, et quelquefois dans les prés après
la fauchaison, et dans les bois déjà forts.

Suivant l'article 2 de la quatrième section du titre premier
de la loi du 25 septembre, 6 octobre 1791 : « La servitude
» réciproque, de paroisse à paroisse, connue sous le nom de
» parcours, et qui entraîne avec elle le droit de vaine pâture,

» devra continuer d'avoir lieu lorsqu'elle sera fondée sur un
» titre ou sur une possession, autorisée par les lois et les cou-
» tumes. »

L'article suivant porte : « Que le droit de vaine pâture dans
» une commune , accompagné ou non de la servitude de par-
» cours, ne pourra exister que dans les lieux où il est fondé sur
» un titre particulier, ou autorisé par la loi ou par un usage
» local immémorial. »

Aux termes de l'article 4 : « Le droit de parcours et le droit
» de simple vaine pâture ne pourront, en aucun cas, empêcher
» les propriétaires de clore leurs héritages ; et, tout le temps
» pendant lequel un héritage sera clos, il ne pourra être assu-
» jetti ni au parcours ni à la vaine pâture. »

Les propriétés peuvent donc, suivant ce dernier article, être
affranchies du double droit de parcours et de vaine pâture,
lorsqu'elles sont exactement fermées et entourées de palissades,
ou de treillages, ou d'une haie vive, ou d'une haie sèche, ou de
toute autre barrière en usage, ou, enfin, d'un fossé de un
mètre trente-trois centimètres de large au moins à l'ouverture
et de soixante-sept centimètres de profondeur.

Mais l'article 7 ne permet pas la clôture entre particulier, si
le droit de parcours et de vaine pâture est fondé sur un titre,
et les articles 8 et 11 la défendent également à l'égard des communes, lorsque leurs droits reposent sur un titre.

376. D'après ces dispositions, les communes, comme les
particuliers, peuvent empêcher la clôture des propriétés assu-
jetties, par titre, à leur profit, à un droit de parcours et de vaine
pâture.

C'est ce que la Cour de cassation a jugé les 25 floréal an V
et 15 décembre 1808.

Dans la première espèce, la Cour a admis que les héritages
peuvent être clos, parce que la commune qui réclamait le droit
de vaine pâture ne produisait pas de titre.

L'arrêt est ainsi motivé :

« Vu les articles 4, 6 et 11 de la loi du 28 septembre, 6 oc-
» tobre 1791 ;

» Attendu qu'il résulte de la loi précitée que tout proprié-
» taire a droit de clore ses héritages ; que l'exercice libre de ce
» droit est inhérent à la propriété ; que, pour l'entraver, il ne
» suffit pas d'articuler le droit de parcours ou de vaine pâture,
» *qu'il faut encore produire des titres de propriété* ; que, dans
» l'espèce, il est reconnu et a été décidé en fait que les titres
» produits par la commune lui étaient pour la plupart étran-
» gers et que les autres n'établissaient autre chose que
» l'exercice d'usage. »

Dans la seconde espèce, la Cour, au contraire, a décidé que
la clôture ne pouvait affranchir des héritages de la vaine pâture,
lorsque le droit de l'exercer résulterait d'un titre.

Voici les raisons déduites par la Cour :

« Vu les articles 7, 8 et 11 de la loi de 1791 ;

» Considérant qu'il ne s'agit pas, dans l'espèce, d'un droit réci-
» proque de parcours de paroisse à paroisse, ni d'un droit de
» vaine pâture dans une paroisse dont parlent les articles 2 et 3
» de la section quatre de ladite loi, auxquels se rapportent
» particulièrement les articles 4 et 5 de la même section ; que
» le terrain sur lequel les communes demanderesses pré-
» tendent avoir le droit de faire paître leurs bestiaux apparte-
» nait à la fabrique de Revonnas, et était une propriété parti-
» culière ; que la Cour d'appel de Lyon n'a ni déterminé la
» nature du droit qui a pu appartenir aux communes deman-
» deresses, ni apprécié la suffisance des titres produits par elle ;
» que cette Cour s'est bornée à juger en droit que quand ces
» titres donneraient le droit de vaine pâture, ils ne pourraient
» empêcher les défendeurs de clore le terrain en question et de
» s'affranchir ainsi du pâturage, et qu'en cela elle a contrevenu
» aux articles 7, 8 et 11 ci-dessus cités, lesquels, dans l'es-
» pèce dont ils traitent, n'accordent pas à la clôture le droit
» d'affranchir l'héritage de la vaine pâture. »

Dès que les droits de parcours et de vaine pâture, fondés sur un titre, ne peuvent être anéantis par la clôture des héritages qui y sont soumis, ils forment, au profit des communes qui peuvent les exercer, un droit tout aussi légitime qu'un droit d'affouage ou de pâturage dans une forêt.

277. Lors donc qu'une commune est réunie à une autre, elle emporte et elle conserve ce droit, comme elle emporte et conserve une propriété communale; elle l'emporte, parce qu'il résulte d'un titre, et parce que si le droit est réciproque, elle devra souffrir le pâturage de la commune voisine au profit de laquelle son territoire était grevé de la servitude ; elle la conserve et elle continuera à l'exercer seule, parce que c'est son droit, parce que seule elle souffrira l'exercice de la servitude de la part de ses voisins porteurs de titre, et parce que dans aucun cas la commune à laquelle elle est réunie ne pourrait aggraver la servitude. La commune avec laquelle le droit était réciproque ou contre laquelle il est fondé en titre ne saurait, en effet, admettre d'autres troupeaux que ceux qu'elle est obligée de recevoir.

278. Les mêmes principes doivent être appliqués dans le cas où une section de commune serait transportée d'une commune dans une autre ; cette section emporterait et conserverait, à l'exclusion de la commune à laquelle elle serait réunie, sa part dans les droits résultant d'un titre, au profit de son ancienne famille municipale.

279. L'article 18 de la loi de 1791, portant : « que si des sec- » tions de commune se trouvent réunies à des communes » soumises à des usages différents des leurs, la plus petite » partie dans la réunion suivra la loi de la plus grande », ne s'y opposerait pas. Il n'a pas en vue les cas où la servitude est fondée en titre.

A plus forte raison cet article n'enlèverait pas à une commune entière, réunie à une autre, le droit de parcours qu'elle exerçait sur un territoire voisin, à la charge de supporter elle-même un pareil droit. Il ne lui enlèverait pas non plus le droit de vaine pâture simple qu'elle exerçait sur son propre territoire pour le confondre avec celui de la commune à laquelle elle serait réunie. Il ne peut avoir pour effet de réunir, quant à la vaine pâture, deux territoires ne formant plus ensemble qu'une seule commune; il n'est relatif qu'à des sections sans circonscription légale passant d'une commune dans une autre, et on ne saurait, sans blesser des droits qui peuvent être respectés sans inconvénient, l'étendre à des communes qui, avant leur réunion, avaient chacune un territoire distinct et une existence légale; dans ce cas, la vaine pâture devra continuer à s'exercer séparément dans chacune des communes réunies.

Un arrêt de la Cour de cassation du 28 avril 1848 semblerait donner une solution contraire aux nôtres; mais, en l'examinant attentivement, on reconnaît qu'il s'est uniquement fondé sur ce fait, qu'un règlement municipal supposait le droit de vaine pâture de chaque section sur la totalité du territoire de la commune.

380. Dans le cas où une portion de commune passe d'un territoire dans un autre, lors même qu'elle aurait déjà formé une section, il n'en serait pas comme dans les cas de réunion de communes entières. La fraction détachée n'emporte pas le droit de vaine pâture simple qu'elle exerçait dans la commune qu'elle quitte, elle perd ce droit; mais en échange, elle le retrouve dans la commune qui la reçoit. C'est ce qui résulte des termes même de la loi.

Les articles 12, 13, 14, 15, 16 et 18 de la quatrième section du titre premier de la loi de 1791, sont ainsi conçus:

Article 12. « Dans les pays de parcours et de vaine pâture » soumis à l'usage du troupeau en commun, tout propriétaire

» ou fermier pourra renoncer à cette communauté et faire
» garder, par troupeau séparé, un nombre de têtes de bétail
» proportionné à l'étendue des terres qu'il exploitera dans la
» paroisse. »

Article 13. « La quantité de bétail, proportionnellement à
» l'étendue du terrain, sera fixée dans chaque paroisse à tant
» de bêtes par hectare, d'après les règlements et usages locaux,
» et à défaut de documents positifs à cet égard, il y sera
» pourvu par le Conseil général de la commune. »

Article 14. « Néanmoins, tout chef de famille, domicilié, qui
» ne sera ni propriétaire ni fermier d'aucun des terrains sujet
» au parcours ou à la vaine pâture, et le propriétaire ou fer-
» mier à qui la modicité de son exploitation n'assurerait par les
» avantages déterminés par la loi, pourront mettre sur lesdits
» terrains soit par troupeau séparé, soit en troupeau en commun
» jusqu'au nombre de six bêtes à laine et d'une vache et son
» veau. »

Article 15. « Les propriétaires ou fermiers exploitant des
» terres sur les paroisses sujettes au parcours ou à la vaine
» pâture, et dans lesquelles ils ne seraient pas domiciliés,
» auront le même droit de mettre dans le troupeau commun
» ou de faire garder par troupeau séparé une quantité de bé-
» tail proportionnée à l'étendue de leur exploitation. »

Quand un propriétaire aura clos une partie de sa propriété,
ses droits seront restreints, suivant les dispositions de l'article 13.

Article 18. « Par la nouvelle division du royaume, si quel-
» ques sections de paroisses se trouvent réunies à des paroisses
» soumises à des usages différents des leurs, soit relativement
» au parcours ou à la vaine pâture, soit relativement au trou-
» peau en commun, la plus petite partie dans la réunion suivra
» la loi de la plus grande. »

L'article 14 n'accorde qu'au chef de famille domicilié et au
petit propriétaire ou fermier, également domicilié, le droit de
mettre à la vaine pâture six bêtes à laine et une vache avec son

veau. L'habitant qui a passé d'une commune dans une autre doit pouvoir exercer ce droit que la loi lui concède d'une manière absolue, mais il ne peut le faire que dans la commune qu'il habite, c'est-à-dire, dans sa nouvelle commune. Il suit de là qu'il ne peut plus envoyer ses bêtes sur le territoire de son ancienne famille municipale.

D'après l'ensemble de ces dispositions, il ne peut exister aucun doute sur la perte qu'éprouve une fraction de commune du droit de vaine pâture qu'elle avait dans son ancien territoire.

381. Au contraire, d'après les articles 12, 13, 15 et 16, les propriétaires ou fermiers exploitant des terres dans plusieurs communes peuvent envoyer leurs troupeaux sur chacune de ces communes, dans la proportion de l'étendue des terrains qu'ils y cultivent. Ce droit est attaché non plus au domicile, mais aux terres exploitées; il peut toujours être exercé dans les limites fixées par la loi et par les arrêtés municipaux.

382. On voit par la part de droit qui est ainsi faite aux domiciliés et aux non domiciliés, que le droit de vaine pâture ne peut appartenir à une section de commune sur une autre commune, que celle dont elle dépend.

D'ailleurs, l'article 18 lève tous les doutes, s'il pouvait en exister, en soumettant les sections réunies à la loi de la commune dont elles dépendent. C'est donc dans la nouvelle commune qu'elles peuvent profiter de la vaine pâture, en menant leurs bêtes dans le troupeau commun ou en les faisant garder à part, suivant les règlements auxquels elles doivent se soumettre.

On comprend qu'il était impossible de laisser subsister dans une même commune des usages différents, lorsque tous les habitants, dans des proportions déterminées, peuvent profiter de la vaine pâture et qu'il appartient à l'autorité locale d'en régler l'exercice.

M. Jèze, dans le *Dictionnaire général d'administration*, a écrit dans ce sens. Il dit que si la vaine pâture n'est pas en usage dans la nouvelle commune, la section réunie ne pourra pas l'y exercer et qu'elle n'aura plus le droit de l'exercer dans l'ancienne commune. Il explique que la loi a été ainsi appliquée en 1842, dans une décision ministérielle adressée au Préfet de l'Oise.

L'arrêt de la Cour de cassation, déjà cité, du 28 avril 1848, peut aussi être invoqué à l'appui de notre opinion.

La pratique s'est ainsi établie. On en trouve la preuve dans la discussion du projet de loi sur l'administration intérieure, préparé en 1850 par le Conseil d'État. La commission de l'Assemblée législative proposait d'insérer dans cette loi une disposition qui réserverait à l'avenir aux sections réunies la jouissance exclusive de tous les biens dont les fruits étaient perçus en nature; et par ces expressions : *tous les biens*, elle entendait réserver aux sections le droit de vaine pâture dans leur ancienne commune. Cette proposition, qui est restée à l'état de projet, n'était faite évidemment que pour remettre aux sections le droit de vaine pâture simple dans leur ancienne circonscription, qu'elle n'exerçait plus depuis la loi de 1837 et qu'elle n'exerce pas encore.

§ XI.

Les droits de glanage et de glandage ne sont conservés aux sections détachées qu'autant qu'ils sont fondés en titre.

383. Les droits de glanage et de glandage doivent être régis par les mêmes principes, selon qu'ils sont ou ne sont pas fondés sur un titre. Le premier de ces droits ne résulte que de la tolérance accordée par les anciennes et par les nouvelles lois. Le second s'appuie ordinairement sur l'usage, lorsqu'il n'a pas été établi par un titre. Par les raisons déjà déduites à l'occasion du droit de vaine pâture, et parce qu'il importe à l'ordre que le glanage et le glandage n'aient lieu que suivant les règlements locaux, nous pensons qu'ils ne peuvent appartenir qu'aux habitants de la commune dans laquelle ils sont pratiqués.

§ XII.

ARTICLE PREMIER.

Droits des sections, sur les herbes marines, dans les cas ou elles appartiennent à des communes riveraines de la mer.

384. Nous devons aussi faire connaître les droits des sections de commune sur les varechs ou goëmons qui se récoltent sur les bords de la mer et dans la mer elle-même.

Suivant les anciennes et suivant les nouvelles lois, on nomme varech l'herbe marine qui sert à l'engrais des terres et à faire de la soude ; on l'appelle aussi goëmon sur les côtes de Bretagne et sart dans le pays d'Aunis.

Les diverses herbes connues sous ces noms, sont ainsi classées par les anciennes ordonnances et par des décrets de 1853 :

1° Goëmons tenant à la rive ;

2° Goëmons venant épaves à la côte ;

3° Et goëmons poussant en mer.

La législation entend :

Par goëmons tenant à la rive ceux attenant à la partie du littoral que la mer découvre aux basses mers d'équinoxe.

Par goëmons épaves ceux qui, détachés par la mer, sont journellement portés à la côte par le flot.

Et par goëmons poussant en mer, ceux qui, tenant au fond et aux rochers, ne peuvent être atteints de pied sec aux basses mers d'équinoxe.

Le droit de les couper, ou de les ramasser, ou de les recueillir, suivant les conditions dans lesquelles ils se trouvent, a été réglé : autrefois par d'anciennes ordonnances, après la révolution de 1789 par des arrêtés, et depuis par des décrets de Napoléon III.

Une ordonnance du 31 mai 1731, qui reproduisait, en les étendant, les dispositions de l'ordonnance de marine de 1681, désignait, dans un premier titre et par amirauté, le nom et le nombre des communes ou paroisses riveraines de la mer dont les habitants pouvaient faire la coupe du varech, et indiquait la saison et le nombre de jours pendant lesquels la récolte pourrait être faite.

Dans un second titre, comprenant six articles, la même ordonnance faisait connaître comment le varech devait être récolté.

Le premier de ces articles portait que les habitants de chaque paroisse s'assembleraient pour régler le nombre de jours qu'ils prendraient pour couper les herbes connues sous les noms de varech *ou vracq, sart ou gouësmon.*

Les autres disaient que la coupe desdites herbes ne pourrait se faire qu'à la main avec couteau ou faucille, pendant le temps réglé par la délibération de la communauté et jamais la nuit, que les habitants ne pourraient non plus les cueillir ailleurs que dans l'étendue des côtes de leurs paroisses, ni les vendre aux forains ou les porter sur d'autres territoires.

Dans le troisième titre, comme dans les précédents, on lisait :

Dans l'article 1er : Qu'il était défendu aux seigneurs de s'approprier aucune portion de rochers ou de côtes où croissait le varech, et d'empêcher leurs vassaux de l'enlever ni d'exiger d'eux aucune chose.

25

Dans l'article 3 : Qu'il était permis aux marins et autres d'aller, en tous temps, cueillir du varech en pleine mer et de le transporter où bon leur semblerait.

Dans l'article 4 : Qu'il était permis à toute personne de prendre en tous temps et en tous lieux les herbes détachées des rochers par l'agitation de la mer et jetées à la côte par le flot, et de les transporter où bon lui semblerait, pour être employées à l'engrais des terres ou à faire de la soude.

Ces dispositions distinguaient le varech tenant à la rive du varech poussant sur les îles et les rochers en pleine mer et du varech détaché des roches par l'agitation de la mer et jeté par les flots à la côte comme épave.

Et elles n'attribuaient qu'aux habitants des communes riveraines de la mer le privilége exclusif de recueillir le varech croissant sur la rive et à la condition qu'ils ne pourraient ni le vendre ni le porter sur d'autres territoires que le leur.

Ce droit, exclusivement concédé aux habitants des communes limitrophes de s'emparer du goëmon de rive, leur a été enlevé par un arrêté du 12 vendémiaire an II, pris par un représentant du peuple envoyé en mission dans le département de la Manche. Cet arrêté était motivé sur ce « que l'exclusion » des communes non limitrophes de la mer était injurieuse pour » l'égalité, préjudiciable à la fécondité de la terre, et qu'il en » résultait une déperdition sensible de varech, dont le surplus » n'était pas consommé par les privilégiés. »

La conséquence de cette mesure a été d'appeler toutes les communes soit des côtes, soit de l'intérieur, à récolter le varech de rive comme celui poussant en mer et comme celui apporté par les flots.

Mais un arrêté du Gouvernement du 18 thermidor an X a rapporté la décision du 12 vendémiaire an II, et donné aux Préfets le pouvoir « de déterminer par des règlements confor- » mes aux lois tout ce qui est relatif à la pêche du goëmon ou » varech. »

385. La nouvelle législation a maintenu le droit des riverains, tout en laissant au Gouvernement la faculté d'accorder
aux habitants des communes non limitrophes l'autorisation de
participer, dans des conditions restreintes, à la récolte du
varech de rive.

Ainsi, un premier décret, sur l'exercice de la pêche côtière,
du 9 janvier 1852, ayant force de loi, porte dans l'article 3 : « Que
» des décrets détermineront par arrondissements maritimes les
» dispositions relatives à la récolte des herbes marines. »

Le même décret dit encore, dans l'article 24 : « Que les lois
» et règlements relatifs à la récolte du varech, sart, goëmon
» et autres herbes marines sont abrogés » ; mais en ajoutant,
toutefois, que ces lois et règlements continueront provisoirement à être exécutés, sous les nouvelles peines qu'il détermine,
jusqu'à la publication de dispositions réglementaires.

Ces dispositions font l'objet de quatre décrets du 4 juillet 1853,
qui sont conçus à peu près dans les mêmes termes quant à la
récolte des herbes marines.

Ils portent tous :

» Qu'abandon est fait exclusivement aux habitants de cha-
» que commune du goëmon attenant au rivage de cette com-
» mune (articles 105 du premier et 94 du dernier) ;

» Qu'il est expressément défendu de vendre ce goëmon aux
» forains et de le transporter hors du territoire de la commune
» (articles 106 du premier décret et 95 du dernier) ;

» Que les individus qui possèdent des terres dans les com-
» munes du littoral qu'ils n'habitent pas, peuvent couper et
» récolter du goëmon sur les rivages de ces communes, sous
» la condition de l'employer dans la circonscription des dites
» communes (articles 109 du premier décret et 98 du dernier) ;

» Qu'il est expressément défendu aux marins pêcheurs de
» prendre part aux coupes qui se font sur le littoral d'une autre
» commune que celle où ils sont domiciliés (articles 110 du
» premier décret et 99 du dernier) ;

» Qu'il est permis à toute personne de recueillir en tous
» temps et en tous lieux les goëmons jetés par les flots sur les
» grèves, et de les transporter où bon leur semble (articles 113
» du premier décret et 101 du dernier);

» Que la pêche ou récolte du goëmon et de toutes autres
» espèces d'herbes marines est permise pendant toute l'année
» sur les rochers situés en mer et sur les rives des îles déser-
» tes (articles 116 du premier décret et 104 du dernier). »

D'autres dispositions indiquent quand et comment les goëmons doivent être récoltés.

On voit dans ces quatre décrets, comme on le voyait dans
les anciennes ordonnances, que le droit exclusif aux goëmons
de rive a été conservé aux habitants des communes riveraines,
à l'exclusion des habitants des communes non limitrophes.

Plusieurs décrets des 17 octobre 1857 et 17 mai 1859 ont pourtant accordé aux habitants de quelques communes, dont le territoire ne touchait pas à la mer, l'autorisation d'aller prendre
aussi du goëmon de rive; mais ils ne l'ont fait que sous des
conditions restrictives. Ainsi, « les dix premiers jours de coupe
» ont été exclusivement réservés aux habitants des communes
» riveraines. »

Le droit des riverains est donc maintenu en principe.

386. Par suite, une fraction de commune, qui passe d'une
commune riveraine dans une commune qui ne l'est pas,
perd ses droits aux goëmons, et, au contraire, une fraction
de commune qui entre dans une commune riveraine acquiert,
par le seul fait de son incorporation, des droits au goëmon de
rive.

C'est, en effet, aux habitants des communes riveraines que
cette espèce de goëmon revient ou plutôt est concédée; mais
ils ne peuvent ni le vendre ni le transporter hors de leur territoire; les marins eux-mêmes ne peuvent en recueillir que
dans la commune qu'ils habitent.

387. Le Conseil d'Etat s'est prononcé dans ce sens, par un arrêt du 21 octobre 1835, dans les circonstances suivantes :

Des terrains d'une contenance d'environ trente arpents, dépendant de la commune de Flamanville, formait une enclave dans le territoire de la commune de Scouville. Ces terrains étaient bordés par la mer dont le rivage offrait en cet endroit des rochers sur lesquels croissait du varech. La commune de Flamanville, aux termes des anciennes ordonnances, récoltait chaque année cette herbe, à raison de la contiguïté de cette portion de son territoire avec les rochers qui la produisaient. Ces trente arpents furent réunis au territoire de Scouville. Par suite de cette réunion, les habitants de cette dernière commune se considéraient comme investis du droit de recueillir le varech croissant sur les rochers dont ils étaient devenus riverains. Les habitants de Flamanville prétendirent, au contraire, que ce droit n'avait pas cessé de leur appartenir.

Le Conseil de Préfecture avait décidé que la modification des territoires n'avait porté aucune atteinte aux droits de la commune de Flamanville. Le Conseil d'Etat n'a pas partagé cette opinion. Il a jugé, au contraire, qu'à la commune de Scouville, seule, appartenait désormais le droit de recueillir le varech de rive.

Les fractions de commune détachées d'une commune riveraine et incorporées dans une commune non riveraine, ne conservent et n'emportent donc pas le droit qu'elles avaient de recueillir des varechs. Ce droit s'éteint pour elles, comme celui de la vaine pâture simple, lorsqu'elles cessent d'appartenir à la commune dans laquelle il s'exerçait.

Quant au goëmon venant épave et au goëmon poussant en mer, il peut être recueilli en tous temps et par toute personne; comme l'eau et comme l'air, il appartient à tous.

ARTICLE 2.

C'est à l'autorité administrative et non à l'autorité judiciaire qu'il appartient de concéder les herbes marines et de statuer sur toutes les contestations qui peuvent s'élever à l'occasion de ces herbes entre les sections et les communes séparées ou réunies.

388. Le droit aux herbes marines, ainsi qu'on a déjà pu le voir, ne saurait se trouver dans un titre, ni dans un ancien usage, ni dans une longue possession, par cette double raison que ces herbes croissent en mer, c'est-à-dire dans le domaine public et qu'on les recueille en mer sur les îles et sur les rochers, ou sur la partie du littoral que la mer découvre aux basses eaux, c'est-à-dire encore sur le domaine public. Il ne peut résulter que de concessions de l'administration. C'est, en effet, à cette autorité que revient le droit de régler toutes les choses du domaine public et il s'agit, on ne saurait le méconnaître, de fruits provenant du domaine public et se récoltant sur ce domaine. Ces fruits renferment, d'ailleurs, à certaines époques de l'année, du frai, qu'il importe, dans l'intérêt de la reproduction du poisson, de ne pas laisser enlever ou détruire. Par ces diverses raisons, les anciennes ordonnances avaient pris de sages mesures pour assurer une bonne distribution des herbes marines, au point de vue tout à la fois de l'intérêt public et de l'intérêt des populations riveraines de la mer. Les nouveaux décrets de 1853 n'ont pas été moins prévoyants; ils font aussi l'abandon des goëmons aux habitants qui se trouvent le plus à portée de les utiliser sous des conditions restrictives qui attestent les pleins pouvoirs de l'administration.

Les décrets de 1857 et de 1859 confirment les règles qui ont toujours été appliquées et mises en pratique; ils constatent, en effet, par les abandons qu'ils font à des communes non rive-

raines, que l'administration peut modifier les concessions
qu'elle a déjà faites, ou même les retirer, ou les étendre à des
communes ou à des sections de communes plus ou moins éloi-
gnées de la mer. Il suit de là, c'est-à-dire, des anciens comme
des nouveaux principes, qu'il n'appartient qu'à l'autorité administrative de disposer des herbes marines, selon qu'elle le
croit mieux, et de trancher toutes les difficultés qui peuvent
s'élever à leur occasion entre les habitants, soit des sections
de commune, soit des communes anciennes, réunies ou séparées. Les Tribunaux n'ont, à cet égard, aucune compétence.
C'est dans ce sens que s'est prononcé le Conseil d'Etat, par un
premier arrêt du 21 octobre 1835, en n'accordant les herbes
marines de rive qu'à la commune à laquelle elles avaient été
concédées, à l'exclusion d'une section qui en avait été distraite
et qui se trouvait réunie à une autre commune; par un second
arrêt du 15 mars 1851, qui, en exécution d'une sentence de
l'amirauté de Tréguier, du 13 février 1693, a déterminé les limites dans lesquelles deux communes pourraient récolter le varech croissant sur les rochers d'une île située en face de leur
territoire; et par un dernier arrêt rendu le 14 décembre 1857,
à l'occasion de la réclamation portée devant le Tribunal de
Morlaix, par deux communes qui, par suite d'une division,
n'étaient plus riveraines de la mer, contre une autre commune
dont elles avaient fait partie, qui en était restée limitrophe,
arrêt qui est ainsi conçu :

« Considérant que la possession ni le long usage ne peuvent
» être invoqués qu'autant que les droits qu'ils tendent à main-
» tenir sont susceptibles de propriété privée;

» Considérant que l'abandon de la récolte des goëmons fait
» par les lois, les règlements et les décrets d'août 1681, 30 mai
» 1731, 30 octobre 1772 et 4 juillet 1853, aux habitants des com-
» munes riveraines, ne constitue qu'une jouissance de fruits
» qui proviennent du domaine public;

» Considérant que dans les cas où la loi n'intervient pas

» pour prononcer la séparation des communes, c'est à l'auto-
» rité administrative que, aux termes de l'article 7 de la loi du
» 18 juillet 1837, il appartient de déterminer les conditions dans
» lesquelles sont créées les communes nouvelles et de régler
» les droits respectifs des communes formées par la division de
» l'ancienne commune;

» Considérant qu'aux termes de la loi, l'autorité judiciaire
» n'est compétente que lorsqu'il s'agit de statuer entre les com-
» munes séparées sur des droits de propriété;

» Considérant, enfin, que la récolte des goëmons doit se
» faire sous la surveillance de l'autorité de l'administration, et
» que c'est à elle qu'il appartient de régler, conformément aux
» lois, l'exercice de l'abandon fait aux habitants des commu-
» nes riveraines. »

Ainsi, d'après les termes de la loi, d'après les explications
dont nous les avons fait suivre et d'après les décisions qui
viennent d'être indiquées et rapportées, il ne peut pas exister
de doute sur la compétence exclusive de l'administration,
lorsqu'il s'agit soit de distribuer, c'est-à-dire, d'abandonner ou
de concéder les herbes marines à telles ou telles sections de
communes, ou à telles ou telles communes, plus ou moins
rapprochées de la mer, soit de prononcer sur les difficultés
qui peuvent s'élever à l'occasion des prétentions sur ces herbes
des sections de communes ou des communes séparées ou
réunies, riveraines ou non riveraines de la mer.

§ XIII.

Droits des sections et des communes auxquelles elles sont réunies dans les établissements charitables des communes dont ces sections sont détachées.

389. Nous ne terminerons pas ce chapitre sans dire encore que les sections emportent aussi les droits qu'elles avaient dans les fondations charitables de la commune dont elles sont détachées, lorsque ces fondations résultaient de bienfaits ou qu'elles avaient été établies dans l'intérêt de l'association entière, au moyen d'économies ou autrement.

Ainsi, lorsqu'un hospice ou un bureau de bienfaisance a été établi, en conséquence de donations faites au profit de la commune entière, la section détachée conserve les avantages dont elle jouissait avant la séparation. Le bienfait s'appliquait à toutes les parties de la commune, par conséquent aussi bien à la fraction distraite qu'aux autres. Il n'y a d'ailleurs aucun inconvénient à conserver à une section incorporée dans une nouvelle commune des secours dans l'établissement d'une autre commune. La justice et l'équité exigent que les indigents auxquels ils ont été destinés continuent à les recevoir ; la loi ne s'y oppose pas et l'administration communale n'a pas à en souffrir. L'établissement charitable a, en effet, sa caisse et son budget particuliers.

Ainsi encore, lorsqu'un avantage a été fait spécialement à une section, sous la condition qu'il servirait à fonder et à entretenir à son profit un bureau de bienfaisance et que cette section change de commune, elle emporte et elle conserve les avantages qu'elle a reçus. Ses droits particuliers ne peuvent apporter aucun désordre dans les communes, celle qu'elle a quittée et celle dans laquelle elle est entrée, ni aucune modification dans le budget communal, l'établissement charitable ayant le sien particulier, et des administrateurs spéciaux.

Déjà nous avons fait connaître de nombreux exemples de sections qui ont ainsi, ou conservé des droits dans les établissements de leur ancienne famille, ou obtenu la création de bureaux de bienfaisance avec le produit de donations. Nous en citerons un dernier que nous puisons dans des instructions ministérielles et dans des décisions judiciaires.

Un sieur Morin avait fait un legs à la commune de Lagord, destiné, disait-il, au bien-être et à la prospérité de la commune, au soulagement des pauvres qui y étaient nés et domiciliés, par des secours de toutes sortes, à l'ouverture d'ateliers de charité, et enfin à la constitution, tous les trois ans, d'une dot de 600 fr. à deux jeunes gens de la classe la plus indigente de la commune. Ce legs a été accepté, et lorsqu'il recevait son exécution, le village de Puilboreau a été détaché de la commune de Lagord et réunie à une autre commune. Le Ministre, interrogé sur la question de savoir si le village de Puilboreau devait emporter une part des bénéfices de la libéralité du sieur Morin, a répondu : « La libéralité a été faite à toute la commune de La- » gord, c'est-à-dire, aux diverses sections qui la composaient » à l'époque du décès du testateur. Le village de Puilboreau, » l'une de ses sections, avait donc droit à une part indivise » dans le legs en question, lorsque est intervenue la loi qui a dis- » trait ce village de la commune. Or, aucune clause du testa- » ment n'exige qu'elle continue à dépendre de la commune de » Lagord, pour la conservation de l'exercice de ce droit. D'un » autre côté, il ne lui a pas été enlevé par l'acte législatif qui » l'a réunie à une autre commune, et, d'après l'esprit des dis- » positions de la loi de 1837 (articles 5 et 6), la section distraite » emporte tous ses droits, non-seulement sur les biens qui lui » appartiennent, mais aussi sur ceux non affectés à un ser- » vice public, qu'elle possédait indivisément avec le reste de » la commune. D'où il suit que, dans l'espèce, la section de

» Puilboreau, comme chacune des autres sections, comprise
» dans la commune de Lagord, à l'époque du décès du testa-
» teur, est fondée à revendiquer une part indivise des biens
» légués avec les avantages et les charges qui y sont attachés.
» Il appartient au Préfet, en conséquence, de provoquer, s'il y
» a lieu, un arrangement qui serait de nature à assurer l'exé-
» cution des intentions du testateur, conformément aux droits
» respectifs des différentes sections. » La commune de Lagord
n'a pas accepté la solution proposée par le Ministre, et ensuite
d'une manière pratique par le Préfet. Elle s'est adressée aux
Tribunaux pour faire décider qu'elle seule avait été gratifiée,
et que les habitants du village distrait avaient cessé, par le
fait de son incorporation dans une autre commune, d'avoir
droit au bénéfice de la libéralité du sieur Morin. Le Tribunal
de première instance avait admis sa prétention, mais un arrêt
de la Cour Impériale de Poitiers, du 8 janvier 1862, lui a fait
cette réponse en tous points, d'accord avec celle du Ministre :
La Cour, « attendu que c'est à tort que les premiers juges ont
» attribué à la commune de Lagord la totalité des biens légués
» par le sieur Morin ; qu'une portion de ces biens appartient à
» la section de Puilboreau, comprise dans la commune du
» même nom ; mais qu'au Gouvernement seul il échoit de dé-
» terminer la quotité de cette portion, que la Cour, en fixant
» les bases d'un partage, empièterait sur les attributions de
» l'administration et sur le droit que le Gouvernement s'est
» réservé, par la loi même qui a créé la commune de Puilbo-
» reau, de régler administrativement et suivant l'équité, les
» conditions de sa formation par la séparation d'une partie de
» la commune de Lagord, dit qu'il a été mal jugé.... » La commune s'est inutilement pourvue contre cette décision. La Cour
de cassation l'a respectée par un arrêt du 24 mars 1863.

Mais si un bureau de bienfaisance ne distribuait de secours
qu'au moyen de perceptions, qu'il ferait en vertu de la loi, par
exemple, sur les théâtres et sur les concessions dans les cime-

tières et encore au moyen de souscriptions qu'il réclamerait ou d'allocations qui lui seraient faites par la commune, la section détachée n'emporterait aucun droit dans les avantages que pourrait accorder un pareil bureau ; elle retrouverait, en échange de ces avantages, dans la commune à laquelle elle serait jointe, les secours que pourrait distribuer le bureau de cette commune.

Tels sont les droits séparés, mais limités, réservés aux sections détachées, indivis entre elles et leur ancienne commune qu'elles emportent, en passant dans une autre commune, et telles sont aussi les pertes qu'elles éprouvent, mais qui sont compensées par des avantages qu'elles retrouvent généralement dans leur nouvelle famille.

CHAPITRE XI.

PARTAGE DES BIENS INDIVIS ENTRE DES SECTIONS, OU ENTRE UNE
SECTION ET UNE COMMUNE, OU ENTRE UNE SECTION DES PARTI-
CULIERS ET DES ÉTABLISSEMENTS PUBLICS, ET MÊME DES BIENS
D'ÉTABLISSEMENTS CHARITABLES, EN CAS DE FRACTIONNEMENT
DES COMMUNES QUI POSSÉDAIENT CES ÉTABLISSEMENTS.

§ Ier. Partages, s'ils sont possibles, des biens et droits indivis des sections, et
conditions sous lesquelles ils peuvent avoir lieu. — § II. Les partages doivent
avoir lieu par feu et d'après leur nombre au moment où on les fait. —
§ III. Lorsque des titres règlent les droits des intéressés, on doit s'y conformer
pour opérer les partages. — § IV. Une possession isolée ne peut suppléer des
titres et autoriser des partages sur d'autres bases que celles déterminées par les
décrets de 1807 et de 1808. — § V. Les partages doivent avoir lieu, suivant les
règles du droit civil, si les biens sont indivis entre la section et des particuliers
ou des établissements publics. — § VI. Partages, lorsqu'ils sont possibles, des
biens des établissements charitables dans le cas de fractionnement des communes qui possédaient ces établissements. — § VII. Autorités qui peuvent
connaître des partages des biens indivis des sections de communes et des
contestations y relatives. — § VIII. Formes des partages.

---

§ Ier.

Partages, s'ils sont possibles, des biens et droits indivis des sections, et conditions
sous lesquelles ils peuvent avoir lieu.

390. Dès qu'il est reconnu que les sections de communes
peuvent avoir des biens et des droits indivis entre elles, ou avec

des communes, ou avec des particuliers, ou avec des établissements publics, elles doivent avoir, et elles ont, le droit de réclamer et de faire opérer le partage de ces biens et droits. Cette faculté résulte, tout à la fois, des lois civiles et des lois administratives. Les unes et les autres veulent que les propriétaires retirent de leurs biens les plus abondants produits possibles, et les partages sont les premiers actes qui contribuent et conduisent à ces résultats. Les partages permettent, en effet, à chaque propriétaire, d'affermer ou d'aliéner les parts qu'ils lui attribuent, selon que son intérêt lui dit de le faire, ou de les améliorer par des plantations, par des drainages et par d'autres travaux, ou encore de les cultiver suivant les méthodes qu'il croit les meilleures et les plus avantageuses. La révolution de 1789 l'a parfaitement compris, et toutes ses lois ont montré et montrent toujours les avantages que pouvaient avoir et qu'offrent toujours la division des propriétés et même leur aliénation.

Ainsi, le Code civil dispose dans les articles 815, 824, 826, 827, 831, 833 et 834 :

Que nul ne peut être contraint de demeurer dans l'indivision ;

Que l'estimation des immeubles indivis est faite par des experts ;

Que le procès-verbal des estimations doit indiquer si ces immeubles peuvent être commodément partagés et de quelle manière, et doit fixer, en cas de division, chacune des parts qu'on peut en former et leur valeur ;

Que chacun des copropriétaires peut demander sa part en nature ;

Que si les immeubles ne peuvent se partager, on doit les liciter ;

Qu'après les prélèvements, il est procédé à la composition d'autant de lots qu'il y a de copartageants ;

Que l'inégalité des lots se compense par un retour en argent ;

Et, enfin, que les lots ainsi composés par un des copartageants ou par un expert, sont tirés au sort.

Le Code forestier porte, dans l'article 92 : Que lorsque deux
ou plusieurs communes possèdent un bois indivis, chacune
d'elles conserve le droit d'en provoquer le partage.

Ces principes sont généraux et peuvent toujours être invoqués par les communes et par les sections de communes, sous
certaines restrictions qui dérivent de leur état permanant de
minorité, et que les lois administratives ont dû poser dans leur
propre intérêt.

Ainsi, il peut se rencontrer des cas où les partages, et surtout
les licitations, seraient ou impossibles ou contraires aux intérêts des communistes ou de plusieurs d'entre eux.

Ainsi encore des partages, entre une commune et une section qui ne cesse pas de lui appartenir ou entre des sections
d'une même commune, pourraient porter atteinte au principe
de l'unité communale.

Le Code civil ne pouvait régler ces divers cas, et d'autres
pouvant y ressembler, pour les communes qui doivent toujours
durer comme pour les particuliers dont l'existence est limitée.

Aussi le soin de le faire a-t-il été laissé à la loi administrative et aux autorités chargées de l'appliquer.

391. La première loi administrative, postérieure à la révolution de 1789, qui s'est spécialement occupée du mode de partage des biens communaux, est celle du 10 juin 1793. Elle porte :

Dans les articles 3, 4 et 5 de la première section : Que tous
les biens appartenant aux communes, soit communaux, soit
patrimoniaux, pourront être partagés, s'ils sont susceptibles de
l'être.

Dans l'article 1er de la deuxième section : Que le partage sera
fait par tête d'habitant, domicilié, de tout âge et de tout sexe,
absent ou présent.

Dans les articles 1er, 11 et 12 de la troisième section : Que le

partage est facultatif; que les biens, qui ne pourront se partager, pourront être affermés ou vendus si les habitants en
expriment le vœu en assemblée générale et si l'autorité administrative supérieure approuve leurs résolutions, et que les
habitants pourront également, en assemblée générale, décider
que les communaux continueront à être jouis en commun.

Dans les articles 2, 3 et 4 de la quatrième section : Que lorsque
plusieurs communes seront en possession, concurremment
depuis plus de trente ans, d'un bien communal, sans titre ni de
part ni d'autre, elles auront la même faculté, de faire ou de ne
pas faire le partage des terrains sur lesquels elles ont un droit
ou un usage commun, que les habitants d'une commune, relativement au partage de biens communaux entre eux; que,
dans le cas du partage, des communes seront tenues de nommer
de part et d'autre des experts, à l'effet de l'opérer; qu'en cas
de division entre lesdits experts, il sera procédé, sans délai, à la
nomination d'un tiers-expert, par le directoire du département.

Dans les articles 1 et 2 de la cinquième section : Que les
contestations qui pourront s'élever à raison du mode de partage entre les communes, et sur toutes les réclamations qui
s'y rattacheront, seront terminées et jugées, sur simple mémoire, par le directoire du département, aujourd'hui le Préfet
et le Conseil de préfecture, selon les cas, sur l'avis de celui
du district.

392. Cette loi a été abrogée en ce qu'elle autorisait les
partages gratuits des biens communaux; mais elle a continué à subsister, et elle subsiste toujours, en tant qu'elle indique
les formes qui devront être observées, et les autorités qui doivent terminer les difficultés pouvant s'élever relativement au
partage des biens indivis entre des communes ou entre des
portions de communes.

Ainsi, le Conseil d'État a décidé, le 10 septembre 1864 : « Que
» les dispositions prescrivant des expertises n'avaient été

» abrogées par aucune loi » ; et les 7 mai et 7 juillet 1863 : « Que
» les dispositions désignant les autorités qui doivent terminer
» les difficultés relatives au mode des partages sont toujours en
» vigueur. »

393. Un décret du 19 brumaire an II, pour anéantir tous les
obstacles qui retardaient les partages des biens indivis entre
plusieurs communes, a décidé que les habitants de ces différentes communes opèreraient entre eux, comme s'ils étaient
tous d'une seule commune.

Ce décret, comme la loi de 1793, prescrivait le partage par
tête.

Un autre décret du 19 frimaire an X, portait aussi dans l'article 2 : Que le partage des bois autres que les futaies, devait
également se faire par tête d'habitant.

394. Mais le 20 juillet 1807, ainsi que nous l'avons déjà constaté, le Conseil d'Etat, appelé à se prononcer sur la question
de savoir quelle serait la base d'après laquelle deux communes
propriétaires par indivis d'un bien communal et qui voudraient
faire cesser l'indivision, devraient le partager entre elles,
a émis l'avis « que le partage devrait être fait en raison du
» nombre de feux par chaque commune et sans avoir égard à
» l'étendue du territoire de chacune d'elles. »

Le 26 avril 1808, le Conseil d'État a encore dû se prononcer
sur la question de savoir si le partage des bois possédés indivisément par plusieurs communes se ferait comme celui des
autres biens ; il l'a fait en répondant « que les principes de l'ar-
» rêté du 19 frimaire avaient été modifiés, et que l'avis du
» 20 juillet 1807 était applicable au partage des bois comme à
» celui de tous autres biens dont les communes voudraient faire
» cesser l'indivision ; qu'en conséquence, les partages se feraien
» par feu, c'est-à-dire, par chef de famille ayant domicile. »

395. Les partages déjà faits ont été maintenus par la loi du 9 ventôse an XII, et pour le cas où ils n'auraient pas été régulièrement opérés, cette loi a indiqué comment et à quelles conditions les détenteurs des biens qu'ils avaient pour objet pourraient en devenir propriétaires ; elle a, en outre, prescrit la restitution, au profit des communes, des biens possédés sans acte de partage.

396. Cette même loi a conféré au Conseil de Préfecture le pouvoir de juger les contestations relatives à l'occupation desdits biens, qui pourraient s'élever, entre les copartageants détenteurs ou occupants, depuis la loi du 10 juin 1793, et les communes, soit sur les actes et les preuves du partage, soit sur l'exécution des conditions prescrites aux détenteurs pour devenir propriétaires incommutables des biens communaux, à 'occasion desquels ils ne pourraient justifier d'aucun titre écrit.

397. La loi du 9 brumaire an XIII a disposé que les habitants qui, n'ayant pas profité du bénéfice de la loi de 1793, ont conservé le mode de jouissance de leurs biens communaux, continueront à en jouir de la même manière, tout en laissant au Conseil municipal la faculté de demander un nouveau mode de jouissance qui pourrait être approuvé, modifié ou rejeté, en Conseil de Préfecture, par le Préfet.

398. Un décret du quatrième jour complémentaire, an XIII, a expliqué que la loi du 9 brumaire, dont les principales dispositions précèdent, s'appliquait à tous partages de biens communaux effectués avant la loi de 1793, et a décidé que toutes les fois que les Conseils de Préfecture, par suite de l'attribution qui leur a été faite par la loi de l'an XII, connaîtraient de contestations en matière de partage de biens communaux soit antérieurs soit postérieurs à cette loi, et auraient à prononcer sur le maintien ou l'annulation desdits partages, les jugements rendus par eux ne pourraient être mis à exécution qu'après avoir été confirmés par un décret.

Les formalités à observer sur les demandes d'un nouveau mode de jouissance des biens communaux ont été ainsi indiqués dans un avis du Conseil d'État, du 7 mai 1808, qui a été approuvé le 29 du même mois : lorsqu'en vertu de la loi du 10 juin 1793 il s'est opéré un changement dans le mode de jouissance desdits biens et que ce changement a été exécuté, les demandes d'un nouveau mode de jouissance devront être présentées au Conseil de Préfecture et soumises au Conseil d'État.

Les pouvoirs des Conseils de Préfecture, pour statuer sur le fait et l'étendue des usurpations commises, sous le prétexte de partage, ont été restreints ou plutôt limités, par un décret du 18 juin 1808, aux usurpations qui ont eu lieu dans la période comprise entre la loi de 1793 et celle du 9 ventôse an XII.

399. De nouvelles mesures destinées à réprimer les usurpations et les occupations irrégulières de biens communaux opérées sans titre ni autorisation quelconque, ont encore été prises par une ordonnance du 23 juin 1819. Cette ordonnance « considère qu'il est du plus grand intérêt pour les communes » de rentrer dans la jouissance de leurs biens communaux » usurpés, et d'en retirer une redevance annuelle qui, en ajou- » tant à leurs ressources actuelles, les indemniserait des pertes » qu'elles ont éprouvées depuis quelques années, » prescrit, en conséquence, aux administrations locales, de rechercher tous les terrains usurpés depuis la loi de 1793, dont l'occupation ne résulterait d'aucun acte de concession ou de partage écrit ou verbal; autorise les détenteurs de ces biens à remplir certaines conditions pour en devenir propriétaires; et dispose que tout détenteur qui n'aura pas rempli les obligations indiquées sera poursuivi, à la diligence du Maire, devant le Conseil de Préfecture, en restitution des terrains usurpés et des fruits qu'ils auront produits, en expliquant que ce Conseil demeurera juge des contestations sur le fait et sur l'étendue de l'usurpation; sauf le cas où le détenteur, niant les usurpations et se prétendant propriétaire à tout autre titre qu'en vertu d'un partage, il s'élèverait des questions de propriété pour lesquelles les parties auraient à se pourvoir devant les Tribunaux.

400. Depuis, la loi de 1837 est venue compléter la législation sur les partages; elle porte dans l'article 19 : Que les Conseils municipaux délibèreront sur le partage des biens indivis entre deux ou plusieurs communes ou sections de commune; et dans l'article 20 : Que leurs délibérations seront adressées à l'autorité administrative et qu'elles ne seront exécutoires que sur son approbation ou sur celle du Chef de l'État.

Enfin, le décret de décentralisation, du 30 mars 1852, sans modifier les règles qui viennent d'être indiquées, a remis aux Préfets le soin de statuer désormais sur les partages des biens communaux indivis.

401. Si, d'après le Code civil, le partage peut toujours être réclamé et doit toujours avoir lieu, il ne doit pas toujours en être de même d'après les lois administratives.

Ainsi, suivant le droit civil, tout propriétaire maître de ses droits ou même mineur peut, par son tuteur autorisé, provoquer le partage des biens dans lesquels il a des droits. Le tuteur est même contraint de souffrir le partage lorsqu'il est réclamé contre son pupille, quand même il serait contraire aux intérêts de ce dernier.

Suivant le droit administratif, et plus particulièrement aux termes de l'article 19 de la loi du 18 juillet 1837, il est bien vrai que la commune ou la section de commune, par le Conseil municipal qui la représente, a l'initiative de la demande en partage de ses propriétés indivises; mais en vertu de l'article suivant et du décret de 1852, le Préfet et le Ministre, ou le Chef de

l'État, suivant la nature des biens, sont appréciateurs souverains du mérite de cette demande; ils peuvent, suivant qu'ils
le trouvent préférable, l'approuver, si elle répond à des besoins,
ou la repousser, si elle est contraire à l'intérêt des populations.

Ainsi encore, suivant le droit civil, le partage est toujours
possible et doit avoir lieu, quels que soient les droits et les intérêts différents des copropriétaires, soit par la composition
de lots des biens de même nature et le tirage au sort de ces
lots, soit par la formation de parts égalisées par des soultes en
rapport avec les besoins ou les convenances des copartageants
qui se les attribuent réciproquement, soit par des licitations si
la division en nature est impossible. On peut, par l'un de ces
moyens, partager toute espèce de biens ou de droits, lors
même qu'il s'agirait de pâturages ou d'usages dans des forêts.

Suivant le droit administratif, au contraire, on ne peut que
rarement procéder au partage par une composition de lots et
par des licitations. D'abord, les bases du partage varient à
l'infini. Les droits de la commune ou de la section qui réclame
le partage se déterminent par le nombre de feux qu'elle renferme et ce nombre, comparé à celui des feux de la commune
copropriétaire, ne se prête généralement pas à la formation de
lots. Ce n'est qu'exceptionnellement qu'une agglomération
d'habitants a droit à moitié, au tiers ou au quart des biens
indivis. Ensuite, pourrait-on faire des lots, qu'on ne devrait
presque jamais les tirer au sort. Une commune ou une section
de commune ne peut pas, sans de graves inconvénients, avoir
sur un territoire voisin, loin de ses habitants, un lot dans
une propriété dont la jouissance en nature est laissée à ces
habitants, et un tirage au sort l'exposerait à subir cette mauvaise chance. On ne peut pas non plus diviser par lots toutes
les propriétés et tous les droits qui peuvent appartenir indivisément à des communes et à des sections. A la rigueur on
pourrait peut-être régler, par canton ou quartier, des droits de
pâturage et de glandage et des droits de pêche dans un étang:

mais on ne pourrait diviser des affouages s'exerçant dans des bois communaux d'une faible étendue dont les coupes seraient réglées, et surtout des droits d'affouages sur les propriétés de tiers.

Une licitation serait aussi le plus souvent contraire aux intérêts des communes dont elle traduirait les droits fonciers en argent lorsqu'aucune nécessité ne l'exigerait et aux intérêts des sections dont elle anéantirait les jouissances en nature qui leur sont réservées.

Enfin, il peut y avoir intérêt pour les communes ou pour les sections, à laisser subsister l'indivision, par exemple, de pâturages communs ou de droits d'usages dans des forêts ou sur d'autres propriétés.

Aussi, par ces raisons, entre autres, la loi administrative, par dérogation aux règles du droit commun, autorise-t-elle les Préfets et le Ministre à ne point laisser opérer un partage qui froisserait les intérêts de la majorité des communes ou des sections copropriétaires, ou qui porterait atteinte au principe de l'unité communale.

402. Il y a pourtant des cas où le droit commun et le droit administratif s'accordent pour autoriser des ventes par licitation. C'est lorsque les biens à partager sont patrimoniaux. Ils consistent alors en terres, maisons ou usines affermées. La commune ne pourrait avoir que le regret de voir mobiliser sa fortune, tandis que la section ne serait exposée à aucune perte, puisqu'elle n'a pas droit à des revenus en argent.

403. C'est dans le sens de ces solutions que le Ministre de l'intérieur a toujours réclamé l'application de la loi. Il traçait ainsi aux Préfets, dans une circulaire du 29 janvier 1848, les règles qu'ils devaient suivre, en cas de changement de circonscriptions territoriales. « Il n'est pas absolument nécessaire, di- » sait-il, que le partage des biens immeubles appartenant aux

» communes fractionnées soit toujours opéré en même temps
» que le changement de territoire, car il peut y avoir des cas
» où le maintien de l'indivision soit préférable dans l'intérêt des
» deux parties. »

En 1852, dans une autre circulaire, du 5 mai, le Ministre de
l'intérieur recommandait aux Préfets d'éviter une composition de lots qui entraînerait le paiement de soultes considérables en argent, et il ajoutait que, dans bien des cas, le tirage
des lots au sort aurait pour résultat d'enchevêtrer d'une manière fâcheuse les propriétés des communes copartageantes,
et de donner à chacune d'elles le lot qui serait le plus éloigné
de son territoire.

Sur une question qui lui était adressée par un Préfet, le
même Ministre répondait, au mois de novembre 1859, que l'Administration supérieure a toujours cru devoir s'opposer, au
point de vue de l'unité communale, au partage des biens dont
les sections d'une même commune sont propriétaires par indivis.

Au mois de février 1861, une autre décision ministérielle
confirmait le refus d'autorisation d'un partage de terrains indivis entre une commune et une section, par la même raison
qu'en principe on ne doit pas l'approuver sans nécessité bien
constatée.

Ainsi l'Administration supérieure n'est pas tenue de se conformer aux dispositions du Code civil toutes les fois que leur
application serait préjudiciable aux communes et aux sections
de communes. Il lui appartient de n'approuver que les partages qui donnent satisfaction à leurs intérêts ; elle peut par conséquent décider, que l'indivision continuera à subsister, parce
qu'à ses yeux la jouissance en commun répond mieux qu'un
partage aux besoins des populations.

404. Dufour est de cet avis, et l'exprime ainsi : « Une pro-
» priété de nature communale ne se prête pas toujours à la di-

» vision entre les diverses communes qui y ont des droits.
» Dans certains pays, pour certains biens, l'état d'indivision
» est de toute nécessité. »

Le même auteur dit encore dans un autre passage : « Pour
» les biens privés, nul ne peut-être contraint de demeurer dans
» l'indivision. En matière de biens communaux, il n'en est plus
» de même, et c'est vainement que diverses communes pro-
» priétaires par indivis d'un terrain communal, tenteraient de
» s'armer de la disposition de l'article 815 du Code civil. Les
» communes sont, quant au partage, sous la surveillance et
» l'autorité de l'Administration supérieure. Il est réservé au
» Préfet, sauf recours au Ministre, d'apprécier l'opportunité du
» partage. »

405. La Cour de cassation a pourtant jugé, le 4 thermidor
an VII, sur le pourvoi formé contre un jugement du Tribunal
d'appel des Voges, qui avait refusé d'ordonner un partage, que
des communes ne pouvaient être forcées de rester dans l'indi
vision, parce qu'un partage serait nuisible à l'une d'elles.

Mais en se prononçant ainsi, la Cour suprême a seulement
admis que les Tribunaux ne pouvaient, aux termes du droit
civil, perpétuer une indivision ; elle n'a en aucune manière
touché au pouvoir que l'autorité administrative tenait déjà,
notamment de l'article 1er de la loi du 10 juin 1793, de laisser
subsister entre deux communes ou entre une commune et une
section, l'indivision si elle la croyait plus avantageuse qu'un
partage.

D'ailleurs, depuis, la jurisprudence s'est fixée dans le sens
des pouvoirs souverains de l'autorité administrative, d'approuver ou de repousser un partage selon les conditions et les
circonstances favorables ou désavantageuses dans lesquelles
il est fait.

Dans une espèce, où les droits, d'une section de la commune
de Ronceux qui avait été réunie à la ville de Neufchâteau,

dans la propriété et le produit du quart en réserve des forêts de ladite commune de Roneeux, avaient été reconnus et où il s'agissait de savoir si les sommes provenant du quart en réserve devaient être partagées d'après les besoins respectifs des deux localités ou d'après le nombre de feux, le Conseil d'Etat a décidé, le 5 décembre 1837, que, réduite à ce point, la contestation ne présentait à juger qu'une question relative au mode de partage du produit d'un bien communal, et qu'aux termes de l'article 1er, section 5 de la loi du 10 juin 1793, la solution de cette question appartenait à l'autorité administrative.

Deux arrêts du Conseil d'Etat, des 30 novembre et 5 décembre 1850, ont encore admis que les lois de 1793 et de 1837 déféraient à la juridiction administrative les contestations qui peuvent s'élever sur le mode de partage de biens communaux indivis entre des communes ou entre des sections de communes.

La Cour de Grenoble avait aussi jugé, le 24 janvier 1849, que, lorsque les Tribunaux s'étaient prononcés sur les questions de propriété, ils devaient laisser à l'autorité administrative le soin de procéder entre les communes ou sections copropriétaires au partage de leur biens, suivant les formes et le mode que la loi établit.

Enfin, la Cour suprême a cassé, le 21 janvier 1852, un arrêt qui avait renvoyé devant un Tribunal de première instance les opérations de partage de biens communaux. Sa décision est ainsi conçue :

« En ce qui touche le moyen dirigé contre les dispositions de » l'arrêt qui statuent sur le mode et sur l'exécution du partage.

» Attendu que l'autorité administrative est seule compétente » pour statuer sur le mode de partage des biens communaux, » ainsi que sur les opérations de ces partages et sur les contes- » tations auxquelles ils peuvent donner lieu.

» Qu'en ordonnant le partage par voie de tirage au sort, en » nommant des experts pour procéder à la formation des lots et

» en renvoyant les parties devant un Tribunal de première ins-
» tance pour les opérations du partage, l'arrêt attaqué a excédé
» sa compétence et formellement violé les lois précitées. »

406. Les mêmes règles et les mêmes bases d'opérations s'appliquent aux bois communaux soumis au régime forestier;
mais le droit de sanctionner les partages de cette nature de
propriété revient au Chef de l'Etat. Le décret de 1852 n'a, en
effet, délégué, à l'égard du partage des bois, aucun pouvoir aux
Préfets, ainsi que l'ont du reste reconnu le Conseil d'Etat, dans
un avis du 11 septembre 1852, et le Ministre de l'intérieur, dans
une circulaire insérée au *Bulletin officiel* de 1856.

407. Il va sans dire que les partages entre une section détachée et la commune à laquelle elle avait appartenue, doivent
porter aussi bien sur les propriétés patrimoniales que sur les
pâturages et autres biens communaux. La loi du 10 juin 1793
le décidait déjà ainsi. Le Code civil et les décrets de 1807 et de
1808 l'ont également voulu, en ne faisant aucune distinction
entre les divers biens et droits que peuvent posséder les communes et les sections. Enfin, la loi de 1837 et le décret de 1852
s'appliquent également aux communaux proprement dits
et aux propriétés patrimoniales. Il n'y a que les biens affectés
aux services publics municipaux qui ne peuvent être l'objet de
partage; ils ne peuvent donner lieu qu'à des indemnités, compensations ou remboursements, selon les circonstances.

§ II.

Les partages doivent avoir lieu par feu et d'après leur nombre au moment où
on les fait.

408. On sait encore, par les dispositions législatives qui ont
précédemment été rapportées, que les partages entre les com-

munes et les sections copropriétaires doivent avoir lieu par feu. Autrefois ils ne se faisaient pas ainsi dans tout le territoire français. Dans l'Artois, une ordonnance de l'intendant, du 1er juin 1744, avait adopté le partage par portions égales entre trois communes; sur l'appel, cette ordonnance avait été réformée, et il avait été décidé que la division aurait pour base l'importance des impositions. Dans la Flandre, au contraire, suivant que l'ont voulu des lettres-patentes, des 27 mars 1777 et 13 novembre 1779, les partages se faisaient en raison des ménages qui se trouvaient dans les communes copropriétaires. C'est ainsi qu'on doit procéder aujourd'hui. La loi de 1793 avait, il est vrai, décidé que les partages se faisaient par tête d'habitant, mais les décrets, de 1807 et de 1808, sont revenus aux traditions qui avaient été adoptées en Flandre; ils portent que, désormais, les partages des biens indivis, entre les communes et les sections, se feront par feu, et depuis lors les règles qu'ils ont posées ont été constamment suivies.

On en trouve la preuve dans de nombreuses décisions judiciaires et dans les instructions du Ministre de l'intérieur.

409. Dès le 12 septembre 1809, la Cour souveraine cassait un arrêt de Colmar, qui avait décidé que des biens communaux seraient partagés entre deux communes copropriétaires, à raison de trois cinquièmes pour l'une et de deux cinquièmes pour l'autre, en prenant en considération l'étendue du territoire respectif des deux communes, tout en reconnaissant, cependant, que leur population était à peu près égale, par ce motif, entre autres, « que ces sortes de partages doivent être faits par » feu et sans aucun égard à la plus ou moins grande étendue » de territoire. »

Trois autres arrêts de la même Cour, des 13 mai 1840, 20 juillet de la même année et 7 août 1849, ont également décidé « qu'aux termes des dispositions des décrets de 1807 et de 1808, » le partage de tous terrains communaux doit avoir lieu par » feu entre les communes auxquelles ils appartiennent. »

410. Le Conseil d'Etat a consacré les mêmes principes dans deux arrêts déjà cités, des 18 mars 1841 et 3 février 1843, en déclarant par le premier, que le produit du quart en réserve des bois d'une commune devaient être partagés entre cette commune et une fraction qui en avait été distraite d'après le nombre des feux, et par le second, que le partage des fonds restés libres dans la caisse d'une commune devaient se diviser aussi par feu entre cette commune et une section qui venait d'en être détachée.

411. Le Ministre de l'intérieur a accepté et fait connaître cettte jurisprudence aux Préfets, dans une circulaire du 29 janvier 1848, à l'occasion des changements de circonscription de communes et du partage des biens que ces changements plaçaient dans l'indivision : « Vous savez, disait-il aux Préfets, » que ces sortes de partages doivent se faire à raison du nom- » bre de feux existant dans chaque section, à moins qu'il n'y » ait des titres ou des usages contraires. »

Dufour explique aussi que les partages doivent être faits proportionnellement aux nombres des feux des agglomérations copropriétaires.

412. Mais ces partages doivent-ils se faire sur le nombre des feux existant au moment où ils sont demandés ? Un village pouvait n'avoir que dix maisons habitées au moment où les biens lui sont advenus indivisément avec la commune dont il dépendait ou avec une autre agglomération ; il peut en avoir davantage au moment du partage. Comme ces biens appartenaient aux communautés et que leurs produits, lorsqu'ils étaient recueillis en nature, revenaient aux chefs de famille, domiciliés, anciens et nouveaux, dans la proportion de leur nombre, le partage de la propriété doit également se faire, entre les communes et les sections propriétaires, d'après le nombre des ayants-droit au moment où on l'effectue.

418. On trouve encore des preuves que les partages doivent ainsi se faire dans des décisions ministérielles et judiciaires.

En 1859, trois communes étaient propriétaires par indivis d'un bois dont elles se partageaient habituellement les produits au prorata du nombre de leurs feux. L'une d'elles a été appelée, par suite de l'ouverture d'un chemin de fer, à voir sa population prendre un développement extraordinaire. Les deux autres se préoccupant du préjudice que leur causerait l'augmentation du nombre des feux de cette commune, ont demandé que l'Administration supérieure la fît sortir de l'indivision. L'Administration a pensé qu'elle ne pourrait apprécier cette mesure exceptionnelle que lorsque l'Autorité judiciaire aurait prononcé, en principe, la cessation de l'indivision ; elle a ainsi reconnu que le partage des fruits se faisait, suivant la règle générale, et que le partage de la propriété devait se faire, suivant la même règle, au prorata du nombre des feux existant au moment de sa réalisation.

Un Tribunal de première instance avait reconnu, en principe, le droit des habitants d'un village à l'affouage dans les bois d'une commune dont il avait été séparé ; mais il avait restreint ce droit aux seuls habitants des maisons qui existaient au moment de la modification des territoires. La Cour de Nancy a également reconnu le droit de la section distraite ; mais elle a décidé qu'il s'étendait à tous les habitants qui existaient au moment de la revendication. Son arrêt a été maintenu par la Cour de cassation, le 18 juillet 1861.

Par trois nouveaux arrêts, du 14 décembre 1864, la Cour suprême s'est encore prononcée dans le même sens, en décidant que de nouveaux habitants qui avaient acquis un domicile d'une année dans une commune devaient, comme les anciens habitants, prendre part dans les produits des biens communaux. Les raisons qui, dans ces arrêts, ont fait admettre les nouveaux chefs de famille à entrer dans le partage des produits de ces biens, doivent également militer, au profit des communes ou des sections de communes, dans lesquelles se trouvent ces nouveau-venus, lorsqu'il s'agit de diviser le fonds lui-même.

§ III.

Lorsque des titres règlent les droits des intéressés, on doit s'y conformer pour opérer les partages.

414. Dans les cas où les titres règleraient différemment les droits des communes et des sections copropriétaires, on devrait les suivre, ils feraient la loi des intéressés, et les décrets de 1807 et de 1808 seraient sans application. Ainsi, un donateur aurait pu remettre par moitié une propriété à une commune et à une section de commune. L'un des groupes de population, aurait-il cent feux, qu'il ne pourrait réclamer et recevoir que la part qui lui aurait été faite, quand même l'autre n'en compterait que dix. Ainsi encore, si un bienfaiteur n'avait voulu admettre aux largesses qu'il faisait que le bourg d'une commune et l'un de ses villages, à l'exclusion des autres, le partage ne devrait être opéré qu'entre ces deux fractions de la communauté d'après le nombre de feux qu'elles renfermeraient, si le titre ne déterminait pas autrement les parts revenant à chacune de ces agglomérations.

415. Divers arrêts ont, en effet, décidé que lorsque des titres règlent les droits des intéressés, on doit s'y conformer. On peut citer, entre autres, comme ayant statué dans ce sens, quatre arrêts de la Cour de cassation des 13 mai et 15 avril 1840, 7 août 1849 et 21 janvier 1852.

Tous considèrent en substance que lorsque des titres ont déterminé d'une manière positive les parts égales ou inégales,

appartenant aux communes ou sections de communes, propriétaires indivises, les Tribunaux doivent les appliquer, et
qu'en le faisant, loin de violer les décrets de 1807 et de 1808,
ils en font une saine application.

§ IV.

Une possession isolée ne pourrait suppléer des titres et autoriser des partages
sur d'autres bases que celles déterminées par les décrets de 1807 et de 1808.

416. Si des titres peuvent être invoqués et faire la loi des
intéressés, une section pourrait-elle également s'autoriser d'une
possession pour réclamer un partage sur d'autres bases que
celles déterminées par les décrets de 1807 et de 1808? Nous ne
le pensons pas, si la possession était isolée, parce que les habitants qui l'exerceraient seraient présumés n'avoir possédé
que selon leurs droits en conformité de la loi. La possession
n'équivaudrait à des titres et ne donnerait droit, au profit d'une
commune ou d'une section de commune, contre une autre
commune ou contre une autre section, à la moitié, ou au tiers,
ou au quart, ou à toute autre portion déterminée, que si elle
était appuyée de justification; on le conçoit facilement : Des
communes ou des sections de communes peuvent jouir ensemble d'un marais ou d'un bois pendant un temps immémorial
et même en payer l'impôt foncier par moitié, sans se préoccuper du nombre de feux que chacune d'elles renferme; elles
envoient ordinairement, dans les pâturages communs, autant
de bestiaux qu'elles en possèdent, et si elles partagent certains
produits, des litières ou des bois, par moitié ou dans d'autres
proportions, c'est parce qu'elles trouvent que leurs besoins
respectifs sont ainsi satisfaits; mais elles savent qu'elles sont
protégées par la loi, qu'elles n'y dérogent pas en agissant

ainsi, et que toujours elles peuvent l'invoquer. Pour renoncer au droit qu'elles tiennent de la loi, elles devraient en manifester l'intention et le constater par des actes qui, avec le temps et l'accomplissement des conditions exigées pour la prescription, deviendraient des titres; de même que la jouissance par un seul village d'un bien communal, pendant plus de trente ans, ne lui conférerait aucun droit au préjudice de la commune entière, parce qu'il serait présumé n'en avoir joui que comme membre de cette commune, de même la jouissance, par des communes ou des sections de communes copropriétaires, dans des proportions égales ou inégales, serait présumée n'avoir été ainsi exercée, en attendant le partage, qu'en conformité de leurs droits, c'est-à-dire, conformément à la loi, ou faute de s'être rendu compte du nombre des feux de chacune d'elles, ou même, par amour de la paix, sachant parfaitement que la loi dominait leur situation et devait en définitive la régler.

417. On trouve dans la jurisprudence des décisions qui n'ont eu aucun égard à la prétendue modification des titres, lorsque le premier était resté debout, ou à la possession lorsqu'elle était seule opposée à la loi.

Dans une première espèce, la commune de Curson et un village du Suchois, étaient propriétaires indivis de bois. Un acte de 1745 avait établi que le partage de cette propriété aurait lieu en proportion du nombre des feux. Un acte de 1760 avait dit que le hameau du Suchois était propriétaire du huitième des bois de Curson. Au moment du partage, ce dernier titre a été invoqué; mais la Cour de Paris et la Cour de cassation, par deux arrêts, des 25 mai 1835 et 20 juillet 1840, ont décidé que toute la conséquence qu'on pouvait en tirer, c'était que les parties avaient entendu exprimer l'état de leur population respective, mais qu'elles n'avaient pas dérogé au titre primitif, admettant le partage par feu et qui faisait toujours la loi.

Dans une seconde espèce, les deux communes de Richecourt et de Lahayeville ont joui, pendant un temps immémorial, par moitié, d'un bois dont elles étaient copropriétaires; elles avaient même payé les contributions foncières par moitié. La commune la plus forte a réclamé le partage par feu; la plus faible l'a demandé par moitié. Le Conseil de Préfecture a décidé qu'il serait fait par feu. Le Conseil d'Etat a maintenu son arrêté en ces termes :

« Considérant que la commune de Lahayeville n'a produit
» aucun titre de propriété à l'appui de ses prétentions, à une
» plus forte portion que celle qui lui était assignée dans le
» projet de partage; que, dès lors, le partage devait être fait
» par acte administratif, aux termes de la loi du 10 juin 1793 et
» des avis du Conseil d'Etat des 20 juillet 1807 et 26 avril 1808. »

418. Sans doute, dans certaines circonstances, si la possession était appuyée sur un ensemble d'actes auxquels les Tribunaux accorderaient de la valeur, sur la reconnaissance de la possession et sur des présomptions graves, précises et concordantes, elle pourrait servir à déterminer les parts revenant à chacune des communes ou sections de communes copropriétaires; mais dans ce cas, ce ne serait pas la possession isolée qui empêcherait l'application des décrets de 1807 et 1808, ce serait un ensemble d'actes et de faits qui seraient jugés équivaloir à des titres.

La Cour de cassation s'est prononcée dans ce sens par l'arrêt déjà cité, du 21 janvier 1852, en admettant que lorsque les parts des parties intéressées pouvaient être ainsi déterminées, le décret de 1807 restait sans application; mais en pesant les motifs de sa décision, on voit qu'elle n'a pas entendu donner de valeur à une possession réduite à elle-même.

Dans un autre arrêt, du 26 août 1856, afin qu'il ne restât aucun doute sur sa pensée, la même Cour a exigé que celui des deux propriétaires, qui prétendait avoir acquis par la possession une

part plus forte que celle qui lui reviendrait, d'après les règles
générales de la législation, justifiât que sa possession avait été,
pendant tout le temps requis pour prescrire, exclusive de tous
actes de possession de la part de l'autre propriétaire.

Les mêmes principes ressortent encore d'un dernier arrêt de
la Cour suprême du 1er février 1865, qui n'admet pas que la
possession d'une section, sur certains biens communaux, puisse
devenir acquisitive au préjudice des autres sections de la même
commune.

Ainsi, une possession, en concurrence avec une autre possession, ne peut, pas plus que la jouissance de biens communaux
pour certains villages, équivaloir à des titres et déroger aux
principes du droit municipal.

§ V.

Les partages devraient avoir lieu suivant les règles du droit civil si les biens étaient indivis entre la section et des particuliers ou des établissements publics.

419. Il est encore un cas où la règle posée par le décret de
1807 ne saurait être appliquée, c'est lorsque les biens sont indivis entre une commune ou une section et un particulier ou
un établissement public. La communauté ne pourrait s'autoriser
du nombre de ses feux contre son copropriétaire. On devrait
opérer le partage, suivant le Code civil, en divisant les biens et
droits par moitié, s'ils n'appartenaient qu'à une section et à un
particulier ou en autant de parts qu'il y aurait d'intéressés, si
des titres ne réglaient pas autrement les droits de chacun d'eux,
quand même ces biens et droits consisteraient en bois soumis
au régime forestier, ou dans le quart en réserve, ou en pâturages dont la jouissance en commun serait nécessaire aux ha-

bitants, ou en usages et affouages même sur les propriétés de tiers dont l'absence ferait faute aux populations. Les avis du Conseil d'Etat de 1807 et de 1808 et la loi de 1837 ne se sont occupés que des partages entre les communes et les sections de communes; ils ont laissé dans le droit commun les particuliers et les établissements publics. Dans ces cas, les communautés ne seraient plus protégées par les lois et les autorités administratives ; elles devraient forcément subir, dans les termes du droit civil, les partages qui seraient demandés contre elles, et même les licitations qui seraient jugées indispensables.

Cette solution est fondée sur ce que les particuliers et les établissements publics ne sont soumis, en ce qui concerne le partage de leurs biens, qu'à l'autorité de la justice civile, et encore sur ce qu'aux termes de la loi de 1793, toutes les difficultés élevées entre les communes et les sections de communes, mais entre ces associations seulement, à raison du mode de partage de leurs biens, reviennent à l'autorité administrative.

420. Proudhon et Foucart professent ces principes.

Trolley les enseigne en ces termes : « Quand l'indivision » existe entre une commune et un simple particulier, le partage » est *a fortiori* judiciaire. Dans ce cas, il ne s'élève même pas » de doute. »

§ VI.

Partages, lorsqu'ils sont possibles, des biens des établissements charitables, dans le cas de fractionnement des communes qui possédaient ces établissements.

421. Nous avons dit qu'un village pouvait former une section, s'il avait des droits dans un hospice ou dans un bureau de bienfaisance. Ainsi, une fondation charitable a pu être faite au profit d'une commune entière, en faveur, par conséquent, de tous les villages dont elle se composait, ou au profit de plusieurs communes ou d'une commune et de certains villages, ou encore au profit de plusieurs sections. En cas de fractionnement des communautés ainsi associées, les portions détachées emportent les droits qui leur appartiennent dans les biens affectés au soulagement des pauvres; mais peuvent-elles toujours demander et obtenir, au moyen d'un partage, la part qui leur revient dans ces biens pour en jouir séparément? Nous ne le croyons pas, et voici les raisons sur lesquelles nous nous appuyons.

Les bureaux de bienfaisance et les hospices ont chacun une administration particulière, sinon indépendante de la commune, du moins séparée. Leur organisation est réglée : pour les bureaux de bienfaisance, par la loi du 7 frimaire an V; et pour les hospices, par une série de lois qui se sont succédées, sans s'abroger entièrement, depuis le 16 vendémiaire an V jusqu'au 7 août 1851.

L'administration des communes est réglée par la loi de 1837, et, suivant cette loi, dans les cas de division des communes ou des sections de communes, tous les biens communaux, autres que ceux affectés à des services publics, peuvent être partagés et doivent l'être, quand il n'y a aucun inconvénient à le faire, dans la forme et suivant les bases indiquées dans les lois de 1793 et de 1807.

Mais ni les lois concernant les bureaux de bienfaisance et les hospices, ni celles relatives aux communes, ne sont applicables au partage de la fortune des établissements charitables. Aucune autre loi ne règle non plus spécialement le sort d'un bureau de bienfaisance et d'un hospice, dans le cas où la commune dont il dépend est morcelée. Il faut, pour fixer et délivrer, s'il y a lieu, la part revenant à chaque fraction détachée dans les biens des pauvres, se reporter aux intentions des fondateurs si on peut le faire, et dans tous les cas, s'en remettre par analogie aux dispositions de l'article 7 de la loi du 18 juillet 1837. La haute sagesse et les sentiments d'équité de l'autorité administrative parviendront toujours à amener un résultat satisfaisant.

Un hospice est ordinairement propriétaire de biens qui lui donnent les revenus dont il a besoin, et d'édifices qui sont destinés à recevoir les malades, ou les infirmes, ou les indigents, et souvent ces diverses catégories de malheureux. On ne pourrait pas toujours, il ne faut que du bon sens pour le comprendre, morceler sa fortune sans le ruiner, ou au moins sans jeter une grande perturbation dans ses moyens d'action. Le partage de ses biens ne saurait donc être réclamé et effectué que dans des circonstances exceptionnelles.

Un bureau de bienfaisance trouve aussi les revenus qui lui sont nécessaires, dans les biens qui ont été affectés à sa fondation. Nous n'entendons pas parler ici des ressources qui lui adviennent de par la loi, ou au moyen de souscriptions; elles sont étrangères à la fondation qui peut seule être indivise entre les groupes de populations qui avaient été appelées à en profiter. Nous ne nous occupons que des propriétés et des rentes qui ont originairement été affectées à ses besoins ou qui, par suite de sages économies, ont été acquises, et nous pensons qu'elles ne peuvent pas non plus toujours être partagées suivant le droit commun. Leur division compromettrait souvent l'existence du bureau.

422. Mais, si les propriétés des établissements charitables ne peuvent pas, dans tous les cas, être morcelées, il ne s'ensuit pas que des sections distraites d'une commune dans laquelle se trouvaient de pareilles fondations, perdront les avantages qu'elles y trouvaient. Si un partage est possible, sans nuire sensiblement à l'établissement, il aura lieu; dans le cas contraire, les fractions transportées dans une autre commune continueront, comme par le passé, à envoyer leurs malades ou infirmes indigents dans l'hospice qui était tenu de les recevoir, ou à se faire délivrer par le bureau de bienfaisance les secours auxquels elles avaient droit, à moins que la commune renfermant les œuvres charitables et la commune à laquelle la réunion aura eu lieu, ne préfèrent s'entendre et ne parviennent à le faire. Dans le cas d'entente, une portion des biens formant la fondation pourra être attribuée à la section détachée, ou bien encore la commune qui aura subi la distraction pourra donner à l'autre une indemnité proportionnelle à la population dont cette dernière se sera accrue. La fondation ayant été faite pour les habitants, il est juste de faire la fixation des droits en raison de leur nombre.

423. C'est dans ce sens que doivent s'entendre un avis du Ministère de l'intérieur de 1860, un arrêt de la Cour d'Aix et un arrêt de la Cour de cassation.

Le Ministre admet, en effet, que lorsqu'une commune, où il existe des biens constituant la dotation de la généralité des pauvres, vient à être fractionnée, la nouvelle commune ou section de commune a droit à une partie desdits biens proportionnelle à sa population; mais il ajoute que la commune demanderait à tort l'autorisation de porter devant les Tribunaux une question de partage de ces biens qui est exclusivement du ressort de l'autorité administrative et qui doit être réglée, par analogie, dans les formes qui viennent d'être indiquées.

Dans une espèce où une commune séparée et érigée en commune distincte demandait le partage des biens d'un bureau de bienfaisance, institué avant la séparation, et dont les ressources avaient servi à secourir les indigents de toute la commune, la Cour d'Aix, avec le Tribunal de première instance, a repoussé la demande par ces motifs : « qu'aucune loi ne règle » le sort des bureaux de bienfaisance, dans les cas où la commune dont ils dépendent est morcelée et que l'administra- » tion peut équitablement consacrer le principe d'un partage

» au profit de la nouvelle commune, ou lui faire payer une in-
» demnité en échange de sa privation de toute participation aux
» ressources du bureau de bienfaisance. »

Sur le pourvoi formé contre cet arrêt, la Cour de cassation
l'a ainsi maintenu, le 7 janvier 1863 :

« Attendu qu'il s'agit de biens légués privativement au bu-
» reau de bienfaisance de Corlian, avant que la commune de
» Tanneron en fût séparée ;

» Attendu que les biens des bureaux de bienfaisance ne peu-
» vent être confondus avec les biens communaux ; que les bu-
» reaux de bienfaisance, dont l'organisation est réglée par la
» loi du 7 frimaire an V, ont une existence indépendante, une
» administration et une dotation spéciales, qui ne se confon-
» dent pas avec celles des communes ;

» Que, sans doute, aux termes des articles 6 et 7 de la loi du
» 18 juillet 1837, en cas de distraction de commune, tous les
» biens productifs de revenus, à l'exception de ceux affectés
» au domaine public communal, doivent être partagés ; mais
» que les effets de cette décision ne peuvent s'appliquer que
» lorsqu'il s'agit de biens appartenant à la commune ;

» Qu'ainsi c'est à bon droit que la Cour d'Aix a déclaré le
» Maire de la commune de Tanneron mal fondé dans sa de-
» mande en partage. »

§ VII.

Autorités qui peuvent connaître des partages des biens des sections de
communes et des contestations y relatives.

424. Les sections de commune sont, ainsi qu'on vient de
le voir, soumises à l'application du Code civil, lorsqu'elles réclament le partage de biens indivis contre d'autres sections,

ou contre une commune, qui refusent de sortir de l'indivision ; lorsqu'elles prétendent avoir des droits dans une propriété, et qu'elles demandent à les faire reconnaître, sous la forme d'une action en partage ; et encore lorsqu'en vertu de titres qui dérogeraient à la règle du partage par feu, elles réclament la fixation de la part qui leur revient dans des immeubles indivis. Dans tous ces cas et dans d'autres analogues, il s'agirait de questions de propriété qu'il n'appartiendrait qu'à la juridiction civile de trancher. C'est ce qui résulte des textes de lois et des décisions qui viennent d'être citées. La loi du 16-24 août 1790 l'avait dit en termes formels, et aucune disposition législative postérieure n'y a dérogé ; elle portait, et on juge toujours, que toutes les contestations relatives aux droits de propriété doivent être soumises à l'autorité judiciaire. Le Conseil d'Etat s'est encore prononcé dans ce sens, le 16 avril 1863.

425. Au contraire, il appartient au Conseil de Préfecture de statuer : 1° sur les contestations relatives à l'existence, et aux effets d'un partage de biens communaux indivis entre plusieurs sections ou communes, opéré par l'administration, et de déclarer que ces communautés ne sont pas recevables à contester la validité d'un partage depuis longtemps exécuté ; 2° sur les bases du partage, lorsque les parties ne se fondent, pour en réclamer l'établissement, ni sur un titre ni sur des moyens dérogeant aux décrets de 1807 et de 1808 ; 3° sur toutes les contestations en matière de partage de biens communaux, lorsqu'elles ne soulèvent pas de question de propriété ; 4° sur le fait et l'étendue des usurpations ou occupations commises, sous le prétexte d'une concession ou d'un partage écrit ou verbal, dans l'intervalle de la loi de 1793 à la loi de l'an XII ; et 5° sur les prétentions d'habitants qui réclameraient le partage ou la répartition, suivant les bases consacrées par l'usage, des affouages, sans néanmoins invoquer aucun droit privatif, lorsque le Conseil municipal aurait jugé à propos de changer le mode de jouissance des bois communaux. Pour tous ces cas et pour d'autres pouvant y être assimilés, les pouvoirs de la juridiction administrative résultent des textes qui viennent d'être rapportés et sont attestés dans un arrêt du Conseil d'Etat du 17 mai 1855, qui a validé un partage remontant à 1814 ; dans un arrêt du 5 décembre 1850, qui a repoussé une demande en partage ou distribution d'affouages, portée devant les Tribunaux civils ; et dans d'autres, des 13 juin 1860 et 23 mai 1863, qui ont reconnu la compétence des Conseils de Préfecture, pour statuer sur les usurpations commises, sous prétexte de partage, dans la période comprise entre les deux dernières lois qui viennent d'être indiquées.

126. Lorsqu'il ne s'agit que de prescrire les opérations du partage de biens indivis, par exemple, de mettre les sections de communes ou les communes en demeure de nommer des experts et de les désigner au besoin ; de procéder à la formation des lots, en raison du nombre des feux et de la convenance des parties intéressées, et de délivrer ces lots ; d'apprécier toutes les difficultés relatives à ces opérations purement administratives ; et enfin de repousser ou d'approuver les délibérations des Conseils municipaux, proposant ou admettant des partages, c'est au Préfet que la loi de 1793, la loi de 1837 et le décret de 1852 ont accordé le droit de le faire. Ce droit est en outre constaté par les autres textes de lois et décisions qui ont été rapportés dans ce chapitre et par un dernier arrêt du Conseil d'Etat du 26 février 1863.

127. Mais lorsqu'il s'agit de savoir si des indemnités sont dues, à l'occasion d'édifices publics, tels que : église, presbytère, maison d'école et hôtel-de-ville, par une commune qui les acquiert au moyen d'une réunion, à une autre commune qui les perd, ou à l'occasion d'établissements charitables qui ne pouvaient se diviser, et pour d'autres causes que nous ne croyons pas utile d'énumérer, et qu'il y a lieu de fixer l'importance de ces indemnités, ce n'est pas à l'autorité judiciaire, et ce n'est pas non plus au Conseil de Préfecture, ni au Préfet, qu'il appartient de statuer. Ces indemnités auraient pu être déterminées par l'autorité qui a prononcé la division. Après l'acte qui a opéré le démembrement, c'est au Chef de l'Etat que revient le droit de régler administrativement ces indemnités. Ainsi l'indique l'article 7 de la loi de 1837, et ainsi l'a décidé un arrêt du Conseil d'Etat du 25 août 1841, par ces motifs : « que » les conditions attachées à la distraction ou à la réunion des » communes doivent être faites par l'autorité qui prononce » cette distraction ou cette réunion ; que, dès lors, ce n'est ni » devant le Conseil de Préfecture, ni devant le Conseil d'Etat, » par la voie contentieuse, que peut être portée une demande » en indemnité par la commune de..., sauf à cette commune » à se retirer par devant l'administration, pour être, s'il y a » lieu, donné suite à sa demande. »

§ VIII.

Formalités qui doivent être observées pour préparer et réaliser les partages.

428. Quant aux formes à observer pour préparer et pour réaliser les partages des biens et droits indivis des sections de communes et des communes, elles sont les mêmes que celles qui doivent être suivies en matière de ventes, d'acquisitions, d'échanges et de locations. On procédera, par conséquent, suivant les indications déjà données au chapitre concernant les amodiations et les aliénations. Les sections, comme les communes, devront toutefois nommer des experts, conformément à la loi du 10 juin 1793. En cas de division entre les experts, un tiers-expert sera nommé par le Préfet. Les biens seront estimés et, selon qu'il y aura lieu, on en formera des lots qui seront ou directement attribués à chacune des parties intéressées, ou tirés au sort, et dans tous les cas délivrés aux copartageants.

CHAPITRE XII.

PROCÈS DES SECTIONS DE COMMUNES.

~~~~~~~~

§ I. Examen comparatif de l'ancienne et de la nouvelle législation.

§ II. Cas dans lesquels les sections de communes sont représentées par le Maire.

§ III. Cas dans lesquels, à défaut du Conseil municipal et du Maire, ou de l'un d'eux, les sections trouvent un défenseur de leurs intérêts dans le Préfet ou dans son délégué. — Art. 1er. Questions diverses qui peuvent se présenter. — Art. 2. En cas de refus du Conseil municipal et du Maire, le Préfet peut, en vertu de la décision du Conseil de Préfecture, présenter la défense d'une section de commune.— Art. 3. Dans le cas de consentement du Conseil municipal et de refus du Maire de défendre à une action, le Préfet peut représenter la section. — Art. 4. Le Maire peut, nonobstant l'avis contraire du Conseil municipal, présenter la défense d'une section. — Art. 5. Dans le cas où le Conseil municipal et le Conseil de Préfecture sont d'avis de former une demande, le Préfet, à défaut du Maire, peut l'intenter. — Art. 6. Le Maire peut, malgré l'avis contraire du Conseil municipal, introduire une action au nom d'une section de commune. — Art. 7. Le Préfet fera bien néanmoins de n'agir d'office qu'en cas d'injustice criante de la part du Conseil municipal et du Maire.— Art. 8. Le Préfet, à défaut du Conseil municipal et du Maire, peut représenter une section de l'ancienne province de Bretagne, sur une action en partage de terres vaines et vagues.

§ IV. — Art. 1er. Tout contribuable inscrit au rôle de la commune peut, à ses frais et risques, exercer une action au nom de la section. — Art. 2. Il peut représenter indistinctement chacune des sections qui compose la commune.

§ V. Un habitant, en cette seule qualité, ne peut représenter une section.

§ VI. Cas dans lesquels les sections ont droit à une représentation spéciale et où les habitants peuvent demander la constitution d'une commission syndicale,

§ VII. Nécessité de l'autorisation de plaider, excepté pour quelques cas particuliers.

§ VIII. Obligation imposée au tiers qui se propose de former une action contre une commune ou une section et formalités qu'il doit remplir.

§ IX. Les communes et les sections de communes peuvent transiger sur les contestations qui les concernent, se désister des demandes qu'elles ont formées et acquiescer aux actions qui sont dirigées contre elles.

§ X. Frais des procès et moyens de les payer.

———

§ Ier.

Examen comparatif de l'ancienne et de la nouvelle législation.

429. Dès qu'il est reconnu que des fractions de communes peuvent être considérées à part, sous le titre de sections, pour certains droits de propriété et de jouissance, la loi a dû prévoir les cas où elles auraient des contestations, à l'égard de ces droits, et régler les formes qu'elles devraient employer pour les faire valoir ou les défendre. C'est ce qu'elle a fait par un arrêté du 24 germinal an XI et par la loi du 18 juillet 1837.

Mais avant de tracer les devoirs des sections et des autorités qui les représentent, ou qui sont chargées de veiller sur leurs intérêts et de les défendre au besoin, nous devons mettre en parallèle l'ancienne et la nouvelle législation. Nous trouverons, dans leurs dispositions diverses, d'utiles enseignements.

Un édit du mois d'avril 1683 faisait défense aux communautés et à leurs maires, échevins, syndics, jurats et consuls, d'intenter aucune action et de commencer aucun procès, tant en cause principale que d'appel, sans en avoir obtenu le consentement des habitants, dans une assemblée générale, dont la délibération devrait être confirmée par une permission écrite du commissaire, départi en la généralité.

Ces règles ont été reproduites dans deux déclarations des 2 août 1687 et 2 octobre 1703.

Il n'est pas plus question des sections dans ces lois que dans la disposition de l'ordonnance de 1669, relative à la location des biens communaux et à l'emploi de leurs prix.

La loi du 14 décembre 1789 ne les a pas encore fait apparaître comme êtres distincts de la commune. Elle porte, dans les articles 54 et 56, que le Conseil général de la commune sera convoqué toutes les fois qu'il s'agira de délibérer sur des acquisitions et des aliénations..... sur l'emploi des prix de vente..... sur les procès à intenter et même sur les procès à soutenir ; que toutes les délibérations relatives à ces objets ne pourront être exécutées qu'avec l'approbation de l'administration ou du directoire du département, après avis, s'il y avait lieu, de l'administration ou du directoire du district.

Aux termes de la loi, du 29 vendémiaire an V, les agents des communes ou leurs adjoints (il n'est pas encore question des sections de commune) ne pouvaient suivre aucune action devant les autorités compétentes, sans y être préalablement autorisées par l'administration centrale du département, après avoir pris l'avis de l'administration municipale-cantonale qui avait été créée par la Constitution du 5 fructidor an III.

La loi du 28 pluviôse an VIII a établi les Conseils de Préfecture et leur a conféré la mission de prononcer sur les demandes en autorisation de plaider, formées par les communes ; cette loi est encore muette à l'égard des sections.

C'est l'arrêté des consuls du 24 germinal an XI, qui est venu le premier déterminer le mode d'après lequel les contestations relatives aux intérêts des sections devraient désormais être suivies devant les Tribunaux.

Depuis, la loi du 18 juillet 1837 a disposé, dans les articles 10, n° 8 ; 15, 19, n° 3 ; 49, § 1er ; 52 également § 1er, 55, 56 et 57 :

Que le maire représenterait la commune en justice, soit en demandant, soit en défendant;

Que dans le cas où le Maire refuserait ou négligerait de faire un des actes qui lui sont prescrits par la loi, le Préfet, après l'en avoir requis, pourrait y procéder d'office par lui-même ou par un délégué spécial;

Que le Conseil municipal délibèrerait sur les acquisitions, aliénations de propriétés communales, et en général sur tout ce qui intéresserait leur conservation et leur amélioration;

Que nulle commune ou section de commune ne pourrait introduire une action en justice sans être autorisée par le Conseil de Préfecture;

Que les délibérations du Conseil municipal, relatives aux procès des communes ou des sections de communes, seraient dans tous les cas transmises au Conseil de Préfecture, qui déciderait si la commune doit être autorisée à ester en jugement;

Que le Maire pourrait, toutefois, sans autorisation préalable, intenter toute action possessoire ou y défendre et faire tous autres actes interruptifs de déchéance;

Que lorsqu'une section serait dans le cas d'intenter ou de soutenir une action judiciaire contre la commune elle-même, ou contre une section de la même commune, il serait formé, pour la section plaidant contre la commune, et pour chacune des sections plaidant l'une contre l'autre, une commission syndicale de trois ou de cinq membres que le Préfet choisirait parmi les électeurs municipaux et, à leur défaut, parmi les habitants les plus imposés.

Il ne faut pas induire du silence des anciennes lois à l'égard des sections qu'il n'en existait pas et encore moins que celles qui pouvaient exister, étaient privées de tous moyens de défendre leurs droits, ce serait inexact; mais de ce silence et des termes, tant des édits royaux que des premières lois de la Révolution, on doit tirer cette double conséquence qu'à toutes les époques le principe de l'unité communale a été admis, et que, par suite, les maires, échevins, syndics, jurats et consuls ont toujours représenté les sections, comme ils représentaient toutes les autres parties de la communauté et la communauté elle-même.

Seulement, lorsqu'une contestation ne concernait qu'un village propriétaire de droits distincts, une section en d'autres termes, les officiers municipaux ne convoquaient en assemblée générale que les habitants de cette portion de la commune et ne réclamaient de consentement que de leur part.

Aujourd'hui, ce ne sont plus les habitants qui se réunissent pour donner, s'il y a lieu, le consentement de plaider, c'est le Conseil municipal qui est appelé à l'accorder ou à le refuser; mais, comme autrefois, le premier magistrat de la commune est chargé de la représenter en justice, soit en demandant, soit en défendant, excepté dans certains cas que la loi a pris le soin d'indiquer.

Les dispositions de l'ancienne et de la nouvelle législation étant ainsi expliquées, nous devons faire connaître les cas dans lesquels le Maire, suivant la règle générale, représente les sections de commune, dans les procès qu'elles peuvent avoir, et les cas exceptionnels dans lesquels elles ont droit à une représentation spéciale.

§ II.

Cas dans lesquels les sections de communes sont représentées par le Maire.

430. Toutes les fois que des contestations s'agitent entre deux sections de communes différentes ou entre une section et des particuliers, dans leur intérêt propre et privé, c'est le

maire qui doit représenter la section de la commune qu'il administre.

La loi de 1837 l'affirme comme le faisaient les textes de l'ancienne législation.

Le projet de cette loi, présenté en 1834 à la Chambre des
Députés, renfermait un article ainsi conçu :

« Lorsqu'une section est dans le cas d'intenter une action
» judiciaire contre la commune elle-même, ou une autre sec-
» tion de la commune, ou tout individu quelconque, il est
» donné à cette section un Conseil spécial..... »

Cette disposition avait été votée sans discussion par la
Chambre élective.

Mais elle a été repoussée par la Chambre des Pairs, après ces
paroles du baron Mounier exprimées au nom de la commission
dont il était le rapporteur : « Le projet de loi prévoit ensuite le
» cas où une section serait obligée d'intenter une action judi-
» ciaire à raison de droits qui lui appartiendraient privative-
» ment. Cette action peut être dirigée contre la commune elle-
» même, contre une autre section de la commune, enfin, contre
» une commune ou section étrangère, ou contre un particu-
» lier quelconque. Nous pensons que dans ces derniers cas, la
» section n'a pas besoin d'une représentation particulière. Il
» résulte de la constitution de la commune que le maire et le
» Conseil municipal ont mission de défendre ou de faire valoir
» les droits d'une section comme ceux de la commune entière;
» mais il en est autrement lorsque la section, plaidant con-
» tre la commune elle-même, le Maire et le Conseil muni-
» cipal deviennent les adversaires de cette section. La néces-
» sité de lui donner, dans cette circonstance, un organe légal,
» est évidente; elle l'est également, lorsque la section attaque
» une autre section, dont le Conseil municipal est obligé de
» prendre la défense. »

La Chambre des Députés, saisie de nouveau du projet, a
persisté dans sa première opinion.

Mais la Pairie, à son tour, a rétabli sa première pensée dans la loi ; elle l'a fait sur un second rapport du baron Mounier, conçue en ces termes : « Nous avons estimé que lorsqu'une » section défend ses intérêts, qui ne sont pas en opposition » avec ceux de la commune, elle n'avait pas besoin d'autre re- » présentant que le corps municipal. Ce corps est tenu d'agir » pour la communauté dans son entier, mais aussi pour ses » différentes fractions. Admettre que l'intervention du Conseil » municipal ne suffit pas pour protéger les droits d'une section, » ce serait autoriser à supposer qu'il n'a pas non plus assez de » zèle pour gérer ses intérêts habituels ; il faudrait, dès lors, » que la commission syndicale fût permanente, de sorte que » l'administration de la commune serait scindée en deux parts. » Nous persistons à penser qu'il est bon d'éviter que les sec- » tions soient constituées en corps isolés ; que ce n'est que » dans les cas d'absolue nécessité qu'il convient de leur don- » ner une représentation particulière et que, par conséquent, » il est préférable de s'en tenir aux dispositions qui avaient » réuni vos suffrages. »

Après cette seconde résolution de la Chambre des Pairs, la Chambre élective a renoncé à son opinion, en adoptant, sans discussion, les articles 56 et 57, tels qu'ils avaient été expliqués et votés par l'autre pouvoir législatif, et tels qu'ils se trouvent dans la loi actuelle sur l'administration municipale.

Autrefois, les communes avaient déjà à leur tête un magis- trat, le plus souvent électif, connu sous le nom de maire, ou de consul, ou d'échevin.

Aujourd'hui, elles ont encore, pour chef de leur administra- tion, le Maire.

Ce magistrat les représentait et les représente toujours, dans la sphère de l'action, en d'autres termes de l'exécution, tout à la fois, de la loi et des délibérations qui étaient prises jadis par une assemblée composée d'officiers municipaux appelés, suivant les lieux, jurats, ou assesseurs, ou quarteniers..... et actuellement par le Conseil municipal. Son double titre d'administrateur et de représentant de toute la communauté lui confère le droit et l'obligation d'administrer et de défendre ou de faire valoir, devant la justice, les biens et les droits des sections. Ses fonctions s'étendent, en effet, à toutes les parties du territoire communal et embrassent, par conséquent, tous les intérêts, ceux des sections comme ceux de la commune. Aussi, toutes les fois que des sections se trouvent en contestation avec une commune ou une section étrangère, ou avec des particuliers, le Maire doit les représenter. C'est ce que dit formellement la loi de 1837, ainsi qu'on le voit dans son texte et dans les explications de ses auteurs que nous venons de rapporter. C'est aussi ce que veut le Pouvoir exécutif dont il est investi.

C'est ainsi, enfin, que se sont prononcés deux arrêts du Conseil d'Etat des 4 juillet 1827 et 17 mai 1833, et un arrêt de la Cour de cassation du 22 novembre 1837.

§ III.

Cas dans lesquels, à défaut du Conseil municipal et du Maire, ou de l'un d'eux, les sections trouvent un défenseur de leurs intérêts dans le Préfet ou dans son délégué.

ARTICLE PREMIER.

Questions diverses qui peuvent se présenter.

431. Un Conseil municipal et un Maire, ou l'un deux, pourraient, ou refuser de défendre à une action intentée contre une section, ou de former et de soutenir une demande qu'elle aurait intérêt à introduire.

Ainsi, une demande peut être dirigée contre une section par des particuliers ou par une commune voisine, ou par une section étrangère à la commune dont elle dépend, et le Conseil municipal et le Maire peuvent négliger ou refuser de défendre à cette action.

Ou le Conseil municipal peut être d'avis de résister à l'action, tandis que le Maire peut négliger de représenter la section et même refuser de le faire.

Ou le Conseil municipal peut ne pas vouloir stipuler les intérêts de la section, tandis que le Maire peut tenir à le faire.

Ainsi encore, un Conseil municipal peut être d'avis d'exercer une action au profit d'une section, lorsque le Maire serait d'une opinion contraire.

Ou le Conseil municipal peut refuser d'agir, tandis que le Maire serait d'avis de l'action.

Ou le Conseil et le Maire peuvent rester inactifs ou refuser de former une demande.

Dans ces divers cas, les solutions peuvent ne pas être les mêmes; aussi, distinguerons-nous, dans la discussion, comme nous venons de le faire, en indiquant les situations différentes qui peuvent se présenter, les cas dans lesquels les sections ne sont appelées qu'à se défendre de ceux dans lesquels elles voudraient intenter une action, et même les cas dans lesquels le Conseil municipal est ou n'est pas d'avis d'agir, de ceux dans lesquels le Maire a une opinion contraire.

Dans toutes ces hypothèses, dans les dernières surtout, les difficultés sont graves.

ARTICLE 2.

En cas de refus du Conseil municipal et du Maire, le Préfet peut, en vertu de la décision du Conseil de Préfecture, présenter la défense d'une section de commune.

432. D'abord, dans le cas où le Conseil municipal et le Maire refusent de résister à une action formée contre une section, cette portion de la commune peut-elle être défendue par une autre autorité? L'affirmative résulte de la raison, du texte de la loi qui en est l'expression, et du sens que ses auteurs, la jurisprudence et les écrivains, lui ont donné.

Suivant la raison, la défense est de droit naturel. La justice civile donne, d'office, des défenseurs aux prévenus de délits et aux accusés de crimes; elle prête aux mineurs l'appui qu'ils ne trouvent dans les conseils de famille, en réformant les délibérations qu'ils prennent, si ces délibérations ne sont pas conformes à leurs intérêts; enfin, elle accorde à la femme l'autorisation qui lui est nécessaire pour faire valoir ou pour défendre ses droits, lorsque le mari la lui refuse. Les sections de commune seraient-elles seules privées de toute garantie contre les erreurs ou contre la coupable administration des Conseils municipaux? Nous ne pouvons le croire. Leur fortune courrait, en effet, de trop grands dangers. Ces Conseils pourraient, en cédant à de mauvaises passions, à la jalousie par exemple, ou à de fâcheuses influences, résultant notamment du crédit d'un demandeur puissant, laisser prendre et passer en force de chose jugée, des jugements par défaut, et ruiner ainsi des sections. La raison se révolte à la seule pensée que de pareils faits pourraient s'accomplir.

Non, la loi administrative n'a pas été aussi imprévoyante. Elle protége les sections et les communes qui sont dans un état incessant de minorité, comme la loi civile protége les mineurs et les femmes contre les erreurs et les défaillances de leurs représentants ordinaires. En effet, après avoir chargé le Maire, par l'article 10, de représenter en justice la commune ou la section, soit en demandant, soit en défendant, après avoir, par l'article 15, permis au Préfet de procéder d'office, par lui-même ou par un délégué, aux actes que le Maire néglige ou refuse de faire, après avoir autorisé, par l'article 19, les Conseils municipaux à délibérer sur les actions judiciaires, et après avoir, par l'article 51, prescrit la communication au Maire, du Mémoire expositif des motifs des réclamations dont les sections peuvent être menacées, afin qu'il ait à appeler le Conseil municipal à en délibérer immédiatement, elle ajoute, dans l'article 52, que la délibération de ce Conseil sera, dans tous les cas, transmise au Conseil de Préfecture, qui *décidera* si la commune ou la section doit être autorisée à ester en jugement.

433. En règle générale, les délibérations des Conseils municipaux ne sont pas obligatoires pour l'Administration supérieure; elles ont besoin de sa sanction pour devenir souveraines. Dans le cas qui nous occupe, elles doivent, en outre, être soumises à la juridiction administrative. En exigeant ainsi l'intervention du Conseil de Préfecture, et en cas de recours du Conseil d'Etat, la loi a constaté, d'une part, qu'elle ne s'en remettait pas uniquement au pouvoir municipal, parce qu'il pourrait, même avec de louables intentions, se tromper, compromettre et même anéantir les droits légitimes des sections; et d'autre part, qu'elle s'en rapportait, au contraire, à la décision de la justice administrative qu'aucune passion ne peut égarer. Ce n'est pas un simple avis que le Conseil de Préfecture et le Conseil d'Etat sont appelés a donner; ils doivent, administrativement, rendre une décision comme en rendent les Tribunaux ordinaires d'appel. Dans tous les cas, en effet, suivant la loi, le Conseil municipal n'est qu'un premier appréciateur, dont le vote n'est pas obligatoire par lui-même, tandis que le Conseil de Préfecture et le Conseil d'Etat décident souverainement s'il y a lieu de plaider.

434. Sans aucun doute, si une transaction éteint l'action, il n'est pas fait usage de l'autorisation de plaider; mais, au contraire, si le demandeur persiste à réclamer une condamnation, le Maire doit s'en servir, et s'il ne le fait pas, le Préfet peut agir au nom de la section. S'il en était autrement, l'article 52, tel qu'il a été rédigé et expliqué, n'aurait pas de raison d'être, et les décisions de la justice administrative pourraient être le jouet des municipalités. Ce n'est pas seulement par cet article 52 que le cas, où le Conseil municipal et le Maire négligeraient ou refuseraient de présenter la défense de la section, a été prévu et que le Préfet a été autorisé à suppléer à cette défaillance de la municipalité. Déjà, sous l'ancienne législation, le droit d'intervention de l'Autorité supérieure était admis. Le même principe avait été posé dans les articles 9, 10 et 15. L'article 9 énumérait les attributions dont le Maire est investi sous l'autorité de l'Administration supérieure; le 10e indiquait celles dont il est chargé, sous la surveillance de la même administration, et le 15e ajoutait que, dans le cas où le Maire refuserait de faire un acte qui lui est prescrit, le Préfet, après l'en avoir requis, pourra y procéder d'office. Le même droit d'intervention a encore été reproduit, cette fois, avec plus de développement, par l'article 52. Cet article a mieux défini et a même, au besoin, étendu les pouvoirs des Conseils de Préfecture, en leur déférant, dans tous les cas, les délibérations municipales. Aussi n'hésitons-nous pas à affirmer que l'autorisation de plaider, décidée par la juridiction administrative, est l'acte prescrit au Maire, par cette triple raison : qu'il est chargé, par l'article 10, de la conservation des propriétés des sections comme de celles des communes; que, défenseur-né de ces groupes de populations, il est tenu, suivant le même article, de les représenter en justice, en demandant et en défendant, et enfin, qu'aux termes des articles 49, 51 et 52 qui sont venus élargir et compléter le 15e, et, suivant cet article, il doit, si le Conseil de Préfecture l'a jugé, protéger les sections jusque devant les Tribunaux. Ainsi, d'après le texte de ces articles 9, 10, 15 et 52, qui se prêtent un mutuel appui et qui s'harmonisent parfaitement, le Préfet peut, d'office, en vertu de la décision du Conseil de Préfecture, présenter, au nom de la section, la défense que désertent le Conseil municipal et le Maire.

C'est, au surplus, dans ce sens que les législateurs ont expliqué la loi.

455. Avant pourtant de faire connaître leur langage, nous devons, pour mieux nous faire comprendre, jeter un regard rétrospectif sur l'ancienne législation.

Sous les édits royaux, le représentant de la commune, qui était aussi le représentant de toutes ses fractions, ne pouvait ester en justice sans l'assentiment des habitants donné dans une assemblée générale et sans l'assentiment de l'Autorité supérieure. Lorsque la population toute entière était ainsi consultée, elle ne pouvait que bien apprécier ses droits ; plus le suffrage est étendu, moins il est susceptible de se laisser égarer ou dominer par la passion. Dans tous les cas, si les habitants avaient mal compris leurs intérêts et s'étaient trompés, ils ne pouvaient s'en prendre qu'à eux-mêmes.

Sous la loi de 1789, l'administration municipale devait convoquer le Conseil général de la commune, pour délibérer sur les procès à intenter ou à soutenir, et il suffisait au Maire, pour se présenter devant la justice, d'obtenir de l'Autorité supérieure l'approbation de la résolution de ce Conseil. A cette autorité, la loi n'avait pas encore ajouté celle des Conseils de Préfecture et du Conseil d'Etat, le cas échéant.

C'est ainsi qu'on l'a déjà vu, la loi du 28 pluviôse an VIII, qui a établi les Conseils de Préfecture et qui a conféré à ces

Conseils le pouvoir de se prononcer sur les demandes en autorisation de plaider. Suivant ses dispositions, les corps municipaux devaient délibérer sur les procès des communes, et les Conseils de Préfecture avaient à décider s'ils seraient suivis. Si l'autorisation de plaider était refusée, la section ou la commune ne pouvait ester en jugement. Le tiers-demandeur obtenait satisfaction au moyen soit d'un acquiescement à ses réclamations, soit d'un jugement par défaut, qui les admettait, si la justice les trouvait fondées. Si, au contraire, l'autorisation était accordée, la défense de la communauté devait être présentée par le Maire ou, à son défaut, par l'Autorité supérieure. C'est logiquement ce qu'on doit induire des pouvoirs conférés au Conseil de Préfecture, et c'est en droit et dans la pratique ce qui avait lieu.

L'arrêté des Consuls déjà cité, du 24 germinal an XI, s'est borné à régler le mode d'après lequel les contestations intéressant les associations municipales devraient être suivies.

Un décret, du 15 pluviôse an XIII, a fait plus, il a disposé que si le Maire et le Conseil municipal se refusaient à plaider pour une section, contrairement au vœu de la majorité des habitants, dix des plus imposés de cette majorité seraient réunis et nommeraient un syndic pour exposer leurs motifs au Conseil de Préfecture.

Ce décret prévoyait le cas du refus d'agir du Conseil municipal et du Maire, et pour ce cas, autorisait la réunion des habitants et la nomination d'un syndic, pour justifier devant le Conseil de Préfecture les droits des sections. Il n'a pas été inséré au *Bulletin des Lois*; mais il n'a pas moins été rendu, ainsi que le constate un avis du comité de l'intérieur du 17 août 1832, et il n'a pas moins reconnu aux sections le droit de se faire représenter, malgré la municipalité, devant le Conseil de Préfecture, et nécessairement devant les Tribunaux, si l'autorisation de plaider était accordée.

On voit qu'alors la juridiction administrative avait de pleins

pouvoirs pour décider si les procès des communautés municipales seraient suivis et que ses décisions faisaient loi.

Conformément à ces principes, qui ressortaient aussi des
lois antérieures, et que la pratique consacrait, un arrêt du Conseil d'État du 24 mars 1819 a conféré au Ministre de l'intérieur la
mission de se constituer le représentant d'une section, dont la
défense était désertée par le Maire. Cet arrêt porte que le Ministre de l'intérieur a qualité pour intervenir, au nom et dans
l'intérêt d'une section de commune, sur le refus du Conseil
municipal d'agir dans cet intérêt.

436. Tels étaient les précédents, lorsque la loi de 1837 a été
présentée, discutée et votée. Ont-ils été modifiés, quant au
fonds du droit ? Nous ne le croyons pas.

Ainsi, relativement à la question qui nous occupe de savoir
si, à défaut du Conseil municipal et du Maire, le Préfet peut
représenter les sections devant les Tribunaux, la commission
de la Chambre des Députés avait tout d'abord proposé de supprimer la nécessité de l'autorisation de plaider pour les communes défenderesses et par conséquent pour les sections, tant
le droit de défense lui paraissait légitime et sacré. Sa proposition n'a pas été accueillie ; elle a alors présenté un article ainsi
conçu : « Lorsque le Conseil municipal sera d'avis qu'il y a
» lieu de défendre, le Conseil de Préfecture décidera si la com-
» mune doit être autorisée à ester en jugement. » Cette rédaction n'a pas non plus été acceptée, parce qu'aux yeux de la
Chambre, le Conseil municipal pouvait se tromper ou méconnaître ses devoirs. Il fut même reconnu, dans la discussion, que
dans le cas où le Conseil municipal aurait acquiescé à la demande, on ne devrait pas moins appeler le Conseil de Préfecture à examiner si les intérêts de l'association ne lui conseil-
laient pas plutôt la résistance, et, en conséquence, il fut admis
que ce Conseil devait être investi du droit d'autoriser la commune à plaider. C'est alors que la première partie de l'article

a été supprimée, et qu'on l'a remplacée par cette autre disposition beaucoup plus large, que dans tous les cas la délibération du Conseil municipal sera transmise au Conseil de Préfecture, qui décidera si la commune ou la section doit être autorisée à ester en jugement. L'intervention de l'Autorité supérieure, c'est-à-dire, du Conseil de Préfecture, même du Conseil d'Etat, en cas de recours, et du Préfet, a été ainsi formellement admise, pour tous les cas où la municipalité refuserait d'agir.

M. de Rémusat, commissaire du Gouvernement, tenant absolument, avec la Chambre, à armer l'Autorité administrative supérieure contre l'inertie ou le mauvais vouloir du Conseil municipal et du Maire, avait émis l'avis que si ce Conseil s'obstinait à ne pas vouloir défendre la commune ou la section, l'administration départementale pourrait refuser de consentir l'aliénation, ou la dépense qui résulterait de l'acquiescement ou du jugement qui serait obtenu ; mais comme une pareille faculté aurait permis à l'autorité administrative d'empêcher l'exécution de jugements qui auraient acquis l'autorité de la chose jugée, et établi ainsi une lutte entre l'autorité judiciaire et l'autorité administrative, sa proposition a été rejetée. Il a alors ajouté qu'un particulier pourrait, avec l'autorisation du Conseil de Préfecture, défendre les droits de la commune ou de la section ; mais la Chambre a encore trouvé que cette seconde solution, qu'elle a pourtant admise dans l'article 49, était insuffisante. Elle s'en est alors tenue à la nouvelle rédaction, qui est celle actuelle de l'article 52, en expliquant très explicitement qu'elle lui donnait ce sens, que le Préfet pourrait se substituer à la municipalité, selon l'article 15 précédemment voté. Elle a, en effet, donné une complète adhésion à ces paroles de M. Gillon : « Par l'article 9, a-t-il dit aux Députés, vous avez » voulu que la commune fût représentée par le Maire, et lors- » que le Maire n'agit pas, c'est au Préfet à agir ; ainsi le veut » l'article 15, article éminemment utile, car le pouvoir munici- » pal ne saurait défaillir ; que suit-il du rapprochement de ces

» deux textes? La conséquence logique et irrésistible que,
» dans la supposition du mauvais vouloir de l'autorité munici-
» pale, le Préfet aura le droit et même le devoir de soutenir le
» procès en justice. (*C'est vrai.*) Mais jamais Préfet, vous le
» concevez, n'usera d'un pareil pouvoir, si ce n'est dans le cas
» où il y aurait injustice flagrante, forfaiture pour ainsi dire,
» à ne pas soutenir les droits de la commune. Il n'y a donc rien
» de nouveau à introduire dans la loi; la rédaction, rapprochée
» des deux articles précités, suffit à toutes les nécessités. Cette
» rédaction, j'en déduis nettement le sens, et je le dis en ter-
» mes formels, c'est que, quelque soit le vœu du Conseil mu-
» nicipal, sa délibération est portée au Conseil de Préfecture,
» qui *décide* si la commune ou la section doit ou non ester en
» jugement. Vous le voyez, *si le Conseil municipal a mal jugé,*
» *le Conseil de Préfecture réforme sa délibération.* Et si dans la
» commune, ni Maire, ni Adjoint ne veut désobéir au Conseil
» municipal, qui refuse de se conformer à la décision du Con-
» seil de Préfecture, qui a décidé qu'il y avait lieu de soutenir
» l'instance, *le Préfet se saisit alors du pouvoir municipal et*
» *devient devant les Tribunaux le représentant de la commune.*
» (*Très-bien.*) Je le dis encore, le Préfet peut exciter le Maire à
» agir, il peut lui en intimer l'ordre, et si le Maire n'agit pas,
» malgré l'intérêt évident de la commune, s'il commet cette
» injustice criante de ne pas soutenir la cause que nos lois lui
» confient, *le Préfet sera appelé,* dans cette rencontre véritable-
» ment malheureuse, *à suppléer le Maire.* »

La Chambre des Pairs n'a admis ni la rédaction de l'autre Chambre, ni le sens que les Députés y donnaient; elle a, au contraire, sur les explications de M. de Portalis, décidé que le Conseil de Préfecture ne pourrait autoriser la commune ou la section à plaider, que lorsque le Conseil municipal aurait été d'avis de soutenir la contestation.

Mais la commission de la Chambre des Députés, à laquelle l'examen du projet a été de nouveau soumis, a proposé de persister dans le premier vote, et la Chambre y a persisté.

La Chambre des Pairs a alors cédé aux sentiments des Députés, elle a voté l'article 52 dans les termes et avec le sens que lui avait donné l'autre Chambre, et elle a ainsi admis l'esprit que recevaient eux-mêmes les articles 9 et 10, et particulièrement l'article 15, précédemment votés; elle l'a fait sans la moindre résistance, et si elle n'a pas modifié le texte de ce dernier article, c'est parce qu'elle a trouvé que sa portée était suffisamment élargie par ces mémorables paroles de son rapporteur, M. le baron Mounier, qu'elle a adoptées et qui ont déterminé son vote :

« Il se présente à l'article 52 une question plus délicate.

» Les délibérations du Conseil municipal, relatives aux
» procès intentés contre une commune, doivent, dans tous les
» cas, être soumises au Conseil de Préfecture. Vous aviez pensé
» que si le Conseil municipal n'était pas d'avis de soutenir la
» contestation, on ne pouvait contraindre la commune à plaider.
» En conséquence, vous aviez rédigé l'article de manière à
» montrer que ce n'est que lorsque le Conseil municipal est
» d'avis de se défendre, que le Conseil de Préfecture peut auto-
» riser la commune à ester en jugement.

» Mais la Chambre des Députés n'a pas adopté ce système;
» elle a pensé que, de même que le Conseil de Préfecture avait
» le droit de forcer la commune à céder à une demande légitime,
» de même elle devait avoir le droit de contraindre le Conseil
» municipal à refuser de céder à des prétentions mal fondées.

» Nous ne saurions *méconnaître que la décision de l'autre*
» *Chambre ne soit plus conforme aux principes de l'administra-*
» *tion des biens des communes.* Ces biens sont sous la garde de
» l'Administration supérieure, qui *doit toujours être investie*
» *du pouvoir de les protéger contre les empiètements et les*
» *usurpations.* »

Rien de plus n'a été dit sur ce point à la Chambre des Pairs, et l'article 52, ainsi expliqué, a été voté par elle sans plus ample discussion.

Ainsi a été admis l'article 52 par les deux Chambres, avec la même pensée que ses dispositions et celles de l'article 15, qui se trouvaient au besoin étendues, autorisaient les Préfets à intervenir dans les procès des communes et des sections de communes, en cas de défaillance de la municipalité.

A la dernière heure, en effet, le baron Mounier n'a pas été moins affirmatif que M. Gillon et que la Chambre des Députés toute entière. Il s'est associé à leur œuvre, en reconnaissant que l'administration devait être investie du pouvoir de protéger les communautés contre les empiètements et les usurpations de leurs biens, et, à son tour, la Chambre des Pairs, par son approbation du langage de son rapporteur et de la rédaction de l'autre Chambre, qu'il lui apportait, en la justifiant, s'est elle-même appropriée les sentiments des Députés.

437. Il est vrai qu'au milieu de la discussion, M. Vivien, après avoir constaté « *qu'il persistait dans l'opinion adoptée par* » *la Chambre élective* que le Préfet pouvait se substituer au » Maire », a dit que la décision du Conseil de Préfecture ne pouvait pas contraindre la commune *à prendre un avoué et à intervenir activement* dans le procès, mais que cette décision pourrait atténuer, *auprès des juges*, l'effet que produirait le refus du Conseil municipal. En constatant ainsi le droit d'intervention du Préfet, M. Vivien n'a pas dû vouloir dire que la décision du Conseil de Préfecture n'imposait aucune obligation à la municipalité. On doit penser qu'il a seulement voulu exprimer qu'elle ne pourrait contraindre le Maire à montrer du zèle s'il en manquait et à *intervenir activement dans le procès*, s'il ne savait pas ou ne voulait pas le faire. On doit d'autant plus le croire et attacher, par conséquent, d'autant moins d'importance aux paroles de M. Vivien, qu'elles n'ont pas attiré l'attention de la Chambre et qu'elles n'ont pas reçu son adhésion, ainsi que le prouve surabondamment le rapport postérieur du baron Mounier; elles expriment d'ailleurs, tout d'abord, l'opi-

nion que le Préfet peut se substituer au Maire, et ce ne serait
qu'ensuite qu'elles renfermeraient une pensée contraire, elles
seraient ainsi en contradiction avec elles-mêmes, ce qui ne peut
être; elles n'indiquent, au surplus, aucun moyen pratique.
Comment! la section ou la commune ne pourrait pas être contrainte à se défendre par les voies légales, et néanmoins le refus
du Conseil municipal serait atténué auprès des juges par l'autorisation du Conseil de Préfecture? Mais est-ce à dire que la
section interviendra d'une manière occulte auprès du ministère
public, et même auprès des magistrats, et qu'elle leur portera
ainsi en cachette la décision du Conseil de Préfecture et des arguments? Alors elle aurait cet avantage, que les usages du
barreau, et, disons plus, que les principes de l'honnêteté ne
tolèrent pas, de fournir ses moyens sans les faire connaître à
son adversaire. Evidemment, ce système de défenses occultes
n'est pas entré dans l'esprit de M. Vivien ou n'a pas été réflé-
chi par lui; il aurait été déloyal et n'aurait satisfait ni la raison
ni les austères principes de la justice. Aussi nous plaisons-
nous à croire que jamais M. Vivien n'a songé à l'introduire
dans la loi, et, affirmons-nous, qu'il n'y est, dans tous les cas,
pas entré.

438. La loi permet donc, par les termes de l'article 52, et
par le sens que ses auteurs ont eu le soin de donner à cet article et au 15e l'intervention des Préfets. En se prononçant ainsi, n'est-elle pas, d'ailleurs, d'accord avec les précédents? Elle reconnaît, en effet, comme les principes anciens
le reconnaissaient, comme le décret du 25 pluviôse l'admettait
et comme l'arrêt du Conseil d'Etat de 1819 le décidait, que
l'administration peut, d'office, comme l'ont dit les législateurs,
protéger les sections contre les empiètements et les usurpations de leurs biens, lorsque le Conseil municipal et le Maire
refusent de le faire, nonobstant l'autorisation du Conseil de
Préfecture. S'il n'en était pas ainsi, les Conseils municipaux

pourraient, malgré la loi et malgré l'Autorité supérieure, qui est chargée de la faire exécuter, aliéner, par un refus de plaider, les biens des sections.

439. La jurisprudence est néanmoins venue jeter des doutes dans quelques esprits; mais les arrêts, même ceux de la Cour de cassation, se contredisent, et on doit espérer que la loi continuera à servir d'appui aux communes et aux sections dont la défense serait abandonnée par leurs représentants ordinaires.

Un premier arrêt de la Cour de Rennes, du 30 juillet 1840, a décidé que le Préfet peut user du pouvoir que lui donne l'article 15 de la loi de 1837, dans le cas où le Conseil municipal et le Maire refusent de résister à une demande en revendication de landes formée contre une commune.

Cet arrêt a été cassé le 18 juin 1843, par ces motifs vraiment insuffisants, « que le Préfet ne peut, en vertu de cet article 15, » exercer d'office les actions judiciaires de la commune, et » qu'à défaut du Maire, les droits de la commune ne peuvent » être exercés que dans les termes de l'article 49 », c'est-à-dire par un contribuable.

La Cour de Riom a jugé, comme la Cour de Rennes, par un arrêt du 15 février 1848.

Le 27 mars suivant, la même Cour de Riom s'est prononcée en sens inverse, et le pourvoi formé contre son arrêt a été rejeté, le 27 mai 1850, par divers motifs couronnés par celui-ci : « que, dans l'espèce, il n'avait été articulé aucun fait qui pût » faire suspecter la bonne foi de l'autorité municipale », d'où on peut conclure que la Cour suprême ne trouvait pas dans la loi la justification suffisante du système qu'elle admettait, et qu'elle éprouvait le besoin de l'appuyer de circonstances particulières.

En 1852, dans un arrêt du 7 juillet, l'une des Chambres civiles de la Cour de cassation a implicitement consacré le droit d'intervention des Préfets, en décidant pourtant qu'il n'avait pu

être exercé dans l'espèce qui lui était soumise. Voici les motifs
qu'elle a donnés :

« Considérant que l'article 10 de la loi de 1837 charge le Maire,
» sous la surveillance de l'Administration supérieure, de repré-
» senter la commune en justice, soit en demandant, soit en dé-
» fendant ; que l'exercice des actions de la commune n'appartient
» au Préfet que dans le cas exceptionnel prévu par l'article 15
» de ladite loi, lorsque le Maire refuse ou néglige de faire un
» acte qui lui est prescrit par la loi et lorsque le Préfet, après
» l'en avoir requis, y procède d'office par lui-même ou par un
» délégué spécial ;

» Considérant *qu'aucune circonstance de ce genre n'est alléguée*
» *au procès*, où le pourvoi en cassation a été formé et suivi par
» le Préfet, au nom de la commune, sans la participation de son
» Maire ;

» Considérant *qu'en cet état des faits*, le pourvoi a été formé
» par une personne sans qualité pour représenter la commune. »

Les termes de cet arrêt montrent clairement que si les faits
qui y sont minutieusement énumérés avaient été autres, la
Cour de cassation aurait admis l'intervention du Préfet.

A son tour, la Cour de Bourges, par trois arrêts des 30 avril
1856, 28 novembre 1860 et 27 février 1861, a, comme les Cours
de Rennes et de Riom, et on peut ajouter comme la Cour de
cassation, dans les décisions qui viennent d'être rapportées,
admis que le Préfet pouvait, sur les demandes formées contre
les communes, ou contre les sections qui sont exactement dans
la même position, se substituer au Maire et présenter les
défenses de ses pupilles, suivant que l'y autorisent le texte
de la loi et son esprit, résultant du langage explicatif de
MM. Gillon et Mounier, que les Chambres ont adopté.

La Cour de Riom est elle-même revenue, le 21 juin 1861, à sa
première jurisprudence, favorable aux diligences des Préfets.
Voici les termes des arrêts de Rennes, de Riom et de Bourges,
résumés dans celui de 1861 :

29

« Considérant qu'après avoir énuméré, dans l'article 9, les
» attributions dont le Maire est investi, sous l'autorité de l'Ad-
» ministration supérieure, et dans l'article 10, les attributions
» dont il est chargé, sous la surveillance de la même adminis-
» tration, la loi du 18 juillet 1837 ajoute, dans son article 15,
» que, dans le cas où le Maire refuserait ou négligerait de faire
» un acte qui lui est prescrit par la loi, le Préfet, après l'en
» avoir requis, pourra y procéder d'office, par lui-même ou par
» un délégué spécial ;

» Considérant que cette dernière disposition est générale et
» qu'il suffit, pour que le Préfet puisse suppléer le Maire, que
» l'acte dont celui-ci s'abstient lui soit prescrit par la loi et ne
» soit pas abandonné à sa libre appréciation, sans qu'il y ait
» à distinguer si cet acte rentrait dans les fonctions dont le
» Maire est investi, sous l'autorité de l'Administration supé-
» rieure, ou dans celles qu'il exerce, sous la surveillance de la
» même administration ;

» Considérant qu'il ne reste donc qu'à rechercher si, en s'abs-
» tenant de défendre à l'action intentée contre la commune de
» Job, le Maire a manqué à un devoir qui lui était prescrit, et si
» dès lors le Préfet a pu valablement saisir un délégué du pou-
» voir de défendre la commune dans l'instance ;

» Considérant que la loi du 18 juillet 1837 a établi, au titre V,
» des règles distinctes pour le cas où une commune veut in-
» tenter une action en justice, et celui où cette action est
» intentée contre elle ; que, dans la première hypothèse, c'est-
» à-dire, quand il s'agit, pour la commune, de se porter deman-
» deresse, l'action ne peut, sauf les mesures conservatoires à
» prendre (article 55), être exercée par le Maire qu'avec la
» double autorisation du Conseil municipal et du Conseil de
» Préfecture (articles 49 et 50) ; mais que, dans la seconde hypo-
» thèse, c'est-à-dire, quand la commune est défenderesse, il
» suffit, pour que la commune soit reçue à se défendre, qu'en
» cas d'avis contraire du Conseil municipal, elle y soit autorisée

» par le Conseil de Préfecture (articles 51 et 52); que la raison
» de cette différence s'aperçoit aisément, et tient à ce que la
» négligence de la commune à exercer les actions qui peuvent
» lui appartenir n'entraîne pas en général la déchéance de son
» droit, tandis que, quant au procès qui lui est intenté, sa négli-
» gence à se défendre l'expose manifestement à perdre son
» droit;

» Considérant que lorsque le Conseil de Préfecture a décidé,
» même contrairement à l'avis du Conseil municipal, que la
» commune devait résister à la demande formée contre elle, le
» Maire n'est pas libre de laisser la commune sans défense;
» qu'il ne peut pas plus s'abstenir dans ce cas, qu'il ne le pour-
» rait dans l'hypothèse où, s'agissant d'une action à intenter,
» le Conseil municipal et le Conseil de Préfecture auraient, l'un
» et l'autre, délibéré qu'il y avait lieu de former la demande; que,
» dans l'un et l'autre cas, la délibération du Conseil ou des
» Conseils compétents, pour apprécier l'opportunité de l'attaque
» ou de la défense, lie le Maire et lui fait une obligation légale
» de porter, devant les Tribunaux, la demande ou la défense
» de la commune;

» Considérant que si le Maire refuse ou néglige de remplir
» cette obligation, le Préfet, chargé de surveiller la gestion du
» Maire et de protéger les intérêts menacés de la commune,
» peut user de la faculté qui lui est donnée par l'article 15, et
» charger un délégué de suppléer le Maire dans la défense de la
» commune;

» Considérant que s'il en était autrement, et si l'obstination
» systématique du Maire, malgré la délibération du Conseil
» compétent qui l'obligerait à agir, pouvait rendre cette déli-
» bération sans effet, il est évident que la surveillance confiée
» à l'Administration supérieure serait inefficace; que la prudence
» et les combinaisons tutélaires de la loi seraient trompées; et
» que les intérêts des communes auraient fréquemment à
» souffrir de l'inertie, de l'ignorance ou du mauvais vouloir
» des officiers municipaux;

» Considérant que la faculté pour le Préfet d'agir par lui-
» même, ou par un délégué, dans le cas où le Maire, se mettant
» en opposition avec la décision du Conseil de Préfecture, refuse
» ou néglige de défendre la commune en justice, a été formel-
» lement *reconnue comme une conséquence logique des dispositions*
» *combinées des articles 15 et 52 de la loi de 1837, dans la discus-*
» *sion de cette loi* devant les Chambres législatives, et que c'est
» précisément pour rendre l'article 15 applicable au cas dont il
» s'agit, que l'article 52 a été rédigé par amendement dans
» les termes où il a été promulgué; qu'en effet, l'article 52, don-
» nant expressément au Conseil de Préfecture le droit de déci-
» sion dans tous les cas, c'est-à-dire, même au cas d'avis
» contraire du Conseil municipal, si la commune doit résister
» à la demande formée contre elle, ce droit de décision implique
» virtuellement l'obligation pour le Maire de se conformer à la
» délibération du Conseil de Préfecture, et, par conséquent, la
» faculté pour le Préfet de suppléer par lui-même ou par un
» délégué, à l'inaction du Maire, si celui-ci ne remplit pas cette
» obligation;
» Considérant que la cause actuelle présente un exemple
» frappant de l'utilité de ce pouvoir conféré au Préfet; qu'en
» effet, la commune de Job, ayant été actionnée par un certain
» nombre d'habitants qui revendiquaient, à titre de propriété
» privée et *ut singuli* des droits d'usage ou un cantonnement
» représentant lesdits droits d'usage concédés par l'ancien sei-
» gneur, le Maire a déserté la défense de la commune, malgré
» la délibération du Conseil de Préfecture qui, contrairement à
» l'avis du Conseil municipal, avait décidé qu'il y avait lieu
» de résister à la demande; que le Tribunal de première ins-
» tance ayant, en l'absence du Maire et par suite des recherches
» faites par le ministère public, donné gain de cause à la com-
» mune, le Maire ne s'est pas mis en mesure de faire signifier
» ce jugement et d'en assurer l'effet; que cette inaction systé-
» matique s'est prolongée après l'appel interjeté par quelques-

» uns des demandeurs et après un arrêt par défaut surpris par
» les appelants à la religion de la Cour; qu'il est manifeste
» que les intérêts de la commune eussent été sacrifiés et que
» la délibération du Conseil de Préfecture, prescrivant aux
» agents municipaux de défendre à l'action dirigée contre la
» commune, eût été méconnue et mise à néant, si le Préfet
» n'eût, en présence des refus constants et obstinés du Maire
» d'agir, usé de la faculté que la prudence du législateur avait
» mise à sa disposition dans l'article 15 de la loi de 1837; qu'il
» faut conclure de ce qui précède, que la délégation donnée à
» Paulin, soit pour signifier la décision des premiers juges et
» en assurer l'effet, soit spécialement pour défendre devant la
» Cour les intérêts de la commune intimée, est régulière et va-
» lable, et que l'opposition formée par Paulin, en vertu de cette
» délégation, à l'arrêt par défaut du 29 août 1860, est recevable. »

Ces arrêts des Cours impériales consacrent les principes inscrits dans la loi et qui résultent formellement de la discussion
à laquelle a donné lieu la rédaction de l'article 52; discussion
qui a étroitement lié cet article au 15e, dont elle a étendu la
portée, et montré qu'ensemble ces deux articles faisaient au
Maire une obligation absolue de se conformer aux décisions
du Conseil de Préfecture et accordait au Préfet, à son défaut,
le droit d'en user.

Néanmoins, la Cour suprême a cassé le dernier arrêt de la
Cour de Riom, par une décision du 30 novembre 1863, qui est
ainsi conçu :

« Vu l'article 15 de la loi du 18 juillet 1837;

» Attendu que le pouvoir conféré au Préfet, par l'article 15
» de cette loi, de procéder d'office, par lui-même ou par un dé-
» légué spécial, aux actes que le Maire négligerait ou refuserait
» de faire, ne lui est donné que pour le cas où il s'agit d'actes
» prescrits au Maire par la loi;

» Attendu qu'aucune disposition de loi ne prescrit au Maire
» l'obligation d'ester en justice, contrairement à son opinion et

» à celle du Conseil municipal, pour y défendre à une action
» intentée contre la commune ;

» Attendu que si l'on doit considérer comme prescrits par la
» loi les actes dont, aux termes de l'article 9, le Maire est
» chargé, sous l'autorité de l'Administration supérieure, il n'en
» est pas de même des actes que la loi s'est borné à placer sous
» la surveillance de cette administration, et que dans le pou-
» voir de surveillance, n'est pas compris le pouvoir d'action ;

» Attendu que c'est sous la surveillance de l'Administration
» supérieure et non sous son autorité que le Maire est chargé
» des attributions énumérées en l'article 10, au nombre des-
» quelles est celle de représenter la commune en justice, soit
» en demandant, soit en défendant ;

» Attendu que les décisions que le Conseil de Préfecture est,
» dans tous les cas, appelé à prendre, aux termes de l'article 52
» et en vertu desquelles la commune peut, contrairement à
» l'avis de son Conseil municipal, être autorisée à ester en
» jugement, ont uniquement pour effet d'ouvrir à la commune
» une faculté dont celle-ci reste maîtresse de ne pas user et
» ne constituent pas des injonctions lui imposant l'obligation
» d'ester en justice ;

» Attendu que la loi a prévu les inconvénients et les abus
» pouvant naître du pouvoir d'option ainsi laissé aux repré-
» sentants ordinaires de la commune, en consacrant, par l'ar-
» ticle 49, dans les conditions que cet article détermine, le
» droit, pour tout contribuable inscrit au rôle, de prendre en
» main les actions de la commune que celle-ci aurait refusé ou
» négligé d'exercer ;

» Attendu, en fait, que, sur le refus du Maire de Job et du
» Conseil municipal de signifier le jugement rendu par le Tri-
» bunal d'Ambert, au profit de la commune de Job, le 17 août 1857,
» le Préfet du Puy-de-Dôme, par arrêté du 4 janvier 1858, a
» nommé Paulin, percepteur à Ambert, son délégué spécial,
» pour faire notifier à qui de droit ledit jugement et pour faire

» faire tous actes de procédure et remplir toutes autres forma-
» lités dans l'intérêt de la commune de Job; que c'est en vertu
» de ces pouvoirs que Paulin a formé opposition à l'arrêt rendu
» par défaut, tant contre lui que contre la commune de Job,
» par la Cour impériale de Riom, le 29 août 1860; que, ne s'a-
» gissant point d'actes prescrits au Maire par la loi, il n'y avait
» pas lieu à appliquer l'article 15 de la loi de 1837, ni à ce que le
» Préfet procédât d'office, par lui-même ou par un délégué
» spécial; d'où il suit que l'arrêt attaqué, en recevant l'oppo-
» sition formée par Paulin en ladite qualité, a faussement ap-
» pliqué et, par suite, formellement violé l'article 15 précité. »

440. On s'étonne de ne pas trouver dans cet arrêt la réfuta-
tion des arguments donnés par les Cours impériales. Ces Cours
ont tenu compte de la rédaction par amendement et de la discussion de l'article 52, c'est-à-dire, des pouvoirs qui ressortent
de cet article et du 15e, pour le Préfet, d'exiger la production
des délibérations municipales et de les déférer au Conseil de
Préfecture, pour ce Conseil de décider, contrairement à l'avis
du Conseil municipal, que la section doit plaider, et encore
pour le Préfet, de suppléer au besoin la municipalité. La Cour
de cassation, au contraire, ne s'est attachée ni à l'esprit
général de la loi qui ne permet aucune aliénation sans l'assentiment de l'Autorité supérieure, ni pour le cas qui nous
occupe spécialement, à ses termes qui n'admettent non plus
d'aliénation au moyen d'un refus de plaider, ni à l'affirmation
réitérée par les législateurs des pouvoirs de la juridiction
administrative de prescrire et du Préfet de présenter la défense
de la communauté; et pourtant, pour que son arrêt, qui est
contraire, dans ses motifs, à d'autres qu'elle avait elle-même
rendus, ait une valeur réelle et une puissance juridique, il faut,
ce qui nous paraît impossible, qu'elle mette à néant les raisons
déduites par les Cours d'appel. Elle a bien dit, d'une manière
générale, que les décisions des Conseils de Préfecture et du
Conseil d'État ne constituaient pas des injonctions imposant aux

communes l'obligation de plaider ; nous nous rangerions volontiers à cette opinion en ce sens que les décisions de ces Conseils ne feraient pas obstacle à des arrangements transactionnels ; mais nous ne pouvons l'admettre en tant qu'elle veut dire que lorsque le Conseil municipal et le Maire oublient leurs devoirs ou refusent de les remplir, le Préfet devra se faire leur complice, renoncer, en d'autres termes, à ses devoirs de tutelle et à ceux spéciaux qu'il tient des articles 15 et 52, et laisser dépouiller la commune ou la section de ses propriétés. Elle a bien encore ajouté à ce premier motif cette autre raison que, pour prévenir les inconvénients et les abus qui peuvent naître du pouvoir d'option qu'elle laisse aux représentants ordinaires des communes, les législateurs ont donné, aux contribuables inscrits au rôle, le droit de prendre en main les actions de la commune ; mais ces législateurs ont précisément, au contraire, trouvé que ce remède était insuffisant, et, tout en l'acceptant, ils ont voulu introduire et ils ont effectivement introduit, dans les termes de l'article 52 et dans l'esprit, tant de cet article que du 15e, le pouvoir, pour le Préfet, d'agir, lorsque la défense de la commune ou de la section serait désertée par les municipalités.

L'arrêt de la Cour de cassation de 1863 n'est donc pas seulement en opposition avec ceux antérieurs des Cours impériales et avec celui qu'elle avait rendu en 1852, il l'est encore d'une manière flagrante avec les termes et le sens donné intentionnellement aux articles 52 et 15 qui ne permettent pas qu'on appelle la juridiction administrative à rendre des décisions stériles.

On peut comprendre jusqu'à un certain point l'arrêt de la Cour de cassation, pour le cas où il s'agit d'intenter une action, parce que la loi ne s'est peut-être pas, pour certains esprits, suffisamment expliqué, et parce qu'il peut ne pas y avoir toujours péril en la demeure ; mais on ne saurait l'admettre, quand il s'agit de résister à une action et d'empêcher un demandeur de surprendre la justice et de ruiner une commune ou une section. L'article 52 et l'article 15 combinés ont, pour ce cas, donné, sans aucun doute, à ces communautés, impuissantes par elles-mêmes, pour protecteurs subsidiaires, le Conseil de Préfecture et l'Autorité administrative supérieure.

Mais, au surplus, à la date du 26 juillet 1864, la Cour de Bourges, statuant en vertu du renvoi que lui avait fait la Chambre civile de la Cour de cassation, par son dernier arrêt, a rendu une décision entièrement conforme à celle de la Cour de Riom, de 1861, et aux autres arrêts de la même Cour de Bourges et des Cours de Rennes et de Riom que nous avons indiqués.

On peut donc croire que le droit d'intervention des Préfets est désormais, aux yeux de tous, écrit dans la loi et à l'abri de toute discussion.

441. M. Duvergier l'a pensé et l'a dit, au moment où la loi venait d'être promulguée.

C'est aussi le sentiment de Dalloz, parlant après M. Reverchon et le discutant; il dit, en effet, en substance : « Le Conseil » de Préfecture peut autoriser la commune à défendre, nonobs- » tant le refus de plaider exprimé par le Conseil municipal...... » Il est certain qu'elle pourra être contrainte à se défendre.... » En vain, M. Reverchon est d'une opinion contraire en s'ap- » puyant sur les paroles (irréfléchies et non accueillies) de » M. Vivien... La solution fournie par M. Gillon nous paraît » incontestable et il est difficile de contester qu'elle ait paru » telle à la majorité des deux Chambres... Il nous suffira de » rappeler qu'il a dit, sans provoquer la moindre contradiction, » que le Maire refusant d'agir, ce serait au Préfet à représenter » la commune ou la section, par application des articles 15 » et 52. »

Dufour, qui a également écrit après Reverchon, se prononce en ces termes, dans le sens du droit d'intervention des Préfets:

« Si, écrit-il, le Conseil municipal est déterminé à céder à la

» demande formée contre la commune ou contre la section,
» tandis que le Conseil de Préfecture autorise la communauté
» à plaider, le Maire se conformera à la décision du Conseil de
» Préfecture et défendra à l'action. Son mauvais vouloir, à cet
» égard, cèderait indubitablement à l'influence et au besoin à
» l'autorité du Préfet, que la loi arme du droit de destitution,
» et au cas où, par impossible, la résistance des officiers muni-
» cipaux serait invincible, le Préfet aurait, aux termes de
» l'article 15 de la loi de 1837, qui l'autorise à suppléer le Maire
» pour les actes prescrits par la loi et qu'il a été mis en de-
» meure de réaliser, le droit de représenter la commune ou la
» section et d'ester pour elle en justice. »

Sérigny professe la même opinion.

442. Il est donc incontestable, suivant les anciens principes,
que la loi de 1837 n'a pas effacé, suivant les termes de cette
loi, suivant son esprit que les législateurs ont mis en évidence, suivant les arrêts des Cours impériales, suivant le sens
au moins de deux arrêts sur quatre de la Cour de cassation,
et suivant l'opinion d'écrivains considérables, que le Préfet
peut, avec l'autorisation du Conseil de Préfecture, aux termes
des articles 52 et 15 de la loi de 1837, se substituer aux Conseils municipaux et aux Maires, lorsqu'ils refusent d'agir, pour
présenter la défense des communes ou des sections sur les actions qui sont intentées contre elles.

443. Notre opinion était ainsi formulée, lorsque, sur un
pourvoi formé contre l'arrêt de Bourges de 1864, est intervenu,
le 3 avril 1867, un nouvel arrêt de la Cour de cassation qui a
refusé au Préfet du Puy-de-Dôme le droit de charger un délégué de représenter en justice une commune sur une demande
que le Conseil municipal et le Maire avaient jugé fondée.

Voici les termes de cet arrêt :

« Sur le moyen pris d'une fausse application et d'une viola-
» tion des articles 15 et 52 de la loi du 18 juillet 1837;

» Attendu que l'article 15 ne confère au Préfet le droit de
» procéder par lui-même ou par un délégué spécial à un acte
» que le Maire, de ce requis, refuse ou néglige de faire, que
» quand cet acte est prescrit au Maire par la loi;

» Attendu que si l'article 10, n° 8, charge le Maire, sous la
» surveillance du Préfet, de représenter en justice, soit en de-
» mandant, soit en défendant la commune dûment autorisée,
» ni cet article, ni aucune autre disposition législative ne pres-
» crivent au Maire de se présenter pour la commune devant les
» Tribunaux, sans l'autorisation du Conseil municipal;

» Attendu que lorsqu'il s'agit d'une action intentée contre la
» commune, l'article 52 dispose, il est vrai, que la délibéra-
» tion du Conseil municipal, dans quelque sens qu'elle ait été
» formulée, doit être transmise au Conseil de Préfecture, qui
» décide si la commune doit être autorisée à ester en juge-
» ment; mais que l'article n'ajoute pas que cette autorisation,
» si elle intervient, contrairement à l'avis du Conseil munici-
» pal, aura pour effet de s'imposer à ce dernier et au Maire
» de rendre la défense obligatoire et de contraindre le Maire à
» la proposer, malgré la délibération contraire du Conseil mu-
» nicipal;

» Attendu, d'autre part, que l'acte auquel le Maire refuse son
» action ne rentre pas dans la catégorie des actes d'intérêt gé-
» néral prévus par l'article 9, qui ne sont accomplis par le
» Maire que sous l'autorité de l'Administration supérieure et
» à l'égard desquels le Préfet, entre les mains de qui l'Auto-
» rité se trouve alors concentrée, peut incontestablement agir
» lui-même;

» Attendu que de ces considérations il résulte que la repré-
» sentation en justice de la commune défenderesse, par le
» Maire, en opposition avec la délibération du Conseil muni-
» cipal, ne peut, sous aucun rapport, constituer l'acte pres-
» crit au Maire et motiver le recours à l'article 15.

» Qu'en jugeant le contraire, et en décidant que le Préfet du

» Puy-de-Dôme avait eu le droit de recourir à l'article 15 et de
» nommer un délégué spécial, à l'effet de le substituer au
» Maire, qui refusait de représenter en défense la commune
» poursuivie judiciairement en délaissement d'un immeuble
» dont elle était en possession, en attribuant illégalement à
» l'autorisation donnée par le Conseil de Préfecture à la com-
» mune de présenter sa défense, malgré l'opposition du Con-
» seil municipal, une autorité prépondérante et coercitive pour
» ce Conseil, et en considérant, en ce cas, la représentation de
» la commune, devant les Tribunaux, comme un acte prescrit
» au Maire par la loi, l'arrêt attaqué a faussement appliqué et
» violé les articles 15 et 52 précités. »

444. Cette décision a tout d'abord produit sur nous une
forte impression ; elle a été rendue après deux arrêts conformes des Cours de Riom et de Bourges, celle-ci statuant comme
Cour de renvoi, après cessation, par conséquent, du premier de
ces arrêts, et elle émane des Chambres réunies. Il n'en fallait
pas tant pour émouvoir des hommes qui cherchent la vérité
et qui ne veulent que la dire ; mais ensuite, après de sérieuses
réflexions, nous avons reconnu que nous devions nous remettre à l'œuvre. Nous l'avons fait, après avoir laissé le calme se
rétablir dans notre esprit. Hé bien ! le nouveau travail auquel
nous nous sommes livrés nous a conduit, nous l'affirmons
sans hésitation, à reconnaître et à écrire que la vérité n'est pas
dans l'arrêt qui est venu nous étonner.

La Cour s'est fondée pour refuser au Préfet le droit d'intervention dans les procès des communes, que lui avaient reconnu
les Cours de Riom et de Bourges : 1° Sur ce que l'article 15 ne
lui confère le pouvoir de procéder, par lui-même, à un acte que
le Maire refuse ou néglige de faire, que quand cet acte est
prescrit par la loi ; 2° sur ce que si l'article 10, n° 8, charge le
Maire, sous la surveillance du Préfet, de représenter en justice
la commune dûment autorisée, ni cet article ni aucune autre

disposition législative ne prescrivent au Maire de se présenter pour la commune, devant les Tribunaux, sans l'autorisation du Conseil municipal; 3° sur ce que, lorsqu'il s'agit d'une action intentée contre la commune, l'article 52 dispose, il est vrai, que la délibération du Conseil municipal, dans quelque sens qu'elle ait été formulée, doit être transmise au Conseil de Préfecture, qui décide si la commune ou la section doit être autorisée à ester en jugement; mais que l'article n'ajoute pas que cette autorisation, si elle intervient contrairement à l'avis du Conseil municipal, aura pour effet de s'imposer à ce dernier et au Maire, de rendre la défense obligatoire et de contraindre le Maire à la proposer; 4° sur ce que l'acte auquel le Maire refuse son action ne rentre pas dans la catégorie des actes d'intérêt général prévus par l'article 9; 5° et sur ce que la représentation en justice de la commune défenderesse par le Maire, en opposition avec la délibération municipale, ne peut constituer l'acte prescrit au Maire et motiver le recours à l'article 15.

Ces cinq raisons n'en forment qu'une, ou plutôt sont toutes renfermées dans cette pensée unique de la Cour suprême : que la décision ou l'autorisation du Conseil de Préfecture (peu importe l'expression, on verra bientôt que l'une a la portée de l'autre) ne constitue pas l'acte prescrit et imposé au Maire par la loi, auquel, sur son refus ou sa négligence, le Préfet peut procéder. La Cour a cru, en effet, que cet acte ne pouvait se trouver que dans l'autorisation du Conseil municipal. S'il est, au contraire, dans le jugement du Conseil de Préfecture, son arrêt perdra toute sa force. Voyons donc encore une fois où la loi rencontre cet acte, et si, comme nous le pensons, elle le voit dans l'appréciation et la décision de la juridiction administrative.

445. Il est bon d'abord de faire encore connaître la législation et la jurisprudence antérieure à la loi de 1837. On y trouvéra des raisons, sinon de décider, du moins de mieux interpréter les lois nouvelles.

La loi du 14 décembre 1790 portait, dans l'article 54, que le Conseil général de la commune, composé du corps municipal et des notables, délibérerait sur les procès à intenter et même sur les procès à soutenir ; et dans l'article suivant, que la délibération de cette assemblée ne pourrait être exécutée qu'avec l'approbation de l'administration ou du directoire du département.

On voit bien, dans les termes de cette première loi municipale, que la commune ne pourra plaider sans le consentement de l'Autorité supérieure ; mais on n'y trouve pas, du moins implicitement, que cette autorité pourra, en cas de délibération contraire à la production de défenses, se substituer au corps municipal et au Maire pour en présenter au nom de la commune ou de la section.

La loi du 5 fructidor an III n'a rien apporté de plus explicite. Elle a seulement constaté de nouveau dans l'article 193 que les administrations municipales étaient subordonnées aux administrations de département.

La loi du 29 vendémiaire an V, après avoir dit que le droit de suivre les actions qui intéressent les communes est confié aux agents desdites communes, explique dans l'article 3 que ces agents ne pourront suivre aucune action devant les autorités constituées sans y être préalablement autorisées par l'administration centrale du département, ce qui peut encore faire supposer qu'en cas de délibération négative, l'Autorité supérieure n'était pas armée contre les erreurs possibles des municipalités.

La constitution du 28 pluviôse an VIII est venue poser de nouvelles règles ; elle a établi les Conseils de Préfecture, et elle a disposé, dans l'article 4, que ce Conseil prononcerait sur les demandes qui seraient présentées par les communautés des villes, bourgs ou villages, pour être autorisées à plaider.

Cette loi ne confère au Conseil de Préfecture que le pouvoir de prononcer sur les demandes d'autorisation de plaider; elle n'ajoute pas que, quand l'autorisation sera accordée, l'Autorité supérieure pourra agir lorsque le Maire refusera ou négligera de le faire.

L'arrêté du 24 germinal an XI, pris en vertu surtout des lois du 29 vendémiaire et du 28 pluviôse, s'est borné à déterminer le mode d'après lequel les contestations intéressant des sections de communes devraient être suivies devant les Tribunaux, et à dire dans l'article 3, que si une conciliation, qui devrait être tentée, n'avait pas lieu, le procès-verbal de l'assemblée qui aurait été tenue et qui tendrait à obtenir l'autorisation de plaider, serait adressé au Conseil de Préfecture qui prononcerait, et dans l'article 4, que, si l'autorisation de plaider était accordée, une personne serait désignée pour suivre l'action devant les Tribunaux.

Il résulte de ces dispositions que si l'autorisation de plaider est refusée par le Conseil de Préfecture, la commune ou la section devra, ou renoncer à son projet d'introduire une action, ou se laisser condamner par défaut sur la demande qui aurait été formée contre elle; mais on y voit, pas plus que dans les autres monuments de législation qui viennent d'être rapportés, que l'Autorité supérieure pouvait, avec l'autorisation du Conseil de Préfecture, se substituer aux représentants ordinaires de la commune ou de la section qui refuseraient d'agir, et cependant ce pouvoir se trouvait dans toutes ces lois.

L'arrêté déjà cité du 15 pluviôse an XIII le prouve par ses termes et par son but. On y voit, en effet, que lorsque le Conseil municipal et le Maire refusaient de plaider pour une commune ou pour une section, les dix habitants les plus imposés de cette communauté pourraient se réunir et nommer un syndic pour exposer leurs motifs au Conseil de Préfecture et obtenir ainsi l'autorisation de plaider. La conséquence forcée de ce droit de réclamer et d'obtenir, s'il y avait lieu, une autorisation, contrairement à l'avis du corps municipal, était que si cette autorisation était accordée, la section pouvait se faire représenter devant la justice et défendre ses droits. Les décisions du Conseil de Préfecture s'imposaient déjà au Maire, et s'il ne s'y conformait pas, l'Autorité supérieure pouvait se substituer à lui.

446. C'est ce qui a été reconnu par le Conseil d'Etat, le 24 mars 1819. Ce Conseil a, en effet, conféré au Ministre de l'intérieur la mission de se constituer le représentant d'une section dont la défense était désertée par le Conseil municipal et par le Maire.

Un arrêt de la Cour de cassation du 23 juillet 1823, qui sera rapporté dans l'article 4 ci-après de la présente section, a même décidé que l'autorisation du Conseil de Préfecture était suffisante pour le Maire, quoique le Conseil municipal n'eût pas préalablement délibéré s'il était ou non dans l'intérêt de la commune d'intenter l'action qui avait été formée en son nom.

447. Tels étaient les termes peu explicites des lois antérieures à 1837, et, néanmoins, ainsi que le décidait le pouvoir chargé de l'exécution des lois et le Conseil d'Etat, qui avaient à les appliquer, ces termes confiaient à l'Autorité administrative supérieure le droit de représenter en justice les communes ou les sections, à défaut du Conseil municipal et du Maire.

448. La loi nouvelle de 1837 a-t-elle respecté cet ancien droit de l'administration, et ne l'a-t-elle pas même consacré d'une manière plus explicite? Nous le pensons, et si notre plume sait assez bien rendre notre pensée, nous allons encore le montrer et enlever ainsi au dernier arrêt de la Cour de cassation toute la puissance juridique qu'il semble avoir.

La commission de la Chambre des Députés avait, dans le premier examen qu'elle a fait du projet de loi, proposé de sup-

primer la nécessité de l'autorisation de plaider pour les communes ou les sections défenderesses, tant le droit de la défense
lui paraissait légitime. Cette proposition a été écartée et remplacée par un article portant que, lorsque le Conseil municipal
serait d'avis qu'il y avait lieu de défendre, le Conseil de Préfecture déciderait si la commune devait être autorisée à ester
en jugement. Cette rédaction a aussi été repoussée, parce que
le Conseil municipal pourrait, en donnant un avis négatif, se
tromper ou méconnaître ses devoirs. La Chambre a même
reconnu que dans le cas où ce Conseil aurait acquiescé à la
demande, on ne devrait pas moins appeler le Conseil de Préfecture à examiner si les intérêts de l'association ne lui con-
seillaient pas plutôt la résistance. Il a été alors admis que la
juridiction administrative serait investie, comme Tribunal supérieur, du droit de décider si la commune ou la section serait
autorisée à plaider, et on a, en conséquence, supprimé la première partie de l'article qui a été remplacée par ces expressions
beaucoup plus larges, en faveur des pouvoirs des Conseils de
Préfecture, et qui n'avaient encore été inscrites dans aucune
loi : que, dans tous les cas, la délibération du Conseil municipal serait soumise au Conseil de Préfecture qui *déciderait* si la
commune ou la section devait ou non être autorisée à ester en
jugement. Ainsi, d'un côté, les législateurs ont maintenu la
nécessité de l'autorisation de plaider; il n'ont pas voulu laisser
les communautés s'engager dans de mauvais procès ou aliéner
des droits certains par un refus de les défendre, et de l'autre,
ils ont décidé que, dans tous les cas, c'est-à-dire, aussi bien
dans le cas d'autorisation de plaider du Conseil municipal
que dans le cas de refus de cette autorisation, sa délibération
serait déférée au Conseil de Préfecture, et que ce Conseil déciderait si la commune devait être autorisée à ester en jugement. Par ces nouveaux termes, exactement contraires à ceux
qui étaient supprimés, les législateurs ont expressément
voulu, leur intention est manifeste, attribuer, et ils ont attri-

bué au Conseil de Préfecture, dans tous les cas, c'est-à-dire, aussi bien lorsque l'avis du Conseil municipal serait négatif que lorsqu'il serait affirmatif, le pouvoir de décider si la commune devait ester en jugement; ils ont ainsi proclamé que, dans tous les cas, la décision de la juridiction administrative s'imposerait à la communauté, au Conseil municipal et au Maire.

449. En rapportant, dans Dalloz, l'arrêt que nous discutons, on a néanmoins dit, pour le justifier, « que, autoriser, ce n'est » qu'ouvrir une faculté à la concession de laquelle peut être » subordonné l'exercice du droit, mais que ce n'est ni dans le » sens usuel, ni dans le sens légal du mot autoriser, imposer » une obligation, en d'autres termes, commander d'exercer ce » droit ou d'user de cette faculté. »

L'arrêtiste a été plus loin : il a comparé l'autorisation de plaider à l'autorisation de fonder un établissement insalubre et même à l'autorisation de faire des travaux communaux, et trouvant que ces dernières autorisations ne peuvent être imposées ni à l'industriel ni à la commune qui les ont obtenues, il en a conclu que l'autorisation de plaider, que le Préfet a pu, a même dû provoquer, ne peut pas davantage s'imposer.

450. Mais les auteurs de l'arrêt, d'une part, et l'arrêtiste, d'autre part, paraissent avoir négligé de consulter les précédents législatifs et judiciaires. Nous ne les rappellerons que pour dire qu'autrefois, malgré le laconisme, on pourrait presque dire l'insuffisance des textes, les communes et les sections devaient plaider contrairement à l'avis des Conseils municipaux si, d'abord l'Administration supérieure, et ensuite, depuis la loi de l'an VIII, le Conseil de Préfecture jugeaient qu'elles devaient le faire. Jamais on n'a abandonné au pouvoir municipal le droit d'aliéner les biens des communes ou des sections en refusant de défendre ces communautés.

451. Ces mêmes auteurs de l'arrêt et l'arrêtiste paraissent également ne pas avoir suivi ou ne l'avoir fait qu'imparfaitement, les législateurs de 1837, dans leurs laborieux travaux et ne pas s'être, dans tous les cas, suffisamment rendu compte ni des termes impératifs de la loi qu'ils ont faite, ni de l'esprit pourtant très-apparent qu'ils ont pris à tâche de lui donner.

Ces législateurs avaient un instant songé à toucher à la règle fondamentale de l'autorisation de plaider ou de la défense de le faire; mais ils y sont vite revenus. Après avoir donné au Conseil municipal, dans l'article 19, sous le n° 10, le droit de continuer à délibérer sur les actions judiciaires, c'est-à-dire, le droit de reconnaître si une action peut ou non être intentée ou soutenue, et de donner ou de refuser au Maire, en conséquence de cette appréciation, l'autorisation de plaider, ils ont, par l'article 52, conféré au Conseil de Préfecture le pouvoir plus étendu, ou plutôt supérieur, d'empêcher la commune ou la section d'entrer en lice, s'il trouvait sa cause mauvaise, ou de l'obliger à le faire, s'il la trouvait bonne. Les mêmes pouvoirs d'appréciation ont ainsi été donnés aux deux Conseils; mais le premier n'a été admis qu'à donner un avis, ou si l'on veut à faire une proposition subordonnée, comme ses autres actes, à l'appréciation et à l'approbation de l'Autorité supérieure, tandis que cette autorité a été investie de pouvoirs autrement grands et supérieurs. Ainsi, lorsque le Conseil municipal a trouvé juste la cause de la commune et accordé au Maire l'autorisation de la soutenir, le Conseil de Préfecture peut la trouver injuste et empêcher le procès de s'engager. Lorsqu'au contraire le Conseil municipal a trouvé que la commune était mal fondée à intenter une action ou à y défendre son avis, qui ne sera encore qu'une proposition susceptible d'être admise ou repoussée, ne devra pas moins être déféré au Conseil de Préfecture qui pourra voir autrement les choses et *décider*, car il décide, que le procès est soutenable, et autoriser, en conséquence, le Maire à ester en jugement. Dans ce cas, comme dans l'autre, la décision de la juridiction administrative est souveraine. De même, en effet, qu'elle peut, parce qu'elle est souveraine, empêcher la communauté de plaider et l'obliger ainsi à abandonner des biens qui lui appartenaient, suivant la municipalité; de même, elle doit pouvoir et elle peut l'obliger, à défendre des droits qu'elle croit fondés et que la municipalité avait été d'avis d'abandonner, parce que, dans ce deuxième cas, comme dans le premier, la loi n'a pas pu ne point la faire également souveraine, à peine d'être en contradiction ou inconséquente avec elle-même. C'est ce qui résulte expressément de l'article 52 de la loi de 1837. Ses termes, nous n'en sommes pas encore à l'esprit que leur ont donné les législateurs, le disent d'autant plus haut, qu'ils ne sont entrés dans la loi qu'après le rejet d'une première rédaction qui supprimait la nécessité de l'autorisation de défendre aux actions qui seraient formées contre les communes et d'une seconde qui avait pour but d'empêcher de soumettre au Conseil de Préfecture la délibération municipale qui refusait l'autorisation de plaider. La dernière rédaction, ainsi substituée à deux autres qui y étaient contraires, ne peut donc, lors même qu'elle ne serait pas explicite, et elle l'est, laisser planer le moindre doute sur les pouvoirs supérieurs de la juridiction administrative, de reconnaître la légitimité des droits de la communauté et de décider, en définitive, que le Maire est autorisé à les défendre et doit le faire. Est-ce que, d'ailleurs, les municipalités ne sont pas, de par la loi, hiérarchiquement placées au-dessous du Conseil de Préfecture et du Conseil d'Etat et ne se trouvent pas obligées de subir leur loi, sans jamais pouvoir s'en moquer? Il est donc manifeste que dans le cas d'accord entre l'avis du Conseil municipal et la décision du Conseil de Préfecture, ces deux actes forment ensemble l'acte prescrit ou exigé par la loi qui s'impose à la commune et au Maire, et que, dans le cas de vote négatif du Conseil municipal et affirmatif du Conseil de Préfecture, la décision supérieure de ce dernier Conseil ne constitue pas moins, avec la délibération municipale, qui se trouve réduite à l'état de document, l'acte prescrit ou exigé par la loi qui s'impose également à la communauté et à ses représentants ordinaires.

S'il n'en était pas ainsi, les termes de la loi qui soumettent la délibération municipale à l'appréciation du Conseil de Préfecture ne signifieraient pas ce qu'ils expriment et n'auraient aucune portée; le pouvoir de décider si le procès est bon et doit être soutenu, conféré à ce Conseil, n'existerait pas ou serait nul; les droits de ce Conseil, qui sont supérieurs à ceux du Conseil municipal, lorsqu'il juge qu'il n'y a pas lieu de plaider, deviendraient inférieurs!, lorsqu'il déciderait qu'il y a lieu de plaider, et enfin, l'autorité de ce Conseil et même l'autorité du Conseil d'État seraient méconnues et méprisées par les municipalités, lorsqu'il leur plairait de le faire.

452. Autoriser une commune à plaider, ou, ce qui est plus exact, après avoir apprécié et reconnu la légitimité de ses droits, décider qu'elle doit être autorisée, qu'elle l'est et qu'elle doit plaider, ce n'est pas seulement, comme le porte l'arrêt et comme le dit son commentateur, ouvrir une faculté à laquelle elle peut renoncer, c'est, au contraire, juger dans les termes de la loi, que le procès est soutenable et doit être soutenu devant la justice civile. Le texe le dit formellement, et il ne permet pas qu'on appelle le Conseil de Préfecture et le Conseil d'État à rendre des décisions sans valeur et dont n'auraient qu'à rire des agents inférieurs, et même les adversaires des communes.

Sans aucun doute, un industriel peut s'abstenir de fonder un atelier qu'il avait été autorisé à établir; sa situation de fortune, qui a pu se modifier, ou la découverte de meilleurs procédés que les siens, peuvent lui conseiller de renoncer à ses projets, et s'il y renonce, personne n'aura à souffrir de son inaction. Jamais, d'ailleurs, l'administration ne saurait agir pour lui.

Peu importe aussi à l'Administration supérieure qu'une commune ajourne des travaux facultatifs ou renonce à les faire; des besoins plus pressants ont pu se faire sentir; il est d'ailleurs quelquefois sage de renoncer à certaines améliorations pour en réaliser d'autres que de nouveaux événements motivent et réclament.

Mais il importe, au contraire, de ne pas plus laisser aliéner les droits des associations municipales par de mauvais procès ou par le refus irréfléchi de les soutenir que par d'autres moyens, par exemple, par le refus d'accepter un don ou un legs. L'intérêt de ces associations et l'intérêt public s'y opposent. Trop de Conseils municipaux compromettraient ces intérêts, par erreur ou par une coupable administration. Aussi, les nouveaux législateurs, suivant les errements de leurs devanciers, n'ont-ils pas permis, par les termes de l'art. 52, que les droits de ces communautés fussent sacrifiés aux intérêts particuliers ou aux passions de leurs représentants, et c'est pour cela qu'ils ont, par un texte formel, confié au Conseil de Préfecture le soin de dire le dernier mot sur les procès les concernant.

Il est vrai que la loi, dans les articles 49 et suivants, et même dans l'article 52, dit, comme dans beaucoup de cas où elle permet d'accorder des autorisations qui n'ouvrent que des facultés de faire, qu'une commune ou une section ne peut plaider sans *autorisation;* mais l'article 52 porte aussi, nous ne nous occupons encore que de son texte, que le Conseil de Préfecture *décide* si la commune ou la section doit ou non être *autorisée* à ester en jugement, et on sait que lorsqu'il accorde ou qu'il refuse l'*autorisation,* il prononce ou, en d'autres termes, il juge, comme autorité tutélaire supérieure de la communauté, et que sa décision, de même que l'approbation ou le refus d'approbation par le Préfet, d'une délibération municipale, s'impose à la commune ou à la section, et par conséquent au Conseil municipal et au Maire.

458. Mais pénétrons dans le cœur même de la loi et nous y trouverons ce que nous venons de lire dans ces termes : La pensée, exprimée et répétée par ses auteurs, dans les deux Chambres législatives, que la délibération du Conseil municipal, affirmative ou négative, et la décision affirmative du Conseil de Préfecture, constituent ensemble l'acte prescrit ou exigé que la loi impose à la commune et à ses représentants, comme elle leur impose une allocation ou une imposition d'office faite dans les termes de l'article 39 de la loi de 1837, pour assurer le paiement de dépenses obligatoires, ou encore l'acceptation d'un don ou d'un legs ou d'une donation faite également d'office, par l'Administration supérieure, en vertu des dispositions de l'article 48 de la même loi. Dans tous ces cas, les décisions du Conseil de Préfecture et de l'Administration supérieure sont prépondérantes et coercitives pour le Conseil municipal.

La Chambre des Députés a, en effet, tenu à armer l'Autorité administrative supérieure contre la coupable ou négligente administration des municipalités. L'un de ses membres avait été jusqu'à émettre l'avis que, si un Conseil municipal s'obstinait à ne pas vouloir défendre une commune ou une section, l'administration départementale pourrait refuser de consentir l'aliénation ou la dépense qui résulterait d'un acquiescement ou d'un jugement. Cette faculté aurait permis à l'autorité administrative d'empêcher l'exécution de jugements qui auraient acquis l'autorité de la chose jugée; elle a dû être rejetée et elle l'a été. On a ensuite songé à ajouter et on a ajouté, en effet, à la loi, que tout contribuable inscrit au rôle de la commune pourrait, avec l'autorisation du Conseil de Préfecture, défendre ses droits; mais cette faculté a été trouvée insuffisante. C'est alors que M. Gillon, interprétant et expliquant la loi, selon les vues de la Chambre des Députés, ainsi que l'ont constaté ses adhésions inscrites au *Moniteur*, a donné à l'article 52 son véritable sens et sa portée réelle. « La conséquence » logique et irrésistible de cet article et du quinzième, a-t-il dit

» en substance, est, dans la supposition du mauvais vouloir de
» l'autorité municipale , que le Préfet aura le droit et même le
» devoir de soutenir en justice les procès des communes ou
» des sections de communes. (C'est vrai, ont dit les Députés.) Il
» n'y a donc rien de nouveau à introduire dans la loi. Sa ré-
» daction, rapprochée des articles précédemment votés, les
» neuvième et quinzième, suffit à toutes nécessités. Cette
» rédaction, j'en déduis nettement le sens et je dis en termes
» formels : c'est que, quel que soit le vœu du Conseil munici-
» pal, sa délibération est portée au Conseil de Préfecture, qui
» décide si la commune ou la section doit ou non ester en juge-
» ment. Vous le voyez, si le Conseil municipal a mal jugé, le
» Conseil de Préfecture réforme sa délibération, et si dans la
» commune, ni Maire, ni Adjoint ne veut désobéir au Conseil
» municipal..., le Préfet se saisit du pouvoir municipal et de-
» vient, devant les Tribunaux, le représentant de la commu-
» nauté. (Très-bien, ont encore dit les Députés.) Le Préfet sera
» ainsi appelé dans cette rencontre, véritablement malheu-
» reuse, à suppléer le Maire. »

Ces déclarations ont été vivement applaudies et la loi a été
votée avec le sens qu'elle avait et que M. Gillon lui a si nettement reconnu.

Il est vrai que quelques paroles contradictoires ont été prononcées par M. Vivien ; mais nous devons constater qu'il a
commencé par déclarer « qu'il persistait dans l'opinion adoptée
» par la Chambre que le Préfet pouvait se substituer au Maire. »
La Chambre n'en demandait pas plus et n'a apporté aucune
attention, au surplus, de ses observations, d'ailleurs, sans valeur légale ni pratique.

La preuve que la loi a été ainsi votée se trouve encore dans
les explications données par le baron Mounier devant la Chambre des Pairs et dans le dernier vote de cette Chambre.

La Pairie n'avait pas d'abord partagé l'opinion de la Chambre
élective, mais elle s'y est, en définitive, franchement et complètement ralliée.

La commission qu'elle avait nommée, sur le renvoi qui lui avait été fait du vote de l'autre Chambre, s'y est rangée la première. Les paroles que le baron Mounier, son rapporteur, a fait entendre en son nom le disent expressément :

« Il se présente, a-t-il dit, nous ne pouvons pas ne point le » répéter à l'article 52, une question plus délicate. Les déli- » bérations du Conseil municipal, relatives aux procès intentés » contre une commune, doivent, dans tous les cas, être sou- » mises au Conseil de Préfecture. Vous aviez pensé que si » le Conseil municipal n'était pas d'avis de soutenir la contes- » tation, on ne pouvait contraindre la commune à plaider ; en » conséquence, vous aviez rédigé l'article de manière à mon- » trer que ce n'est que lorsque le Conseil municipal est d'avis » de se défendre, que le Conseil de Préfecture peut autoriser » la commune à ester en jugement.

» Mais la Chambre des Députés n'a pas adopté ce système, » *elle a pensé que de même que le Conseil de Préfecture avait le* » *droit de forcer la commune à céder à une demande légitime, de* » *même il devait avoir le droit de contraindre le Conseil muni-* » *cipal à refuser de céder à des prétentions mal fondées.*

» *Nous ne saurions méconnaître que la décision de l'autre* » *Chambre ne soit plus conforme aux principes de l'administra-* » *tion des biens des communes.* Ces biens sont sous la garde de » l'Administration supérieure, qui doit toujours être investie » du pouvoir de les protéger contre les empiètements et les » usurpations. »

C'est après ces explicites et solennelles paroles de son savant rapporteur que la Chambre des Pairs a admis la nouvelle rédac- tion de l'autre Chambre qui était soumise à sa sanction, et a voté, en conséquence, l'article 52, avec le sens que lui avaient donnés les Députés, il ne pouvait pas en avoir d'autres, c'est-à- dire, avec la pensée qu'il attribuait à la décision du Conseil de Préfecture une autorité prépondérante, et qu'ainsi, cette décision et la délibération affirmative ou négative du Conseil municipal formaient ensemble l'acte exigé par l'article 15, que l'article 52 impose à la commune et auquel le Préfet peut procéder, à défaut du Maire.

Si le droit en discussion, c'est-à-dire le droit d'intervection des Préfets, n'existait pas, les garanties que les législateurs ont entendu assurer aux communes et aux sections de communes, dans tous les cas où il s'agit de l'aliénation de leurs biens, seraient complètement illuscires. Le Préfet, le Conseil de Préfecture, et en cas de recours le Conseil d'Etat, ne pourraient empêcher les Conseils municipaux d'aliéner, par un refus de les défendre, les droits de propriété les mieux établis et les plus sacrés. Ces autorités auraient été en vain saisies de l'examen de leurs délibérations; elles ne pourraient utilement les réformer et proclamer le droit et la nécessité d'une légitime défense; elles n'auraient qu'à les respecter et même à les approuver, en toute humilité, si elles ne voulaient point exposer leurs décisions à être foulées aux pieds. Dans les circonstances ordinaires, un Préfet peut tout seul empêcher une aliénation, moyennant un prix raisonnable, nécessaire au moins dans une certaine mesure, et dans le cas qui nous occupe, le Préfet, le Conseil de Préfecture et le Conseil d'Etat réunis, ne pourraient s'opposer à une aliénation gratuite qui serait faite par un moyen détourné et quelquefois frauduleux! Nous ne pouvons admettre une pareille énormité, et personne, espérons-le, n'admettra que les législateurs, en déférant au Conseil de Préfecture et au Conseil d'Etat, le cas échéant, un refus de plaider de la part d'un Conseil municipal, n'ont eu qu'en vue d'imposer à la juridiction administrative l'obligation d'approuver solennellement ce refus, ou, ce qui reviendrait au même, de n'en apprécier le mérite et de ne le réformer, si elle le croyait contraire à l'intérêt de la section, qu'à la condition, vraiment impossible, que cette réformation serait une lettre morte, c'est-à-dire, une décision sans force dont le Préfet ne pourrait se servir contre les prévarications des membres du Conseil municipal.

Les termes de la loi, son esprit et la raison sont donc d'accord pour armer l'Autorité supérieure contre l'avis erroné, ou passionné, ou même intéressé du Conseil municipal, et pour combattre et anéantir l'arrêt que nous discutons.

454. La première considération qui s'y trouve : Que l'article 15 ne confère au Préfet le pouvoir de procéder par lui-même à un acte que le Maire refuse de faire que quand cet acte est prescrit, s'efface devant la disposition explicite et impérative de la loi qui fait de la délibération municipale, dans quelque sens qu'elle ait été formulée, et de la décision du Conseil de Préfecture, ou du Conseil d'Etat, l'acte exigé, prescrit en d'autres termes, d'autant plus impérieusement qu'il émane d'une autorité juridique supérieure, à laquelle le Conseil municipal et le Maire doivent se soumettre.

La seconde considération : Qu'aucune disposition législative ne prescrit au Maire de se présenter, pour la commune ou pour la section, devant les Tribunaux, sans l'autorisation du Conseil municipal, est en opposition formelle avec le texte et avec l'esprit de l'article 52, qui s'en remet au Conseil de Préfecture pour décider, comme Tribunal supérieur, du sort du procès, et qui fait ainsi de son jugement et de la délibération affirmative ou négative du Conseil municipal, l'acte prescrit par la loi qui s'impose au Maire, et auquel, à son défaut, le Préfet peut procéder.

La troisième considération : Que l'article 52, après avoir disposé que la délibération municipale sera transmise au Conseil de Préfecture qui décidera si la commune doit être autorisée à ester en jugement, n'ajoute pas que cette autorisation, si elle intervient contrairement à l'avis du Conseil municipal, aura pour effet de s'imposer à ce dernier et au Maire, de rendre la défense obligatoire et de contraindre le Maire à la proposer, disparaît aussi devant les termes formels de la loi qui se suffisent, et au besoin, devant l'esprit qu'ils ont reçu dans les deux

Chambres législatives, et qui montre surabondamment leur suffisance, termes et esprit qui, par eux-mêmes, sans qu'il ait été nécessaire d'y ajouter aucune autre disposition ni condition, donnent à la décision de la justice administrative une force souveraine et en fait avec la délibération, même négative, du Conseil municipal, l'acte prescrit par la loi et auquel le Préfet peut procéder, si le Maire refuse d'agir.

La quatrième considération : Que l'acte auquel le Maire refuse, son action ne rentre pas dans la catégorie des actes d'intérêt général prévus par l'article 9, est inapplicable à l'espèce où il suffit de trouver l'acte prévu par les articles 15 et 52 qui se rencontre dans la décision du Conseil de Préfecture et dans la délibération municipale qui l'avait précédée.

La cinquième considération : Que la représentation en justice d'une commune ou d'une section défenderesse, par le Maire, ne peut constituer l'acte prescrit et motiver le recours à l'article 15, est sans importance, l'acte exigé se trouvant, non dans la représentation devant les Tribunaux, mais, répétons-le pour la dernière fois, dans la délibération municipale et dans la décision prépondérante du Conseil de Préfecture ou du Conseil d'Etat, décision qui émane d'une autorité juridique supérieure à l'autorité administrative du Préfet et qui, par conséquent, s'impose avec plus de force encore à la commune que l'acte qui approuve ou refuse d'approuver une délibération municipale.

Reste donc debout, malgré l'arrêt de la Cour suprême, le droit d'intervention des Préfets dans les procès des communes et des sections de commune résultant, à leur profit, des termes exprès de la loi et de l'esprit apparent que ses auteurs lui ont intentionnellement donné.

Ce n'est pas néanmoins sans hésiter que nous avons osé nous en prendre à un arrêt considérable par lui-même et considérable par l'autorité de laquelle il émane ; mais la Cour suprême, malgré ses louables intentions et les hautes lumières qu'elle répand ordinairement dans ses actes, n'est pas absolument exempte d'erreur. A nos yeux, elle en a commis une, nous la montrons; mais nous ne l'avons fait qu'au moyen d'une longue discussion et de répétitions; aussi réclamons-nous l'indulgence des lecteurs et espérons-nous que la gravité et l'importance du sujet nous la feront accorder.

455. Nous ne termiuerons pourtant pas, sans dire un mot des lois de 1860 et de 1867, que nous croyons favorables à notre opinion.

Ces dernières lois n'ont pas, il est vrai, touché à la question de savoir si une commune ou une section de commune peut être contrainte de plaider, malgré l'avis de la municipalité; mais il n'en ressort pas moins, il importe de le faire remarquer, que si, d'après l'une, les Conseils municipaux et les Maires peuvent se mouvoir plus facilement dans les détails de leur administration, et pour des actes qui ne compromettent ni le présent ni l'avenir, d'après les deux, l'Autorité administrative supérieure est mieux armée qu'elle ne l'avait encore été, de moyens de triompher de la résistance ou de l'inertie d'une commune et en particulier du Conseil municipal. Ainsi, en respectant le droit de cette autorité supérieure d'ouvrir des crédits d'office et de créer des impôts et même d'accepter des dons et des legs, ces lois autorisent les Préfets et le Chef de l'Etat à contraindre les municipalités à mettre leurs biens communaux en valeur et même, dans une certaine mesure, à les affermer ou à les aliéner; ainsi encore elles permettent, la dernière plus particulièrement, d'arrêter, lorsqu'il y aura lieu de le faire, l'exécution des votes des Conseils municipaux et même de les repousser dans certains cas, lorsque le Maire l'aura jugé utile. On trouverait donc un véritable anachronisme dans la jurisprudence, si elle venait, en croyant se mettre d'accord avec les nouvelles lois, restreindre les pouvoirs traditionnels des Préfets, lorsque les nouveaux législateurs ont cherché à les étendre et les ont étendus.

ARTICLE 3.

Dans le cas de consentement du Conseil municipal et de refus du Maire de défendre à une action, le Préfet peut représenter la section.

456. Si lorsque le Conseil municipal et le Maire sont d'accord pour refuser de défendre à une action formée contre une commune ou contre une section, le Préfet peut, ainsi que nous venons de le démontrer, faire ce qu'ils auraient dû faire, il peut, à plus forte raison, intervenir quand le Conseil municipal se prononce dans le sens de la défense, et que l'autorité municipale seule reste inactive. Il s'appuie alors tout à la fois sur la délibération du Conseil municipal et sur la décision du Conseil de Préfecture qui, ensemble, constituent l'acte exigé par la loi et qui s'impose au Maire. Il est ainsi complètement armé contre son subordonné. C'est dans ce sens que s'est prononcé l'arrêt de la Cour de Riom, du 21 juin 1861, même pour le cas où il s'agit d'une action à intenter. Nous n'insisterons pas davantage sur cette seconde solution, la discussion qui précède nous dispense d'apporter de nouveaux arguments.

ARTICLE 4.

Le Maire peut, nonobstant l'avis contraire du Conseil municipal, présenter la défense d'une section.

457. Dans le cas, au contraire, où, malgré le Conseil municipal, le Maire voudrait présenter la défense de la commune ou de la section, pourrait-il le faire? Nous n'hésitons pas non plus, dans cette troisième hypothèse, à nous prononcer pour l'affirmative, toujours, bien entendu, en admettant que le Conseil de Préfecture ait accordé l'autorisation de plaider. Dès que nous reconnaissons au Préfet le droit d'agir, lorsque le Conseil municipal et le Maire refusent de le faire, nous devons, à plus forte raison, reconnaître à ce dernier la faculté de stipuler lui-même devant les Tribunaux, les intérêts de la communauté, puisque ce n'est qu'à son défaut que le Préfet ou son délégué les prend en main.

Suivant l'article 52 de la loi de 1837, le Conseil de Préfecture doit être appelé à se prononcer sur toute délibération du Conseil municipal, relative à un procès de commune ou de section de commune, et il peut, malgré l'opinion contraire de ce Conseil, délivrer l'autorisation de plaider. Il peut même se faire, lorsque le Conseil municipal reste inactif, ne montre, en d'autres termes, que de l'inertie, qu'il soit saisi, par le Préfet, d'une demande d'autorisation de plaider, et qu'il donne cette autorisation. Dans l'un et dans l'autre de ces cas, le Maire peut user de l'autorisation, et le droit qu'il y puise ne saurait être paralysé par la résistance passive du Conseil municipal.

458. Les tiers, même l'adversaire de la section, devraient eux-mêmes se soumettre à cette autorisation ; ils ne pourraient l'attaquer, quand même le Conseil municipal n'aurait pas préalablement délibéré et n'aurait même pas été appelé à le faire. D'une part, les principes de notre droit constitutionnel s'opposent à ce que l'autorité judiciaire annule une décision du Conseil de Préfecture, comme ils s'opposent à ce que l'autorité administrative annule une décision judiciaire ou empêche son exécution ; et, d'autre part, les jugements sur les autorisations de plaider ne sont que des actes de tutelle administrative se trouvant, par cette raison, étrangers aux tiers, c'est-à-dire, aux adversaires et aux habitants des communes ou des sections qui sont sans qualité pour les attaquer, soit par voie

de tierce opposition devant le Conseil de Préfecture, soit par un pourvoi devant le Conseil d'Etat.

459. C'est dans ce sens que se sont prononcés la Cour de cassation, les 23 juillet 1823 et postérieurement, et le Conseil d'Etat, les 23 décembre 1815, 3 février 1835, 30 juillet 1839, 16 juillet 1840 et 8 juin 1842, même dans l'hypothèse d'action à intenter au nom d'une commune ou d'une section.

Dans l'espèce jugée, en 1823, par la Cour de cassation, un arrêté du Conseil de Préfecture de la Vienne avait autorisé le Maire de la commune de Civray à intenter une action contre un fermier d'octroi, pour infraction aux conditions de son bail. Le fermier a opposé que le Conseil municipal n'avait pas délibéré sur la demande intentée contre lui. Le Tribunal de Civray a ordonné qu'il serait passé outre par le double motif que le Conseil de Préfecture avait autorisé le Maire à plaider, et qu'il n'appartenait pas à l'autorité judiciaire de réformer une décision de l'autorité administrative. La Cour de Poitiers avait infirmé ce jugement; mais son arrêt a été cassé en ces termes :

« Considérant que le Maire de la commune de Civray, ayant
» été autorisé à plaider par le Conseil de Préfecture du dépar-
» tement de la Vienne, la Cour de Poitiers n'a pas eu à exa-
» miner si cette autorisation était ou non régulière et suffi-
» sante, quoique le Conseil municipal de la commune n'eût
» pas délibéré préalablement sur la question de savoir s'il était
» ou non dans l'intérêt de la commune d'intenter l'action qui
» a été formée par le Maire, en son nom, contre le fermier de
» l'octroi ;

» Qu'en se livrant à cet examen, et en déclarant la com-
» mune non-recevable, quant à présent, dans son action,
» faute d'autorisation suffisante, cette Cour s'est immiscée dans
» les fonctions du Conseil de Préfecture et a annulé un de ses
» actes, ce qui est un excès de pouvoir et une contravention
» aux lois des 16-24 août 1790, 16 fructidor an III et 28 pluviôse
» an VIII. »

On voit dans cet arrêt que la Cour de cassation a admis que l'autorisation donnait qualité au Maire contre le tiers demandeur ou défendeur, quand même le Conseil municipal n'aurait pas parlé, faute de convocation, ou aurait refusé de le faire; que ce tiers ne peut critiquer l'autorisation donnée, même en dehors du Conseil municipal; et que la décision qui serait rendue entre le Maire ainsi autorisé et l'adversaire de la commune ou de la section, produirait tous ses effets.

Dans l'espèce jugée; en 1815, par le Conseil d'Etat, la commune de Saint-Germain avait été autorisée à plaider contre un sieur Vannier. Celui-ci s'était pourvu contre l'arrêté du Conseil de Préfecture. Le Conseil d'Etat a répondu au sieur Vannier « que l'arrêté attaqué n'avait fait qu'autoriser la commune » à plaider, et qu'il n'y avait pas lieu, pour les parties adverses, » à se pourvoir contre de semblables actes. »

L'arrêt de 1835 porte : « que les parties adverses des com- » munes ou sections de communes sont sans qualité pour at- » taquer devant les Conseils de Préfecture, par voie de tierce » opposition, ou devant le Conseil d'Etat par voie de recours, » les arrêtés qui ont accordé l'autorisation de plaider à ces com- » munes ou sections de communes. »

Les décisions postérieures à la loi de 1837, de 1839, de 184 et de 1842 sont, en substance, ainsi conçus :

« Considérant, dit l'un de ces arrêts, que les décisions des » Conseils de Préfecture qui accordent ou refusent l'autorisa- » tion de plaider, sont rendues exclusivement dans l'intérêt des » communes et constituent, à leur égard, des actes de tutelle » administrative; que, dès lors, la partie adverse est sans qua- » lité pour les attaquer;

» Considérant, expliquent les autres arrêts du Conseil d'Etat, que si l'article 53 de la loi de 1837 confère aux communes le » droit de se pourvoir devant le Conseil d'Etat, contre les déci- » sions des Conseils de Préfecture qui leur refusent l'autorisa- » tion de défendre aux réclamations dirigées contre elles,

31

» conformément à l'article 51 de ladite loi, cet article 53 n'ac-
» corde point le même droit aux particuliers qui ont présenté
» ces réclamations, et qui, soit après la décision du Conseil de
» Préfecture, refusant ou accordant à la commune l'autorisation
» de défendre, soit après l'expiration des délais fixés par les
» articles 52 et 54 de ladite loi de 1837, peuvent introduire et
» suivre leur action devant qui de droit: qu'ainsi, dans l'espèce,
» les sieur et dame Chambon étaient sans qualité pour déférer
» au Conseil d'État, par voie administrative, l'arrêté du Con-
» seil de Préfecture. »

Dans d'autres espèces, de 1834 et de 1845, la Cour de cassation a encore reconnu que les Tribunaux ne pouvaient ni prononcer l'insuffisance d'une autorisation de plaider, sans
permettre à la commune de la faire compléter, ni refuser un
sursis pour réclamer une autorisation qui n'avait pas encore
été accordée.

460. Il est donc vrai, et c'est aussi l'avis de plusieurs
écrivains, que le Maire, nonobstant le silence ou le refus
du Conseil municipal, peut, en vertu d'une autorisation du
Conseil de Préfecture, plaider au nom de la commune qu'il
administre ou de l'une de ses sections; que les tiers ne peuvent attaquer les autorisations de plaider et que les décisions
qui seront rendues par les Tribunaux engageront la commune
ou la section demanderesse ou défenderesse, que le Conseil
municipal ait ou non été entendu et que les tiers aient ou non
protesté contre l'autorisation de plaider.

ARTICLE 5.

Dans le cas où le Conseil municipal et le Conseil de Préfecture sont d'avis de former une demande, le Préfet, à défaut du Maire, peut l'intenter.

461. Doit-on admettre la même solution à l'égard des actions à intenter par une commune ou par une section, lorsque le Conseil municipal est d'avis qu'elles doivent être exercées, et que le Maire seul refuse de les introduire?

Le Maire est, il est vrai, spécialement chargé, par l'article 10 de la loi de 1837, de représenter en justice les communes et les sections qui en dépendent, soit en demandant, soit en défendant, de conserver et d'administrer leurs propriétés, de faire les acquisitions et les aliénations, et d'exécuter aussi bien les résolutions du Conseil municipal, qui sont approuvées par l'Autorité supérieure, que les lois et les règlements et que les mesures de sûreté générale; mais le Conseil municipal représente aussi les communes et toutes les parties dont elles se composent, quand il s'agit de stipuler leurs intérêts. Il exerce un droit de décision entier lorsqu'il règle les objets d'un intérêt purement local, et un pouvoir subordonné à une approbation, lorsqu'il délibère sur des objets auxquels un intérêt public se rattache d'une manière plus ou moins directe. Il est, en outre, investi du droit, sans lequel tout autre serait nul, de surveiller et d'assurer l'exécution de ses décisions, et dans le cas même où il ne fait que délibérer, sa résolution devient une décision exécutoire lorsqu'elle est sanctionnée. Suivant ces pouvoirs, qui sont écrits dans la loi de 1837, il peut, dans les sessions ordinaires, prendre, au sujet des intérêts communaux, telle délibération qu'il croit utile sur la proposition, soit du Maire, soit de l'un ou de plusieurs de ses membres. Il peut même, aux

termes de l'article 15 de la loi du 5 mai 1855, sur la demande
d'un tiers de ses membres, être autorisé à se réunir extraordinairement pour un objet spécial et déterminé, par exemple pour
délibérer sur une action judiciaire à former contre un usurpa-
teur de biens communaux. Ses délibérations, celles sur les
procès, comme les autres, devaient, suivant l'article 20 de la
loi de 1837, et doivent toujours, suivant l'article 22 de la loi du
5 mai 1855, être adressées à l'Autorité supérieure, non plus
comme le permettait la loi de 1837 quand il plaisait au Maire de
le faire, mais comme l'exige, la loi de 1855, dans un délai déterminé de huit jours; elles sont exécutoires sur l'approbation du
Préfet, ou du Ministre, ou du Chef de l'Etat, selon les circonstances.

Le Conseil municipal a ainsi le pouvoir de décider, même
dans une réunion provoquée malgré le Maire, que la commune
ou la section, suivant les paroles de M. Gillon et le vote de la
Chambre des Députés, et suivant le langage du baron Mounier
et le vote de la Chambre des Pairs, résistera à des empiètements
et formera, par conséquent, toutes les actions qui sont nécessaires pour les arrêter et pour faire restituer les propriétés qui
en seraient l'objet. Le Maire peut, sans aucun doute, s'armer
de toute son influence et user de sa voix pour empêcher une
pareille décision de se produire; mais suivant les dispositions
combinées des lois de 1837 et de 1855, et d'après la rédaction et
la discussion de l'article 52 de la première de ces lois, qui
ont donné son sens définitif au 15e, lorsque cette décision a
été prise, malgré sa résistance, il ne lui est pas loisible de la
cacher; il doit l'adresser à l'Autorité administrative supérieure,
dans le délai qui vient d'être indiqué, et s'il ne le fait pas spontanément, cette autorité, sur la réclamation du Conseil municipal, ou d'office, peut se la faire remettre. Le Maire ne peut
pas non plus s'opposer à son exécution lorsqu'elle a été sanctionnée par l'autorité et la juridiction administrative au moyen
d'une approbation et d'une autorisation de plaider; elle est

alors devenue définitive et exécutoire; elle forme, pour lui comme pour la commune ou la section, l'acte prescrit que lui impose la loi, c'est-à-dire, un acte souverain qu'il est tenu d'exécuter, et s'il ne s'y conforme pas, le Préfet peut, suivant les articles 52 et 15, se substituer à lui et agir devant les Tribunaux, selon que l'exige l'intérêt de la section. Tel est le sens que devaient avoir, lorsqu'ils ont été votés, les articles qui viennent d'être cités, mais qui, il faut le reconnaître, ne leur a été expressément donné que plus tard, au moment de la rédaction et de la discussion de l'article 52.

462. Il est très vrai qu'à l'occasion de la rédaction et de la discussion de l'article 15, M. Vivien avait entendu restreindre et limiter les droits des Préfets ; il s'est ainsi expliqué : « Le » principe de l'article est juste, a-t-il dit, quoiqu'il puisse sou- » lever quelques objections. Si un Maire refuse de faire un acte » prescrit par la loi, il faut que l'Autorité supérieure puisse y » procéder à son défaut; l'exécution des lois ne peut être sus- » pendue par la résistance d'un simple fonctionnaire : sa desti- » tution n'est pas toujours nécessaire ; dût-elle être prononcée, » on n'est pas toujours à même d'attendre qu'il soit remplacé; » mais il faut que le Préfet ne soit admis à user du droit que le » projet lui confère que pour des actes formels précisément » exigés par la loi, et qu'à l'aide de ce droit il ne puisse pas » annuler l'autorité municipale. Pour prévenir toute incertitude, » nous avons effacé de l'article tous les mots qui présentaient » une signification vague et nous limitons le droit du Préfet aux » seuls cas où le Maire a refusé ou négligé de faire un acte » prescrit par la loi. »

463. Mais la loi ne s'est pas terminée à l'article 15 dont le sens, d'abord restreint, a été ensuite élargi. Au moment de sa rédaction, les législateurs ne traçaient pas encore les droits et les devoirs des autorités qui, depuis le Conseil municipal jusqu'au Conseil de Préfecture, et même en cas de recours, jusqu'au Conseil d'Etat, devaient concourir à l'introduction des actions judiciaires ou à la résistance à ces actions et à la présentation des moyens pouvant les justifier ou les faire repousser; ils n'avaient pas alors à résoudre les difficultés qui pouvaient s'élever à ce sujet. Le dernier mot ne pouvait se dire et ne s'est dit qu'à l'occasion de la rédaction et de la discussion des articles 49 et suivants, relatifs aux procès des communes et des sections de communes. C'est à ce moment seulement que la lumière s'est faite, que le sens de la loi a été définitivement fixé et qu'il a, en effet, été expliqué et compris que le Préfet pourrait, à défaut du Maire, se constituer, dans le cas qui nous occupe, le représentant de la commune.

L'article 49 relatif aux actions judiciaires dispose, en effet, que les communes et les sections de communes ne peuvent en introduire sans y être autorisées par le Conseil de Préfecture.

L'article 51, concernant les actions qui peuvent être dirigées contre les communes ou contre les sections, porte que le Mémoire explicatif des motifs de l'action, dont elles seraient menacées, sera transmis au Maire avec l'autorisation de convoquer immédiatement le Conseil municipal pour en délibérer.

Et l'article 52 ajoute que la délibération du Conseil municipal sera, dans tous les cas, transmise au Conseil de Préfecture, qui décidera si la commune ou la section doit être autorisée à ester en justice.

L'article 51 n'avait, pas plus que l'article 49, dit que la délibération du Conseil municipal serait transmise au Conseil de Préfecture. C'est le 52e qui est venu les compléter en exigeant que, dans tous les cas, le Conseil de Préfecture soit saisi de la délibération municipale pour la confirmer, ou l'infirmer, ou, en d'autres termes, pour accorder ou pour refuser l'autorisation de plaider. Cet article se termine même par ces expressions : « Le Conseil de Préfecture décidera si la commune ou la section doit être autorisée à ester en jugement. »

expressions qui, dans la pensée des législateurs, s'appliquent
aussi bien à une demande à introduire par une commune ou
par une section, qu'à la défense à fournir sur une action formée
contre l'une ou contre l'autre de ces communautés.

Ces trois articles s'expliquent l'un par l'autre. La discussion
dont ils ont été l'objet les a rattachés aux 9e, 10e et 15e, qui
avaient été précédemment votés, et est venue donner à ces
derniers articles un sens plus large que celui qui leur avait été
primitivement accordé par M. Vivien et par la Chambre.

On a déjà vu, en effet, qu'à l'occasion de la rédaction de
l'article 52, complétant les 49e et 51e et même les 9e, 10e et 15e,
une sérieuse discussion s'est engagée dans les deux Chambres,
qu'il en est ressorti que le Conseil municipal et le Maire pouvaient se tromper ou se laisser influencer et même prévari-
quer, et que les législateurs ont tenu à protéger, et ont sauve-
gardé contre ces éventualités les intérêts des communes et
des sections. Ainsi, divers moyens ont été successivement proposés et repoussés. Un seul a été reconnu efficace et a été
adopté par les deux Chambres, c'est celui indiqué par M. Gillon. La conséquence logique et irrésistible de l'opinion de ce
législateur, qui a été accueillie par acclamation, est que dans
la supposition du mauvais vouloir de l'autorité municipale, le
Préfet a le droit et même le devoir de soutenir en justice tous
les procès concernant les communes ou les sections, si la juridiction administrative a été d'avis qu'ils devaient être suivis.
Il n'y avait donc, d'après M. Gillon et d'après la Chambre,
rien de nouveau à introduire dans les 9e, 10e et 15e articles,
pour leur donner ce sens. La rédaction de l'article 52 les com-
plétait; rapprochée de leurs termes, elle suffisait à toutes les
nécessités, et M. Gillon ainsi que la Chambre en déduisaient,
et on doit toujours en déduire que, quelque soit le vœu du
Conseil municipal, sa délibération doit être portée au Conseil
de Préfecture, qui décide si la commune ou la section doit ou
non ester en jugement. Si le Conseil municipal a mal jugé, le

Conseil de Préfecture réforme sa délibération, et si dans la commune, ni Maire, ni Adjoint ne veut agir, le Préfet se saisit du pouvoir municipal et l'exerce; c'est tellement vrai, qu'à la dernière heure, après une vive résistance, la Chambre des Pairs acceptait le sens que l'autre Chambre avait donné à la loi et la votait en déclarant elle-même, qu'ainsi expliquée, elle était à ses yeux plus conforme aux principes de l'administration des biens des communes, qui étaient en définitive sous la garde de l'Administration supérieure. Lors donc que le Conseil municipal a décidé qu'une action devait être introduite, que l'Administration supérieure a approuvé son vote, et que la juridiction administrative à tous les degrés l'a confirmé, en accordant l'autorisation de plaider, le Préfet a incontestablement le droit de se substituer au Maire qui n'agit pas.

464. S'il en était autrement, la majorité d'un Conseil municipal qui aurait délibéré qu'une action devait être introduite, par cette raison surtout qu'une prescription est à la veille de s'accomplir, serait plus qu'offensée. La résolution que la loi l'a autorisé à prendre, malgré toutes les résistances qu'elle aurait pu rencontrer, seraient anéanties par la seule inertie du Maire, qu'elle avait peut-être déjà vaincue avec l'article 15 de la loi de 1855; l'autorité du Conseil de Préfecture et celle plus grande du Conseil d'État, en cas de recours devant lui, serait aussi méconnue, et les pouvoirs que l'administration départementale tient des dispositions générales de la loi et spécialement des articles 9, 10, 15 et 52 lui seraient enlevés par le seul caprice d'un subordonné. Notre raison se refuse à croire qu'une pareille énormité puisse se produire. Que deviendrait, en effet, l'autorité du Chef de l'Etat, et où serait la responsabilité des Préfets qui le représentent, si leur action pouvait être ainsi entravée, par un pouvoir qui se croirait et qui se ferait le rival du leur, ou par la résistance d'une autorité inférieure? Elles seraient annulées et un Maire serait tout seul plus fort que le corps municipal tout entier, que le Préfet, que le Conseil de Préfecture et que le Conseil d'Etat réunis.

465. Les arrêts déjà cités ne se sont pas formellement prononcés sur la question qui nous occupe. L'un deux, celui de Riom, de 1861, l'a pourtant, pour justifier une autre opinion qu'il discutait incidemment, résolue dans notre sens ; il dit en effet, « que dans l'hypothèse où le Conseil municipal et le Con- » seil de Préfecture auraient, l'un et l'autre, délibéré qu'il y » avait lieu de former une demande, le Maire serait lié par » leur résolution et légalement obligé de porter l'action devant » les Tribunaux, et que s'il refusait ou négligeait de remplir » cette obligation, le Préfet pourrait user de la faculté que lui » donne l'article 15. » On peut même dire que presque tous les autres arrêts des Cours impériales admettent notre opinon, les uns en reconnaissant au Préfet le droit de défendre une commune ou une section, malgré le Conseil municipal, et les autres en ne refusant à ce magistrat le droit d'exercer une action que parce que le Conseil municipal avait pensé qu'elle ne devait pas être introduite.

ARTICLE 6.

Le Maire peut, malgré l'avis contraire du Conseil municipal, introduire une action au nom d'une section de commune.

466. Dans l'hypothèse où le Conseil municipal a décidé qu'une demande concernant une commune ou une section ne devait pas être formée, le Maire peut-il néanmoins l'intenter ? L'affirmative ne paraît pas douteuse, d'abord parce que le Maire représente la commune et toutes les sections qui en dépendent, qu'il peut, par l'autorité et l'intermédiaire du Préfet, déférer la délibération du Conseil municipal à la justice administrative, et en obtenir la réformation ; et ensuite, ainsi que nous l'avons déjà expliqué, parce que les adversaires de la section sont sans qualité pour critiquer l'autorisation de plaider, en vertu de laquelle il agit, que les Tribunaux civils ne sont pas appelés à la contrôler, et que la décision qui interviendra sur l'action, ainsi formée par le Maire, nonobstant le refus du Conseil municipal de l'introduire, sera valablement rendue, au profit ou contre la section, à moins que l'arrêté d'autorisation de plaider, rendu par le Conseil de Préfecture, n'ait été réformé par le Conseil d'Etat.

ARTICLE 7.

Le Préfet fera bien, néanmoins, de n'agir d'office qu'en cas d'injustice criante
de la part du Conseil municipal et du Maire.

467. Reste le sixième cas dans lequel le Conseil municipal et le Maire, partageant la même opinion, sont d'avis de ne pas intenter l'action. Nous inclinerions, nous l'avouons sans hésitation, pour que, dans ce cas même, le Préfet pût se substituer au Maire. La délibération du Conseil municipal doit lui être adressée pour recevoir son approbation, s'il y a lieu. Il peut, par conséquent, la soumettre au Conseil de Préfecture qui en est le juge d'appel, et si ce Conseil la réforme, il doit pouvoir s'adresser aux Tribunaux, au nom de la commune ou de la section, comme protecteur-né de ses droits, en vertu des principes généraux, et dans tous les cas, en conséquence des dispositions combinées des articles 52 et 15 de la loi de 1837. La concession d'une autorisation sur la demande du Préfet, implique nécessairement le droit d'en user, à moins qu'on ne prétende qu'elle est un non-sens. Notre opinion, aussi favorable au

droit d'intervention du Préfet, dans cette sixième hypothèse, que dans les précédentes, est même justifiée par ce passage de Dufour dans son traité de droit administratif. « Le Maire a
» seul qualité pour agir au nom de la commune.... Ce principe
» ne nous paraît souffrir d'autre exception que celle consacrée
» par l'article 15 de la loi de 1837, pour mettre la commune à
» l'abri des conséquences de l'inaction ou du mauvais vouloir
» de son représentant. Le Préfet est autorisé, par la disposition
» exprimée dans cet article, à suppléer le Maire qui, après en
» avoir été requis, négligerait de procéder aux actes prescrits
» par la loi ; or, *l'exercice des actions* intéressant la commune
» (ou la section qui se trouve exactement dans la même con-
» dition) *est assurément du nombre de ces actes.* »

Néanmoins, nous sommes forcé de reconnaître que, dans la pratique, le Conseil municipal et le Maire peuvent montrer une inertie occulte, ne pas transmettre au Préfet les résolutions qu'ils ont prises, et faire ainsi que le Conseil de Préfecture n'ait pas à se prononcer. D'un autre côté, il a été jugé par le Conseil d'Etat que lorsque la municipalité avait décidé qu'elle n'agirait pas, le Conseil de Préfecture commettrait un excès de pouvoir, en accordant une autorisation de plaider. Par ces raisons, nous nous résignons à conseiller aux Préfets de ne pas se substituer à une municipalité, lorsque le corps délibé-rant et son chef sont d'accord pour ne pas agir ; mais nous ne le faisons pas sans regret et sans émettre le vœu que la juris-prudence se prononce, comme, suivant nous, elle devrait le faire, en faveur du droit d'intervention de l'Autorité supérieure ; car, dans ce cas comme dans les autres, la décision du Conseil de Préfecture forme l'acte prescrit qui s'impose à la commune et au Maire.

ARTICLE 8.

Le Préfet peut, à défaut du Conseil municipal et du Maire, représenter une section de l'ancienne province de Bretagne sur une action en partage de terres vaines et vagues.

468. Il y a un cas où, sans conteste, le Préfet peut prendre la place du Maire et du Conseil municipal pour faire valoir les droits d'une commune ou d'une section, c'est lorsqu'il s'agit d'appliquer la loi du 6 décembre 1859 à la procédure relative au partage des terres vaines et vagues dans les départements de l'ancienne province de Bretagne. Cette loi porte dans l'article 24 : « Dans la quinzaine de la demande en partage, le » Conseil municipal délibèrera sur les droits de la commune à » la propriété de tout ou partie des terres à partager. La déli- » bération sera soumise au Préfet dans la huitaine.

» A défaut par la commune de faire valoir les droits qu'elle » pourrait avoir, le Préfet pourra les exercer devant le Tribu- » nal de première instance, de l'avis de trois jurisconsultes » désignés conformément à l'article 42 du Code civil.

» Le Préfet ne pourra interjeter appel ou se pourvoir en cas- » sation, qu'après un nouvel avis obtenu dans la même » forme. »

§ IV.

ARTICLE PREMIER.

Tout contribuable peut, à ses frais et risques, exercer une action au nom d'une section.

469. Tout contribuable inscrit au rôle de la commune a le droit de représenter une section ; il peut, suivant le § 3 de l'article 49 de la loi de 1837, exercer à ses frais et risques, avec l'autorisation du Conseil de Préfecture, les droits et actions qu'il croirait appartenir à la commune ou à une section, et que la commune ou la section, préalablement appelée à délibérer, aurait refusé ou négligé d'exercer, à la condition que l'agglomération intéressée sera mise en cause. Cette faculté, dans le cas où le Conseil municipal et le Maire refuseraient d'agir, sera sans doute un remède contre les défaillances des municipalités ; mais ce remède a paru insuffisant, ainsi que le montrent les paroles de MM. de Rémusat et Gillon et la rédaction de la loi que les deux Chambres ont en définitive adoptée. On trouvera, en effet, très-rarement, des habitants disposés à se donner les embarras et les ennuis d'un procès et à s'exposer personnellement au paiement de frais et même, s'il y avait lieu, à des dommages-intérêts. La disposition qui autorise les contribuables à prendre les intérêts des sections, n'a donc eu, aux yeux des législateurs, et n'a en réalité qu'une importance secondaire ; et c'est parce que les Chambres législatives l'ont ainsi compris, qu'elles ont laissé et qu'elles ont, au besoin, donné aux Préfets le pouvoir d'intervenir dans les procès des communes ou des sections de communes, et de faire valoir leurs droits lorsque le Conseil municipal et le Maire ne le feraient pas.

ARTICLE 2.

Le contribuable peut représenter indistinctement chacune des sections de la commune.

470. M. Reverchon s'est demandé si le droit ouvert aux contribuables de la commune, d'intervenir à leurs frais et risques dans un procès, lorsqu'il s'agit d'une section, ne devrait pas être limité aux contribuables de cette section. A première vue, a-t-il dit, il semblerait naturel de le décider ainsi, et alors il faudrait étendre cette solution même au cas où elle n'aurait pas de représentation spéciale pour la défense de ses intérêts. Toutefois, a-t-il ajouté, il serait peut-être difficile, dans le silence de la loi, d'ériger cette condition en règle absolue et d'en tirer une fin de non-recevoir proprement dite contre la demande de tout contribuable qui voudrait se substituer à une section à laquelle il serait étranger. Il n'y aurait là, a-t-il encore dit en terminant, qu'une considération à peser par le Conseil de Préfecture.

471. MM. Dalloz et Aucoc, croyant mieux comprendre l'esprit de la loi, ont émis une opinion contraire. M. Aucoc surtout l'a fait avec une ferme assurance. Suivant lui, si l'article 49 désigne le contribuable inscrit au rôle de la commune, c'est que le législateur, parlant à la fois des communes et des sections, n'a pas songé à préciser la règle applicable à chaque cas. Il n'y a, a-t-il dit, de rôle que pour la commune, la section n'en a de spécial que dans le cas où elle doit supporter des charges ; mais comment un contribuable qui ne ferait pas partie de la section pourrait-il avoir qualité pour exercer les actions de la section ? Les contribuables de la section, a-t-il ajouté, ont seuls intérêt à prendre en mains la cause que celle-ci abandonne.

472. L'opinion de M. Reverchon, en tant qu'elle étend le droit d'intervention du contribuable dans les procès de toutes les sections, nous paraît la plus exacte ; elle n'a que le tort d'être trop timide et de n'être pas suffisamment justifiée. Suivant nous, la loi ne permet pas le doute. D'abord, si on s'arrête à son texte, on voit que tout contribuable inscrit au rôle *de la commune* a le droit d'exercer les actions qu'il croit appartenir à la commune ou section. Le législateur, par les expressions qu'il a employées, n'a exigé que la condition d'inscription au rôle *de la commune*, et il ne peut exister qu'un rôle ; il n'a pas distingué entre les procès des communes ou des sections. Dès lors, il a ouvert à tout contribuable *de la commune* le droit d'intervenir aussi bien dans les contestations intéressant les sections que dans celles concernant la commune. Ensuite, si on pénètre dans l'esprit de la loi, le droit du contribuable de s'occuper des procès de toutes les parties de la communauté devient plus évident encore : la commune forme une unité que les législateurs se sont efforcés d'établir et que les Tribunaux civils et administratifs tiennent à maintenir. Tout contribuable de cette unité doit, on le comprend déjà, pouvoir défendre les causes de toutes les parties qui la composent; d'ailleurs, est ce que la section et la commune ne sont pas étroitement liées par des intérêts communs relativement aux édifices publics, relativement à l'usage qui en est fait et aux charges qu'ils imposent, et relativement aux mille besoins que la section et la commune éprouvent en même temps et qui ne peuvent être satisfaits que par l'association entière? Mais encore, est-ce que les biens des sections, dont le Consell municipal peut, à son gré, changer le mode de jouissance et même disposer, ne peuvent pas fournir des revenus à la commune et lui apporter des capitaux lorsque la nécessité s'en fait sentir? La section et la commune étant ainsi unies, comme le sont les membres au corps, et étant obligées de vivre l'une avec l'autre et même l'une par l'autre, en commun en d'autres termes, sous une même administration et dans un budget unique, on comprend que tout contribuable de la commune doit avoir et a effectivement le droit d'intervenir, au profit des sections, dans les contestations les intéressant qui seraient abandonnées par un Conseil municipal ou par une commission syndicale. On comprend d'autant mieux ce droit, que la fortune mobilière de toutes les sections forme, au profit de la commune, un tout dont le Conseil municipal peut disposer, et qu'ensemble, les sections et les communes doivent pourvoir aux dépenses nécessaires au besoin., jusqu'à épuisement de leurs biens de toute nature. Il est dès lors évident que le droit d'un contribuable de la commune de défendre, avec l'autorisation du Conseil de Préfecture, la fortune de toutes les sections, se trouve dans le principe de l'unité communale, dans la fusion de toutes les ressources mobilières, et dans son intérêt à faire maintenir les sections dans tous les biens, droits et avantages qu'elles possèdent et dont il est appelé, au moins éventuellement, à profiter ; il a, par conséquent, qualité pour agir dans l'intérêt de toutes les portions de la commune dans laquelle il est contribuable. Le texte de la loi le dit positivement et son esprit l'affirme aussi.

§ V.

Un habitant, en cette seule qualité, ne peut représenter une section.

473. Mais des habitants, en cette seule qualité, ne pourraient s'adresser au Conseil de Préfecture pour faire autoriser une commune ou une section, ou eux-mêmes, au nom de l'une ou de l'autre de ces agglomérations, à intervenir dans une instance pour y soutenir une action que le Conseil municpal ou une commission syndiale aurait jugé mal fondée, ou pour présenter des défenses sur une demande que la municipalité aurait trouvé juste. La loi est formelle à cet égard, elle n'accorde à un habitant le droit de prendre en mains les actions d'une commune ou d'une section qu'autant qu'il est inscrit au rôle ; elle n'a voulu permettre ni à un nouveau-venu, non encore imposé, qui ne connaîtrait pas assez la situation et les besoins de la nouvelle famille municipale, ni à un habitant ancien qui n'offrirait pas de garantie, d'intervenir intempestivement dans un procès et de troubler ainsi la tranquillité de l'association.

Deux arrêts du Conseil d'État des 27 novembre 1814 et 9 juin 1830 se sont prononcés dans ce sens, et la loi de 1837 n'a fait que consacrer les principes qu'ils avaient admis.

§ VI.

Cas dans lesquels les sections ont droit à une représentation spéciale, et où les habitants peuvent demander la constitution d'une commission syndicale.

474. On sait déjà qu'on trouve des sections de communes dans des agglomérations d'un nombre plus ou moins grand d'habitations et même dans une propriété isolée; qu'on n'entend par sections, et qu'on ne considère comme telles, que des agglomérations d'habitants ayant des propriétés ou des droits d'usage et des intérêts collectifs quant à eux, et distincts et séparés quant aux autres parties de la commune; et que si quelquefois les sections ont des limites connues, elles n'ont jamais de territoire officiellement déterminé.

Lorsque des habitants croient former, dans ces conditions, une section de commune, ou dépendre d'une pareille communauté, et qu'à leurs yeux ils ont des droits collectifs à faire valoir contre la commune ou contre une section de cette commune, ils peuvent demander la constitution d'une commission syndicale pour que la section qu'ils forment exerce elle-même ses droits, ou pour, à son défaut, les exercer en son nom.

475. Le Préfet apprécie cette demande, et s'il reconnaît, comme on le lui assure, qu'il existe une section au nom de laquelle une action peut être formée, il doit constituer une commission syndicale, dans les termes des articles 56 et 57 de la loi de 1837. Il ne pourrait refuser de le faire sous le prétexte que les prétentions des réclamants, de la section en d'autres

32

termes, paraîtraient mal fondées, car alors il pourrait préjuger des contestations dont la solution ne lui appartient pas et paralyser ainsi, dès l'origine, des droits légitimes. Si, au contraire, il ne trouve pas exactes les allégations des habitants qui prétendent former une section et avoir intérêt à introduire une action en son nom si elle ne l'intente pas elle-même, il refuse d'organiser la commission. Son pouvoir d'examiner la question de savoir si la section existe, et au cas négatif de repousser la demande, résulte de son droit de tutelle. Aussi, en ne constituant pas, comme en formant, une commission syndicale, ne fait-il qu'un acte d'administration dans les limites de ses attributions. On ne saurait, en effet, comprendre qu'un Préfet fût tenu d'accéder à une demande sans la vérifier, et de constituer une commission lorsqu'il lui apparaîtrait que la section n'existe pas, par exemple, dans le cas où l'action qu'il s'agirait d'intenter s'appliquerait, non à une propriété communale, mais à des biens ou droits appartenant privativement aux réclamants qui les transmettraient par succession ou autrement.

476. Le Conseil d'État a consacré ces principes dans un arrêt du 31 août 1847. Des habitants de la commune de Pleine-Fougères (Ille-et-Vilaine), tous propriétaires riverains de terrains communaux, en soutenant que ces terrains leur appartenaient exclusivement, et que, par leur réunion, ils constituaient des sections, ont demandé au Préfet la formation de trois commissions syndicales pour soutenir leurs droits contre la commune dont ils dépendaient. Cette demande a été rejetée par un arrêté du 16 janvier 1844 par le motif qu'il n'y avait pas lieu de considérer les pétitionnaires comme formant des sections de la commune de Pleine-Fougères, ni par conséquent de procéder à leur égard, conformément à l'article 56 de la loi de 1837. Sur le recours formé contre cette décision, il est intervenu un arrêt du Conseil d'État portant « qu'il appartient au

» Préfet, sauf recours au Ministre de l'intérieur, d'apprécier
» si la demande rentrait dans les conditions déterminées par
» ledit article 56, et qu'en admettant même que le Préfet ait fait
» une fausse application desdites conditions, cette erreur ne
» constituerait pas un excès de pouvoir et ne saurait, dès lors,
» être l'objet d'un pourvoi. »

477. Mais quand l'existence de la section est reconnue, le
Préfet peut-il apprécier les chances plus ou moins grandes de
succès de l'action qu'il s'agirait d'introduire au nom d'une section ? Nous ne le pensons pas. En considérant dans leur ensemble les articles 49 et suivants de la loi de 1837, on reconnaît,
sans qu'aucun doute puisse rester dans l'esprit, que le Préfet
ne peut se refuser à former une commission syndicale, lorsque
la demande est faite par les habitants d'une section. Cette
commission, qui est appelée à faire l'office d'une sorte de Conseil municipal provisoire, délibère sur le point de savoir si la
section a intérêt à intenter ou à soutenir l'action. Dans le cas
de la négative, la contestation tombe d'elle-même. Dans le
cas contraire, le syndic, désigné par la commission, s'adresse
au Conseil de Préfecture, par la voie hiérarchique, et, s'il
obtient l'autorisation de plaider, il agit au nom de la section.
Toute autre marche qui permettrait au Préfet d'apprécier le
mérite des prétentions des parties serait contraire aux termes et
à l'esprit de la loi et pourrait étouffer des réclamations, quelquefois justes, qu'il n'appartient qu'aux Tribunaux de résoudre.
En refusant de constituer une commission, lorsque l'existence
de la section est reconnue, par le seul motif que l'action proje-
tée paraîtrait mal fondée, le Préfet ferait plus qu'un acte d'administration ; il se substituerait aux Tribunaux, jugerait la
contestation et commettrait ainsi un excès de pouvoir.

478. Le Conseil d'Etat s'est prononcé dans ce sens, notamment dans deux arrêts des 5 décembre 1839 et 24 mai 1851.

Dans l'espèce du premier de ces arrêts, des habitants du bourg de Sargès ont demandé la formation d'une commission syndicale, à l'effet de revendiquer une propriété dite de l'*Aunaie* qui leur appartenait à l'exclusion de la commune. Par un arrêté, du 21 septembre 1838, M. le Préfet de Loir-et-Cher, auquel cette demande avait été adressée, l'a repoussée en se fondant sur ce que la prétention des réclamants était dénuée de fondement. Sur le recours porté devant le Conseil d'État, il a été ainsi statué :

« Considérant qu'aux termes de l'article 56 de la loi de 1837,
» lorsqu'une section est dans le cas d'intenter ou de soutenir
» une action judiciaire contre la commune elle-même, il doit
» être formé pour cette section une commission syndicale de
» trois ou de cinq membres, que le Préfet choisit parmi les élec-
» teurs municipaux, et à leur défaut, parmi les citoyens les
» plus imposés ;

» Considérant que cette commission est instituée à l'effet de
» délibérer préalablement sur la question de savoir si la sec-
» tion a effectivement droit et intérêt à intenter ou soutenir
» l'action dont il s'agit et de désigner, s'il y a lieu, l'un de ses
» membres chargé de suivre l'action, après en avoir demandé
» l'autorisation, conformément aux articles 49 et 50 de ladite loi ;

» Qu'il n'appartient qu'à ladite commission et ensuite, s'il y
» a lieu, au Conseil de Préfecture, d'examiner la question de
» savoir si la section doit demander ladite autorisation et si
» elle doit lui être accordée ;

» Et qu'en préjugeant cette dernière question et en refusant
» d'accéder à la demande formée par les habitants du bourg de
» Sargé, et tendant à la formation de la commission syndicale,
» le Préfet de Loir-et-Cher a commis un excès de pouvoir. »

Dans la seconde espèce, plusieurs habitants du hameau de Caussidières, dépendant de la commune de Saint-Léon, ont réclamé du Préfet de la Haute-Garonne la formation d'une commission syndicale, à l'effet de soutenir et de faire valoir en jus-

ice contre la commune, les droits de la section à la propriété
? divers terrains. Le 4 février 1850, le Préfet a décidé qu'il
n'y avait pas lieu de s'arrêter à la demande, en se fondant sur
ce que la prétention de la section ne pourrait, fût-elle fondée,
empêcher la commune de disposer des terrains litigieux. Cet
arrêté a été déféré au Conseil d'Etat, qui l'a annulé. Après avoir
reproduit, dans deux premiers considérants, les raisons de
droit tirées des articles 56 et 57 qu'on trouve dans la décision
déjà rapportée, le Conseil d'Etat ajoute :

« Considérant qu'il n'est pas contesté que la demande sur
» laquelle a statué le Préfet était formée au nom d'une sec-
» tion de commune, et que l'action à intenter tendait à faire
» reconnaître contre la commune de Saint-Léon, dont le Con-
» seil municipal les déniait, les droits de la section de Caussi-
» dières à la propriété de terrains y indiqués ;

» Qu'il n'appartenait pas au Préfet d'apprécier l'intérêt et les
» chances de succès que cette action pouvait offrir pour ladite
» section, et qu'en se refusant, par des motifs tirés de cette
» appréciation, à déférer à la demande qui lui était présentée,
» afin de nomination d'une commission syndicale, ledit Préfet
» a excédé ses pouvoirs. »

479. Lorsqu'il s'agit d'une action à porter devant la juridiction administrative, une commission syndicale doit également
être formée dès que l'existence de la section est reconnue. La
jurisprudence du Conseil d'État est encore formelle sur ce
point. Elle résulte de deux arrêts dont le dernier, du 4 septembre 1856, est ainsi conçu :

« Considérant qu'aux termes des articles 56 et 57 de la loi de
» 1837, lorsqu'une section de commune est dans le cas d'inten-
» ter ou de soutenir une action judiciaire contre la commune
» elle-même ou contre une autre section de ladite commune,
» il doit être formé, pour cette section, une commission syndi-
» cale, que le Préfet choisit parmi les électeurs municipaux ;

» Considérant que ces règles doivent être suivies, soit au cas
» où l'action est portée devant les Tribunaux civils, soit au cas
» où elle est portée devant la juridiction administrative ; que
» les raisons qui motivent la formation d'une commission syn-
» dicale sont les mêmes dans les deux cas ; qu'en effet, devant
» l'une ou l'autre de ces juridictions, la section doit avoir un
» organe pour faire valoir les droits de la communauté, et que
» rien, dans les dispositions des articles 56 et 57 de la loi de
» 1837, n'exclut l'application de ce mode de procéder devant la
» juridiction administrative ;

» Considérant que la commission syndicale chargée d'exercer
» les droits de la section l'est aussi de délibérer préalablement
» sur la question de savoir si la section a effectivement droit et
» intérêt à intenter ou à soutenir l'action dont il s'agit ;

» Que si, dans le cas où la contestation est du ressort des
» Tribunaux civils, l'autorisation de plaider doit être demandée
» au Conseil de Préfecture, l'exercice des actions des sections
» de commune devant la juridiction administrative n'est subor-
» donné à aucune autorisation du Conseil de Préfecture ni du
» Préfet ;

» Considérant que le Préfet du département d'Indre-et-Loire
» a rejeté la demande des habitants de la section de Pavilly,
» tendant à obtenir la nomination d'une commission syndicale
» pour le motif que c'était à l'autorité administrative, dans l'exer-
» cice de son pouvoir de tutelle, qu'il appartenait exclusivement
» de statuer sur la question soulevée par lesdits habitants et
» que l'action qu'ils se proposaient d'intenter était sans intérêt
» et mal fondée. Que, par cette décision, le Préfet a excédé les
» limites de ses pouvoirs. »

480. Toutes les fois qu'il y a lieu de constituer une commission syndicale, c'est au Préfet qu'il appartient de le faire. Il
peut, suivant les articles 56 et 57, la composer de trois ou cinq
membres, selon qu'il le croit utile, en raison de l'importance

de la contestation ; il doit les choisir parmi les électeurs municipaux, et à leur défaut, parmi les habitants les plus imposés.
Ainsi le voulait le texte de la loi ; mais la législation nouvelle,
ayant pour base le suffrage universel, laisse le choix complètement libre. Le Préfet peut donc aujourd'hui, à son gré, faire
entrer dans la commission les habitants qu'il trouve les plus
éclairés et les plus dévoués aux intérêts de la section. Il suffit
qu'ils réunissent les conditions d'âge, de nationalité, de résidence et de capacité civique, déterminées par les nouvelles lois
de 1848, 1852 et 1855.

481. L'action est suivie par celui de ses membres que la
commission syndicale désigne à cet effet. Ainsi le veut le dernier paragraphe de l'article 56.

482. La loi, dans le même article, dispose que les membres
du Conseil municipal, qui seraient intéressés à la jouissance
des biens ou droits revendiqués par la section, ne devraient
pas participer aux délibérations relatives au litige, et qu'ils
seraient remplacés, dans toutes les délibérations, par un nombre égal d'électeurs municipaux, aujourd'hui de notables habitants, ou propriétaires dans la section.

483. L'habitant qui aurait des droits particuliers opposés à
ceux de la section ne pourrait pas non plus faire partie de la
commission syndicale.

484. Il va sans dire que si le Maire et l'adjoint se trouvaient,
en raison de leur intérêt dans la contestation, exclus des délibérations municipales, ils pourraient faire partie de la commission et même être désignés pour suivre l'action. Nous ne
voyons aucun inconvénient à ce qu'il en soit ainsi. L'arrêté de
l'an XI leur défendait, il est vrai, d'être syndics, mais la loi de
1837 n'a pas reproduit cette interdiction, et on doit induire de
ses termes et de son esprit qu'elle l'a effacée.

485. Les tiers sont sans qualité pour attaquer l'arrêté cons-
titutif de la commission syndicale et tous les actes s'y rattachant. Ainsi l'a décidé le Conseil d'Etat par un arrêt du 23 mai
1830, en déclarant qu'ils n'étaient que des actes de tutelle
administrative qui rentraient dans les pouvoirs des Préfets et
qui ne pouvaient lui être déférés.

486. Dans tous les cas, afin d'obtenir l'autorisation de plaider, qui est aussi indispensable à une section qu'à une commune, le Conseil municipal ou la commission syndicale doit
être appelé à délibérer sur les actions à intenter ou à soutenir.
L'article 19 de la loi de 1837 le veut impérieusement ; il porte :
« que le Conseil municipal délibère sur les actions judiciaires. »
Lors donc qu'un Mémoire expositif des motifs d'une action
qu'un tiers se propose de former contre une section, ou qu'une
section se dispose à intenter contre la commune à laquelle elle
appartient ou contre une autre section de la même commune,
est adressé au Préfet, il doit être communiqué, pour en délibérer, dans le premier cas au Conseil municipal, et dans les
deux autres à la commission syndicale instituée pour la section. Jamais le Conseil municipal ne pourra représenter une
section lorsqu'elle sera en procès avec la commune dont elle
dépend ou avec une autre section de la même commune ; dans
ces deux cas, il n'appartiendra qu'à une commission syndicale
de délibérer sur les intérêts de la section.

La délibération n'est pas moins nécessaire à l'appui d'une demande soumise à la juridiction administrative qu'au soutien
d'une difficulté qui doit être résolue par les Tribunaux civils.
L'article 19 et les articles 56 et 57 n'ont pas fait de distinction
entre ces diverses actions ; ils exigent par conséquent un vote
pour toutes. Ils le réclament également pour la présentation
de défenses contre les demandes qui pourront être formées
contre les sections.

La nécessité d'une délibération était déjà indiquée dans les lois des 14 décembre 1790 et 28 pluviôse an VIII; elle était aussi reconnue par la jurisprudence constatée notamment par deux arrêts du Conseil d'Etat des 5 août 1829 et 23 juin 1824.

La loi de 1837 a maintenu ces principes que le Conseil municipal ou la commission syndicale doit délibérer et que la commune ou la section doit obtenir du Conseil de Préfecture, et produire, une autorisation de plaider. Ainsi, des défenses qui ont été présentées par des Maires ont été repoussées par divers arrêts postérieurs à cette loi, et particulièrement par un arrêt du 24 janvier 1856, par cette seule raison qu'il ne s'était pas fait autoriser à les fournir.

487. Mais nous devons nous empresser de dire que la délibération et l'autorisation d'ester en jugement peuvent ne pas être préalables à l'action ou à la défense et qu'il suffit qu'elles interviennent et qu'elles soient produites même la veille de la décision. Une jurisprudence invariable le constate.

488. On comprend facilement les conséquences fâcheuses qui pourraient, à un double point de vue, résulter de l'absence d'une délibération et d'une autorisation. D'une part, le Maire ou le syndic, chargé de suivre l'action ou de présenter la défense, serait déclaré sans qualité et personnellement condamné aux dépens; d'autre part, les droits de la section pourraient être compromis s'ils n'étaient pas perdus faute d'avoir été réclamés ou défendus en temps utile.

Toutefois, dans le cas où les représentants de la section auraient négligé ou refusé de délibérer et où, soit pour cette raison ou pour une autre, le Conseil de Préfecture aurait accordé une autorisation de plaider, le Maire, et, à son défaut, le Préfet, lorsqu'il y aurait lieu, pourrait en user. Cette autorisation, ainsi que nous l'avons plus particulièrement expliquée dans l'article 4 du § 3 de ce chapitre, ne pourrait être ni attaquée utilement par les tiers, ni être annulée par les Tribunaux ordinaires. Le Conseil d'Etat pourrait seul l'anéantir.

§ VII.

Nécessité de l'autorisation de plaider, excepté pour quelques cas particuliers.

489. On a vu, dans le premier paragraphe de ce chapitre, qu'à toutes les époques l'autorisation de plaider a été nécessaire aux communes, et aux sections lorsque ces fractions de l'association municipale ont eu des droits particuliers à faire valoir ou à défendre.

Ainsi, sous l'ancienne législation, le représentant d'une communauté ou paroisse ne pouvait commencer un procès sans une permission écrite de l'Autorité supérieure. Après la révolution de 1789, le Maire ne devait intenter une action ou y défendre qu'avec l'approbation du Directoire du département de la délibération municipale qui avait décidé que la contestation serait engagée. Depuis la loi de l'an VIII, les sections, comme les communes, devaient réclamer l'autorisation de plaider du Conseil de Préfecture.

Aujourd'hui, aux termes de l'article 49 de la loi de 1837, nulle commune ou section de commune ne peut introduire une action en justice ou y défendre, sans une autorisation du Conseil de Préfecture.

Cette condition d'autorisation est absolue, lorsqu'il n'y est pas dérogé par une disposition spéciale. En conséquence, une section de commune, comme une commune, doit se pourvoir d'une autorisation :

1º Lorsqu'elle a une demande introductive d'instance à intenter devant un Tribunal civil;

2º Pour résister à une action portée devant la juridiction civile du premier ressort;

3° Lorsqu'elle veut se pourvoir devant un nouveau degré de juridiction ;

4° Pour former devant la Cour suprême un recours en cassation, même contre un jugement en dernier ressort, rendu sur une action possessoire.

Par application de ce principe, que toute demande introductive d'instance doit être autorisée, une section doit aussi obtenir l'assentiment du Conseil de Préfecture :

1° Pour former opposition à une condamnation par défaut, si une autorisation n'avait pas précédé la condamnation ;

2° Pour former tierce opposition à un jugement dans lequel elle n'aurait pas été partie et qui préjudicierait à ses droits ;

3° Pour se pourvoir en requête civile ;

4° Pour former une demande en désaveu, soit dans le cours d'une instance, soit après ;

5° Pour s'inscrire en faux principal par la voie criminelle ;

6° Pour former une demande reconventionnelle qui prend sa source en dehors des circonstances de l'action principale, c'est-à-dire, lorsqu'elle ne peut pas être considérée comme une défense à la réclamation de l'adversaire ;

7° Pour introduire une action, soit correctionnelle en répression de délits, soit criminelle en se portant partie civile, afin d'obtenir des dommages-intérêts, soit au moyen d'une intervention pour appuyer la prétention d'habitants qui seraient poursuivis dans des circonstances où ils n'auraient fait qu'user d'un droit communal ;

8° Pour se défendre d'une action criminelle qui tendrait à la faire condamner à une amende et à des dommages-intérêts, comme responsable de faits de ses représentants, ou de ses habitants, ou de ses agents ;

9° Et enfin, pour introduire une demande incidente ou en intervention qui ne serait pas la conséquence de l'action déjà soumise à la justice et qui, par conséquent, constituerait une action principale.

490. Les exceptions à la règle générale, qui exige l'autorisation, pour tous les cas qui viennent d'être indiqués et même pour des demandes incidentes ou en intervention, qui constitueraient des demandes principales, sont relatives :

1° Aux actions possessoires, l'article 55 de la loi de 1837 permettant au Maire ou au syndic, selon les cas, de les introduire sans autorisation ;

2° Aux actions dirigées par le ministère public ou par l'administration forestière, lorsque la section n'est appelée, avec les auteurs des faits répréhensibles, que comme responsable, solidaire, ou subsidiaire ;

3° Aux actions qui sont portées devant la juridiction administrative, une autorisation ne pouvant occasionner qu'une procédure inutile et une perte de temps pour les affaires qui doivent venir devant le Conseil de Préfecture et pouvant être contraire aux règles de la hiérarchie et même aux convenances pour les affaires, dont le Conseil ne doit pas être juge, ou sur lesquelles il a épuisé sa juridiction ;

4° Aux défenses que les communes ou sections peuvent avoir à fournir sur des oppositions à des états de recouvrement de certaines recettes municipales, l'article 63 de la loi de 1837 le disant expressément.

La jurisprudence est positive sur toutes les solutions qui précèdent. Aussi, pour éviter des longueurs, nous dispensons-nous de rapporter les nombreuses décisions qui l'établissent.

491. Toutes les fois qu'il y a lieu à autorisation, il appartient au Maire, ou au syndic, ou au contribuable, qui a pris en main l'affaire de la communauté, ou au Préfet, selon les circonstances, de la réclamer.

492. D'abord, dans tous les cas, le Conseil municipal doit, suivant les dispositions impératives du § X de l'article 19 de la loi de 1837, délibérer sur la question de savoir si le procès peut être intenté ou soutenu. Sa délibération est adressée à l'Autorité supérieure. Le Préfet la transmet au Conseil de Préfecture et ce conseil est appelé, suivant les paroles de M. Gillon, que tous les législateurs ont adoptées, à la maintenir ou à la réformer. Enfin ce Tribunal, ou plutôt ce tuteur, décide, sauf recours au Conseil d'Etat, si la commune ou la section doit ou non ester en jugement.

493. Si l'autorisation est accordée, le représentant de la commune en use, soit pour introduire l'action ou pour justifier de sa qualité, si déjà cette action avait été formée, soit pour résister aux prétentions qui seraient élevées contre la communauté.

494. Si l'autorisation est refusée, l'action ou la défense est abandonnée, à moins que le représentant de la commune ou de la section ne croie devoir se pourvoir devant le Conseil d'Etat. La faculté lui en est réservée par les articles 50 et 53, à la condition qui lui est imposée, à peine de déchéance, que le recours sera formé dans le délai de trois mois, à dater de la signification de l'arrêté du Conseil de Préfecture. Ce recours doit être introduit par une requête que le réclamant adresse, avec les pièces à l'appui, directement au secrétariat du Conseil d'Etat, ou au Préfet, qui le fait parvenir à sa destination. Il est instruit et jugé, en la forme administrative, avec ou sans le concours d'avocat et sans droit de greffe et d'enregistrement, ni d'autres frais.

495. Sous l'ancien droit, ainsi que l'atteste un édit de 1764, et pendant le premier tiers de notre siècle, ainsi que le voulait un décret du 17 avril 1812, on était dans l'usage de consulter trois jurisconsultes sur la question de savoir si la commune ou la section avait des chances de succès dans les contestations qu'elles se proposaient d'introduire ou de soutenir; mais cet usage, qui offrait peu d'avantage et qui n'en offrirait plus aujourd'hui devant les nouveaux Conseils de Préfecture, avait l'inconvénient d'entraîner des lenteurs et de constituer les communes en frais. Il a été abandonné.

495. Les décisions du Conseil de Préfecture et même celles du Conseil d'Etat, qui accordent ou qui refusent des autorisations de plaider, ne sont que des actes de tutelle administrative auxquelles ne sont pas applicables les règles propres au pouvoir judiciaire.

496. De ce principe, découle cette première conséquence, qu'un arrêté qui refuse une autorisation n'est pas irrévocable, et que si, par des explications et des justifications nouvelles, le Conseil de Préfecture est amené à modifier son opinion, il peut donner l'autorisation qu'il avait refusée.

497. Une autre conséquence qui découle du même principe, c'est que le Conseil de Préfecture ne statue que dans l'intérêt des communes ou sections, et que, par cette raison, les tiers, ainsi que nous l'avons déjà établi, sont sans qualité pour attaquer ses décisions accordant ou refusant des autorisations, soit par la voie de tierce opposition devant le Conseil de Préfecture lui-même, soit par un recours devant le Conseil d'Etat, à moins que, par un excès de pouvoir, elles ne portent atteinte à leurs droits.

Toutes les fois, par conséquent, que le Conseil de Préfecture se sera purement et simplement prononcé sur l'opportunité de l'action à introduire ou de la défense à fournir, et qu'il aura accordé une autorisation de plaider, sans la motiver, il aura rempli sa mission dans les termes de la loi; il n'aura pas touché aux droits des tiers, et ses résolutions seront à l'abri des attaques de ces derniers, comme le sont toutes celles des Préfets, relatives à la constitution d'une commission syndicale.

498. Au contraire, si le Conseil de Préfecture avait dépassé les limites de ses pouvoirs et touché à des droits étrangers, les tiers qui seraient ainsi atteints pourraient se pourvoir contre ses décisions, par la voie contentieuse. Si, par exemple, en prononçant sur une demande d'autorisation de plaider, il avait renvoyé devant une autre juridiction, ou s'il avait retenu l'affaire pour la juger, il aurait excédé ses pouvoirs.

500. C'est dans le sens des solutions qui précèdent que se sont prononcés de nombreux arrêts du Conseil d'Etat, antérieurs et postérieurs à la loi de 1837. Nous n'en reproduirons que trois : un du 3 février 1835, qui a uniquement statué sur la question de principe, comme l'ont fait, depuis la loi de 1837, d'autres décisions des 2 janvier et 22 février 1838, et les deux autres, des 30 juillet 1839 et 8 juin 1842, que nous choisissons parmi ceux qui ont en même temps déclaré que les tiers étaient sans qualité pour attaquer des autorisations de plaider, mais qu'ils peuvent déférer au Conseil d'Etat les dispositions qui porteraient atteinte à leurs droits, par exemple, en renvoyant l'affaire, à l'occasion de laquelle une autorisation était demandée, devant l'autorité départementale, et encore, en prescrivant à un tiers qui avait présenté un Mémoire conformément à l'article 51 de la loi de 1837, de procéder suivant les formes tracées par l'article 17 de la loi du 21 mai 1836.

Le premier de ces arrêts, dont les motifs se retrouvent dans ceux de 1838, est ainsi conçu :

« Considérant que les parties adverses des communes ou » sections de communes sont sans qualité pour attaquer devant » les Conseils de Préfecture, par voie de tierce opposition, ou » devant le Conseil d'Etat par voie de recours, les arrêtés qui » ont accordé une autorisation de plaider. »

Le second, de 1839, porte :

« Que les décisions des Conseils de Préfecture, qui accordent » ou refusent l'autorisation de plaider, sont rendus exclusive- » ment dans l'intérêt des communes et constituent, à leur

» égard, des actes de tutelle administrative; que, dès lors, la
» partie adverse est sans qualité pour attaquer, par la voie
» contentieuse, un arrêté qui refuse à une commune cette au-
» torisation ;

» Que, néanmoins, le Conseil de Préfecture des Deux-Sèvres,
» saisi de la demande formée par le sieur Gallot, à l'effet d'être
» autorisé à intenter une action judiciaire contre la commune
» de Saint-Maixent, ne s'est pas borné à refuser cette autorisa-
» tion, mais qu'il a, par le dispositif de son arrêté, renvoyé
» l'affaire devant l'autorité départementale, et qu'en pronon-
» çant ce renvoi, il a statué sur une question dont il n'était pas
» saisi. »

Le troisième de ces arrêts, celui de 1842, est conçu dans les
termes suivants :

« Considérant que les décisions du Conseil de Préfecture,
» qui accordent ou refusent une autorisation de plaider, sont
» rendues exclusivement dans l'intérêt des communes, et cons-
» tituent, à leur égard, des actes de tutelle administrative; que,
» dès lors, la partie adverse est sans intérêt et sans qualité pour
» nous déférer un arrêté qui refuse cette autorisation ;

» Considérant, néanmoins, que le Conseil de Préfecture
» d'Indre-et-Loire, saisi de la demande formée par le sieur
» Maupuy, à l'effet d'être autorisé à intenter, par devant les
» Tribunaux, une action en dommages-intérêts, contre la com-
» mune de Rouvray, ne s'est pas borné à refuser cette autori-
» sation, mais qu'il a, par le dispositif de son arrêté, renvoyé
» le requérant à se pourvoir pour le règlement de l'indemnité
» qu'il a réclamée aux formes tracées par l'article 17 de la loi
» du 21 mai 1836, et qu'en prononçant ce renvoi, il a statué sur
» une question dont il n'était pas saisi. »

501. Cette jurisprudence est rapportée et approuvée par Reverchon. Dufour s'en autorise pour enseigner aussi que les
tiers ne sont pas fondés à attaquer une autorisation de plaider.

502. Nous croyons que cette jurisprudence est restée debout et qu'elle doit toujours être suivie, malgré un nouvel arrêt du Conseil d'Etat qui, implicitement, la contredit. Nous voulons parler d'un arrêt, du 6 décembre 1860, qui, sans examiner la qualité des tiers, a tout à la fois reconnu que le pourvoi pouvait être admis contre des arrêtés d'autorisation, et a néanmoins décidé qu'il n'y avait lieu de statuer.

Voici l'espèce de cet arrêté :

Les époux Talleyrand-Périgord demandaient, devant le Conseil d'Etat, l'annulation d'une première et d'une deuxième autorisation de plaider, qui avaient été accordées par le Conseil de Préfecture de Saône-et-Loire, par le motif que le Conseil municipal et une commission syndicale avaient délibéré qu'il n'y avait pas lieu, pour la commune et pour la section, d'intenter des actions en revendication de terrains contre des tiers détenteurs, dont ils faisaient partie et que, dès lors, le Maire et le syndic n'avaient pu demander, et le Conseil de Préfecture accorder, des autorisations de plaider. Le Ministre de l'intérieur, dans des observations qu'il a adressées au Conseil d'Etat, s'est borné à expliquer que, postérieurement au pourvoi, des autorisations nouvelles avaient été accordées à la commune et aux sections, après des délibérations d'un nouveau Conseil municipal et de commissions syndicales. Dans cet état de choses, le Conseil d'Etat a considéré que les premières autorisations n'avaient pas été régulièrement données ; mais, qu'après le pourvoi, des délibérations avaient été prises et de nouvelles autorisations accordées, et a, en conséquence, décidé qu'il n'y avait lieu à statuer.

Comme on le remarque, le Conseil d'Etat a tourné la difficulté. Il aurait dû examiner et résoudre, comme l'avaient fait les précédentes décisions, la question de savoir si les tiers avaient qualité pour demander le retrait d'une autorisation ; il a préféré, par des circonstances de fait qu'il n'a même puisées que dans les observations du Ministre, dire qu'il n'y avait lieu à statuer.

Tout d'abord, on reconnaît qu'il n'a pas voulu contredire ses précédentes décisions et que, par conséquent, elles subsistent toujours, comme de solides monuments de la jurisprudence qu'elles ont fortement établie. Ensuite, même en dehors de cette jurisprudence, on doit encore reconnaître avec MM. Reverchon et Dufour, que si les tiers peuvent attaquer au contentieux un arrêté du Conseil de Préfecture qui, au lieu de se borner à accorder ou à refuser une autorisation de plaider, porte atteinte à leur droit, par exemple, soit en jugeant une affaire ou en la retenant pour l'instruire, soit en la renvoyant devant une autre autorité ou juridiction, ils ne peuvent s'immiscer dans l'examen des actes de tutelle administrative. Le Conseil d'Etat n'a pas lui-même, en règle générale, de compétence pour toucher à des actes d'administration. Comment des tiers pourraient-ils les attaquer? Sans doute, le Conseil d'Etat peut accorder une autorisation qui a été refusée par le Conseil de Préfecture, mais en le faisant, il statue aussi comme juge administrateur, il ne fait qu'un acte de tutelle administrative, en vertu d'une disposition législative qui, en cette circonstance, l'a fait administrateur. Disons donc, jusqu'à ce que de nouvelles décisions viennent anéantir les anciennes, et renverser ainsi les idées reçues, que les tiers sont sans qualité pour attaquer des autorisations de plaider, parce qu'elles ne constituent pas des jugements susceptibles d'acquérir l'autorité de la chose jugée, mais de simples actes d'administration sur lesquelles les Conseils de Préfecture, mieux informés, peuvent revenir, et dont, au surplus, le Conseil d'Etat ne connaît lui-même qu'au même titre de juge administrateur ou de tuteur des communes ou des sections qu'il doit protéger contre leurs propres erreurs.

Il est clair que, lorsque le Conseil de Préfecture a refusé l'autorisation de plaider, les tiers sont, à plus forte raison, sans qualité, et on peut ajouter sans intérêt, pour se plaindre, et que les pourvois qu'ils formeraient, en pareils cas, seraient non-recevables.

§ VIII.

Obligation imposée au tiers qui se propose de former une action contre une commune ou une section de commune, et formalités qu'il doit remplir.

503. Les tiers qui se proposent d'intenter une action contre une commune ou contre une section, ou la section qui veut former une demande contre une commune ou contre une section, sont tenus d'adresser préalablement au Préfet un Mémoire exposant les motifs de leur réclamation. Il leur en est donné récépissé. La présentation de ce Mémoire interrompt la prescription et toutes déchéances. Le Préfet transmet ce Mémoire au Maire, avec l'autorisation de convoquer immédiatement le Conseil municipal, pour en délibérer. Selon les cas, la délibération qui se prononce sur la question de savoir si le procès sera soutenu, est prise par le corps municipal ou par la commission syndicale que le Préfet a déjà instituée ou qu'il forme. La délibération est dans tous les cas transmise au Conseil de Préfecture, qui décide si la commune doit se défendre. L'arrêté du Conseil de Préfecture doit être rendu dans les deux mois, à partir de la date du récépissé ; il n'a besoin d'être motivé que s'il refuse l'autorisation de plaider. L'action ne peut être intentée qu'après la décision du Conseil de Préfecture et, à défaut de décision, qu'après les deux mois qui lui sont accordés pour statuer. En cas de refus de l'autorisation, le Maire peut, en vertu d'une délibération du Conseil municipal, se pourvoir devant le Conseil d'Etat, et en cas de pourvoi, l'instance est suspendue jusqu'à ce qu'il ait été statué sur le pourvoi, et à défaut de décision, jusqu'à l'expiration du délai de deux mois. En aucun cas, la commune ne pourra défendre à l'action dirigée contre elle, qu'autant qu'elle y aura été autorisée.

Telles sont les dispositions principales des articles 51, 52, 53 et 54 de la loi de 1837; elles sont précises, n'ont dailleurs donné lieu à aucune controverse et ne nécessitent point de plus amples explications.

§ IX.

Les communes et les sections de communes peuvent transiger sur les contestations qui les concernent, se désister des demandes qu'elles ont formées et acquiescer aux actions qui sont dirigées contre elles.

504. Un arrêté du 21 frimaire an XII a disposé que dans tous les procès nés et à naître, qui auraient lieu entre des communes et des particuliers, sur des droits de propriété, les communes ne pourraient transiger qu'après une délibération du Conseil municipal, prise sur la consultation de trois jurisconsultes désignés par le Préfet, et sur l'autorisation de ce même Préfet, donnée d'après l'avis du Conseil de Préfecture, et que la transaction, pour être définitivement valable, devrait être homologuée par le Gouvernement.

L'article 59 de la loi de 1837 porte que toute transaction consentie par un Conseil municipal ne pourra être exécutée qu'après l'homologation par le Gouvernement, s'il s'agit d'objets immobiliers, ou d'objets mobiliers d'une valeur supérieure à 3,000 fr., et par arrêté du Préfet en Conseil de Préfecture' dans les autres cas.

Le décret de décentralisation du 25 mars 1852, dans l'article 1er, tableau A, sous le n° 43, a conféré au Préfet le droit de statuer désormais à l'égard des transactions sur toutes sortes de biens, quelle qu'en soit la valeur.

Les dispositions des lois de l'an XII et de 1837 subsistent toujours. Le décret de décentralisation ne les a abrogées qu'en

c qu'elles réservaient, dans certains cas, au Gouvernement le
droit d'homologuer les transactions. Ainsi, aujourd'hui encore,
la consultation de trois jurisconsultes est rigoureusement
nécessaire. M. le Ministre l'a formellement dit à MM. les Préfets, dans une circulaire du 5 mai 1852. C'est également ce
qu'ont décidé deux arrêts du Conseil d'Etat des 2 février et 12
juillet 1860.

Ces arrêts, comme le Ministre, considèrent « qu'aux termes
» de l'arrêté du Gouvernement, du 21 frimaire an XII, les com-
» munes ne peuvent transiger qu'après une délibération du
» Conseil municipal, prise sur la consultation de trois jurincon-
» sultes désignés par le Préfet du département, et sur l'auto-
» risation du même Préfet, donnée d'après l'avis du Conseil de
» Préfecture ;

» Que de cette disposition, il résulte que la délibération du
» Conseil municipal doit être précédée d'une consultation de
» trois jurisconsultes, ayant pour objet d'éclairer ce Conseil
» sur les avantages et les inconvénients que peut offrir la tran-
» saction soumise à son approbation ;

» Que ni l'article 59 de la loi de 1837, ni l'article 1er du décret
» de décentralisation n'ont dérogé à la disposition précitée de
» l'arrêté de l'an XII ;

» Que les délibérations des Conseils municipaux, relatives à
» la transaction... ont été prises le 15 juin 1856, et que c'est
» seulement le 16 du même mois que les trois jurisconsultes
» ont donné leur avis..... »

Dans l'état de la législation, lorsque le Maire ou le syndic
d'une commission reçoit de raisonnables propositions, ou en
fait qui lui paraissent devoir être acceptées, qu'il croit, d'après
les explications qui ont été échangées, qu'une transaction est
favorable aux intérêts de la commune ou de la section, et
qu'elle est possible, il réclame du Préfet la désignation de jurisconsultes, pour donner leur avis sur le projet de transaction. Lorsque le Conseil municipal ou la commission syndi-

cale est nanti de la consultation, il délibère sur le projet de transaction, et l'adopte s'il le trouve avantageux à la communauté. Le Préfet approuve, s'il y a lieu, la délibération qui a été ainsi prise. Le Maire ou le syndic, en conséquence de ce vote ainsi approuvé, arrête définitivement la transaction et la réalise par acte sous signatures privées, ou devant un notaire. Enfin, le Préfet homologue la transaction en Conseil de Préfecture.

Lors même que la délibération qui a précédé la transaction a été approuvée, après avis du Conseil de Préfecture, l'homologation de la transaction doit encore avoir lieu en Conseil de Préfecture. Ainsi le veulent les dispositions combinées des lois de l'an XII et de 1837; ainsi l'ont pensé les arrêts qui viennent d'être cités.

Les désistements et les acquiescements doivent être assimilés à des aliénations. En effet, en retirant une demande en revendication de propriétés, la communauté fait l'abandon de ces propriétés aux tiers qui les détiennent, et, en accédant à une demande, elle délaisse les biens qui en faisaient l'objet; ils doivent donc, comme les aliénations, être votés par le Conseil municipal ou la commission syndicale, et être soumis à l'approbation du Préfet, qui ne peut être donnée qu'en Conseil de Préfecture.

Dans la pratique, ainsi que l'expliquent MM. Reverchon et Aucoc, le Conseil d'Etat a accepté comme valables des désistements donnés par des Maires, en exécution d'une délibération approuvée par le Préfet, en dehors du Conseil de Préfecture. Cette pratique peut être bonne devant la juridiction administrative, parce que cette juridiction se trouve associée à l'exercice de la tutelle administrative; mais elle serait contraire à la loi et ne saurait être suivie devant les Tribunaux civils.

§ X.

Frais des procès et moyens de les payer.

505. La section qui aura obtenu une condamnation contre la commune ou contre une autre section, ne sera pas passible des charges ou contributions imposées pour l'acquittement des frais et dommages-intérêts qui résulteraient du fait du procès (article 58 de la loi de 1837).

506. Il suit de là que la section qui succombe doit seule supporter les frais du procès qu'elle a intenté ou soutenu à tort; mais comment pourra-t-elle les acquitter?

507. On sait qu'une section n'a ni ressources ordinaires, ni budget. La section débitrice devra donc ou recourir à une souscription, si les habitants qui la composent consentent à le faire, ou vendre jusqu'à concurrence de la somme nécessaire des propriétés, si elle en possède, ou enfin s'imposer extraordinairement. Dans les deux premiers cas, il sera encore assez facile de créer des ressources. Les fonds, recueillis par souscription, ou obtenus par des ventes que le Conseil municipal décidera et qui seront réalisées par le Maire, seront versés dans la caisse communale et appliqués, par le Conseil municipal, au paiement de la dette. Dans le troisième cas, on rencontrera plus de difficultés. Les limites de la section peuvent être inconnues; il en est souvent ainsi. Dans cette hypothèse, l'administration aura à rechercher et à reconnaître ces limites ou à en fixer, et à faire établir des rôles sur les propriétés qui seront reconnues dépendre de la section; il peut encore se faire que quelques annuités, même d'un gros impôt, soient insuffisantes, alors on devra faire durer la contribution pendant tout le temps qui sera nécessaire pour former une somme égale à celle qu'il faudra payer. Dans tous les cas, le Maire délivre les mandats de paiement; il ne peut, comme l'enseigne M. Aucoc, appartenir à un syndic, désigné uniquement pour suivre une action ou y défendre, et dont le mandat expire avec le procès, de s'immiscer dans les affaires de la commune et de la section, et d'aller jusqu'à apprécier la situation financière de la commune, et à puiser, par des mandats, dans la caisse municipale.

CHAPITRE XIII.

CHARGES ET RESSOURCES EXCEPTIONNELLES DES SECTIONS.

––––~~~~––––

—

§ Ier.

Observations générales.

508. La section a peu de charges et n'a pas de ressources ordinaires. On le conçoit facilement ; elle n'est, ainsi que nous l'avons déjà établi dans les précédents chapitres, qu'une exception dans la commune, sans territoire officiellement déterminé, lors même, ce qui arrive quelquefois, qu'elle aurait des limites connues, sans place dans l'organisation politique et administrative du pays et sans domaine public; elle n'existe que relativement aux biens immeubles qu'elle peut posséder sous des conditions restrictives qui l'empêchent de les administrer, d'en disposer et d'en percevoir les produits en argent, tandis que le droit de le faire, sans son assentiment, et même malgré ses protestations, appartient au Conseil municipal et au Maire de la commune. Ainsi tolérée, à raison seulement des quelques avantages qu'il a été possible de lui conserver, sans déroger à la règle de l'unité communale, la section n'est pas, comme la commune, constituée en vue de pourvoir à des services publics; elle n'a point, par conséquent, de charges générales et elle ne peut être tenue de supporter ni les dépenses obligatoires ni les dépenses facultatives qui pèsent sur la commune.

C'est ce que le Conseil d'État a reconnu dans deux avis, le premier de 1854 et le second du 9 décembre 1858, qui ont formé jurisprudence, et dans un arrêt conforme du 23 juin 1864, en proclamant, dans les termes les plus énergiques, que la section n'a d'existence que dans les cas spécialement déterminés par la loi; que si elle est autorisée à conserver la jouissance de certains droits *immobiliers*, c'est-à-dire, *la jouissance en nature* de biens communaux, et si cette situation lui donne une sorte d'existence séparée, il faut bien se garder d'étendre à des cas non prévus ce que la loi n'a admis que pour les cas exceptionnels; qu'autrement, on arriverait à créer une commune dans la commune; qu'il suit de là que les frais de réparations, de reconstruction ou d'agrandissement des églises, et même des chapelles de secours des sections, formant des paroisses particulières, constituent pour les communes des dépenses obligatoires, lorsque les fabriques se trouvent dans l'impossibilité d'y pourvoir; et qu'il n'y a même pas à distinguer entre les dépenses obligatoires et les dépenses facultatives qui toutes pèsent sur les communes et ne peuvent jamais être supportées par des sections.

La Cour de cassation, dans son arrêt du 25 avril 1855, a aussi reconnu que la section n'existe que pour certains intérêts de propriété et de jouissance, ceux qui viennent d'être indiqués, et que même à cet égard elle ne forme pas un corps isolé, l'unité communale ayant pour conséquence l'unité administrative et par conséquent l'unité budgétaire et financière.

Dans ces conditions, une section ne peut avoir que des charges et des ressources exceptionnelles, presque toujours sans importance. Aussi, les législateurs de 1837, et même ceux de 1850 et de 1851 lui ont-ils refusé un budget. Dufour, dans son *Traité général du droit administratif*, ne lui en donne pas non plus. Nous croyons aussi qu'elle n'en a nul besoin. Si, dans des cas extrêmement rares, elle a des dépenses et des recettes à faire, elles sont arrêtées par le Conseil municipal, inscrites, s'il y a lieu, dans le budget communal et faites par le Maire ; mais elle ne peut, ainsi qu'on va le voir, occuper que peu de place et dans les délibérations municipales et dans le budget communal.

§ II.

CHARGES EXCEPTIONNELLES DES SECTIONS.

ARTICLE PREMIER.

Formation du budget communal devant assurer les services publics pour toute l'étendue du territoire communal.

509. Un budget n'est autre chose qu'un état arrêtant le passif d'une commune. Nous verrons dans la section suivante qu'il indique aussi son actif ; il classe à part les dépenses obligatoires et les dépenses facultatives.

510. Il doit porter comme obligatoires, ne pouvant peser que sur la commune, les dépenses suivantes : 1° l'entretien, s'il y a lieu, du local affecté à la mairie ; 2° les frais de bureau ; 3° l'abonnement au *Bulletin des Lois* ; 4° les frais de recensement de la population ; 5° les frais des registres de l'état civil et la portion des tables décennales à la charge des communes ; 6° le traitement du receveur municipal, du préposé en chef de l'octroi et les frais de perception ; 7° le traitement des gardes des bois de la commune et des gardes champêtres ; 8° le traitement et les frais de bureau des commissaires de police, tels qu'ils sont déterminés par les lois ; 9° les pensions des employés municipaux et des commissaires de police régulièrement liquidés et approuvés ; 10° les frais de loyer et de réparation du local de la justice de paix, ainsi que ceux d'achat et d'entretien de son mobilier dans les communes chef-lieu de canton ; 11° les dépenses de la garde nationale, telles qu'elles sont déterminées par les lois ; 12° les dépenses relatives à l'instruction publique, conformément aux lois ; 13° l'indemnité de logement aux curés et desservants et autres ministres des cultes salariés par l'État, lorsqu'il n'existe pas de bâtiment affecté à leur logement ; 14° les secours aux fabriques des églises et autres administrations préposées aux cultes, dont les ministres sont salariés par l'Etat, en cas d'insuffisance de leurs revenus, justifiée par leurs comptes et budgets ; 15° le contingent assigné à la commune, conformément aux lois, dans la dépense des enfants trouvés et abandonnés ; 16° les grosses réparations aux édifices communaux, sauf l'exécution des lois spéciales concernant les bâtiments militaires et les édifices consacrés au culte ; 17° la clôture des cimetières, leur entretien et leur translation dans les cas déterminés par les lois et règlements d'administration publique ; 18° les frais des plans d'alignements ; 19° les frais et dépenses des Conseils de prud'hommes pour les communes où ils siégent ; les menus frais des Chambres consultatives des arts et manufactures, pour les communes où elles existent ;

20° les contributions et prélèvements établis par les lois sur les biens et revenus communaux ; 21° l'acquittement des dettes exigibles, et généralement toutes les autres dépenses mises à la charge des communes par une disposition des lois.

On doit comprendre dans les dépenses obligatoires les dépenses d'entretien et d'établissement des chemins vicinaux. Les ressources en centimes et en prestation, créées spécialement par la loi du 21 mai 1836, sont affectées à ces voies de communication et doivent y être appliquées.

On comprend, d'après cette énumération des dépenses obligatoires qui pèsent sur les communes, qu'il ne peut guère en rester à la charge des sections.

511. Toutes dépenses autres que celles qui viennent d'être indiquées, par exemple les dépenses relatives à certaines constructions ou améliorations non indispensables, sont facultatives. Comme les dépenses obligatoires, elles pèsent sur la commune, ainsi que le veulent les termes de la loi et le principe de l'unité communale et que le décide le Conseil d'Etat ; elles doivent, par conséquent, figurer aussi dans le budget communal, de sorte que la section ne peut non plus être tenue de les supporter.

512. C'est, en effet, dans ce sens que se sont prononcés les avis du Conseil d'Etat de 1854 et de 1858 et l'arrêt conforme de 1864, en déclarant : 1° que les dépenses obligatoires du culte ne peuvent peser sur les sections formant paroisses dans la commune, quoique ces sections aient seules le bénéfice de la célébration des offices et autres cérémonies religieuses ; 2° et que les dépenses facultatives sont également à la charge des communes.

513. Si, comme on ne saurait plus en douter, ces dépenses et toutes celles de réparations et de reconstructions des autres édifices communaux, publics ou non, tels que maisons d'école, hôtels de ville, bibliothèques, bureaux d'octroi, fontaines, abreuvoirs et autres propriétés communales sont, comme le porte la loi et comme le décide le Conseil d'Etat, à la charge des communes, il en est nécessairement de même pour toutes les autres dépenses, qu'elles s'appliquent à des voies de communications ou à d'autres services communaux.

Quelles peuvent donc être les charges d'une section, en présence de ces obligations de la commune, de pourvoir à tous les services et à tous les besoins des habitants et même des propriétés particulières? Elles sont évidemment nulles ou presque sans importance. Recherchons-les avec tout le soin possible et faisons-les connaître.

Art. 2.

Charges exceptionnelles qui peuvent peser sur les sections.

514. 1º En premier lieu, nous trouvons, comme charge de la section propriétaire d'immeuble, les contributions directes assises sur ces immeubles, et la taxe dite des biens de mainmorte établie par la loi du 20 février 1849.

515. Mais qu'on n'exagère ni l'importance de ces contributions ni l'embarras qu'elles peuvent causer. Dans la pratique, ainsi que nous l'avons déjà expliqué et que le reconnaît M. Aucoc, les habitants, qui profitent des communaux abandonnés à la jouissance commune, se cotisent pour payer le montant de l'impôt, et ils l'acquittent suivant une répartition qui est faite ou par eux-mêmes, ou par le Maire de la commune, ou par le percepteur. Les contributions des biens donnés en locations sont ordinairement supportées par les fermiers. Le budget communal n'est donc pas habituellement chargé de cette première dépense.

516. Si, néanmoins, elle se produisait à l'état de charge et devait être inscrite dans ce cahier des recettes et des dépenses, la commune l'acquitterait avec ses propres ressources ou, ce qui revient au même, avec les produits qu'elle peut retirer et qu'elle retirerait des biens frappés d'impôts. De même qu'elle profite des avantages qui viennent se mêler avec sa fortune et la grossir, de même elle supporte les charges qui viennent la grever, et les impositions sont au nombre de ces charges. Ainsi, le Conseil municipal pourrait établir des taxes de pâturage, les articles 17, 31 et 44 de la loi de 1837 l'y autorisent. Le premier, au numéro deux, porte que les Conseils municipaux délibèrent sur le mode de jouissance des biens communaux ainsi que sur les conditions à imposer aux parties prenantes; le second, au numéro deux, déclare recettes ordinaires les cotisations imposées annuellement sur les ayants-droit aux fruits qui se perçoivent en nature, et le troisième dispose que les taxes particulières dues par les habitants ou propriétaires, en vertu des lois et des usages locaux, sont réparties par délibération du Conseil municipal. Il résulte de l'ensemble de ces dispositions que le Conseil municipal peut imposer des taxes de pâturage qui ne sont, en réalité, que des fermages, comme il peut amodier les biens livrés à la dépaissance des bestiaux, et obtenir ainsi de véritables fermages, fermages qui, dans les deux cas, reviennent de plein droit à la commune. Il en résulte encore qu'il est entièrement libre d'affecter tout ou partie de ses revenus, sous quelque forme qu'il les établisse, à telle dépense communale qu'il juge convenable, et spécialement au paiement d'impositions qui constituent des charges communales.

517. Malgré ces principes, que nous croyons vrais, d'après la législation nouvelle, le Conseil d'Etat, par deux arrêts, des

9 août 1855 et 4 mars 1858, a décidé que des taxes destinées à
acquitter les contributions établies sur des biens à la jouissance
desquels tous les habitants ont un droit égal, devaient nécessairement, en exécution de l'article 2 de la loi du 26 germinal
an II, être réparties en centimes additionnels aux contributions
directes et non en raison du nombre des bestiaux envoyés au
pâturage. Cet article 2 est ainsi conçu : « Lorsqu'une commune
» (ou une section, selon les articles suivants) possèdera des
» domaines utiles dont chaque habitant profitera également et
» qui ne seront pas susceptibles d'être affermés, comme les
» bois, pacages et marais communaux, ou des bâtiments ser-
» vant à l'usage commun, et qu'elle n'aura pas de revenus suf-
» fisants pour payer la contribution due à raison desdits domai-
» nes, cette contribution sera répartie en centimes additionnels
» sur les contributions foncière, mobilière et somptuaire de tous
» les habitants. »

518. Mais, en supposant qu'aucun texte n'ait expressément
abrogé la loi du 26 germinal, les progrès qui se sont accomplis
depuis, l'ordonnance de 1818 et la législation de 1837, l'ont implicitement effacée en donnant à la municipalité le droit de faire
des locations et d'établir des taxes de pâturage et encore le
pouvoir d'en affecter le montant à telle dépense communale
qu'elle croit devoir indiquer.

En admettant même que la loi de l'an II subsiste encore, elle
ne pourrait être appliquée que dans le cas qu'elle a prévu, c'est-
à-dire, dans le cas où la commune n'aurait pas, en vertu de la
nouvelle législation, créé de revenus et manquerait de ressources pour acquitter les contributions de ses propriétés, et
voudrait, pour les payer, recourir à une imposition. Dans cette
hypothèse, on concevrait que la commune dût répartir cette
imposition en centimes additionnels, suivant que le voulait
l'ancienne législation.

Si les deux lois de l'an II et de 1837 ne s'expliquaient pas ainsi, on ne comprendrait pas qu'un Conseil municipal pût voter, et il le peut assurément, une amodiation de biens communaux, et en affecter, comme il le peut aussi, le produit au paiement des contributions frappant des propriétés communales, et qu'il n'ait pas le pouvoir de créer, également en vertu de la nouvelle législation, de simples redevances de pâturage, qui ne sont en réalité que des prix de location, et d'en appliquer le montant, suivant le droit qu'il tient de cette même législation, au paiement des mêmes contributions.

Enfin, ce qui doit achever de montrer que des taxes de pâturage peuvent être établies pour acquitter des impositions, c'est que pour échapper à la trop rigoureuse jurisprudence, résultant des deux arrêts que nous discutons, il suffirait, en imposant les taxes, d'éviter de les appliquer au paiement des contributions. On n'aurait qu'à exprimer qu'elles sont destinées à concourir, avec les autres ressources municipales, à supporter les diverses charges qui pèsent sur la commune, et tout serait pour le mieux.

On voit ainsi que presque toujours les impositions établies au profit du Trésor public, sur les biens sectionnaires, n'entrent pas dans le budget communal ; que, dans tous les cas, elles font partie du passif de la commune, sont à sa charge par conséquent, et que même elles peuvent entrer dans la caisse communale, de compagnie avec des ressources, des revenus en d'autres termes, provenant des mêmes biens sectionnaires, passif et actif qui se fondent au profit ou à la charge de la commune.

519. 2° En second lieu, on trouve les frais d'administration des immeubles des sections. Comme les contributions, ces frais peuvent constituer une charge des sections.

520. Mais cette charge est nulle ou insignifiante, elle ne doit presque jamais figurer dans le budget communal, et si

34

elle venait à y entrer, elle pèserait sur la commune qui l'acquitterait sans beaucoup de gêne.

En effet, s'il s'agissait de biens soumis au pâturage en commun, leur administration ne donne ordinairement lieu à aucune dépense. Les frais que cette administration occasionnerait et que la commune supporterait, pourraient d'ailleurs être couverts par des taxes de pâturages et par d'autres moyens.

S'il s'agissait de bois soumis au régime forestier, les frais d'administration qu'ils peuvent occasionner sont avancés par l'Etat, qui s'en rembourse au moyen de prélèvement sur les ventes et les délivrances des produits en nature, conformément aux lois sur la matière.

S'il s'agissait des salaires d'un ou de plusieurs gardes, ils peuvent être et sont ordinairement payés par les produits des ventes.

On voit encore à l'égard de ces frais qu'ils sont insignifiants; qu'ils sont dans tous les cas à la charge de la commune, et que même si les biens qui les occasionneraient ne donnaient pas de revenus, la commune, pour alléger ses charges ou pour les couvrir, pourrait leur en faire produire par des locations ou par l'établissement de taxes.

521. 3° Quant aux frais d'entretien des propriétés bâties et affermées, ils sont tout naturellement à la charge de la commune qui profite de tous les fruits civils.

522. 4° En quatrième lieu, nous rencontrons les dépenses que peuvent occasionner l'amélioration des biens communaux, encore incultes; mais lorsqu'une section possède des propriétés susceptibles d'être ainsi transformées, le Conseil municipal qui doit se prononcer sur leur sort décide (les choses se passent ainsi dans la Gironde) qu'une partie de ces biens sera aliénée, et qu'avec les prix à en provenir, le surplus sera converti par exemple en bois ou en prairie-bois, afin d'assurer

ainsi à la section des produits en nature, de manière que, de ce chef, ni la section, ni la commune n'aient en réalité aucune charge à supporter. La commune pourrait même contribuer aux dépenses ou les faire toutes ; mais, dans ce cas, il serait équitable d'assurer aux habitants de la section des fruits en nature, et à la commune des revenus, en compensation des sacrifices qu'elle s'imposerait. Ces faits, qui n'ont rien de contraire à la loi et qu'elle autorise au contraire devront souvent se produire.

523. 5° En cinquième lieu, on peut encore trouver comme charge d'une section, les condamnations pécuniaires qui peuvent être prononcées contre elle, comme responsable des délits et des contraventions qui sont commis par leur pâtre ou gardien ; mais de pareilles condamnations n'interviennent que rarement, elles sont sans importance et seraient payées comme des frais de procès.

524. 6° En sixième lieu, une section peut recevoir des propriétés immobilières par donation ou par testament, sous des charges relativement peu importantes. Les frais des actes et les charges pèseront nécessairement sur la commune ; mais les biens apporteront des avantages, autrement ils n'auraient pas été acceptés par le Conseil municipal, et soit avec ces avantages, des fermages par exemple, soit même avec des prix de vente de partie de ces biens, ou soit avec ses ressources ordinaires, la commune supportera la dépense. Les moyens de s'en couvrir, si sa situation financière lui dit de les employer, ne lui manqueront pas.

525. 7° Enfin les frais d'un procès qui a été soutenu par les habitants d'une section sont une véritable charge de cette section ; ils constituent en quelque sorte, contre ses habitants, une peine de la témérité qu'ils ont eu de s'engager dans une mauvaise contestation. Ils sont payés par une imposition extraordinaire. C'est le moyen indiqué par la loi et qui est le plus en usage ; ils pourraient encore être payés par des souscriptions ou par l'aliénation de tout ou partie des propriétés immobilières de la section.

Ainsi que nous l'avons déjà fait remarquer, la plupart des charges que nous venons d'indiquer ne se produisent qu'accidentellement et ne viennent par conséquent que très-rarement charger la section ou la commune, selon les cas.

526. Il est beaucoup d'autres dépenses qui ne sauraient peser sur une section, et que pourtant M. Aucoc inscrit à leur passif, ce seraient :

La part afférente à une section distraite dans les dettes de la commune qu'elle quitterait,

Les frais de plans produits à l'appui des demandes de modifications de territoires,

Les dépenses de l'exercice du culte dans certaine mesure,

Diverses dépenses qui constitueraient des dépenses d'utilité publique,

Et une part des charges générales de la commune.

Reprenons chacun de ces articles.

527. 1° Les dettes résultant d'un changement de circonscription territoriale, que M. Aucoc met à la charge d'une section, proviendraient du passif de la commune, dont la section aurait été distraite ; mais de même que la fortune mobilière de cette section, par exemple sa part dans l'actif de la commune qu'elle quitte, passe à la nouvelle commune à laquelle elle est réunie, de même la part du passif qui lui incombe doit passer à la même commune. Nous avons déjà prouvé, dans les précédents chapitres, que sa part de fortune mobilière entre dans la caisse municipale de la nouvelle commune et s'y confond, pour n'en plus être distinguée, avec les autres ressources qu'elle renfermait. M. Aucoc admet qu'il en est ainsi ; il fait même cet autre aveu, non moins important, que les revenus des biens communaux sectionnaires, affermés avant la réunion, profitent aussi à la nouvelle commune. S'il en est ainsi sans conteste pour l'actif, pourquoi en serait-il autrement pour le passif ? On ne le comprendrait pas. La même règle qui fait profiter la nouvelle commune des avantages doit lui faire supporter les charges. Dans le cas encore où une section trouverait des dettes dans la commune à laquelle elle est réunie, elle devrait, ce serait la conséquence logique de la même règle, et on peut dire du principe de l'unité communale, concourir à leur paiement.

528. C'est dans le sens de ces solutions justes et pratiques que se prononce le Conseil d'Etat.

Les communes de Roquemartine et d'Eyguière avaient été réunies en 1830. L'un des articles de l'ordonnance de réunion portait que les communes réunies continueraient à jouir séparément, comme section de commune, des droits d'usage ou autres qui pourraient leur appartenir, sans pouvoir néanmoins se dispenser de contribuer en commun aux charges municipales. Les deux communes avaient été imposées extraordinairement pour l'acquittement des dettes contractées par l'ancienne commune d'Eyguières avant la réunion. Des habitants de l'ancienne commune de Roquemartine demandaient la décharge de leur quote-part de cet impôt. Le Conseil d'Etat a répondu le 7 juillet 1853 :

D'une part, que l'ordonnance de réunion de 1830 disposait « que les deux communes réunies ne pouvaient se dispenser » de contribuer en commun aux charges municipales ;

» Et d'autre part, que ladite ordonnance ne contenait aucune » réserve à l'égard des dettes particulières qui pouvaient » exister, à la charge de chacune d'elles, antérieurement à la » réunion. »

Par le premier motif de cet arrêt, le Conseil d'Etat a restreint dans ses justes limites ou plutôt a appliqué, comme il devait le faire, la condition qui vient d'être rapportée, en ce sens qui lui appartenait, que dans l'avenir les communes réunies pourraient, d'un côté, continuer à jouir à part de leurs droits d'usage ou autres, sans néanmoins pouvoir; de l'autre, quelle que soit l'inégalité de ces droits, se dispenser de concourir, au moyen d'impôts, s'il y avait lieu d'en établir, aux charges municipales de chaque année, dans la proportion de leurs contributions.

Par le second motif, le Conseil d'Etat, faisant l'application du grand principe de l'unité communale et de cette règle qui en découle que tout l'actif et tout le passif mobilier des communes réunies se mêlent et se fondent complètement, a décidé que l'ordonnance de réunion ayant laissé les deux communes dans le droit commun, à l'égard de leurs dettes particulières, ces dettes étaient devenues, par le seul effet de la réunion, les dettes de la nouvelle commune.

S'il n'en était pas ainsi, la réunion des communes ne serait pas vraie. Chaque section formerait, dans la nouvelle association, une commune particulière.

Nous ajouterons, ou plutôt nous répéterons que les indemnités qui peuvent être dues à l'occasion des édifices publics, qui passent avec une section dans une nouvelle commune, sont dues et payées par cette commune et reçues par la commune qui perd les édifices. Les sections n'ont encore ni à payer ni à recevoir ces indemnités.

529. 2° Les frais de plans produits à l'appui des demandes de modification de territoire, ne peuvent pas non plus constituer des charges des sections.

530. Le Ministre de l'intérieur a eu soin d'en exonérer les sections, en prescrivant aux Préfets, dans une circulaire du 29 août 1849, de mettre les auteurs des projets de division et de réunion, en demeure de fournir ces plans à leurs frais et de demander au Conseil général de porter au budget départemental un crédit qui permettrait, au besoin, d'acquitter ces frais. Ne tombe-t-il pas sous le sens que les hommes qui agissent dans ces cas, au nom d'une fraction de territoire, supportent les dépenses qu'ils font nécessairement dans un intérêt qui leur est personnel ?

531. 3° Si la jurisprudence du Conseil d'Etat a, pendant longtemps, laissé, à la charge des sections formant dans les communes des paroisses séparées, les frais de réparation et de reconstruction des églises et des presbytères et même d'achat de cloches, elle s'est modifiée en partie en 1854 et complètement en 1858. Depuis cette dernière époque, ainsi que le montrent l'avis de 1858, l'arrêt conforme de 1864, et de nombreuses circulaires et décisions du Ministre de l'intérieur, il a été reconnu que tous ces frais, qu'ils constituent des dépenses obligatoires ou des dépenses facultatives, pesaient sur les communes, non parce que les législateurs n'avaient pas prévu le cas où une commune renfermerait plusieurs paroisses et qu'ils n'auraient pas explicitement réglé le mode d'acquittement des dépenses du culte, mais parce qu'ils ont pensé et décidé, ainsi que le Conseil d'Etat a fini par le reconnaître, qu'une section n'avait aucune existence séparée en dehors du cas exceptionnel, prévu par la loi, où la jouissance en nature de certains droits immobiliers lui était conservée; que si, à cet égard, mais à cet égard seulement, elle avait une sorte d'existence séparée, il fallait bien se garder de lui en donner une plus étendue, parce qu'alors on arriverait à créer une commune dans la commune; et qu'en conséquence, une section qui n'avait pas de ressources ordinaires, point de budget par conséquent, ne pouvait être chargée ni des dépenses obligatoires, ni des dépenses facultatives qui pèsent sur les communes, que ces dépenses s'appliquent aux édifices conservés à l'usage du culte ou à tous autres édifices communaux.

M. Aucoc.s'incline devant cette nouvelle jurisprudence ; mais il ne le fait que sous certaines réserves ; il fait même remarquer que.l'arrêt de 1864 ne tranche la question que relativement aux dépenses obligatoires. Il aurait pourtant dû reconnaître que, pour les dépenses facultatives, les raisons de décider sont les mêmes. La section n'existe pas plus pour les unes que pour les autres ; elle ne saurait donc être tenue de faire un presbytère plutôt qu'une église. S'il est vrai que l'arrêt de 1864 n'a eu à s'occuper que de réparations à faire à une église, les avis de 1854 et de 1858 ont prévu le cas de dépenses facultatives, de construction d'un presbytère et ont exprimé l'opinion qu'elles ne pouvaient peser sur une section ; aucune distinction, ont-ils dit, ne pouvant être faite entre les deux espèces de dépenses. Le Ministre a adopté la nouvelle jurisprudence, et dans la pratique, on ne songe plus à charger les sections d'une dépense quelconque relative à l'exercice du culte.

Ainsi, en 1863, un notaire a réclamé le paiement d'honoraires qui lui étaient dus, par une section de commune, à raison de divers actes relatifs à l'acquisition d'immeubles nécessaires au service d'une église, d'un presbytère et d'un cimetière. Le Conseil, mis en demeure d'aviser aux moyens d'acquitter ces frais, a voté l'établissement, sur le territoire de la section, d'une imposition extraordinaire.

La dépense constituant, selon le Préfet, une dette générale au paiement de laquelle devait être appelée à contribuer la commune entière, ce fonctionnaire a fait inviter le Conseil municipal à régulariser son vote dans ce sens.

Le Conseil a refusé de faire peser l'imposition sur toute la commune.

Le Ministre, interrogé, a répondu que, suivant la loi, dans le cas où le Conseil municipal persisterait dans son refus, il y aurait lieu de recourir aux mesures coercitives édictées par l'article 39 de la loi de 1837, et on l'a fait.

582. 4° Est-il vrai que des dépenses diverses d'utilité publi-

que puissent obligatoirement peser sur une section? Nous ne
le croyons pas. Si une section avait eu une fortune mobilière
quelconque, on aurait pu, jusqu'à un certain point, admettre
que lorsqu'elle formait une paroisse à part, elle fût tenue,
l'exercice du culte étant nécessaire, de faire ce que la fabrique
ne pouvait faire, parce que seule elle profitait de tous les avantages des secours de la religion ; mais lorsqu'il s'agit d'établir
un lavoir, ou une fontaine publique, ou un abreuvoir, ou une
place, ou d'ouvrir une rue, les mêmes raisons n'existent plus ;
il ne peut s'agir, dans ces cas, que de dépenses essentiellement
facultatives qui ne sauraient être mises obligatoirement à la
charge d'une section.

Nous comprenons néanmoins très-bien qu'une section vienne
demander à la commune de lui accorder certains avantages,
par exemple, de lui ouvrir une voie publique, ou de lui établir
une fontaine dont elle aurait grand besoin, et que pour faire
accueillir sa demande, elle apporte des souscriptions, ou prie le
Conseil municipal d'aliéner tout ou partie de ses biens communaux, ou lui offre même de s'imposer extraordinairement,
parce que, dans ces hypothèses, la section reste et sera, après
les travaux, ce qu'elle était avant, une fraction de la commune
toujours sans vie propre et sans autre existence que celle que
lui donne, dans des limites bien déterminées, la jouissance de
certains droits immobiliers. Aux ressources que la section apportera ainsi, la commune en ajoutera d'autres, si sa situation
financière lui permet de le faire, et le projet qui aura été inspiré ou communiqué au Conseil municipal, sera accepté et
exécuté, s'il y a lieu. Mais toutes les ressources qui seront réalisées, quelles qu'en soient l'origine et l'importance, seront des
ressources municipales, et les établissements qui seront fondés
seront communaux et entretenus aux frais de la commune.

C'est dans ce sens que doivent s'entendre et que s'expliquent,
en effet, certains avis du Conseil d'Etat des 11 mai 1854, 23 octobre et 30 décembre 1856, qui ont pensé que l'Administration

supérieure pouvait autoriser des emprunts que des sections demandaient à faire pour obtenir, les unes des fontaines, une autre l'ouverture d'une rue, et une dernière le transfèrement d'un cimetière. De pareilles mesures, tout exceptionnelles qu'elles puissent paraître à la règle de l'unité communale, n'y porte pourtant aucune atteinte, ni en fait, ni dans l'esprit du Conseil d'État; elles ne sont, en effet, que des actes de tolérance qui n'engagent en rien les principes, et qui sont en réalité réclamés et accordés dans l'intérêt, tout à la fois, des habitants et de la caisse municipale.

533. 5° Il nous reste à examiner si une section doit participer aux charges de la commune. Notre réponse est assurément affirmative. Nous devons néanmoins l'expliquer.

534. Toutes les fois qu'il s'agira de pourvoir à des besoins généraux, au moyen de centimes extraordinaires ou au moyen de taxes, il n'y aura aucune distinction à faire entre les habitants d'une section et les habitants des autres parties de la commune. Tous concourront au paiement des centimes additionnels, au marc le franc des impositions qu'ils supporteront, dans la circonscription communale, et tous aussi acquitteront les taxes de pâturage, ou d'affouage, ou de prestation, dans la proportion des bestiaux qu'ils enverront dans les pâturages, ou des parts qu'ils prendront dans les affouages, ou des personnes et des attelages qui occuperont leurs propriétés.

535. Mais M. Aucoc ajoute que, selon que les sections seront plus ou moins riches, elles contribueront sur leur fortune personnelle, pour une part proportionnelle, plus ou moins forte, aux charges communales, de telle sorte que pour arriver à fixer les parts contributives des sections on devrait entrer dans des calculs plus que difficiles, et même lorsque les revenus ne suffiraient pas, entamer les capitaux, ou encore, lorsque les revenus et les capitaux seraient ensemble insuffisants, faire supporter aux sections propriétaires un nombre de centimes additionnels différent de celui d'autres sections, selon qu'elles seraient plus ou moins riches, et différent aussi de celui du surplus de la commune. Ici nous cessons d'être d'accord. M. Aucoc donne des revenus et même des capitaux, une bourse et un budget aux sections ; il admet, par suite, qu'elles ne devront concourir aux charges de la commune, que dans la proportion, ou de leurs habitants si le nombre peut en être fixé, ou des feux qu'elles renferment si on peut en faire le compte, ou des propriétés dont elles se composent si leur étendue peut être déterminée, le tout relativement à la richesse du surplus de la commune, en population ou en propriétés. Nous qui refusons aux sections, parce que la loi les leur refuse, une fortune mobilière, une caisse et un budget, et qui ne saurions ni trouver la solution des difficultés qui résulteraient de la présence de plusieurs communes dans une même commune, ni faire tous les calculs, auxquels cette multiplicité de communes et tant de situations différentes donneraient lieu, nous disons, parce que les législateurs l'ont dit et l'ont écrit dans la loi, pour éviter toutes contestations, que de même que les sections de commune concourront aux charges générales de l'association entière, au moyen de centimes et de taxes, de même elles contribueront à ces mêmes charges, par les prix de ferme et de vente de leurs biens qui reviennent de plein droit aux communes et qui se confondent, ainsi que l'ont voulu les législateurs, avec toutes les autres ressources, dans leur bourse qui est celle de la généralité des habitants et dans leur budget qui est unique. Les sections n'existent, en effet, que relativement à la propriété de leurs immeubles et à la jouissance en nature de ces biens ; elles n'ont ni ressources ordinaires, ni budget qui leur seraient inutiles. Si elles avaient de pareils moyens à leur disposition, elles seraient, ce qu'elles ne sont pas, suivant les auteurs de la loi de 1837, suivant le Conseil d'Etat et suivant la Cour de cassation, des communes dans la commune. Ainsi limitées dans leurs droits, elles ne peuvent participer aux charges générales de la commune, par des fortunes particulières, quand même elles en auraient de grosses, puisqu'elles ne les auraient qu'en immeubles et en fruits naturels ; mais en fait et en droit, elles peuvent y participer, en ce sens que si elles ont des immeubles, les revenus en argent qu'ils donnent reviennent de plein droit à la commune. Nous l'avons trop dit et assez prouvé pour avoir besoin de nous répéter encore. Le Conseil d'Etat lui-même l'avait affirmé dans ses arrêts de 1843 et de 1849, et l'a répété sous une forme nouvelle, dans ses avis de 1854 et de 1858, et dans ses décisions des 7 juillet 1853 et 23 juin 1864. La Cour de cassation, après la Cour d'Orléans, l'a également affirmé.

536. Ainsi, en résumant tout ce paragraphe, nous pouvons maintenant assurer que les sections n'ont que des charges exceptionnelles et sans importance qui ne peuvent, pour la plupart, se produire qu'à de rares intervalles ; que dans sa prévoyance, la loi leur a donné le moyen d'acquitter, par un impôt extraordinaire, celles de ses charges qui leur restent personnelles, par exemple les frais de procès ; que les autres ou sont supportées par les habitants et ne se produisent pas à l'état de charges pour la section, ou deviennent, suivant la règle de l'unité communale, des dettes de la commune, qui tient, du reste de la loi, les moyens de s'en couvrir, soit par des taxes, soit par des locations ; que la section ainsi ramenée à sa véritable condition d'être exceptionnel, pour certains droits immobiliers seulement, n'a point de charge ordinaire et n'a nul besoin d'un budget.

§ III.

Ressources exceptionnelles et sans importance des sections.

537. Si un budget est inutile à la section pour arrêter ses charges, en a-t-elle au moins besoin pour indiquer ses ressources ? Le titre de ce paragraphe fait pressentir une réponse négative que va donner l'absence absolue de recettes ordinaires et presque totale de recettes extraordinaires, au profit de la section, et que vont surabondamment justifier l'existence restreinte et la situation subordonnée de la section dans la commune.

538. Pour montrer combien sont rares et insignifiantes les recettes que peut faire une section, il faut commencer par faire connaître les recettes des communes ; elles sont, comme ses charges, ordinaires et extraordinaires.

Les recettes ordinaires se composent : 1° des revenus de tous les biens dont les habitants n'ont pas la jouissance en nature ; 2° des cotisations imposées annuellement sur les ayants-droit, aux fruits qui se perçoivent en nature ; 3° du produit des centimes ordinaires affectés aux communes par les lois de finances ; 4° du produit de la portion accordée aux communes dans l'impôt des patentes ; 5° du produit des octrois municipaux ; 6° du produit des droits de place perçus dans les halles, foires, marchés, abattoirs, d'après les tarifs dûment autorisés ; 7° du produit des permis de stationnement et de location sur la voie publique, sur les ports et rivières et autres lieux publics ; 8° du produit des péages communaux, des droits de pesage, mesurage et jaugeage, des droits de voirie et autres droits légalement établis ; 9° du prix des concessions dans les cimetières ; 10° du produit des concessions d'eau, de l'enlèvement des boues et immondices de la voie publique et autres concessions autorisées pour les services communaux ; 11° du produit des expéditions des actes administratifs et des actes de l'état civil ; 12° de la portion que les lois accordent aux communes dans le produit des amendes prononcées par les Tribunaux de simple police, par ceux de police correctionnelle et par les Conseils de discipline de la garde nationale ; et généralement du produit de toutes les taxes de ville et de police, dont la perception est autorisée par la loi. (Article 31 de la loi du 18 juillet 1837.)

Les recettes extraordinaires des communes se composent : 1° des contributions extraordinaires dûment autorisées ; 2° du prix des biens aliénés ; 3° des dons et legs ; 4° du remboursement des capitaux exigibles et des rentes rachetées ; 5° du produit des coupes extraordinaires de bois ; 6° du produit des emprunts et de toutes autres recettes accidentelles. (Article 32 de la même loi.)

On pourra encore ranger dans les recettes extraordinaires des communes, les ressources qui seront créées en vertu de la loi du 23 juillet 1867 et du décret du 17 août suivant, pour l'amélioration des chemins vicinaux, et pour l'achèvement de leur réseau. C'est en effet aux communes que le soin de créer ces ressources spéciales a été confié ; elles auront à les porter dans leur budget, à les dépenser selon les vues civilisatrices de l'Empereur et à réaliser cet immense progrès de l'achèvement des chemins vicinaux ordinaires, qui a pour but le bien-être général, d'abord des populations des campagnes et ensuite de la nation entière.

539. On voit, d'après la première nomenclature des recettes des communes, qui ne laissent aux sections, comme les dispositions de l'article 5 de la loi de 1837, que des fruits en nature, que tous les revenus en argent, même des biens sectionnaires et toutes les cotisations imposées sur les ayants-droit aux fruits qui se perçoivent en nature, font partie des recettes ordinaires des communes.

On voit également, d'après la seconde nomenclature des recettes des communes, qui ne laisse non plus, comme les termes du même article 5, aucune fortune mobilière aux sections, que les prix des aliénations des immeubles, les dons et legs en argent, les capitaux exigibles ou provenant de remboursements de rentes et le produit des coupes extraordinaires des bois, sans aucune distinction, font partie des recettes extraordinaires des communes.

On savait déjà, en effet, suivant les termes de la loi que nous avons rapportés, suivant la discussion dont elle a été l'objet et que nous avons fait connaître et suivant les autres preuves que nous avons données, que la fortune mobilière qui appartient aux sections au moment de leur réunion à une nouvelle commune, passe à cette commune, et que tous les fruits civils, tous les prix de vente et tous les capitaux reviennent aussi aux communes; nous n'avons plus à le prouver.

540. En dehors des recettes des communes qui viennent d'être énumérées, il ne peut guère en rester pour les sections d'autres que celles suivantes, qui seront toutes exceptionnelles.

Une section a pu engager ou soutenir un procès, succomber dans ses prétentions, être condamnée à des dépens et même à des dommages-intérêts; elle a pu subir d'autres condamnations par suite de responsabilités qui pesaient sur elle; elle a pu réclamer l'amélioration de terrains incultes lui appartenant, et cette amélioration a même pu être prescrite dans les termes de la loi du 18 juillet 1860.

Dans ces cas et dans d'autres analogues, mais non moins rares, la section débitrice pourra trouver les ressources qui lui seront nécessaires, pour se libérer, dans l'aliénation de tout ou partie de ses biens propres, ou dans des impositions extraordinaires; mais ces moyens ne pourront être employés que pour

des dettes mises spécialement, par la loi, à la charge de la section
et ne devront l'être que par la municipalité. Il n'appartiendra
non plus qu'au Maire de surveiller et de poursuivre les recouvrements et de mandater les paiements.

541. Si des souscriptions étaient faites dans une section, elles
ne constitueraient pas une ressource de cette partie de la commune, quand même elles auraient pour but d'établir une fontaine qui devrait lui profiter exclusivement; elles formeraient,
ainsi que nous l'avons déjà établi, des ressources exceptionnelles que la loi a rangées dans les recettes municipales extraordinaires.

542. Les sections n'ont donc, à vrai dire, des recettes à faire
que pour des objets spéciaux, et lorsque, par hasard, elles en
ont à faire, elles sont représentées par l'administration municipale; elles n'ont, par conséquent, pas plus besoin de budget
pour inscrire leurs chétives recettes que pour arrêter les quelques charges qui peuvent peser sur elles.

C'est, comme on le voit maintenant avec une éclatante lumière, par des raisons de la plus haute sagesse, que les législateurs leur ont refusé des recettes ordinaires dont elle n'ont
que faire et qu'ils ont pris à tâche, au contraire, d'attribuer aux
communes qui en ont besoin, toutes les ressources qui viennent d'être indiquées et jusqu'aux ressources exceptionnelles
imprévues.

CHAPITRE XIV.

———∿∿∿∿∿———

§ UNIQUE.

Suffisance des lois en vigueur.

543. Des solutions légales et pratiques qui précèdent, il résulte qu'aucune nouvelle disposition législative n'est actuellement nécessaire, soit pour administrer les biens communaux, les mettre en valeur ou en disposer, soit pour régler les droits respectifs de propriété des communes et des sections de commune sur ces biens, soit pour fixer le sort des revenus et des prix de ces biens, des capitaux et des rentes, en un mot, de la fortune mobilière.

La législation de 1837 avait réglé, d'une manière suffisante, les prérogatives des communes et les intérêts des sections de commune qui pouvaient être ménagés; elle autorisait l'amélioration, la location et l'aliénation des biens communaux, sans pourtant, pour aucun de ces cas, armer l'Autorité administrative supérieure contre la négligence ou le mauvais vouloir des municipalités. Les lois nouvelles de 1857, de 1860 et de 1867, n'ont pas modifié la situation relative des communes et des sections de commune ; elles ont, à cet égard, respecté les règles fondamentales qui étaient en vigueur ; mais elles ont étendu les pouvoirs de l'Administration supérieure et la liberté d'action des Conseils municipaux à l'égard des améliorations et même dans une certaine mesure, en ce qui concerne les locations et les aliénations.

544. Ainsi, en premier lieu, la loi de 1837 permettait aux Conseils municipaux de décider définitivement certaines affaires; ils pouvaient régler : 1° le mode d'administration des biens communaux ; 2° les conditions des baux à ferme ou à loyer dont la durée n'excédait pas dix-huit ans pour les biens ruraux et neuf ans pour les autres biens; 3° le mode de jouissance et la répartition des pâturages et fruits communaux autres que les bois ; 4° les conditions à imposer aux parties prenantes ; 5° et les affouages en se conformant aux lois forestières. Leur délibération, sur ces divers objets, étaient exécutoires, si dans les trente jours qui suivaient la date du récépissé de l'expédition adressée par le Maire, au Sous-Préfet ou au Préfet, selon les cas, le Préfet n'avait pas annulé la délibération soit d'office pour violation d'une disposition de loi ou d'un règlement d'administration publique, soit sur la réclamation de toute partie intéressée, ou n'avait pas suspendu la délibération pendant un autre délai de trente jours.

La loi de 1867 a accompli de nouveaux progrès au profit de la liberté municipale, elle affranchit désormais de toute approbation : 1° les acquisitions d'immeubles, lorsque leur prix n'excèdera pas le dixième des revenus annuels ordinaires de la commune; 2° les conditions des baux à loyer, dont la durée n'excèdera pas dix-huit ans, de manière que le pouvoir des Conseils municipaux est à l'égard des baux à loyer le même que pour les baux à ferme ; 3° les projets des grosses réparations et des réparations d'entretien, lorsque la dépense ne dépassera pas le cinquième des revenus ordinaires, ni en aucun cas, une somme de 30,000 fr; 4° les tarifs des droits de place sous les halles, foires et marchés; 5° les droits pour permis de stationnement et de location sur les rues, places et autres lieux publics; 6° le tarif des concessions dans les cimetières; 7° les assurances des bâtiments communaux; 8° l'affectation d'une propriété communale à un service communal; 9° et l'acceptation ou le refus de dons et legs dans certaines conditions.

Toutes ces dispositions des lois de 1837 et de 1867 suffisent aux besoins actuels, relativement aux objets dont elles s'occupent; il n'y a qu'à les expérimenter avant de songer à élargir encore le cercle des attributions des municipalités.

545. Ainsi, en second lieu, la législation de 1837 avait laissé l'initiative des locations, des aliénations et des améliorations des biens communaux aux corps municipaux; elle refusait à l'Administration supérieure le pouvoir de les faire opérer d'office; elle ne permettait même pas au Préfet ni au Ministre de modifier les délibérations des assemblées municipales; elle ne leur laissait que la faculté de les admettre si elles répondaient à un besoin ou de les repousser si elles violaient une disposition législative ou un règlement, ou encore si elles étaient contraires aux intérêts des communes.

La loi du 18 juillet 1857 sur la mise en culture des landes de Gascogne, et celle du 28 juillet 1860 sur la mise en valeur des marais et terres incultes de toutes les communes de l'Empire, ont posé de nouveaux principes. Après avoir décidé que tous les marais, toutes les landes et toutes les terres incultes pourraient être desséchés, assainis et rendus propres à la culture ou plantés en bois, elles ont donné : au Préfet, le pouvoir de provoquer leur amélioration; au Gouvernement, le droit de prescrire les travaux nécessaires et de les faire exécuter en cas de refus ou d'abstention des Conseils municipaux; et à l'Administration supérieure la faculté d'aliéner d'office une partie des terrains améliorés ou de les affermer tous pour rembourser le Gouvernement des avances qu'il aurait faites.

On peut donc aujourd'hui faire améliorer les biens communaux et les faire mettre en valeur lorsqu'il y aura lieu de le faire, même malgré les Conseils municipaux. Dans les Landes, dans la Gironde, et dans presque tous les départements, on livre à la culture des biens considérables en les vendant au profit des communes, souvent on ne vend qu'une partie de ces biens pour améliorer le surplus; ailleurs on emploie les mêmes moyens et on fait surtout des locations, ainsi que l'attestent presque tous les Conseils généraux. De nombreux projets soumis à ces Conseils, qui les approuvent presque toujours, constatent que de grandes améliorations se préparent dans beaucoup de départements, et se réalisent quelquefois malgré les municipalités. Dans les uns, des landes sont transformées en excellentes terres arables, et dans d'autres, des marais humides et insalubres sont convertis en bonnes prairies ou en beaux bois.

Sans doute, la lacune qui existait dans la loi de 1837 n'est pas entièrement comblée, en ce que l'Administration supérieure ne peut pas encore faire affermer ni aliéner d'office toutes les propriétés communales, soit pour combler un déficit dans le budget, soit pour faire établir un édifice public; mais n'était-il pas convenable de laisser certaines libertés aux municipalités, par exemple la liberté de choisir leur temps pour affermer leurs biens ou pour en disposer et pour faire établir une construction, et ne suffisait-il pas d'armer l'Administration supérieure contre la négligence ou la résistance qu'elle pourrait rencontrer, lorsqu'il conviendrait de transformer les biens communaux? C'est ce que la loi de 1860 a fait, non plus pour une localité, mais pour toute la France; elle a, en effet, rendu obligatoire les améliorations et possible les locations et les aliénations, suivant les circonstances.

Il n'y a donc actuellement rien de plus à demander à la législation. Que les corps municipaux de toutes les contrées suivent les enseignements qui leur sont donnés dans le plus grand nombre des départements, dans la Somme surtout où le Conseil général insiste énergiquement pour que les biens communaux soient améliorés et même affermés d'office, et que MM. les Préfets encouragent et provoquent au besoin la transformation de ces biens, des locations auront lieu dans les pays où elles seront possibles, des ventes se feront là où elles seront nécessaires, des travaux d'amélioration s'exécuteront en tous lieux, et partout, les administrations à tous les degrés seront d'accord avec les lois en vigueur, avec l'intérêt des communes, avec l'intérêt des populations et avec l'intérêt général.

546. Si, au lieu de réaliser des améliorations dans les termes de la loi de 1860, par les moyens que nous avons indiqués, ou de faire des locations, en vertu des lois de 1837 et 1867, et même des aliénations, suivant la loi de 1837, on préfère faire, dans certains départements, des allotissements de jouissance, moyennant des redevances, on peut le faire. La loi de 1837 le permet, ainsi que nous l'avons expliqué dans un précédent chapitre et que le reconnaissent la jurisprudence et les Conseils généraux. Ce mode de locations est surtout mis en pratique dans les pays où la culture est le moins en progrès et où les amodiations, dans les conditions ordinaires, ne réussiraient pas.

547. On peut aussi faire des aliénations, sous la forme de partages. La loi de 1837 ne s'y oppose pas, et le Conseil d'Etat, dans un avis du 16 mars 1838 et dans d'autres circonstances, a admis qu'on pouvait en réaliser ainsi.

548. Enfin, on peut, on doit même, par des dessèchements ou par d'autres travaux, améliorer toute espèce de biens communaux. Avec le prix d'une partie des biens sectionnaires, on peut convertir le surplus en bois et procurer ainsi aux habitants des sections, qui se les partagent, des produits en nature, suivant les termes combinés des lois de 1837 et de 1867.

549. Lorsque la législation peut ainsi, par ses termes et par son esprit, se prêter aux combinaisons qui conviennent le mieux aux intérêts des communes et aux besoins des populations, il n'est évidemment pas nécessaire de la modifier. C'est dans ce sens que se sont prononcés la plupart des Conseils généraux et particulièrement celui de la Gironde. Rien, en effet, ne peut plus faire obstacle à la transformation des biens communaux par des améliorations, et même, dans de sages mesures, à leur mise en valeur par des locations et par des aliénations.

550. Ainsi, en troisième lieu, la loi de 1837 reconnaissait, avec la législation antérieure, que les communes sont présumées propriétaires de tous les biens communaux, sans maître, qu'elles renferment. Cette présomption a été confirmée par les lois de 1857, de 1860 et de 1867, et surtout par la jurisprudence ; elle est trop nécessaire aux communes, et ne fait pas faute aux sections, pour qu'on la détruise par de nouvelles dispositions législatives.

551. Ainsi encore, en quatrième lieu, la loi de 1837, d'accord avec les précédents, a refusé aux sections de commune, en les laissant aux communes, tous les revenus en argent, tous les capitaux et tous les autres biens meubles. Rien d'utile ne pourrait être ajouté à des dispositions aussi sages et aussi complètes. Il est bien vrai que quelques arrêts du Conseil d'Etat apportent des entraves à l'administration et à la prospérité des communes en faisant dans chacune d'elles presqu'autant de petits Etats qu'il y a de villages ; mais des arrêts ne modifient pas la loi, et ceux rendus au profit des sections ne sont-ils pas d'ailleurs en contradiction avec d'autres et avec les écrivains les plus accrédités ? Les magistrats qui les ont rendus et d'autres magistrats surtout, pourront en rendre de contraires. On doit donc espérer, avec une ferme confiance, que le Conseil d'Etat, éclairé par la discussion de la loi de 1837, par le projet de loi de 1850, par les instructions ministérielles de 1856, conformes à d'autres instructions de 1834, par l'expérience qui se fait des décisions qu'il a rendues, par la discussion dont elles sont l'objet, par les renseignements que les Préfets et les Conseils généraux apportent chaque jour et par les tendances et les besoins des populations, abandonnera ses arrêts de 1856 à 1865, pour s'en tenir aux termes et à l'esprit de la loi et à la jurisprudence, qui les met en évidence, résultant de ses arrêts de 1843 et de 1849, de l'avis du 9 décembre 1858, donné en assemblée générale et du dernier arrêt de 1864 conforme à l'avis de 1858.

Les quelques rares législateurs de 1837 qui avaient demandé l'attribution de revenus aux sections, le faisaient en prétendant qu'ils seraient employés, par exemple, à la réparation ou à la reconstruction de leur église et de leur presbytère ou à l'achat de cloches. Le Conseil d'Etat, après avoir partagé et enseigné cette erreur jusqu'en 1854, ne s'est-il pas déjugé, sur un rapport, qui n'est sans doute pas de M. Aucoc, par l'avis solennel de 1858? Pourquoi ne ferait-il pas de même à l'égard des revenus des biens communaux, lorsqu'en assemblée générale, il a reconnu que les sections ne pouvaient avoir ni ressources ordinaires, ni dépenses obligatoires et facultatives et que les communes sont seules chargées de pourvoir aux besoins de l'association entière, et par conséquent des églises et des presbytères, quand des sections forment, dans son sein, des paroisses particulières. Il l'a déjà fait en partie par ses décisions de 1858 et de 1864; il le fera bientôt complétement, et alors, l'harmonie ne régnera plus seulement dans le budget, on la trouvera dans la commune.

552. Néanmoins, on prétendra peut-être, nous devons prévoir ce cas, qu'une législation spéciale serait utile dans quelques départements; mais quel en serait le but et à quelles circonscriptions devrait on l'appliquer?

Si nous interrogeons le livre de M. Aucoc et les question-naires ministériels qui paraissent en être la conséquence, et si nous comprenons bien leur tendance, la législation exception-nelle qu'il s'agirait d'établir ferait des communes de toutes les sections propriétaires d'immeubles ou d'autres droits, en leur attribuant des revenus et des capitaux, en d'autres ter-mes une fortune mobilière, et en leur donnant une organisa-tion ; mais une loi qui renfermerait de pareilles dispositions ébranlerait et renverserait même la présomption de propriété des biens communaux, qui existe en faveur des communes, détruirait le principe conservateur de l'unité communale, divi-serait les populations, en leur créant des intérêts différents et anéantirait les communes, en les morcelant et en divisant leurs intérêts lorsque les législateurs ont tenu à les fondre.

Ne voyons-nous pas déjà l'antagonisme se montrer dans toutes les communes où il existe plusieurs paroisses ou plu-sieurs villages propriétaires d'immeubles, et formant par con-séquent des sections. La paroisse la moins riche éprouve souvent autant et même plus de besoin que les autres. Si elle réclame des secours et que le Conseil municipal lui en refuse, ses habitants seront mécontents. Si elle en obtient, elle les trouvera, la plupart du temps, trop faibles, tandis que les populations des autres sections les trouveront trop forts. La restauration ou la reconstruction des églises ou des presby-tères seront autant de sujets de discussion et de désunion, on peut presque dire de haine, entre les habitants des diffé-rentes paroisses de la même commune. Lorsqu'une section est plus riche, elle est l'objet de la jalousie des autres, et ja-mais elle n'afferme ou n'aliène assez de biens pour satisfaire aux besoins généraux de l'association. Que serait-ce si une nouvelle législation faisait dans une commune autant d'asso-ciations indépendantes les unes des autres qu'il y aurait de villages possédant des biens ou des droits particuliers. Les populations ne seraient plus occupées qu'à distinguer les fortunes des différents villages et à discuter le contingent des sacrifices que chacun d'eux devrait fournir pour établir ou pour entretenir un chemin sur l'utilité duquel on ne tomberait peut être jamais d'accord; ou pour faire un édifice public qui conviendrait plus à un groupe de population qu'aux autres.

Evidemment une législation qui mettrait ainsi en présence, c'est-à-dire en opposition, des besoins et des intérêts différents et qui diviserait ainsi les populations et leurs intérêts, serait désastreuse; elle jetterait le désordre dans les campagnes, et en séparant les populations entre elles, elle les détacherait du Gouvernement qui les aurait aussi maltraitées.

553. Mais, d'ailleurs, à quel département appliquerait-on la nouvelle législation, si jamais on pouvait en affliger quelques-uns?

Serait-ce au seul département de la Haute-Vienne, puisqu'il n'y a que le Conseil de cette circonscription qui réclame des partages gratuits? Mais dans ce département même, malgré les vœux du Conseil général, on aliène des biens communaux au profit des communes, pour établir des maisons d'école et de mairie, des églises et des presbytères. On satisferait donc fort peu les localités qui utilisent ainsi leur patrimoine, si tout à coup on leur enlevait, par une nouvelle législation, leurs meilleures ressources et par conséquent tous leurs moyens de progrès.

Serait-ce aussi au département du Cantal, qui réclame des partages, moyennant de faibles prix qui tourneraient au profit des sections? Mais la loi nouvelle, pour cette circonscription ne saurait être pareille à celle qui serait faite pour la Haute-Vienne, et elle aurait d'ailleurs, pour cette circonscription comme pour la Haute-Vienne, le grave inconvénient de spolier non-seulement les communes des avantages qu'elles trouvent dans les biens communaux, mais les sections de ces biens eux-mêmes.

Serait-ce aux départements de la Creuse et de la Corrèze, qui demandent également des partages à vil prix, sous cette autre condition que ces prix profiteraient aux communes? Mais les prétentions élevées dans ces départements sont contradictoires entre elles; elles ne ressemblent même à aucune autre. Une loi nouvelle dans ces pays ne pourrait donc non plus être que mauvaise.

Serait-ce aux quelques départements dont les Conseils se prononcent, les uns en faveur d'allotissements de jouissances gratuites, et les autres pour des locations au profit des sections? mais pour ces localités la loi serait encore autre et offrirait les inconvénients qui viennent d'être et qui vont être indiqués.

Serait-ce, enfin, aux départements dans lesquels on trouve des sections de commune? Mais on peut en rencontrer dans presque tous les départements. La loi pourrait donc s'étendre à toute la France et faire ainsi d'autant plus de mal.

Si, pour donner satisfaction, nous ne dirons pas à des intérêts, mais à des prétentions, il fallait ainsi faire pour chaque département et presque pour chacune des trente-six mille communes qui existent, une loi spéciale, nous renoncerions au bienfait de l'uniformité de notre législation. Mieux vaudrait alors rétablir les anciennes coutumes, elles respectaient l'organisation des communes, leur fortune et leurs moyens d'action, tandis que les lois nouvelles qui sont demandées, sous tant de formes diverses, briseraient leur unité et par conséquent jusqu'à leur existence. Disons-le donc, puisque telle est notre conviction, de nouvelles dispositions législatives qui modifieraient les lois actuelles seraient funestes tout à la fois aux communes qu'elles ruineraient, aux populations qu'elles diviseraient dans leurs relations et dans leurs intérêts collectifs, à l'autorité administrative à tous les degrés qu'elle affaiblirait en grandissant sa tâche outre-mesure, et à l'Etat, dans ses intérêts matériels, et dans ses rapports avec les habitants des campagnes qui lui sont, avec raison, sincèrement atta-

chés et qui, par les contrariétés qu'ils éprouveraient, se sépare-
raient de lui.

On ne saurait donc aujourd'hui, en présence des lois de 1837,
de 1857, de 1860 et de 1867, réclamer de nouvelles dispositions
législatives, ces lois suffisant à tous les besoins.

554. On doit au contraire rendre un respectueux hommage
à la loi de 1837, qui a su régler les droits respectifs des communes et des sections de commune, suivant leur situation
relative, de manière à donner satisfaction à tous les intérêts
légitimes ; aux lois de 1860 qui ont autorisé l'Autorité supérieure à faire transformer les biens communaux, et même à
les faire amodier ou aliéner dans certaines circonstances ; et à
la loi de 1867 qui a donné plus de liberté d'action aux municipalités.

555. On doit surtout admirer, avec de profonds sentiments
de reconnaissance, la grande sagesse de l'Empereur, qui a su,
par de persévérantes mesures et par les lois de 1857 et 1860, et
de 1867, qui sont dues à sa Haute initiative, résoudre, aussi
complétement que possible, le double problème de la mise en
valeur de tous les biens communaux, même de ceux qui peuvent exceptionnellement appartenir aux sections, et de la liberté d'action de l'Administration supérieure et des Conseils
municipaux, pour concourir ensemble à cette grande œuvre,
ou pour l'accomplir séparément.

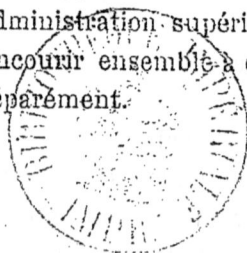

F N.

TABLE DES MATIÈRES

————— ꞁꞁꞁꞁꞁ —————

CHAPITRE Ier.

CHAPITRE II.

CHAPITRE III.

ORIGINE, FORMATION ET ORGANISATION DES COMMUNES.

CHAPITRE IV.

ORIGINE ET FORMATION DES SECTIONS.

CHAPITRE V.

DROITS RESPECTIFS DES COMMUNES ET DES SECTIONS DE COMMUNES A LA PROPRIÉTÉ DES BIENS COMMUNAUX D'APRÈS LEUR ORIGINE ET LEUR SITUATION ET D'APRÈS LES LOIS ANCIENNES ET NOUVELLES.

BIENS DES COMMUNES.

Pages.

103. Les biens communaux de première origine sont nés avec les anciennes communes.................................... 96

104. La plupart des biens des nouvelles communes sont également nés avec ces communes................................. 98

105. Sort divers subis par ces biens............................. 99

106. Importance de ces biens................................... 101

107. Situation des mêmes biens................................. 101

108. Nature desdits biens...................................... 101

109. Défense et droit d'en disposer............................. 102

110. Usage qui en a été et qui en est encore fait................ 103

111. Autrefois ils ne supportaient pas d'impôts................. 104

112. A moins de justifications contraires, ils étaient présumés appartenir aux communes................................. 105

113. Les lois romaines ont confirmé cette présomption et accru le domaine communal...................................... 105

114. Il n'était pas encore question dans la législation de sections de communes... 106

115. L'invasion des Barbares a respecté les biens communaux. ... 107

116. Formation de nouveaux villages et de nouvelles sections...... 107

117. Le régime féodal, même dans les pays où la maxime « nulle terre sans seigneur » était admise, a maintenu les droits de propriété des communes................................. 108

118. Explication et avis d'auteurs dans ce sens. 110

119. Louis XIV a aussi affirmé les droits des communes.......... 112

120. Les communes ont continué a posséder des biens de toute origine.. 113

121. Ces biens ont à plus forte raison continué à subsister entre les mains des communes dans les pays de franc alleu......... 113

122. Les coutumes ont reconnu les droits des communes.......... 114

123. Nouvelle preuve de ces droits, résultant d'un arrêt de Dijon... 114

124. Ces droits étaient admis en tous lieux...................... 117

125. Quelques seigneurs ont néanmoins abusé de leur pouvoir pour commettre des usurpations.......................... 118

126. Mais dès le milieu du XIe siècle, les communes résistèrent à ces usurpations.. 118

127. La royauté est d'ailleurs intervenue et les a fait cesser...... 118

128. La puissance législative des rois, jusqu'au XIIe siècle, ne s'étendait pas à tout le territoire actuel de la France....... 119

129. Mais les souverains de la France, agrandie, ont continué à faire rentrer les communes dans leurs biens................... 120

130. Les restitutions se faisaient au profit des communes......... 121

131. Ainsi sont constatés l'origine, l'existence, l'accroissement et la conservation des biens communaux...................... 122

132. Le régime féodal en a ajouté de nouveaux aux anciens...... 123

133. Il a aussi contribué à la formation de nouveaux villages, de nouvelles sections et de nouvelles communes............. 123

CHAPITRE VI.

MISE EN VALEUR DES BIENS COMMUNAUX.

CHAPITRE VII.

DROITS DES COMMUNES AUX REVENUS EN ARGENT ; AUX PRIX DES BIENS
ALIÉNÉS, MÊME DE CEUX SECTIONNAIRES ; AUX CAPITAUX ET A
TOUTE LA FORTUNE MOBILIÈRE.

CHAPITRE VIII.

EXISTENCE LÉGALE DES SECTIONS.

CHAPITRE XI.

PARTAGE DES BIENS INDIVIS ENTRE DES SECTIONS, OU ENTRE DES
SECTIONS ET DES COMMUNES, OU ENCORE ENTRE DES SECTIONS, DES
PARTICULIERS ET DES ÉTABLISSEMENTS PUBLICS, ET MÊME DES BIENS
D'ÉTABLISSEMENTS CHARITABLES EN CAS DE FRACTIONNEMENT DES
COMMUNES QUI POSSÉDAIENT CES ÉTABLISSEMENTS.

CHAPITRE XIII.

CHARGES ET RESSOURCES EXCEPTIONNELLES DES SECTIONS.

CHAPITRE XIV.

SUFFISANCE DES LOIS EN VIGUEUR.

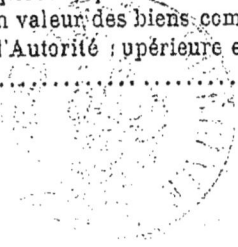

Bordeaux. — Imprimerie A. PEREY, rue Porte-Dijeaux, 43.

www.ingramcontent.com/pod-product-compliance
Lightning Source LLC
Chambersburg PA
CBHW031729210326
41599CB00018B/2555